GRAMÁTICA
DO PORTUGUÊS CULTO
FALADO NO BRASIL

VOLUME IV
PALAVRAS
DE CLASSE FECHADA

Conselho Acadêmico
Ataliba Teixeira de Castilho
Carlos Eduardo Lins da Silva
Carlos Fico
Jaime Cordeiro
José Luiz Fiorin
Tania Regina de Luca

Proibida a reprodução total ou parcial em qualquer mídia
sem a autorização escrita da editora.
Os infratores estão sujeitos às penas da lei.

A Editora não é responsável pelo conteúdo deste livro.
O Autor conhece os fatos narrados, pelos quais é responsável,
assim como se responsabiliza pelos juízos emitidos.

Consulte nosso catálogo completo e últimos lançamentos em **www.editoracontexto.com.br**.

GRAMÁTICA DO PORTUGUÊS CULTO FALADO NO BRASIL

ATALIBA T. DE CASTILHO
(coordenador)

VOLUME IV

PALAVRAS DE CLASSE FECHADA

RODOLFO ILARI
(organizador)

Copyright © 2015 do Organizador

Todos os direitos desta edição reservados à
Editora Contexto (Editora Pinsky Ltda.)

Montagem de capa e diagramação
Gustavo S. Vilas Boas

Preparação de textos
Daniela Marini Iwamoto

Revisão
Fernanda Guerriero Antunes

Dados Internacionais de Catalogação na Publicação (CIP)
(Câmara Brasileira do Livro, SP, Brasil)

Gramática do português culto falado no Brasil : volume IV :
palavras de classe fechada / Rodolfo Ilari [organizador]. –
São Paulo : Contexto, 2024.

Vários autores.
Bibliografia.
ISBN 978-85-7244-869-7

1. Português – Brasil 2. Português – Estudo e ensino
3. Português – Formação de palavras 4. Português – Gramática
5. Português – Lexicologia 6. Português – Morfologia
I. Ilari, Rodolfo.

14-07473   CDD-469.014

Índices para catálogo sistemático:
1. Lexicologia : Português : Linguística   469.014
2. Português : Lexicologia : Linguística   469.014

2024

Editora Contexto
Diretor editorial: *Jaime Pinsky*

Rua Dr. José Elias, 520 – Alto da Lapa
05083-030 – São Paulo – SP
PABX: (11) 3832 5838
contato@editoracontexto.com.br
www.editoracontexto.com.br

SUMÁRIO

INTRODUÇÃO 7
Rodolfo Ilari

OS PRONOMES 13
Maria Helena de Moura Neves

OS ESPECIFICADORES 103
*Ataliba T. de Castilho, Rodolfo Ilari, Maria Luiza Braga,
Célia Moraes de Castilho, Roberta Pires de Oliveira e Renato Miguel Basso*

    PARTE 1 – Artigo definido 105
    Maria Luiza Braga, Rodolfo Ilari, Roberta Pires de Oliveira e Renato Miguel Basso

    PARTE 2 – Demonstrativos 129
    Ataliba T. de Castilho

    PARTE 3 – Quantificadores indefinidos 147
    Célia Moraes de Castilho

A PREPOSIÇÃO 163
*Rodolfo Ilari, Ataliba T. de Castilho, Maria Lúcia Leitão,
Lou-Ann Kleppa e Renato Miguel Basso*

AS CONJUNÇÕES 311
Rodolfo Ilari

ÍNDICE ONOMÁSTICO 357

ÍNDICE REMISSIVO 359

BIBLIOGRAFIA 373

OS AUTORES 379

INTRODUÇÃO

O livro que o leitor tem em mãos, o quarto da série *Gramática do português culto falado no Brasil*, trata de quatro classes de palavras: os pronomes, os especificadores, as preposições e as conjunções. Ao versar sobre esses temas, ele completa um percurso que havia sido iniciado num volume anterior da série (o terceiro) em que se falava de substantivos, adjetivos, verbos e advérbios.

Distinguir classes de palavras e estudá-las separadamente é um modo de abordar os fatos de língua que vem sendo utilizado desde a Grécia antiga, como estratégia para entender a contribuição que as palavras fazem ao sentido geral das frases. O pressuposto é que palavras do mesmo tipo, ou seja, palavras que têm a mesma morfologia, veiculam significados de um mesmo tipo. Incorporado à tradição gramatical, esse pressuposto está presente, com maior ou menor transparência, em todas as gramáticas que já se escreveram, e justifica a obstinação com que os gramáticos defenderam suas próprias listas de "categorias gramaticais" ou "classes do discurso" ao longo dos séculos.

Os dois livros *Palavras de classe aberta* e *Palavras de classe fechada* inscrevem-se de maneira evidente nessa tradição. Opõem-se com isso a dois outros volumes da série, que tratam, respectivamente, dos processos de organização sintática que ocorrem no interior da sentença ("sintaxe da oração") e dos processos de construção sintática cujas peças não são palavras, mas sentenças completas ("sintaxe do período"). Considerando que os livros da presente série têm origem comum num mesmo projeto de pesquisa – o Projeto de Estudo da Gramática do Português Falado no Brasil, que se desenvolveu em nosso país entre as décadas de 1980 e 2000 sob a direção de Ataliba T. de Castilho, sendo um dos primeiros e mais bem-sucedidos projetos temáticos da Fundação de Amparo à Pesquisa do Estado de São Paulo –, essa divergência de orientações e de níveis poderia gerar estranheza, e convém que seja explicada.

Como já foi relatado em outras publicações, o Projeto de Estudo do Português Culto Falado no Brasil foi lançado mediante a formação de uma equipe numerosa de linguistas altamente qualificados, que logo se defrontaram com a necessidade de definir para o grupo um programa de estudos. No primeiro momento, os únicos pontos de consenso foram a preocupação de descrever a língua falada tal como ela é observada (em oposição à prática "prescritiva" própria das gramáticas escolares, de dizer como a língua "deve" ou "deveria" ser) e a convicção de que a melhor amostra de língua falada disponível até aquele momento eram as gravações de língua falada feitas alguns anos antes no contexto de outro projeto que marcou época na linguística brasileira: o Nurc, Projeto de Estudo da Norma Urbana Linguística Culta do Português Brasileiro, também inspirado por Ataliba T. de Castilho.

Embora as primeiras reuniões tivessem criado essa unanimidade quanto aos propósitos gerais do projeto e quanto ao objeto da descrição (tratar-se-ia de descrever a fala culta brasileira, e isso precisaria ser feito observando os inquéritos do Nurc), essa unanimidade vinha acompanhada pela percepção de que, no grupo, havia diferenças de orientação profundas. De fato, àquela altura, alguns dos participantes do projeto já eram referência nacional numa linha de análise gramatical inspirada pelo gerativismo, ao passo que outros já haviam ganhado notoriedade adotando uma orientação funcionalista. Foi natural, então, que se constituíssem duas equipes de "sintaticistas", uma das quais reuniu os pesquisadores de orientação gerativista, ao passo que a outra acabou abrigando linguistas de outras orientações. O primeiro grupo dedicou-se com afinco a descrever as sentenças da língua falada tomando como referência os conceitos descritivos da gramática chomskiana, combinados às vezes com avaliações de caráter quantitativo inspiradas na Sociolinguística de William Labov; no segundo grupo, adotou-se ao contrário a velha estratégia aqui lembrada, de observar e classificar as palavras, perguntando qual é o seu potencial significativo, ou seja, a contribuição com que elas intervêm na sentença.

O Projeto da Gramática do Português Falado foi particularmente ativo nas décadas de 1980 e 1990, quando produziu uma série de livros em que foi coligida quase uma centena de ensaios sobre a fonologia, a morfologia, a sintaxe e as propriedades textuais da língua falada. Inspirou pelo Brasil afora inúmeros trabalhos de tese e inúmeros projetos de pesquisa tanto pessoais como coletivos, dotando assim a língua portuguesa, em sua variante brasileira, de uma das primeiras descrições robustas do falado, em nível mundial.

No final da década de 2000, a coleção *Gramática do português culto falado no Brasil*, editada pela Editora da Universidade Estadual de Campinas, representou uma primeira tentativa de consolidar essa produção na forma de uma gramática de consulta em três volumes, colocando à disposição da sociedade brasileira o produto de um investimento público de duas décadas. Mais recentemente, o papel de publicar esses escritos foi encampado pela Editora Contexto, que se dispôs a providenciar uma nova edição da coleção, com um formato mais manuseável e mais acessível aos bolsos.

Nesta nova edição, a estrutura da sentença é objeto de um volume específico, aos cuidados da dupla Mary Kato e Milton do Nascimento. Outro volume, organizado por Maria Helena de Moura Neves, recolhe estudos sobre a sintaxe do período. A nova organização das matérias afetou também os capítulos sobre "classes de palavras", que foram distribuídos em dois volumes, cujos títulos falam respectivamente de "palavras de classe aberta" e "palavras de classe fechada".

As classes "abertas" – o substantivo, o adjetivo, o verbo e o advérbio – são aquelas que ganham novos itens o tempo todo, servindo de exemplo a facilidade com que a língua dos últimos anos, atendendo a necessidades tecnológicas ou outras, assimilou substantivos como "rolezinho", verbos como "deletar" e adjetivos como "plugado". As classes fechadas – tema deste volume – são as preposições, as conjunções, os especificadores e os pronomes. Denominam-se classes "fechadas" porque nelas a formação de novos itens é mais lenta (pense-se no tempo que foi necessário para que a expressão de tratamento *Vossa Mercê* se tornasse *você*, hoje indiscutivelmente um pronome de segunda pessoa) e porque contêm séries de poucos elementos (como é o caso dos artigos, que, uma vez descontada a flexão de gênero e número, se reduzem a dois ou três). Generalizando bastante, e recuperando uma afirmação que já estava em Aristóteles, há uma diferença óbvia de função entre as palavras de classe aberta e as palavras de classe fechada: as primeiras têm um conteúdo descritivo que remete à realidade extralinguística, ao mundo; as segundas funcionam como "instrumentos gramaticais", isto é, como utensílios que estruturam as sentenças da língua.

Considerando que os mesmos autores respondem pelos dois livros desta coleção em que se faz sintaxe a partir das classes de palavras, cabe perguntar em que os livros são parecidos (além do fato óbvio de que o ponto de partida são as palavras, e não a estrutura da sentença, e o material analisado são os inquéritos do Nurc). Uma resposta aparentemente fácil seria dizer que eles reúnem textos de orientação funcionalista, mas isso seria certamente uma simplificação excessiva. De fato, embora algumas passagens exponham ideias de funcionalistas conhecidos, como Simon Dik ou Leonard Talmy, muitas outras influências se fazem presentes. Alguns capítulos, por exemplo, mostram uma clara preocupação de fornecer dados de caráter estatístico, bem ao gosto da Sociolinguística variacionista; ainda mais frequente é o recurso a conceitos das teorias da gramaticalização e à abordagem multissistêmica da linguagem de Ataliba T. de Castilho; e, por fim, em muitos capítulos, faz-se um uso declarado de conceitos importados da Lógica elementar. As consequências são evidentes.

Segundo a teoria da gramaticalização, as línguas transformam constantemente itens lexicais (ou seja: palavras de classe aberta) em palavras gramaticais (palavras de classe fechada) e, eventualmente, em morfemas. Num mesmo momento da história da língua, palavras distintas podem encontrar-se em pontos diferentes desse percurso; assim, faz sentido falar de expressões *mais ou menos* gramaticalizadas, e uma das consequências disso é que a própria delimitação das classes de palavras (ou a decisão de atribuir determinadas palavras e expressões a dada classe) se torna altamente problemática.

Segundo a abordagem multissistêmica de Ataliba T. de Castilho, qualquer sentença mobiliza simultaneamente informações léxicas, sintáticas, semânticas e discursivas; o grande recurso de que a língua lança mão para integrar todas essas informações é um dispositivo sociocognitivo, e entre os quatro sistemas não cabe estabelecer uma prioridade lógica. A partir dessa perspectiva, falar em classes de palavras é, entre outras coisas, pensar em diferentes modos de articular informações de vários tipos, através do léxico.

Noções derivadas da lógica, como as de predicado, operador e escopo, permitem recortes úteis para a descrição, mas obrigam, também, a abandonar os velhos hábitos que a gramática criou em nós.

O recurso a todos esses conceitos marcava fortemente o livro sobre as palavras das classes abertas e repete-se aqui nos quatro capítulos dedicados às palavras das classes fechadas. Por exemplo, todo o capítulo sobre preposições é atravessado pela preocupação de medir em que grau as palavras dessa classe podem ser consideradas gramaticalizadas; o estudo sobre os advérbios é fortemente marcado pela orientação multissistêmica, e o capítulo sobre conjunções toma por referência as gramáticas categoriais, que foram inspiradas pela noção lógica de função. Trata-se, reconhecidamente, de conceitos heterogêneos (originados de tradições distintas) e o fato de estarem presentes no mesmo livro e às vezes num mesmo capítulo dá ao livro um caráter de ecletismo do qual os autores são conscientes.

Esse ecletismo não deveria impedir o leitor de perceber uma unidade mais profunda que ainda pode ser chamada de funcionalista e tem a ver com a concepção de língua que subjaz aos vários capítulos. Os autores deste livro entenderam com efeito que sua tarefa consistia em explicar a escolha das palavras usadas na construção das sentenças como uma escolha sempre significativa, definindo sua própria tarefa de análise como uma constante tentativa de explicar por que, ao produzirem suas falas em um contexto determinado, os falantes preferiram usar certas formas linguísticas, e não outras. Por isso, uma característica comum dos capítulos deste livro foi o compromisso de apontar a contribuição que as palavras (no caso, palavras de classe fechada) fazem para a interpretação da sentença em que aparecem, enquanto unidades lexicais e enquanto membros de uma classe morfossintática, indo além do óbvio. Adotada essa perspectiva, a língua deixa de ser encarada como uma estrutura matemática, para ser vista como uma atividade cognitiva, que opera não por categorias perfeitamente disjuntas, mas, sim, por categorias baseadas em protótipos, tanto na organização que impõe ao mundo quanto na maneira como se organiza a si própria.

Em suma, neste livro vale mais do que nunca o velho pressuposto de que as palavras podem ser agrupadas em função de características comuns (distribucionais e semânticas, cognitivas, discursivas etc.), e esse pressuposto é mobilizado não só para explicar as sentenças enquanto estruturas, mas principalmente para tentar reconstituir processos cognitivos que se passam na mente dos falantes. Não nos parece inadequado que assim seja; afinal a ideia de que palavras de classes distintas têm funções diferentes não é apenas uma crença com forte presença histórica na gramática; é também uma das convicções mais fortes que os próprios falantes têm a respeito de si mesmos.

Encerro com duas observações e um agradecimento. As observações são sobre o modo como procurei desempenhar meu papel de organizador ou "editor" dos dois volumes sobre classes de palavras, e sobre o paradoxo de querer propor ideias novas falando de coisas tão batidas como os pronomes, os determinantes (ou seja, os artigos, os indefinidos etc.), as preposições e as conjunções.

Como responsável pela versão final deste livro, eu representei a mim mesmo sobretudo como porta-voz do leitor. Mas quem é esse leitor? A presente coleção foi concebida como uma grande gramática de consulta. Espera-se que seja útil a todos os profissionais que usam a linguagem no seu dia a dia, sejam eles advogados, jornalistas ou ainda professores de língua materna e estrangeira. Mas o leitor que se visou nestas páginas não é necessariamente um pesquisador profissional da linguagem (e, menos ainda, um caçador de regras do bem falar); é antes o indivíduo culto e dotado de disciplina intelectual, que, sem envolver-se em especulações acadêmicas, se dispõe ao exercício intelectual de entender como funciona a linguagem e como se pode tirar partido dela no uso. Na representação que fizemos dele, esse leitor é alguém que está acostumado a procurar respostas sobre a língua nos compêndios escolares de gramática e que espera encontrar informações sobre as palavras em capítulos estanques, organizados de uma determinada maneira. "Copiar" essa organização tradicional não seria necessariamente o melhor caminho, mas era o caminho mais "amigável" e esperado; e isso recomendava que a estrutura do livro fosse a mais próxima possível da estrutura tradicional.

O principal problema com que me defrontei como organizador do volume foi o de dar um caráter didático a alguns capítulos que haviam sido escritos como textos acadêmicos. Fiz então um grande esforço no sentido de tornar a redação tão leve e transparente quanto possível sem trair os autores e sem sacrificar o conteúdo. Isso me obrigou às vezes a suprimir certos desdobramentos teóricos, ou certas passagens de resenha que só teriam sentido para leitores especializados, independentemente de seu valor. Conto aqui com a benevolência dos autores, cuja competência está acima de qualquer dúvida.

Quanto a uma possível contradição entre falar a linguagem de sempre e apresentar ideias novas, parece-me importante dizer que a semelhança com as gramáticas tradicionais só existe, precisamente, no nível dos títulos e que, ao contrário do que estes poderiam sugerir, a leitura vai fatalmente proporcionar surpresas, nem sempre óbvias e nem sempre fáceis de assimilar. Ou seja, as novidades deste livro (e de seu companheiro sobre palavras de classe aberta) estão nas análises desenvolvidas em cada capítulo, e não nos títulos que constam do "Sumário". Em outras palavras, o confronto com os tratamentos tradicionais das classes de palavras foi um desafio reconhecido e aceito. E o esforço dos autores terá sido compensado se, no final da leitura, o leitor estiver disposto a aceitar um paradoxo com que convivemos: por um lado, dividir as palavras em classes é necessário, e é uma operação que fazemos o tempo todo ao construir e interpretar sentenças; por outro lado, qualquer classificação adotada será sempre um instrumento grosseiro para entender o funcionamento da língua, e precisará necessariamente ser completada por subclassificações (ou subcategorizações) bastante minuciosas e, sobretudo, ser objeto de uma crítica e de uma reflexão constantes, de que procuramos dar o exemplo.

Deixo registrados aqui meus agradecimentos 1) aos autores; 2) à Sra. Lúcia Helena Lahoz Morelli, da equipe técnica da Edunicamp, que muito contribuiu durante a preparação da primeira edição do livro; 3) aos colegas e coautores Maria Lúcia Leitão de Almeida e Renato Basso, que discutiram comigo várias passagens do manuscrito; e 4) à Universidade de Estocolmo, que, em 2008, garantiu as condições materiais para a preparação da primeira edição.

Campinas, março de 2014.

Rodolfo Ilari

OS PRONOMES

Maria Helena de Moura Neves

Na Nomenclatura Gramatical Brasileira (NGB) – e, portanto, nas gramáticas escritas no Brasil nas últimas décadas – o termo *pronome* aplica-se a uma variedade de formas, que incluem:

- os *pronomes pessoais* (*eu, tu, ele, ela, nós, vós, eles, elas, me, te* etc.), cujo traço comum seria a capacidade de identificar a pessoa gramatical;
- os *possessivos* (*meu, teu* etc.) e os *demonstrativos* (*este, esse, aquele* etc.), que ainda evocam a pessoa gramatical, relacionando-a a determinações de posse/localização;
- os *quantificadores indefinidos*, palavras que, dado um conjunto de indivíduos que se enquadram na descrição feita por um substantivo, realizam sobre esse conjunto diferentes operações de delimitação;
- os *pronomes relativos*, que encaixam uma sentença num sintagma nominal.

O quadro dos pronomes proposto pela NGB remete à definição tradicional de nome (= substantivo + adjetivo – ver o capítulo dedicado ao substantivo, em outro volume desta mesma coleção) e valoriza o fato de que os possessivos, demonstrativos e indefinidos ocorrem ora em contextos sintáticos típicos de substantivos, ora em contextos típicos de adjetivos. Pares como:

(1) os *franceses* são normalmente patriotas extremados
(2) os artistas *franceses* são normalmente cultos

explicariam, assim, que se possam atribuir a uma mesma classe as ocorrências de *este* e *aquele* presentes nos exemplos a seguir:

(3) *este* livro está praticamente novo, mas
(4) *aquele* está malconservado.

A essa sistematização, opõe-se outra, mais antiga, mas ainda vigente nas demais línguas românicas, segundo a qual seriam pronomes apenas os pessoais e alguns indefinidos com uso exclusivamente "substantivo" (como *alguém, ninguém, tudo, nada*), ao passo que as demais formas (possessivos, demonstrativos ou indefinidos) seriam colocadas na categoria dos adjetivos. Nessa sistematização mais antiga, explica-se a ocorrência de *aquele* em (4), dizendo que é um adjetivo substantivado. Este segundo arranjo não é desconhecido na tradição gramatical da língua portuguesa: Soares Barbosa e Carneiro Ribeiro consideraram pronomes apenas os pessoais, chegando este último a dizer que a denominação "pessoais", acrescentada a "pronomes", é redundante.

Em suma, na tradição gramatical da língua portuguesa, há duas concepções de pronome a considerar. Ambas referem o pronome ao nome, mas, definindo o nome de maneiras diferentes (nome por excelência = substantivo; nome = substantivo + adjetivo), agregam ou não aos pronomes pessoais os possessivos, os demonstrativos e os indefinidos, que em sua maioria têm uma distribuição típica de adjetivos.

De nossa parte, adotaremos aqui uma perspectiva que concilia as duas orientações que acabamos de descrever. Atribuiremos aos pronomes pessoais uma série de funções que os singularizam, e mostraremos que essas funções são realizadas (não necessariamente em sua totalidade, não necessariamente do mesmo modo) pelas outras classes de formas estudadas neste capítulo.[1] Dito de outra maneira, entendemos que entre os pronomes pessoais e algumas outras classes de palavras há uma continuidade a ser explorada, e que uma boa compreensão dos pronomes pessoais ajuda a entender como funcionam estas últimas. Nesta gramática, optamos por tratar os demonstrativos e os quantificadores indefinidos como especificadores, tema do capítulo "Os especificadores".

PRONOMES PESSOAIS

A propriedade mais geral dos pronomes pessoais é a de serem palavras *fóricas*, ou seja, palavras que, não tendo um conteúdo descritivo próprio, assumem uma referência no uso, ora retomando determinadas passagens do mesmo texto, ora apontando para elementos ou traços específicos da situação de fala. Daí decorrem duas grandes funções dos pronomes pessoais, uma interacional e outra textual, que vêm descritas a seguir:

a. representar na sentença os papéis do discurso (é a função que permite apontar para certos aspectos que estão fora do texto, singularizando-os, e que, por isso mesmo, tem sido chamada de *dêitica* ou *exofórica*); os exemplos mais simples de pronomes em função exofórica são como (5) e (6);
b. garantir a continuidade do texto, remetendo reiteradamente aos mesmos indivíduos já anteriormente citados (é a função que remete ao que pode ser procurado no interior do próprio texto, genericamente chamada *endofórica*, sendo a anáfora sua representação por excelência); exemplos (7) e (8).

Dentro da função textual cabe considerar uma terceira função, a de "anáfora ligada", ou seja, a marcação da identidade ou diferença dos referentes de discurso no interior de uma sentença complexa, por meios rigorosamente sintáticos – exemplos (9) e (10).

A última função dos pronomes pessoais que estudaremos aqui está mais ligada à maneira como a linguagem representa o mundo: consiste em explicitar a função temática de seu referente, o que os pronomes fariam mediante um resquício de declinação – exemplos (11) e (12).

(5) L2 – e realmente *você* conclui agora
    L1 – ( )
    L2 – que foi o melhor
    L1 – que foi melhor embora futuramente *eu* pretenda trabalhar *eu* quero continuar os estudos... e::e trabalhar fora mas por enquanto ainda não as crianças dependem muito de *mim*... [D2 SP 360]

(6) *eu* não a::não acho assim que eles... aplaudem::não sei eu tenho impressão que que o público vai a teatro e não não não... não tem eh eh que eu *eu* notei que aplaudiam muito quando *eu te* falei da peça do "Hair" e do "Roda Viva" foi uma uma das peças que MAIS achei que o público aplaudiu [DID SP 234]

(7) em Poços de Caldas você sabe lugar pequeno o pessoal vai mesmo muito mais a cinema né? ele::eu então estava comentando com *um dos donos da da que ofereceu almoço para nós* que o filme e era excelente *ele* disse que realmente na cidade todo mundo estava comentando o filme. [DID SP 234]

(8) aí que eu aprendi a jogar buRAco... e a gente gostou tanto que ficava todo o dia jogando... lembro que nós passamos no hotel... mas a gente não jogava a diNHEIRO nada... só assim na brincadeira... então passamos tinha *umas velhas umas senhoras de mais idade* e nos viram... sempre jogando... quando nós passamos *elas* disseram assim "essas viciAdas" ((risos)) como se a gente jogasse ah... muito... [DID POA 45]
(9) *eles* precisam pegar pele para *se* esquentar [EF SP 405]
(10) cada um por *si* e Deus por todos... [EF SP 405]
(11) *eu* num posso no momento... lhe dar... uma resposta afirmativa sobre essa questão... porque *me* faltam meios... para... poder... digamos assim entrar nesse assunto... em maior profundidade... [DID REC 131]
(12) EU aqui na minha família *nós* sempre *nos* tratamos todos por tu os de casa nunca chamei a minha mãe:: o meu pai de senhora... [DID POA 45]

Nas próximas páginas, essas funções serão tomadas como parâmetro de descrição para os pronomes pessoais. Consideraremos, na sequência, cada uma dessas funções, aplicando-lhes um roteiro de análise que, em sua forma mais completa, consiste em:

a. caracterizar a função em questão, em termos de alternativas disponíveis ao falante;
b. descrever os recursos gramaticais que permitem desempenhá-la;
c. levantar, quando for o caso, a existência de funções conexas;
d. apontar outras palavras que compartilham a mesma função ou funções.

Essa reflexão sobre funções constitui o compromisso central de nosso tratamento dos pronomes pessoais, e será objeto de três seções bastante extensas: "A função dêitica: pronomes e pessoas do discurso", "Os pronomes pessoais como 'anafóricos'" e "Pronomes e papéis temáticos". Antes, porém, pareceu-nos necessário tratar de duas questões sobre as quais é fácil ter ideias confusas, perguntando-nos quais são os pronomes pessoais no português brasileiro moderno e qual o tipo de unidade sintática que um pronome constitui. A essas duas questões são dedicadas as seções que seguem: "Formas dos pronomes pessoais no português culto" e "O pronome pessoal 'faz as vezes do nome' (melhor dizendo: é um sintagma fechado)". Na seção "Frequência das formas dos pronomes pessoais", apresentaremos algumas considerações de caráter estatístico, esclarecendo quais são, na variedade linguística estudada, os pronomes que têm uso mais frequente.

Formas dos pronomes pessoais no português culto

Provavelmente, se perguntarmos a uma pessoa escolarizada quais são os pronomes do português, ela responderá "*eu, tu, ele, nós, vós, eles*". É uma resposta ao menos parcialmente correta, dado que todas essas formas são de fato pronomes pessoais, mas é também uma resposta pouco aproveitável para quem pretende explicar a variedade de funções que os pronomes desempenham. Quem pretende dar conta dessa tarefa tem interesse em reconhecer que a classe dos pronomes pessoais manifesta uma variação de formas considerável e tem interesse em distribuir as formas dos pronomes pessoais em três grupos:

(i) um grupo que inclui todas as formas da 1ª e da 2ª pessoa, além do reflexivo *se*;
(ii) um grupo que reúne todos os demais pronomes pessoais de 3ª pessoa;
(iii) um grupo que abriga *você, vocês* e *a gente*.

Essa divisão não é de maneira nenhuma arbitrária do ponto de vista da língua atual (pois ajuda a descrever a distribuição das várias formas); historicamente, separa três camadas que se superpuseram formando o sistema pronominal do português do Brasil: o primeiro grupo abriga os pronomes cujos antepassados latinos já eram pronomes; no segundo, estão formas de antigos demonstrativos; e o terceiro comporta duas criações vernáculas (*você(s)* e *a gente*).

a. Primeiro grupo: *distinção entre formas tônicas e formas átonas, e entre caso reto e caso oblíquo na 1ª e na 2ª pessoa e nas formas reflexivas de 3ª*

Quadro 1 — Primeiro grupo dos pronomes pessoais

Pessoa e número	Formas átonas (Caso oblíquo)	Formas tônicas		
		Caso reto	Caso oblíquo	
	I	II	III	IV
1ª pessoa singular	me	eu	mim	comigo
2ª pessoa singular	te	tu	ti	contigo
1ª pessoa plural	nos	nós	nós	conosco
2ª pessoa plural	vos	vós	vós	convosco
3ª pessoa refl.	se		si	consigo

Quanto às formas do primeiro grupo (Quadro 1), faz-se, tradicionalmente, uma distinção entre formas átonas (coluna I) e formas tônicas (colunas II a IV); entre estas últimas, distinguem-se pronomes "do caso reto" (coluna II) e pronomes "do caso oblíquo" (colunas III e IV); a distinção de duas séries de pronomes do caso oblíquo visa separar das demais as formas que resultam de aglutinação dos pronomes da coluna III com a preposição *com*. Nestas últimas formas, a preposição *com* ocorre duplamente: precede o pronome propriamente dito e, além disso, segue-o: a forma *comigo* remonta à expressão do latim vulgar *cum + mecum*, na qual a preposição *cum* aparecia duas vezes (a forma clássica seria simplesmente *mecum*; ao longo da historia, a forma *-cum* que seguia *me-* passou a *-go*.

O Quadro 1 mostra que a 3ª pessoa reflexiva não existe no caso reto, um fato que decorre da própria definição de "reflexivo" e do sentido que a tradição tem dado a "caso reto" e "caso oblíquo": essas expressões foram criadas pelos gramáticos gregos para explicar a concordância do verbo, que naquela língua se faz com uma expressão no nominativo. Para representar esse fato, eles situaram o sujeito e o verbo numa linha reta, e situaram o verbo e o objeto numa linha oblíqua e, por assim dizer, "desviante". Com o tempo, esqueceu-se a metáfora de que se tinham originado os dois termos, mas eles continuaram sendo usados para opor o caso nominativo (ou "reto") a todos os demais ("oblíquos").

b. Segundo grupo: *distinção entre formas átonas e formas tônicas (objeto direto e objeto indireto) na 3ª pessoa não reflexiva*

Também neste segundo grupo é preciso distinguir formas átonas e formas tônicas, mas o motivo é diferente; nas formas tônicas deste segundo grupo, a distinção entre caso reto e caso oblíquo não se aplica, e também não há pronomes formados por aglutinação com a preposição *com*. Em compensação, no campo dos pronomes átonos, há formas próprias para o "objeto direto" e para o "objeto indireto" (exemplos (13) e (14), respectivamente); e, nas formas átonas do objeto direto, há morfemas pronominais próprios para o masculino e para o feminino (exemplos (15) e (16), respectivamente):

(13) Ele recebeu uma comunicação e *a* repete da mesma maneira, sem modificar [EF POA 278]
(14) Tubérculos... que:: outrora *lhe* davam nome (?) glândulas... sebáceas [EF SSA 49]
(15) Doc. – há uma derivada da::do leite... que (assenta) bem em regimes... dependendo do tipo né?...
L1 – e o queijo de Minas...eu *o* uso::de manhã às vezes eu como um pedaço de queijo Minas... [DID RJ 328]
(16) [os sindicatos] têm por obrigação PRESTAR... toda assistência devida... aos seus... sindicalizados... recebendo todas aquelas importâncias... que são pagas pelos seus associados e revertendo-*as*... integralmente em benefício... dos mesmos [DID REC 131]

Tudo isso se visualiza melhor no Quadro 2:

Quadro 2 — Segundo grupo dos pronomes pessoais

Número	Formas átonas			Formas tônicas			
	Objeto direto		Objeto indireto	Sujeito		Complemento preposicionado	
	Masc.	Fem.	(indiferente)	Masc.	Fem.	Masc.	Fem.
Singular	o	a	lhe	ele	ela	ele	ela
Plural	os	as	lhe(s)	eles	elas	eles	elas

Este Quadro completa-se quando se consideram as possibilidades de contração das formas tônicas, conforme o conhecido modelo: *de + ele = dele*; *em + ele = nele* etc. Contrações desse tipo são relativamente comuns, e aparecem atestadas em ocorrências como (17) e (18), nas quais a preposição rege o pronome:

(17) quanto à coleta se eles dependiam... da colheita... de... frutos... raízes... que eles NÃO plantavam... que estava à disposição *deles* na natuREza... eles também tinham que obedecer o ciclo::... vegetativo... [EF SP 405]

(18) e... então eu deixo com vocês... a análise de... através da própria observação de vocês... ou vivência... da realidade social essa que vocês conhecem... porque vivem *nela*... têm de conviver com ela... [EF REC 337]

A propósito de contrações, um problema para o qual não temos resposta é se existe ou não contração na língua falada culta quando o pronome que segue a preposição é sujeito de uma sentença infinitiva. Esse tem sido um ponto célebre de tensão entre uso e prescrição normativa, e há uma recomendação tradicional no sentido de falar e escrever "*cheguei depois de ele abrir a porta*", e não "*cheguei depois dele abrir a porta*". Infelizmente, temos que registrar que as gravações em que se baseia nosso estudo não permitem decidir se os falantes do português culto, na época das gravações, diziam "*depois dele chegar*" ou "*depois de ele chegar*". Mas a construção como a que se transcreve em (19) pode muito bem ser o resultado de uma manobra de autocorreção ou uma solução de compromisso encontrada pelo falante culto para sair do dilema:

(19) Eu nunca esqueço do jeito *dele de* perguntar. [DID POA 45]

c. Terceiro grupo: *não alteração de formas em ligação com funções sintáticas*

As formas *a gente*, de 1ª pessoa, e *você* e *vocês*, de 2ª pessoa, são originárias de expressões lexicais (de 3ª pessoa) e guardam várias características que se explicam por sua origem:

(i) são sempre tônicas;
(ii) levam o verbo para a 3ª pessoa quando desempenham o papel de sujeito:

(20) Inf. – Roda Viva *você* assistiu? [DID SP 234]

(iii) podem desempenhar o papel de objeto direto sem sofrer qualquer alteração de forma (diferentemente das formas do segundo grupo) e sem exigir a anteposição da preposição *a* (obrigatória para os pronomes do primeiro grupo). Um exemplo disso é

(21) Essa decisão prejudicou *você/a gente*.

(iv) aceitam preposição:

(22) os testes de (aptidão) que eu falei para *vocês* né?... [EF SP 377]

Outro ponto de tensão entre uso e norma prescritiva aflora na recomendação da gramática tradicional de que os pronomes pessoais oblíquos e os possessivos coindexados com *você* e *vocês* sejam sempre os da 3ª pessoa (*o, a, lhe, seu* etc.), como ocorre nesta fala do documentador:

(23) Doc. – e quando *vocês* quiseram... escolher uma carreira o que *as* levou a escolher a carreira? [D2 SP 360]

Sabe-se, porém, que essa exigência muitas vezes resultaria numa perda de informação quanto à pessoa. O que se observa a esse respeito nos inquéritos são duas tendências até certo ponto contraditórias: (i) reconhecer em *te* e *teu* o objeto direto/indireto e o possessivo correspondentes a *você*, ex. (24); (ii) utilizar *seu* (correspondente a *você*) apenas como possessivo da 2ª pessoa, reservando a forma preposicionada *dele* às funções de possessivo da 3ª, exemplos (25) e (26):

(24) Inf. – Roda Viva *você* assistiu? [...]
      Inf. – Eu *te* falei da peça [DID SP 234]
(25) então vocês ahn:: têm irmãos pequenos? quem tem irmão pequeno?... Lúcia... você também Valdírio?... como é quando você pede para desenhar uma mesa:: como é que a criança desenha?... ((vozes))... ah:: então é muito pequenininho Valdírio *seu* irmão... irmão ou irmã?... ((vozes))... desenha uma mesa?... ((risos))... como ela desenha?... [EF SP 405]
(26) eu tenho um rapaz que trabalha conosco me esqueci o nome *dele* [D2 SSA 98]

Um problema bastante distinto, mas também de divisão de funções, surge com a entrada da expressão *a gente* no paradigma pronominal. Na amostra aqui examinada não se encontraram casos em que *a gente* tenha sido construído com o verbo na 1ª pessoa do plural,[2] mas é comum a coindexação dessa expressão com a forma oblíqua *nós*.

(27) Ele dá aula... no Serviço Social...e ele *nos* convida e quase todo domingo *a gente* vai [DID SP 234]
(28) *a gente* tem muito o hábito de comer salada eu gosto muito da salada eu gosto de comer couve-flor::...gost/ engraçado que eu gosto muito de chuchu embora todo mundo ache chuchu uma coisa sem GRAça aguado mas eu go::sto...e carne...a/ aqui em casa *nós* fazemos de várias formas na/ não gosto de fazer um regime assim desses regimes brutos... que tem que... tirar muita coisa da alimentação [DID RJ 328]

O pronome pessoal "faz as vezes do nome" (melhor dizendo: é um sintagma fechado)

Tem-se repetido por séculos que os pronomes "fazem as vezes dos nomes", mas essa fórmula precisa ser urgentemente corrigida: sintática e semanticamente falando, o pronome é muito diferente do substantivo, ao passo que há muitas características que o assimilam a um sintagma nominal.

De fato, os pronomes pessoais e os sintagmas nominais (não propriamente os substantivos) têm uma distribuição muito semelhante, ou seja, ocupam, na estrutura sintática da sentença, espaços que são praticamente os mesmos.

Além disso, os pronomes pessoais não aceitam determinantes nem adjuntos, e isso os caracteriza como sintagmas "fechados", não sujeitos a expansão. É exatamente o contrário do que acontece com os substantivos, como se pode ver por estes dois exemplos:

(29) menino> menino loiro > menino loiro que eu vi
(30) ele> *ele loiro (que eu vi)

Aparentemente, a impossibilidade de expandir o pronome mediante adjuntos relaciona-se com um aspecto importante de sua semântica: a falta de conteúdo descritivo. Nesse ponto, ele se distingue mais uma vez do substantivo, que participa o tempo todo da construção de expressões referenciais fornecendo uma descrição dos referentes. Seja como for, apenas alguns tipos de elemento podem entrar na composição de um sintagma de núcleo pronominal: são principalmente quantificadores, delimitadores, identificadores, operadores de inclusão e dêiticos adverbiais (ver o capitulo dedicado aos advérbios e circunstanciais em outro volume desta mesma coleção). O determinante que aparece nessas construções realiza tipicamente funções de *delimitação* de um conjunto, tais como:

- definir a cardinalidade do conjunto delimitado pelo pronome plural ou coletivo, isto é, informar quantos indivíduos estão sendo referidos por *nós*, *vocês* e *eles* (*a gente* não admite indicação de cardinalidade):

(31)   *vocês dois* disseram [EF REC 337]

- estabelecer que o conjunto é tomado em sua totalidade:

(32)   claro, população de cento e tanto milhões, *toda ela* integrada à produção [EF RE 379]
(33)   secretarias porque em tudo precisa sempre um advogado funcionário então em *todas elas* existe algum pro/existem procuradores [D2 SP 360]
(34)   *todos nós* uma vez... que somos socializado... ou seja que nos tornamos gente [EF REC 337]
(35)   eu confesso a *todos vocês* de que não sei qual é o destino do mundo [D2 REC 05]
(36)   o paleolítico é o período... da pedra lascada... como *vocês todos* sabem... não é? [EF SP 405]
(37)   eu posso saber todos os sinais de trânsito de cor, (es)tá, eu memorizei o meu processo, se vocês me trouxerem o livrinho aquele eu respondo *todos eles* [EF POA 278]

- insistir na identidade, por meio da combinação com um demonstrativo:

(38)   você não não tá dialogando enquanto teatro *você mesmo* só você sente você convive [D2 REC 05]
(39)   todas as categorias, mesmo que tenham, que tenham subcategorias elas terão dentro *delas próprias*, níveis de gradação. [EF POA 278]
(40)   o homem precisa de solidão pra estar *consigo mesmo*. [D2 REC 05]

- introduzir, em nível de pressuposição, a informação de que um mesmo predicado se aplica/não se aplica a outros indivíduos, além do conjunto referido pelo pronome:

(41)   *só... você* sente você convive [D2 REC 05]
(42)   porque *eu também* não estou com pressa demais. [D2 SSA 98]

- inscrever a coordenada "espaço da enunciação" no sintagma que tem o pronome pessoal como núcleo: acrescenta-se um dêitico (pronome circunstancial) de lugar ao pronome correspondente a essa pessoa:

(43)   por exemplo e ao contrário *nós aqui* eu acho que *a gente aqui* é mais vinculada ao aspecto da carne. [D2 POA 291]
(44)   *você lá* paga três [D2 RJ 355]
(45)   acho que *todos nós aqui* já estamos habituados a isso [D2 POA 291]

Nenhuma dessas operações mobiliza propriedades que poderiam ser predicadas de indivíduos; semanticamente, trata-se sempre de operações sobre um conjunto predeterminado. Mesmo em casos como (46), no qual encontramos um substantivo ao lado do pronome, as duas palavras estão em relação de "aposto" e não de adjunto; dito de outra maneira, o substantivo comum não tem um papel restritivo em relação ao pronome:

(46)   L2 – vocês andavam... de fraque[...]
         L1 – e *nós homens*:: eu gostava muito de andar de:: usar fraque e chapéu:: coco... [D2 SP 396]

Decorre do que acabamos de dizer uma das características mais notáveis dos pronomes pessoais: eles sempre "lançam", no ponto do texto em que são utilizados, um conjunto de indivíduos que foi delimitado (e eventualmente descrito) em algum outro lugar.

Vimos que esse lugar pode ser outro ponto do texto ou a situação de discurso, e é disso que tratam as próximas seções, a partir de "A função dêitica: pronomes e pessoas do discurso".

Frequência das formas dos pronomes pessoais

Os dados do *corpus* mostram que são as seguintes as formas de pronomes pessoais utilizadas pelos falantes cultos:

- para a 1ª pessoa: *eu/nós/a gente*;
- para a 2ª pessoa: *tu/você/o senhor/a senhora*;
- para a 3ª pessoa: *ele/eles/ela/elas*.

Um exame preliminar mostrou que os pronomes de primeira pessoa são os mais frequentes no total geral (55%), no total por tipo de inquérito e no total por cidade. O único inquérito em que os pronomes de primeira pessoa não são os mais frequentes é D2 SP 360 (42% contra 53% de pronomes de 3ª pessoa).

Para explicar essa variação, é necessário correlacionar os dados referentes ao tipo de inquérito e cidade com os temas dos inquéritos e outras características cuja análise possa ser pertinente. Assim, por exemplo, no exame do inquérito D2 SP 360, o único com maior frequência de pronomes de 3ª pessoa, deve-se levar em conta que a condução do tema faz as duas informantes discorrerem seguidamente sobre as atividades de seus familiares (3ª pessoa). Outro exemplo é o DID POA 45, que apresenta a maior frequência de primeira pessoa (75%): sua análise não pode desprezar o fato de que a informante é sempre inquirida sobre suas preferências, suas reminiscências, seus julgamentos, o que a leva a falar em primeira pessoa.

Fica claro, em todo caso, que o fator predominante para a manifestação do sujeito não é a necessidade de clareza, já que a primeira pessoa, a que apresenta maior ocorrência de pronomes-sujeito, já tem, na maioria das vezes, desinência verbal número-pessoal característica.

Foram cotejadas formas alternantes, especialmente no caso de 1ª pessoa do plural e de 2ª pessoa do singular. Quanto às formas de 2ª pessoa do singular, registrou-se que o pronome *você* é mais frequente que *tu* no total geral (97%), no total de todos os tipos de inquérito e no total por cidade.

Quanto à primeira pessoa do plural, verificou-se que a forma *a gente* é mais frequente que a forma *nós* no total de dois tipos de inquérito (DIDs e D2s) e no total de três cidades (SP, RJ e POA). Inversamente, a forma *nós* é ligeiramente mais frequente no total geral (53%), no total dos EFs (53%) e no total de duas das cinco cidades (SSA e REC).

A seguir, serão descritas as funções dos pronomes pessoais, na sentença e no texto.

A função dêitica: pronomes e pessoas do discurso

PAPÉIS ENUNCIATIVOS DISTINGUIDOS PELOS PRONOMES PESSOAIS

O adjetivo *pessoal* deriva do substantivo latino *persona*, nome com que se designavam as máscaras utilizadas no teatro para amplificar a voz dos atores e para identificar as personagens. Falar em máscara a propósito de pronomes é uma forma oportuna de evocar a alternância dos papéis na interlocução, o que permite compreender a noção de "pessoa" como algo mais do que um mero tecnicismo gramatical ligado à conjugação verbal.

Uma função típica dos pronomes, certamente responsável pela qualificação *pessoais*, é a de representar, na estrutura formal dos enunciados, os interlocutores responsáveis pela enunciação. Já em Dionísio, o Trácio (século II a.C.), a conceituação de pessoa considerava a interlocução: para esse autor, a primeira pessoa é aquela "de quem parte o discurso"; a segunda é "aquela a quem se dirige o discurso"; enquanto a terceira é aquela "sobre quem é o discurso".[3]

Para sermos mais exatos, não basta dizer que a primeira pessoa é aquela que fala e que a segunda pessoa é aquela a quem se fala; outro gramático grego, Apolônio Díscolo (século I d.C.), já considerava insuficientes essas definições. Para ele, não basta dizer que segunda pessoa é "aquela a quem se fala"; é necessário acrescentar que é a respeito dela que se fala; e a primeira pessoa não é, simplesmente, a que fala, mas a que fala *de si própria*.[4] Em outras palavras, nas duas primeiras pessoas há, ao mesmo tempo, uma pessoa envolvida no discurso e um discurso sobre essa mesma pessoa e, desse modo, os pronomes de 1ª e de 2ª pessoa se interpretam por um processo de autorreferência. Assim, *eu* designa a pessoa que fala e implica, ao mesmo tempo, um discurso sobre ela, a partir dela própria, enquanto a 2ª pessoa é necessariamente referida pela primeira e não pode ser pensada fora de uma situação proposta a partir do *eu*.

Por sua vinculação à interlocução, os pronomes pessoais têm uma natureza *fórica* (isso significa que, para determinar sua referência, é preciso levar em conta as circunstâncias em que são pronunciados) e mais precisamente *exofórica*, ou *dêitica* (isso significa que não basta examinar o texto linguístico que os contém; é preciso recorrer à situação extralinguística, verificando a quem pertence a iniciativa da fala, a quem a fala está sendo dirigida etc.).

Analisados em seu aspecto fórico, os pronomes se distinguem pelo fato de que:

a. ou bem identificam seu referente como sendo um dos interlocutores, ou bem identificam seu referente como sendo alguém ou algum objeto que não tem nenhum papel na interlocução, mas é evocado nela; essa oposição é às vezes descrita como a oposição entre a pessoa e a não pessoa, e é ilustrada logo a seguir no exemplo (47), em que *nós* representa a pessoa e *a empregada* representa, gramaticalmente falando, a terceira pessoa (ou não pessoa);[5]

b. caso identifiquem um dos interlocutores, representam-no ou como um interlocutor de primeira pessoa (isto é, o emissor, quem detém a palavra) ou como um locutor de segunda pessoa (isto é, o alocutário, o receptor da fala). Essa dupla possibilidade é representada em (48) onde *eu* e *você* representam, na ordem, a primeira e a segunda pessoa.

(47)   *nós* temos empregada [...] *ela* faz a feira [DID RJ 328]
(48)   *eu* vou descrever para *você* minha viagem

Na categoria da não pessoa, precisamos, na realidade, considerar uma nova oposição, situada na dimensão semântica, a oposição que separa a não pessoa *determinada* e a não pessoa *indeterminada*, a qual tem às vezes uma expressão pronominal (como em "*come-se bem aqui*").

Resumindo, o conjunto de oposições dêiticas (ou exofóricas, ou discursivas) que diz respeito à classe dos pronomes se organiza como segue:

Mais adiante se verá que a indeterminação que esse esquema atribui apenas à não pessoa pode atingir as outras duas, realizando uma referência na qual se inclui a 3ª pessoa.

RECURSOS GRAMATICAIS QUE CODIFICAM OPOSIÇÕES DE PESSOA

A maioria das gramáticas continua enquadrando os pronomes singulares no seguinte esquema:

{ pessoa { primeira: *eu, me mim, (co)mi(go)*
           segunda: *tu, te, ti, (con)ti(go)*
  Não pessoa (determinada): *ele, ela, o, a, se, (con)si(go), lhe*

Como vimos, esse esquema parece realizar o sonho de uma correspondência biunívoca entre as formas dos pronomes-sujeito e as formas da conjugação verbal, e assim sugere uma forte impressão de regularidade. Infelizmente, porém, ele é inadequado para o português do Brasil, em que, para nos limitarmos ao singular, a correspondência foi quebrada há tempos pela adoção, em lugar de *tu*, do pronome *você* que, embora faça referência à pessoa a quem se fala e seja, portanto, do ponto de vista nocional, um pronome de 2ª pessoa, leva o verbo para a 3ª e coocorre com possessivos e pronomes átonos de 3ª pessoa. Originado de uma fórmula de reverência destinada ao rei e aos nobres (*Vossa Mercê*), o pronome *você* tem sido denominado tradicionalmente "pronome de tratamento". De fato, ele é usado principalmente em função de vocativo (como convém a um pronome de segunda pessoa) e comuta com *o senhor*, *Vossa Senhoria* e outras expressões de tratamento. No Brasil, como acabamos de dizer, esse pronome suplantou a forma tradicional e etimológica *tu*, e sua avidez por ocupar novos espaços e novas funções não para por aí, porque *você* assume com frequência uma interpretação indeterminada. Por isso, um quadro menos inexato, embora ainda incompleto dos pronomes pessoais singulares, seria o que segue:

Quadro 3 — Pronomes pessoais singulares

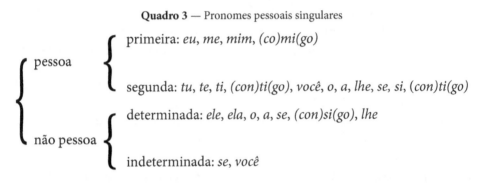

No que diz respeito aos pronomes plurais, os principais fatores de subversão do quadro tradicional etimológico são o desaparecimento completo de *vós* e a forte concorrência que *nós* sofre por parte de *a gente*. No *corpus* estudado, e mais amplamente nos inquéritos do Nurc, não há ocorrências de *vós*. Quanto à expressão *a gente*, ela comuta com a forma *nós* nos mesmos contextos, o que confirma que os falantes do português brasileiro as entendem como sinônimas:

(49)   Então toda aplicação já supõe uma interpretação que para *nós*, se *a gente* analisa objetivamente (...) vê que vai se constituir numa análise [EF POA 278]
(50)   Então, quando *nós* fazemos, por exemplo, uma pesquisa, quando *nós* fazemos uma consulta bibliográfica, a rigor, eu tenho que dizer que é a rigor, porque normalmente *a gente* tira exatamente o pedaço do livro que [...] *a gente* tira retalhos [EF POA 278]
(51)   meu marido ele... ele é vice-presidente lá da ANPA [...] Até domingo passado mesmo *nós* fizemos um... um chá em benefício [...]. Que(r) dize(r) que o mais que *a gente* anda assim de... diversão é com esta turma da diretoria. [DID POA 45, com adaptações]

A coexistência, num mesmo sistema, das formas *nós* e *a gente* levanta problemas semelhantes aos que podem ser formulados para *tu* e *você*. A julgar pelos porcentuais de frequência no uso de *nós* e *a gente* comentados na seção "Frequência das formas dos pronomes pessoais", a variedade culta seleciona com mais frequência o sujeito *nós*, mas *a gente* aparece como um seriíssimo concorrente. Como fatores de escolha, pesam, na ordem, o registro, o sexo e a faixa etária.[6]

Vejamos, mais de perto, como o funcionamento do sistema pronominal vem acomodando a presença das novas formas.

a. *Tu e você*

No *corpus* examinado, o número de ocorrências de *tu* é reduzidíssimo (no total, 0,25%, contra 99,75% de *você*) e essas ocorrências concentram-se em Porto Alegre. Foram 12 os casos de pronome *tu* expressos (11 em POA) e 4 os casos de verbo na 2ª pessoa do singular, sem o pronome expresso. Dos 11 casos de *tu* de POA,

- 4 trouxeram a marca de 2ª pessoa também no verbo: exemplos (52) a (55);
- dois trouxeram o verbo na 3ª: exemplos (56) e (57);
- 3 dos restantes deixaram dúvida na audição, fato que a transcrição registra – exemplos (58) a (60):

(52) por que *tu* disseste que acha(s) que ali entra a compreensão? [EF POA 278]
(53) *tu* entras na galeria [...] [D2 POA 291]
(54) Aquilo que *tu* te ressentiste. [EF POA 278]
(55) em São Paulo *tu* acho que estavas junto com [...] [D2 POA 29]
(56) *tu* vai atrás disso. [D2 REC 05]
(57) *tu* não lê esporte? [DID POA 45]
(58) mas aí em que que *tu* te baseia(s) [EF POA 278]
(59) Maria, *tu* que(res) dizer alguma coisa? [EF POA 278]
(60) *tu* não passa(s) então um... era a professora de desenho. [EF POA 45]

O fato de o pronome *tu* ocorrer ora com a 2ª pessoa do verbo, ora com a 3ª caracteriza um fenômeno de variação que exigiria por sua vez um estudo das condições relevantes.

b. *O senhor/a senhora*

O quadro de pronomes pessoais em português brasileiro poderia muito bem ser ampliado, de modo a incluir, na 2ª pessoa, *o senhor/a senhora*. Esse tratamento, considerado respeitoso, ocorreu, no *corpus*, apenas na interação entre o informante e o documentador, geralmente na fala deste, exemplos (61) e (62)), e apenas uma vez na fala do primeiro, exemplo (63):

(61) Doc. – *O senhor* falou na importância paga pelos associados... [EF POA 278]
(62) Doc. – *A senhora* nada? [DID POA 45]
(63) Doc. – E em relação com o professor?
Inf. – Bom, aí é *a senhora* e... [DID POA 45]

Apenas três ocorrências de *o senhor* não foram dirigidas nem ao informante nem ao documentador; fazem parte de um discurso reportado, no qual o informante imagina um diálogo entre um vendedor e um freguês e, assim, institui um interlocutor imaginário que deve ser tratado com cerimônia:

(64) As firmas que estão, que vendem apartamento na planta são arapucas [...] porque a gente vai, dizem assim: *o senhor* vai pagar isto, isso aqui é a entrada, depois em cada prestação é tanto, depois de um prazo *o senhor* paga tanto [D2 RJ 355]
(65) o garçom estranha um pouco mas tudo bem ele só quer comer pastel de nata, quantos *o senhor* deseja? Quando ele termina aí diz assim bem agora por favor quer me trazer a sopa? ou então começa pela conta... [EF REC 337]

USO SIMULTÂNEO DE DIFERENTES FORMAS PARA UMA MESMA PESSOA, NO SINGULAR

O quadro apresentado até aqui sugere a existência de duas séries de pronomes de segunda pessoa, que se excluem reciprocamente:

tu, te, ti, contigo × *você/o senhor/o, a, se* etc.

Na realidade, esses dois paradigmas se confundem, como se pode verificar por estes casos de *te* referidos a *você*, extraídos do inquérito DID SP 234:

(66) Inf. – Roda viva *você* assistiu? [...]
[...]
Inf. – [...] eu *te* falei da peça
(67) Doc. – *você* comeu muito brigadeiro?
Inf. – não... por quê?
Doc. – não *te* serviram?

Em suma, o que se observa nos dados é que *você* é a forma corrente de dirigir-se ao alocutário; e as formas pronominais oblíquas usadas em correferência a *você* são majoritariamente *o, a, se*, e ocasionalmente *te*.

PESSOAS DO DISCURSO E PRONOMES PLURAIS

No plural, o mapeamento das pessoas do discurso com os pronomes se complica pela possibilidade de uma referência simultânea a indivíduos que desempenham diferentes papéis do ponto de vista do discurso. Ao passo que *eles, elas, os, as, lhes* podem ser encarados como autênticos plurais de *ele, ela* etc., as formas *nós, nos, (co)nos(co), a gente, vocês* são mais do que simples plurais de *eu* e *você*; nos pronomes pessoais de primeira e segunda pessoa, a passagem do singular para o plural não implica apenas pluralização.

a. A pluralidade de *nós*

Não se pode dizer simplesmente que o pronome pessoal *nós* é igual a *eu + eu*, mesmo quando esse plural não inclui realmente nenhuma outra pessoa além da primeira, análise que alguém poderia querer aplicar a este exemplo, em que um professor de História da Arte anuncia à classe o assunto de sua aula:

(68) *nós* vamos começar pela Pré-História,... hoje exatamente pelo período... do Paleolítico [EF SP 405]

Afora esses empregos (que já foram chamados "plurais de modéstia" e também "plurais majestáticos") o pronome *nós* constitui tipicamente a soma de *eu + não eu*. O *não eu* pode corresponder a uma 2^a ou a uma 3ª pessoa, ou a ambas conjuntamente. Os dados do *corpus* ilustram outras possibilidades:

a. *nós* = 1^a + 2^a pessoa, *eu + você(s)*:

(69) Já está tarde para mim e para você. *Nós* vamos continuar o trabalho amanhã.
(70) então *nós* vamos conversar sobre ensino, né?... *nós* vamos conversar assim:: (A documentadora se dirige à informante, referindo-se ao diálogo que se inicia) [DID SSA 231]

b. *nós* = 1^a + 3^a pessoa, *eu + ele(s)*:

(71) e:: *nós* havíamos programado NOve ou dez filhos... (A entrevistada fala de si e do marido) [D2 SP 360]

(72)   Não, mas vocês vão puxar, ou *nós*... não vamos falar nada (Um dos dois entrevistados fala em nome dos dois) [D2 SSA 98]
(73)   eu então... estava comentando com um dos donos da firma que ofereceu almoço para *nós* (A informante faz uma narrativa à documentadora e se refere a um almoço que foi oferecido a ela e a outras pessoas) [DID SP 234]

a. *nós* = 1ª + 2ª pessoa, *eu + você(s) + ele(s)*

(74)   Doc. - Hum. Tá bom, tá ligado (risos)
       Inf 115 - ...desde que *nós* entramos aqui (superp)
       Doc. - Está vendo? Elas estão gravando. (O informante 115 se refere a si próprio, ao documentador e ao informante 116) [D2 SSA 98]

Em geral, essa referenciação múltipla não cria problemas para a recuperação dos referentes, pois o contexto supre as informações necessárias; entretanto, há casos como (75) e (76) em que é possível mais de uma interpretação:

(75)   agora *nós* vamos passar para o nosso outro assunto... O outro assunto... é a região mediastínica... então *nós* vamos começar a nossa região mediastínica... em uma proposição... eu vou dizer pra vocês o esquema... e vocês vão copiar... [EF SSA 49]
(76)   Já ouviu falar, conhece de nome taxionomia, só de nome, bem... É essa palavra taxionomia quer, refere-se mais ou menos a uma classificação, eu digo mais ou menos porque *nós* vamos ver qual é a diferença que existe entre uma taxionomia e uma classificação [EF POA 278 – primeira interpretação: o professor fala de si e dos alunos: *nós* = eu + vocês; segunda interpretação: o professor fala apenas de si mesmo: *nós* = plural de modéstia ou majestático].

b. A pluralidade de *a gente*

A expressão *a gente* representa em geral um plural que soma *eu + não eu* (1ª + 2ª e/ou 3ª), conforme também se verifica nas ocorrências do *corpus* a seguir:

(77)   taxionomia de quem que vocês conhecem? Bloom, exatamente. Mesmo que seja só de nome *a gente* já ouviu falar nessa taxionomia (A informante, dando uma aula, se refere a si própria e a seus alunos, que são seus interlocutores no momento) [EF POA 278]
(78)   aliás quando *a gente* vai fazer uma jantinha (A informante se refere a si mesma e ao marido, uma não pessoa do discurso) [D2 POA 291]

Por outro lado, da mesma forma que *nós*, a expressão *a gente* também pode se referir ao indivíduo que fala (*a gente = eu*). É o que acontece na próxima ocorrência, parte de uma aula sobre arte pré-histórica:

(79) ...então tudo o que *a gente* vai dizer a respeito desse período... é baseado em pesquisas arqueológicas [EF SP 405]

c. A pluralidade de *vocês*

Com relação ao plural de 2ª pessoa, *vocês*, também se observam várias possibilidades de referenciação, como se confirma nas ocorrências transcritas a seguir:

a. *vocês* = 2ª + 2ª pessoa

(80) prometi também que a aula de hoje seria... alguma coisa... num é? ligada a esse estudo que vocês fizeram... e prometi... também... que diria a *vocês* se... eu iria exigir cobrar... algo do que *vocês* já fizeram (A informante, dando aula, se dirige aos alunos) [EF REC 337]
(81) ...não sei se *vocês* estão lembradas daquele jargão do Odorico Paraguaçu [D2 SP 333]
(82) ...bom:: *vocês* poderiam no caso falar então de inicio para nós né?... [D2 SP 62]

Nos dois últimos casos o documentador se dirige aos dois informantes (*vocês = você + você*).

b. *vocês* = 2ª + 3ª pessoa (singular ou plural)

(83) L1 – *você* entrou nesse último concurso de procuradora? [...]
L1 – e foi chamada
L2 – e fui chamada há dois anos e pouco... [...]
L1 – agora vai haver outro concurso... [...]
L2 – não há data
L1 – prevista
L2 – nós estamos esperando que haja... uma maior brevidade possível
L1 – *vocês* precisam de pessoal né?
(L1 se refere a L2, que é sua interlocutora, mais outras pessoas que trabalham na Procuradoria) [D2 SP 360]
(84) ...ao cinema do Largo do Arouche... *vocês* iam de fraque (O documentador se refere ao informante L1, que é do sexo masculino, e aos outros homens da época (*vocês = você + eles*)) [D2 SP 396]

(85)   *vocês* usavam vestido para... baile de organdi (O documentador se refere à informante (L2), que é do sexo feminino, e às outras mulheres da época (*vocês = você + elas*)) [SP D2 396]

REFERENCIAÇÃO INDETERMINADA

Formas de indeterminação

1. *Nós* e *a gente*

Apesar da correspondência apontada entre *nós* e *a gente* na indicação da 1ª pessoa do plural, um primeiro exame das ocorrências dessas duas formas feito a partir do inquérito D2 SP 360 (escolhido porque apresenta 30 casos de *a gente* e apenas 14 de *nós*) parece mostrar que *nós* constitui a escolha para uma indicação mais definida, enquanto *a gente* pode efetuar uma referência mais indeterminada, mesmo que essa expressão continue sendo usada, claramente, em referência à 1ª pessoa:

(86)   L1 - acarreta mais trabalho para vocês...
       L2 - acarreta... mas muitíssimo... *a gente* trabalha [D2 SP 360]
(87)   L2 - eles dizem que vai ser logo
       L1 - eu acho
       L2 - mas *a gente* está esperando... não sai nada [D2 SP 360]

Na verdade, a expressão *a gente* pode chegar a um grau de indeterminação que resvala para a própria dispensa da referência à primeira pessoa (*a gente* = as pessoas):

(88)   depois de assistir à novela *a gente* (não) vai assistir... programa político [DID SP 234]
(89)   Como é que *a gente* sabe que a estrada é de primeira classe? (Pergunta do documentador ao informante, que vem discorrendo sobre diferentes tipos de estrada) [D2 SSA 98]

Nos casos em que *nós* alterna com o pronome *se* de indeterminação (o que sugere sua interpretação como genérico), também é facilmente verificável o caráter de menor generalização no pronome de 1ª pessoa:

(90)   quando *nós* falamos em instrumentos de avaliação, fala-*se* também em níveis de consecução de objetivos (A informante dá uma aula de didática) [EF POA 278]

O próprio *nós*, entretanto, pode, por vezes, escorregar de uma rígida indicação de pessoa determinada (1ª pessoa) para uma referência mais generalizada, embora essa referência nunca escape de uma relação com as coordenadas da enunciação ligadas à 1ª pessoa:

(91)   eu saber que o filme é bom porque::... por exemplo *nós* temos tido filmes bons não é? (= aqui se tem tido, aqui tem havido) [DID SP 234]

Tudo isso leva a pensar que, apesar dos diferentes graus de indeterminação expressos, haveria uma concordância entre *nós* e *a gente*, e, mesmo, entre *nós* e *se*, a qual, para efeito de gramaticalização, poderia ser considerada regular.

2.   *Você* e *eu*

O exame de *nós* com referência indeterminada indica a possibilidade de pronomes em princípio determinados (por exemplo, porque se referem aos interlocutores) receberem uma interpretação "figurada", por um processo que se pode considerar uma metáfora de pessoa: pronomes de uma determinada pessoa recebem interpretação mais abrangente ou imprecisa. Notável, nesse particular, é o emprego de *você*, exatamente um pronome referente ao alocutário, como recurso para uma forte indeterminação do sujeito. São casos para discussão:

(92)   Doc. – e você gosta mais de representar ou de assistir teatro?
Inf. – não resta dúvida de representar... acho que teatro e uma coisa que TODO MUNDO mais cedo ou mais tarde na vida devia fazer... é uma coisa que da::... não sei o::o camarada pode enfrentar a todas as situações da vida mais...com maior naturalidade, sabe?... e::com maior preparo... porque o teatro é um::é uma escola excelente pra *você* se adaptar a::às condi: as diversas condições humanas... então *você* no teatro é tUdo... *você* é *você* mesmo... *você* é o personagem e quanto mais personagens *você* interpreta maiores eh::tipos maiores gêneros de vida *você* vai conseguir enfocar para sua própria vida [DID SP 161]

Nota-se, aí, que o documentador se dirige ao informante por meio de *você*, num uso típico para a segunda pessoa; na resposta do informante, as várias ocorrências de *você*, porém, equivalem a ocorrência inicial de *o camarada*, que é, por sua vez, uma espécie de variável que tem por domínio todas as pessoas em princípio capazes de fazer teatro. Esse papel de variável fica particularmente claro na expressão "*você* é *você* mesmo", que não teria sentido (ou seria banalmente verdadeira) se *você* estivesse sendo usado como um sujeito determinado de segunda pessoa.

O exemplo seguinte mostra bem a qualidade indeterminada de *você*, que faz referência a um "fosse quem fosse"/"seja quem for".

(93) Antigamente *você* ia ao Cine Ipiranga eram umas poltronas ótimas tinha lá em cima *você* ficava bem acomodado [DID SP 234]

Examine-se esta outra passagem, parte de uma aula de Anatomia:

(94) vocês retiram... por intervenção na paciente... *você* está com... um câncer... avançado... já muitas vezes... ou então se faz a mastectomia alargada... se retira a glândula... se retira o grande peitoral... ficando somente os músculos intercostais... vocês vejam como é traumatizante na intervenção [EF SSA 49]

Aí o pronome *você* ("*você* está com... um câncer... avançado") seguramente não inclui o ouvinte (o aluno ao qual a aula é ministrada), o que se pode considerar o grau máximo de generalização para um pronome que, tipicamente, representa o alocutário. Do mesmo tipo é o exemplo (95), em que o locutor praticamente se refere a si próprio (*eu*) e a seu grupo, o dos professores (*nós*), quando usa *você*:

(95) eu acho a prova tipo teste que é uma prova mais de inteligência de raciocínio *você* testa mais a inteligência e o raciocínio do estudante a prova descritiva não *você* não testa a inteligência nem o raciocínio. [DID SSA 231]

Outro exemplo interessante de anulação da referência dos pronomes aos papéis do discurso está, no mesmo inquérito, no par de ocorrências registradas a seguir. Ocorre que, na sequência do inquérito, se alternam, para a mesma indicação, *a gente* (em princípio uma 1ª pessoa do plural, embora mais indeterminada) e *você* (em princípio, uma 2ª pessoa):

(96) eu acho que o o o antigamente os cinemas o ambiente era era outro... *a gente* ia ao cinema [...] passou uma época em que *você* ia ao cinema tinha que ficar de pé numa fila enorme... não e? [DID SP 234]

Até na mesma sentença se observa essa alternância:

(97) agora:... é engraçado que *você* saindo do Brasil... *a gente* sente uma falta muito grande dessa parte de verduras [DID RJ 328]

Resta apontar a possibilidade de o próprio pronome *eu* (em princípio, maximamente determinado, já que indica, exatamente, a pessoa que fala) adquirir caráter de referenciação indeterminada. Uma pessoa que não está (e que até nunca esteve) na

Suíça poderia perfeitamente dizer: "Na Suíça, *eu* não preciso ficar em sobressalto, esperando um novo pacote econômico a qualquer momento". Menos característico, mas, ainda assim, bastante ilustrativo, é o emprego da 1ª pessoa neste trecho do *corpus*:

(98)   por exemplo eu posso saber todos os sinais de trânsito de cor, (es)tá, *eu* memorizei o meu processo, se vocês me trouxerem o livrinho aquele *eu* respondo todos eles e estou no nível de conhecimento; bem, mas é preciso que *eu* aplique, que eu utilize os sinais de trânsito na hora certa, ou que *eu* tenha a habilidade de passar meio rápido pelo guardinha, porque se não *eu* estou multada na próxima esquina. Então, quando é que *eu* sei que *eu* co, com, que *eu* compreendi? Quando *eu* apliquei os sinais de trânsito na hora exata, quando *eu* passei um ano inteiro sem receber nenhuma multa. [EF POA 278]

3. *Eles*

O pronome de 3ª pessoa terá seu estudo desenvolvido numa próxima seção deste capítulo, dedicada à função endofórica do pronome pessoal. Entretanto, cabe apontar aqui que a indeterminação do sujeito também se faz com o uso de um pronome de 3ª pessoa do plural (na sua forma não marcada, o masculino *eles*) que não recupera antecedente

(99)   mas *eles* tão providenciando reflorestamento [D2 RE 05]
(100) quando chegou o balé russo aqui em São Paulo *eles* pediram que as alunas da Prefeitura que éramos nós... [DID SP 234]
(101) Belo Horizonte foi ah plantada foi planificada dentro de um plano que::*eles* procuraram seguir até quando foi possível depois houve um crescimento demográfico muito grande [DID SP 137]
(102) Quando se vai a Belo Horizonte passa-se por Volta Redonda [...] e mesmo na zona da mata de Cataguazes que muito aliás muito *eles* sofreram muito a influência do Rio de Janeiro [DID SP 137]

Entretanto, a generalização obtida por tal meio não é total, já que sempre exclui a 1ª pessoa e a 2ª, o que, de certo modo, representa uma determinação de referência. Pode-se dizer que esse uso de *eles* efetua indeterminação, mas apenas dentro da categoria da não pessoa (ou 3ª pessoa).

4.   O pronome *se* não reflexivo

A indicação obtida com o uso do *se* junto de determinados verbos parece ser mais generalizada. Um dos usos mais comuns é o de *se* junto de verbo transitivo, construção que tradicionalmente tem tido uma interpretação passiva, mas não sem questionamentos. Nessa interpretação, o verbo teria de concordar com o sujeito, e, portanto, iria para o plural, com sujeito plural. O *corpus* aqui analisado registra ocorrências com e sem essa pluralização. No inquérito EF SSA 49, por exemplo, construções com o *se* ligado à indeterminação do sujeito alternam com construções entendidas como passivas (verbo transitivo com *se*, concordando com o sintagma nominal plural entendido como sujeito). No inquérito D2 SP 360, entretanto, o caso aqui apresentado foi o único com concordância no plural do verbo:

(103) quer dizer então que nessa altura *se* formariam mais ou menos umas mil vagas [...] [D2 SP 360]
(104) como é que *se* chama aquelas florzinha(s) branquinha(s) bem cheirosa [DID POA 45]
(105) o inverso acontece... o mesmo acontece para o sexo feminino... se na mulher *se* retira os ovários... [EF SSA 49]

O que deve ser registrado aqui é que, com qualquer tipo de verbo, o uso de um *se* sem referente e sem formação evidente de voz passiva (evidência que só existe quando se registra pluralização do sintagma nominal tido como sujeito) configura um enunciado com alto grau de indeterminação. Com efeito, ficam abrangidas no conjunto indeterminado a que esse emprego do *se* remete todas as pessoas gramaticais, indiferentemente (1ª + 2ª + 3ª). Exemplo típico é:

(106) ...mas falava-*se* muito sobre o alto custo de vida... [DID SP 234]

5. Verbo na 3ª pessoa (plural ou singular) sem sujeito expresso

A indeterminação do sujeito por meio do emprego da 3ª pessoa não passa necessariamente, porém, pelo uso de pronomes: um recurso bastante frequente é a ausência de sujeito explícito com verbo na 3ª pessoa do plural (referência ao *eles* indeterminado, que é a "indeterminação" privilegiada pela gramática tradicional), ou, mesmo, do singular. São casos em que o enunciado apresenta categoria vazia na posição de sujeito (e sem configuração de uma elipse que faça recuperação anafórica).

(107) Doc. – você comeu muito brigadeiro?
Inf. – Não... por quê?
Doc. – não te *serviram*?
Inf. – Não
Doc. – para mim *serviram* [DID SP 234]

(108)   Doc. – E queijo, não se fazia queijo?
          Inf. – Ah queijo *pode fazer* mas na fazenda não se fazia muito [DID POA 45]
(109)   porque o ganho é pouco e *tem que manter* um certo status... [D2 SP 360] /537
(110)   aquela fruta-de-conde que aqui no Rio é caríssima, lá *vende* assim com preço baratíssimo [DID RJ 328]
(111)   levaram o dia inteiro para arrumar a canoa, quando acabaram de arrumar já estava na hora de *vir embora* [DID POA 45]
(112)   não tinha nem onde *sentar* viu? [DID SP 234]

Mantém-se para a 3ª pessoa do plural sem sujeito expresso o que se acaba de observar sobre o caráter restrito da generalização obtida com *eles* (generalização dentro da não pessoa). Não é o que ocorre, porém, com a indeterminação obtida com o uso de 3ª pessoa do singular, uso que vem sendo estudado numa comparação entre o português do Brasil e o de Portugal.[7]

Realmente, o enunciado:

(113)   queijo *pode fazer* [DID POA 45]

generaliza não apenas para a 3ª pessoa, ou não pessoa, mas também, potencialmente, para as duas pessoas do discurso, enquanto um enunciado como "queijo podem fazer" implicaria exclusão dos interlocutores.[8]

O que parece claro é que esse uso da 3ª pessoa do singular sem sujeito expresso está pelo uso da forma *se* + 3ª pessoa do singular, que aqui se estudou em confronto com o uso de *a gente*, concluindo-se pelo caráter mais restrito desta última forma, exatamente por causa de sua ligação com o locutor. O que se quer dizer, afinal, é que a inclusão necessária da primeira pessoa é uma forma de determinação. A referência generalizada com a 3ª pessoa do singular sem sujeito expresso chega a sugerir uma interpretação de referência unipessoal (sujeito sentencial). Assim, no exemplo seguinte, *precisa* pode chegar a entender-se como equivalente à expressão neutra *é preciso*:

(114)   Então pra receber as chaves do apartamento e aí começa, porque *precisa* pagar mais isso, porque tem mais aquilo, tem que botar uma grade [D2 RJ 355]

6.   Sintagmas nominais genéricos (quase-pronomes)

Outro recurso de indeterminação é o uso de sintagmas nominais com um substantivo de sentido genérico como núcleo, configurando-se aí um caso de quase-pronome. São exemplos:

(115) o PRINcipal, em se falando DE TEAtro é a interpretação do artista... não adiantam::... infinitos recursos técnicos... se eles não são bem aproveitados pelo artista... eu::... já vi muita peça de teatro em que:: a técnica deu muita mancada... fez cair chuva em hora que devia aparecer sol... deu tiro quando *o camarada* puxou faca... e nem por isso o espetáculo perdeu o seu conteúdo.
(116) Doc. – Costumam jogar?
Inf. – Não, jogar nunca se jogou, não dá tempo, *o pessoal* conversa. [DID POA 45]
(117) Mas é que no fim das festas *o pessoal* começa a pegar todos os arranjos do salão [DID POA 45]
(118) Primeiro passava o arado pa/ arava um sulco... na terra...e depois se jogava o grão[...] e a e e e *a pessoa* às vezes ia até atrás do arado jogando o grão [EF SP 18]

Processos envolvidos na indeterminação

Essas reflexões indicam que há uma organização, embora fluida, de zonas de maior ou menor indeterminação do sujeito, ligadas a dois processos contrários e complementares:

1. a inclusão necessária de uma das três pessoas gramaticais, que é uma forma de determinação; um exemplo é o emprego de *a gente*, e, principalmente, *nós*, que implicam a primeira pessoa;
2. a exclusão necessária de uma das três pessoas gramaticais, que também é uma forma de determinação; um exemplo é o do pronome *eles*, ou, mesmo, do uso da 3ª pessoa do plural sem sujeito expresso.

Desse modo, pronomes como *eu* e *você*, em princípio determinados pelo próprio processo da enunciação, chegam à não inclusão necessária das pessoas a que eles supostamente referem (1ª e 2ª do singular, respectivamente), alcançando um alto grau de indeterminação da referência.

Por outro lado, a 3ª pessoa do singular sem sujeito expresso, ou, no caso de alguns verbos, com acoplamento do pronome *se*, provê uma referenciação maximamente indeterminada, exatamente pelo fato de nem implicar nem incluir, necessariamente, nenhuma das três pessoas do discurso.

FUNÇÕES CONEXAS À FUNÇÃO DÊITICA

Embora imperfeita, a correspondência entre as pessoas do verbo e as pessoas dos pronomes é um ponto de referência constante para a interpretação das sentenças do português. Embora as variedades estudadas tenham perdido total ou parcialmente as formas de expressão antigas da 2ª pessoa do plural e da 2ª pessoa do singular, as formas verbais que sobreviveram são em geral suficientemente diferenciadas, do ponto de vista fônico, para tornar dispensável a ocorrência simultânea do verbo e do pronome-sujeito, como identificação de papéis discursivos. O português dispensa em muitas circunstâncias o uso dos pronomes-sujeito, fato que as gramáticas tradicionais explicam pela existência das desinências verbais.[9] Entretanto, a omissão do sujeito pronominal não é categórica, assim como não é automática a sua explicitação. Fica, então, pendente a questão de esclarecer qual é o papel de um sujeito redundante em relação à flexão verbal.

Para responder a essa pergunta, pesquisaram-se os casos de não manifestação do sujeito explícito com verbos nas diversas pessoas do singular e do plural. Os resultados mostraram que a 1ª pessoa do singular é a que mais dispensa a expressão de sujeito: 30,59% das ocorrências de 1ª pessoa do singular não têm sujeito explícito. Devido a esse resultado, tomou-se um inquérito, o DID SP 234, para levantamento dos tipos de verbo que ocorrem sem o pronome de 1ª pessoa do singular. A primeira observação se refere a expressões quase fixas, por exemplo, as respostas negativas. Dos 96 casos de omissão do pronome *eu*, 21 ocorreram na expressão *sei lá* e 15 na expressão *não sei*. Exemplos:

(119) ...como é que eu vou dizer o que::... *sei lá*... o que mais a peça nos chama a atenção.
(120) *sei lá* eu acho que o teatro [...]
(121) ...*não sei* hoje em dia não aparece tanto filme como antigamente
(122) Olha não posso te responder *não sei*...

É evidente que não se pode explicar indiscriminadamente pelo tipo de verbo a omissão nesses dois casos, já que intuitivamente se sabe que, em determinadas sequências, a forma preferida seria *eu sei*. Pense-se, por exemplo, numa sequência com resposta afirmativa, como a que segue:

A: Você sabe o que aconteceu?
B: Eu sei.

Essa alternância entre forma afirmativa com *eu* expresso e forma negativa sem o sujeito de 1ª pessoa do singular expresso se registra com outros verbos.

No mesmo inquérito DID SP 234, pode-se verificar que, para um total de 230 ocorrências de *eu*, menos de 20 (ou seja, menos de 10%) são de enunciados negativos, e, para um total de 96 casos de omissão do *eu*, menos de 30 (menos de 30%) são de enunciados afirmativos. Passagens como a que segue ilustram essas preferências:

(123)   *eu* gosto mais de comédia... não gosto muito de filme [DID SP 234]

Por outro lado, uma análise preliminar sugere alguma correlação entre determinados tipos de verbo e a seleção do sujeito, explícito ou não, de 1ª pessoa do singular. Assim, de 90 ocorrências do verbo *achar* de "opinião", no DID em questão, apenas 5 estão sem o sujeito de 1ª pessoa expresso, enquanto 85 (94%) estão com *eu*. E a expressão, também de "opinião", "*eu tenho a impressão*" aparece 13 vezes no texto, contra apenas 2 ocorrências de "*tenho a impressão*". Nesses casos de verbos de julgamento, parece ser bastante importante que se marque a presença do sujeito modalizador, especialmente se ele é o falante. Uma investigação mais apurada pode levar à determinação de classes de verbos (semânticas e/ou sintáticas) que favoreceriam a ocorrência ou não do pronome-sujeito nos enunciados. Estamos falando aqui do pronome de 1ª pessoa do singular, mas muitas das conclusões podem ser estendidas às outras pessoas. Os dados sugerem que outros fatores, além do tipo de verbo e da polaridade da sentença, influem nessa seleção. A não ocorrência do pronome *eu* em sentenças afirmativas (que favoreceriam a ocorrência), por exemplo, parece estar ligada a determinações sintáticas, entre as quais a coordenação de sentenças com o mesmo sujeito, estando ele expresso na primeira delas, como nos exemplos (124) a (126), e a subordinação de uma sentença completiva a uma principal com o mesmo sujeito, estando, também, ele expresso na primeira (como em 127):

(124)   outro filme que que *eu* fiquei também chocada e gostei muito... foi: [DID SP 234] /541
(125)   *eu* fui... achei um cenário uma coisa ah ótima [DID SP 234]
(126)   *eu* estudei balé... e tive oportunidade de trabalhar [DID SP 234]
(127)   *eu* acho que vou ao cinema [DID SP 234]

No caso de um verbo como *achar* opinativo, em que tem grande incidência o pronome-sujeito *eu*, a omissão desse pronome também pode ser interpretada em relação com outros fatores ligados à construção sintática, como o fato de o modalizador (*acho que*) vir após a proposição:

(128)   *eu* estudei acho que uns três anos balé [DID SP 234]

Verifica-se facilmente, por outro lado, que, nesse caso, como em outros tratados aqui, há uma determinação prosódica, que, neste tipo de questão, parece ser muito importante e está a merecer estudo. Outros fatores que atuam em sentido contrário, isto é, favorecendo a ocorrência do *eu*, são:

- o deslocamento do objeto direto para antes do verbo, fato que, aliás, também se correlaciona com curva entonacional típica:

(129)   esse tipo de filme também *eu* gosto [DID SP 234]
(130)   filme *eu* gosto mais de comédia [DID SP 234]

- o contexto de sentença relativa:

(131)   o pouco que *eu*: *eu* imagino [DID SP 234]

Há ainda outras hipóteses a averiguar:

a. Haveria diferenças pragmáticas entre a presença e a ausência do sujeito pronominal. Por exemplo, a presença do pronome-sujeito poderia anunciar uma mudança de "tópico discursivo".
b. Haveria correlação entre a presença ou ausência do sujeito pronominal e uma "riqueza" da flexão de pessoa daquele determinado tempo em que se encontra o verbo que concorda com o sujeito. Se o informante de (132) falasse no presente, seria menos provável a ocorrência de *ele*, já que a ambiguidade entre a 1ª e a 3ª pessoa ficaria resolvida pelo morfema verbal:

(132)   Meu marido jogava... antes um pouco, mas... foi logo que nos casamos, no tempo de solteiro ele *jogava... no* Colégio, e depois jogou um tempo na Força e Luz, no Cruzeiro... mas foi pouco tempo. [DID POA 45]

Nenhum desses fatores foi encarado, aqui, como determinante. Eles apenas apontariam para construções preferenciais. Há, de outro lado, fatores que são condicionadores, como o emprego de infinitivo pessoal, isto é, de infinitivo com sujeito próprio, o qual deve, então, vir expresso, para registrar-se a oposição com o infinitivo impessoal. Nesse caso, a presença do sujeito pronominal contribuiria para controlar a ambiguidade de pessoa, bloqueando leituras indesejáveis, e evitando leituras genéricas.

(133)   Doc. – O que precisa conter o cinema para levar a senhora até ele?
        Inf. – *eu* saber que o filme é bom. [DID SP 234]

Cabe explicitar-se, ainda, a referência, aqui já feita, à necessidade de investigar as determinações da prosódia tanto para a ocorrência como para a não ocorrência do *eu* e de outros pronomes-sujeito. Apontam-se apenas alguns casos em que a determinação da curva entonacional parece muito evidente para uma ou outra escolha:

- em certas perífrases:

(134)   vou *te* contar [DID SP 234]

- em casos de clivagem:

(135)   como é que *eu* vou dizer o que:: [DID SP 234]
(136)   por isso que *eu* acho que [DID SP 234]

- em casos em que o verbo vem precedido de uma palavra com entoação "enfática":

(137)   Aí *achei* fabuloso [DID SP 234]

OUTRAS CLASSES DE PALAVRAS QUE REMETEM ÀS PESSOAS DO DISCURSO

As distinções de pessoa, tais como foram descritas até aqui, ajudam a compreender a interpretação de certas palavras e construções que evocam de algum modo as "pessoas do discurso". Estão entre essas classes:

- Os chamados *possessivos*, que nos dados dos inquéritos aparecem nas seguintes correspondências com os pronomes pessoais:

Quadro 4 — Correspondências pronomes pessoais/possessivos

eu	*eu, minha, meus, minhas*
você	*seu, sua, seus, suas / teu, tua, teus, tuas*
ele(s) ela(s)	*seu, sua, seus, suas* *seu, sua, seus, suas*
nós	*nosso, nossa, nossos, nossas*
vocês	*seu, sua, seus, suas / vosso(s), vossa(s)*

Pelo menos dois aspectos dessa correspondência mereceriam um exame mais detido: (i) a hipótese de que seja fundamentalmente regional a distribuição de *teu* e *seu* quando relativos ao interlocutor, e (ii) a frequência relativa de *seu* e *sua* e de *dele* e *dela*, como possessivos de terceira pessoa.

- Os demonstrativos, na medida em que procede a tese de que teriam o papel de localizar objetos em espaços idealmente próximos da 1ª, 2ª e 3ª pessoa, segundo o quadro clássico (Quadro 5, a seguir), que entretanto não se mantém nos dados com a clareza sugerida pelos gramáticos.

Quadro 5 — Demonstrativos e pessoas do discurso

	I	II	III
Masc.	este(s)	esse(s)	aquele(s)
Fem.	esta(s)	essa(s)	aquela(s)
Neutro	isto	isso	Aquilo

- Parte das construções nominais que envolvem as palavras *papai*, *mamãe*, *titio*, *titia*, que, quando usadas sem determinantes, remetem à primeira pessoa (*papai* = *meu pai*), ainda que possa ser com intenções irônicas (sobre os possessivos, ver a seção "Pronomes possessivos". deste mesmo capítulo. Sobre os demonstrativos e os quantificadores indefinidos, ver as seções correspondentes do capítulo dedicado aos especificadores, neste mesmo volume).

(138)   Lá pro lado de Barretos *papai* tinha uma fazenda onde não havia ainda luz elétrica. [DID SP 18]
(139)   Não irrite Fulana de Tal, que ela fala com *o titio* (= a pessoa que ela teria o direito de tratar por "titio")

Os pronomes pessoais como "anafóricos"

O uso de pronomes pessoais tem um papel textual fundamental, já que resulta na construção de unidades linguísticas dotadas de funções especificamente textuais. O fundamento dessas unidades textuais são os processos da anáfora e da catáfora, entendidos como os dois mecanismos pelos quais a interpretação de um determinado segmento (no caso o pronome) deve ser buscada em expressões que se localizam no interior do mesmo texto (*endófora*), antes ou depois do segmento em questão. A anáfora e a catáfora criam laços entre partes de um texto que finalmente obrigam a entender um texto como uma complexa rede de relações coesivas.

São muito comuns ocorrências como:

(140)   eu levei *as minhas fihas, elas* adoraram, né... [DID POA 45]
(141)   nós temos *empregada* [...] *ela* faz a feira [DID RJ 328]

(142) agora é uma coisa curiosa o *do tipo de Dimas e do Otacílio*... porque *eles* são cultos [D2- REC 05]
(143) o aluno armazena uma *informação* e devolve aquela informação da maneira como *ela*, como foi recebida. [EF POA 278]

Esses exemplos são de anáfora, ou recuperação de um "antecedente". Casos de catáfora com uso do pronome pessoal são mais raros, mas também são possíveis e contribuem para a tessitura do texto:

(144) este que morreu há pouco tempo atrás... cujo os livros... está muito em moda... e o negócio *dele*... escreveu Sagarana... o *Guimarães Rosa* [DID SP 35]
(145) Eu acho que *eles* têm mais ideal, *o artista* [DID RJ 328]

Conforme foi amplamente discutido na seção "A função dêitica: pronomes e pessoas do discurso", os pronomes de primeira e segunda pessoa remetem normalmente à situação, e são, nesse sentido, exofóricos. Existe, contudo, um momento em que essa função discursiva se entrecruza com a função anafórica: e o momento da introdução dos participantes do discurso no texto.

A cada novo uso desses pronomes, novo contrato se estabelece, na definição dos papéis discursivos que o texto registra. Desse modo, a exófora (remissão para entidades externas ao texto) não constitui mecanismo coesivo, no sentido de relacionar porções do texto, nem para frente nem para trás, mas representa imbricamento das duas grandes funções do pronome. A recursividade da instanciação discursiva proporciona a possibilidade de inscrever o discurso dentro do discurso (o chamado *discurso direto*), caso em que os pronomes de 1ª e de 2ª pessoa (os participantes do discurso de segunda instância) se inscrevem, no texto, e seu caráter fórico recebe a direção daquela porção do texto que codifica o discurso de primeira instância, ou discurso introdutor. Configura-se, então, o tipo particular de endófora ilustrado por (146):

(146) tenho um grande amigo meu que vem aqui diz "*você* está ficando quadrada ehn? assistindo novela" eu disse "não... estou acomodada que quadrada estou ficando de tanto sentar né"? [DID SP 234]

Nesse caso, *você* tem como referente a mesma pessoa representada no sujeito de *tenho* (a 1ª pessoa). Já no exemplo (147), a 2ª pessoa do discurso direto não se configura em pronome (o verbo é um imperativo), mas ela se instaura no discurso com referência ao sintagma nominal *a irmã*:

(147) ele diz para *a irmã*... "levanta que hoje não tem aula podemos brincar" [D2 SP 360]

Os pronomes de 3ª pessoa são tipicamente anafóricos, mas podem relacionar-se diretamente a grandezas extralinguísticas, geralmente acompanhados por gestos de demonstração. Em tais casos, diferenças de gênero também podem refletir diferenças de sexo:

(148) eu acho que foi... não lembro faz tempo que assisti também mas aquele filme saí cansada... do cinema outro filme (risos da documentadora) *ela* ri numa tensão nervosa [...] (A informante se refere a risada da documentadora, ali presente) [DID SP 234]
(149) Doc. – Hum. Táa bom, tá ligado
Inf. 115 – ...desde que nós entramos aqui.
Inf. 116 – Está vendo? *Elas* estão gravando (A informante 116 se refere às documentadoras, ali presentes) [D2 SSA 98]

A NATUREZA DA ANÁFORA PRONOMINAL

Do ponto de vista textual, a recuperação de um antecedente por um pronome não configura substituição. Não é pelo simples restabelecimento do antecedente no lugar do pronome que se efetua no discurso a recuperação anafórica, pois qualquer elemento que entra no discurso por anáfora carrega o peso de tudo o que já foi enunciado sobre ele. Assim, no exemplo (150), *ela* retoma não apenas *sinalização*, mas a sinalização de uma estrada particular, previamente descrita; e, no exemplo (151), *ela* retoma a *película* da qual a tinta usada para pintar a sinalização é composta.

(150) *a sinalização*... é um/ uma etapa cara da estrada... mas... é indispensável à segurança de tráfego... quer dizer... aquele/ aquela sinalização feita na Salvador-Feira é exatamente um/ uma sinalização feita para estradas de GRANde movimento...então *ela* foi pintada com uma tinta especial... com película grossa... [D2 SSA 98]
(151) [continuação] com *película grossa*... não sei se cês já rodaram mas quando você cruza a faixa não é que você sente um tombo... mas você sente que a película tem altura... nas outras você passa por cima e nem sente *ela* é rasa.... quer dizer aquela tinta é uma tinta especial... quer dizer realmente a/ a/ a fosforescência [D2 SSA 98]

Também não seria correto esperar que a anáfora pronominal sempre expresse correferência. Para que haja correferência, é preciso que o antecedente selecione um indivíduo do mundo real que é em seguida retomado pela expressão anafórica, para fins de qualificação e predicação. Ora, essas condições não se aplicam nem mesmo nos casos mais simples de anáfora pronominal, que são aqueles que encontramos costumeiramente no começo das histórias de fadas. Por exemplo, em (152),

(152) 1. era uma vez um rei, 2. o rei / ele tinha uma filha, 3. ela tinha quinze anos e 4. estava louquinha para casar com um príncipe loiro e de olhos azuis, 5. e sonhava com o momento em que 6. ele apareceria montado num cavalo vesgo com uma mancha branca no peito etc.

é possível assinalar, entre outras, as seguintes relações anafóricas, todas estabelecidas por pronomes:

um rei (1).................................o rei/ele (2)
uma filha (2).............................ela (3)
um príncipe loiro (4)...................ele (6)

mas apenas as duas primeiras são casos de correferência no sentido que acabamos de definir, porque o príncipe loiro pertence a um universo muito especial, que é o dos sonhos da princesa.

Nos inquéritos, encontramos casos de anáfora pronominal que se explicam por correferência estrita, como o que envolve *um preto/o baiano/o homem/ele* em (153), mas também encontramos outros em que a correferência inexiste, como (154):

(153) uma noite descemos na::... parte baixa onde tem o mercado... escuro como carvão como breu... veio *um preto* de quase dois metros de altura::... perto de mim e disse "moço... tu pode me dizer as horas?"... minha senhora ficou mais branca do que papel de medo... porque ela sabia... a fama do... *do baiano* e normalmente a zona baixa ali da::praça Visconde Cairo [sic] naquela ocasião só dava DOqueiro e:: pessoas... de classe mais pobre... mas felizmente não tivemos nada... não aconteceu nada... e atendi *o homem* com delicadeza *ele* agradeceu e foi embora [D2 SP 252]
(154) João gosta de *feijoada rala*, mas eu gosto *dela* meio grossa.

Vê-se que, além da correferência, muitas outras relações semânticas podem estar implicadas na anáfora, entre elas a identidade de sentido entre o antecedente e o elemento anafórico. Seja como for, falar em correferência é particularmente problemático nos seguintes casos:

- o sintagma nominal retomado anaforicamente por pronome pessoal não faz referência a um indivíduo determinado, e, se não há referência, não pode haver correferência. É o que ocorre com *o cidadão* (em 155), *varredor* (em 156), *servente de escola* (em 156), *o homem pré-histórico* (em 157):

(155) Outra coisa que influencia... parece que São Pedro está de mal... com o paulista... então TODO fim de semana chove... *o cidadão* não adianta quer ir a um clube e não pode... quer ir fazer uma viagem... pode principalmente que:: em se falando de viagem... existem outros problemas piores...
e o MEdo de um bandido... de um desgraça::do... acabar com a vida da família *dele* num desastre uma estrada... ou:: *ele* mesmo... talvez... ou:: a raiva do congestionamento

(156) *varredor de rua... servente de escola* que é o com:: quem eu tenho maior contato [...] a escolaridade *deles* e mínima

(157) ...então vejamos... no momento em que *o homem pré-histórico* por uma razão qualquer mexeu no carvão, mexeu nos ossos carbonizados, ficou com a mão... suja preta... e encostou as mãos na parede... *ele* percebeu que *ele* era capaz de criar [EF SP 405]

- não há possibilidade de estabelecer a referência do sintagma nominal antecedente da anáfora, como em:

(158) ele está trabalhando bem::sei lá::... não sei::: tem tantos bons artistas a última peça foi com aquelas *aquela artista famosa* como e o nome *dela*?...que apareceu que ganhou prêmio... eu não lembro o nome *dela*... [DID SP 234]

OUTRAS CONDIÇÕES DE ANAFORIZAÇÃO

O pronome pessoal tipicamente anafórico *ele* refere-se a qualquer substantivo masculino (e *ela* a qualquer substantivo feminino), independentemente da correspondência entre gênero gramatical e sexo do elemento referido, como ocorre, aliás, com os casos de categorização genérica da língua. Entretanto, é intuitivo que a recuperação por meio de *ele/ela* seja acionada mais facilmente por antecedentes com o traço [+ HUMANO], isto é, por elementos cuja referenciação, na diferença de gênero, opere indicação de sexo:

(159) ...meu Deus do Céu como eu vou educar meu fIlho para *ele* estar preparado para a sociedade de amanhã::: [EF SP 405]

(160) …então vejamos… no momento em que o homem pré-histórico por uma razão qualquer mexeu no carvão mexeu nos ossos carbonizados ficou com a mão… suja preta… e encostou as mãos na parede… ele percebeu que *ele* era capaz de criar::… [EF SP 405]

Todo o inquérito EF SP 405 foi percorrido para verificação da natureza [+ HUMANO] ou [- HUMANO] do antecedente do pronome de 3ª pessoa na função de sujeito, e os resultados confirmam a grande predominância de recuperação anafórica de sintagmas nominais com o traço [+ HUMANO] na função sujeito (mais de 70% com todas as variantes do pronome).

FUNÇÕES CONEXAS À FUNÇÃO ANAFÓRICA

Algo da função anafórica se conserva nas ocorrências apresentadas a seguir, casos do que a tradição chama de *silepses*:

- o pronome remete a um conjunto de "humanos" evocados às vezes a partir de um "abstrato institucional"

(161) de quem nós tivemos mais apoio? de ninguém… mas DE NIN GUÉM MESMO… inclusive:: apesar da peça eh estar sendo apresentada pela Comissão Estadual de Teatro… com apoio dela… Financeiro nós não tivemos apoio nenhum… com exceção de POUquíssima coisa que nos foi conferida pela:: Prefeitura de S. Paulo… o então prefeito era o:: Brigadeiro Faria Lima saudoso não?... foi a única coisa:: e assim mesmo foi MUIto pouco viu? Mas muito pouco mesmo que *eles* nos deram (*Eles* equivale, *grosso modo*, a "a Prefeitura de São Paulo")

(162) Doc. – você nunca chegou a:: a conviver com nenhuma família baiana né? L. – não… não isso é que é mais difícil…
Doc. – porque talvez isso não seja ((telefone)) uma constante na alimentação *deles*… [DID SSA 231]

É do mesmo tipo o caso de antecedente singular, mas que faz referência a todo um gênero ou espécie, recuperado num plural, como em:

(163) a gente vai pensar no homem do paleolítico superior… como um homem que ainda não conseguiu se organizar socialmente nem politicamente… *eles* ainda vivem em bandos [EF SP 405]

- o pronome remete a algum elemento do mesmo *"frame"*, operando mudanças que podem ir do concreto ao abstrato, do animado ao inanimado etc. Nos exemplos a seguir, por exemplo, passa-se de Japão, Belo Horizonte e Barretos para os japoneses, os planejadores de Belo Horizonte e os tiradores de leite de Barretos, respectivamente:

(164)   E como era... essa tecnologia assimilada pelo Japão, não é? antes... da Segunda Grande Guerra? Era uma tecnologia assimilada de duas formas: primeiro, pela própria... e pelo próprio desenvolvimento interno *deles* (,) quer dizer a tecnologia baseada no artesanal, tá? [EF RJ 379]

(165)   Belo Horizonte foi ah plantada foi planificada dentro de um plano que:: *eles* procuraram seguir até quando foi possível depois houve um crescimento demográfico muito grande [DID SP 137]

(166)   Quando se vai a Belo Horizonte passa-se por Volta Redonda [...] e mesmo na zona da mata de Cataguazes que muito aliás muito *eles* sofreram muito a influência do Rio de Janeiro [DID SP 137]

(167)   Doc. – E queijo, não se fazia queijo?
Inf. – AH queijo pode fazer mas na fazenda não se fazia muito mas em em Barretos se fazia bastante queijo MUIto... porque lá o:..... ::... gado era de corte... então:: não se usava tirar leite para vender pra usina... daí que tinha uma ou duas vacas... que *eles* tiravam leite... e:: aproveitavam o que sobrava do leite... pra fazer queijo [DID SP 18]

PALAVRAS E CONSTRUÇÕES QUE COMPARTILHAM COM O PRONOME A FUNÇÃO ANAFÓRICA

Alem de sintagmas nominais, é possível retomar anaforicamente segmentos textuais de vários tipos. Provavelmente, uma boa maneira de buscar orientação na extrema variedade das construções que se interpretam por anáfora consiste em distinguir os seguintes níveis em seu tratamento:

a. o da classe morfossintática do anafórico: sob esse aspecto, é possível no limite reconhecer *prossintagmas nominais* (como *ele* e *ela*, ou *isto*), *prossintagmas verbais* (como *fazer o mesmo, fazer assim*), *prossintagmas circunstanciais* (*assim, então, naquela ocasião*) etc.;

b. o da maior ou menor completude sintática/explicitude do anafórico (sabendo-se que muitas construções anafóricas são parcial ou totalmente elípticas);

c. o da riqueza descritiva do anafórico, em relação ao antecedente: normalmente, o anafórico é um termo mais genérico que o antecedente, mas ocorre às vezes que ele introduza no texto informações, reformulações ou avaliações que não seriam supridas pelo antecedente, como se vê nos exemplos (168) e (169); sob esse aspecto, os pronomes devem ser considerados expressões da mais absoluta generalidade, já que seu conteúdo descritivo é nulo.[10]

(168) o entusiasmo contagiou muitas áreas... os ecos *dessa animação* chegaram aos brasileiros. [EF SP 153]
(169) nós somos :: seis filhos [...] e a do marido... eram doze agora são onze... quer dizer somos *de famílias GRANdes* e... então acho que::... dado esse fator nos acostumamos a:: muita gente [D2 SP 360]

d. o da procedência dos ingredientes descritivos presentes; pode-se considerar que o leitor deste texto...

(170) Um caminhão atropelou o Sr. José da Silva, enquanto trocava o pneu de sua Parati de placa AX1529 no acostamento da Rodovia Anhanguera, perto do trevo de Vinhedo. *A vítima* foi imediatamente socorrida pelo *próprio motorista*, que o recolheu ao hospital S. Vicente. *Os dois veículos* foram vistoriados pela policia rodoviária. Ficou confirmado que estavam *ambos* em péssimo estado de manutenção.

... consegue mapear os termos grifados com os antecedentes corretos:

1. por saber que *vítima* é uma boa lexicalização para o paciente de *atropelar*;
2. porque *veículo* é o termo genérico que abrange *caminhão* e *perua/camioneta*;
3. porque é do conhecimento geral que *Parati* é o nome de um modelo de camioneta e que são os carros que atropelam os pedestres, não o contrário;
4. porque há dois veículos e duas pessoas na história;
5. porque não se faz manutenção de pessoas, mas somente de máquinas, por exemplo veículos.

De todas essas informações, 1), 2) e 5) são linguísticas (no sentido de que poderiam ser descritas em termos de papéis temáticos, hiperonímia e restrições de seleção); 3) é uma informação típica de conhecimento do mundo; 4) é uma informação especificamente textual. Para situar adequadamente a anáfora pronominal, seria necessário um conhecimento mais aprofundado de todos esses aspectos.

A ANÁFORA PRONOMINAL COMO UM FENÔMENO SINTÁTICO: A COINDEXAÇÃO

Ao mencionar, numa passagem anterior deste capítulo, a possibilidade de transformar um discurso citado em um discurso indireto, tocou-se num dos tantos processos que criam sentenças subordinadas, e a subordinação é um dos tantos contextos em que o antecedente do pronome é localizado segundo princípios estruturais estritos, que levam em conta a configuração sintática da sentença complexa. O estudo dos pronomes que mantêm relações sintáticas com seu antecedente é um capítulo à parte da sintaxe do português, no qual se estudam, por exemplo, sentenças como estas:

(171)   João disse: "Deixa comigo!".
(172)   João disse para deixar com ele.
(173)   A reação de Maria foi: "Eu não me reconheço nessa foto!".
(174)   A reação de Maria foi [dizer] que ela não se reconhecia naquela foto.

À primeira vista, os usos de pronomes encontrados nessas sentenças se confundem com o que foi descrito na seção "A função dêitica: pronomes e pessoas do discurso", pois em ambos os casos está em jogo a procura de uma interpretação que depende de elementos presentes em outras passagens do mesmo texto. Convém, contudo, manter a distinção para realçar o fato de que esse tipo de anáfora "ligada", diferentemente da anáfora tipicamente textual, está sujeito a fortes determinações sintáticas.

Na bibliografia linguística sobre a matéria, para indicar a relação que se estabelece, então, entre o antecedente e o anafórico, tem-se usado às vezes os termos *correferência* e *correferente*, mas, pelas mesmas razões já levantadas a propósito da anáfora textual, essas noções não parecem adequadas, e parece mais apropriado falar em coindexação de sintagmas e em sintagmas coindexados.

Do ponto de vista da coindexação, é possível mostrar que os pronomes de terceira pessoa formam um único sistema com certos tipos de elipse (as chamadas *categorias vazias*, usualmente identificadas pelo sinal Ø) e com certas proformas. Assim, no exemplo

(175)   ele tinha mandado construir uma casa... na::... lá no meio do pasto... roçar e construir uma casa quando *ele* chegou lá... nem estrada não tinha pra *ele* entrar em nossa fazenda [D2 SP 252]

a omissão da última ocorrência de *ele* resultaria em indeterminar o sujeito de *entrar em nossa fazenda*. É essa ocorrência de *ele* que garante a coindexação com a ocorrência anterior.

Pronomes e papéis temáticos

A REGÊNCIA DO VERBO E A EXPRESSÃO DOS PAPÉIS TEMÁTICOS

No volume desta coleção dedicado às palavras de classe aberta, mais precisamente no capítulo sobre o verbo, representa-se semanticamente a sentença como uma estrutura composta por um predicado em que se encaixam um ou mais termos de caráter nominal, os quais desempenham em relação a ele papéis semânticos particulares (como o de agente, paciente, instrumento etc.).

Esses papéis decorrem da semântica do verbo, e sua identificação não é imediata, mas se faz por via da sintaxe superficial – a mesma que é objeto de estudo da análise sintática tradicional – em que é possível distinguir funções como sujeito, objeto direto, agente da passiva, adjunto adverbial etc. Exemplificando, se Pedro e José são reconhecidos, respectivamente, como paciente e agente em *Pedro apanhou de José*, isso ocorre, em primeiro lugar, pelas propriedades léxico-semânticas de *apanhar*, que exige um agente e um paciente, além de mapear o paciente no sujeito e o agente no objeto indireto; em segundo lugar, porque sabemos que *Pedro* é sujeito e *José* é objeto desse verbo, na sintaxe superficial. Os papéis temáticos são os mesmos com *bater*, mas sua associação aos termos da sentença se dá no sentido contrário: *José bateu em Pedro*.

Aceitar essa explicação é admitir que o papel semântico de qualquer sintagma nominal é reconhecido por meio da função que ele desempenha na sintaxe superficial da sentença, e os pronomes não escapam a essa regra. A uma gramática interessa, então, mapear as formas dos pronomes nas funções sintáticas superficiais.

SOBRE A "DECLINAÇÃO" DOS PRONOMES

Dizer que nos pronomes pessoais sobrevive a declinação latina não é uma explicação exata, porque dos pronomes latinos e suas declinações sobrevivem em português apenas algumas formas avulsas, não se configurando um quadro completo com funções dos casos. Mais correto é entender que os pronomes mobilizam, combinando-os de forma bastante complexa, os diferentes recursos sintáticos que a língua disponibiliza para explicitar o tipo de relação que os sintagmas nominais exigidos pelo verbo mantêm com este último. Esses recursos incluem:

(i) o uso de "lexemas privativos", ou seja, de formas que têm uma única análise;
(ii) o uso de preposições;
(iii) a posição.

a. *Pronomes do caso reto e pronomes do caso oblíquo, e a distinção de funções*

Diferenças de forma (que incluem eventualmente a oposição entre pronomes "morfológicos" e pronomes "lexicais") distinguem os pronomes do caso reto (sujeito) dos pronomes do caso oblíquo (objeto direto ou indireto) nas oposições,

Quadro 6 — Oposições de caso em primeira e em segunda pessoa

Caso reto	Caso oblíquo
eu	me
tu	te
nós	nos
vós	vos

(176) *eu* como muito é verduras [*eu* = sujeito agente] [DID RJ 328]
(177) então *eu* gostaria que a senhora *me* dissesse o que a senhora considera um bom artista [*me* = caso oblíquo/destinatário] [DID SP 324]

Uma observação análoga vale para

Quadro 7 — Oposições de caso em terceira pessoa

Caso reto	Caso oblíquo
ele(s)	o(s) / lhe(s)
ela(s)	a(s) / lhe(s)

Neste caso, a distinção entre o objeto direto e o indireto (ou, usando os termos latinos, o acusativo e o dativo, respectivamente) é morfologicamente marcada:

(178) precisa convencê-*lo*, não é? [*lo* = caso oblíquo/acusativo/alvo] [D2 SP 360]
(179) Tubérculos... que: outrora *lhe* davam o nome glândulas sebáceas [*lhe* = caso oblíquo/dativo/alvo] [EF SSA 49]
(180) Conversei com o porteiro... dei-*lhe* uma gorjeta [*lhe* = caso oblíquo/dativo/beneficiário] [D2 SP 252]

Por essa explicação, o pronome clítico, em português, é sempre um pronome de caso oblíquo, com a consequência de que, em exemplos como

(181) Ele *me* fez Ø inscrevê-lo [D2 SP 360]

me precisa ser analisado como objeto direto de *fez*, ao passo que o sujeito de *inscrever*, correferente com o objeto direto de *fez*, é recuperado por meio da "categoria vazia", ou seja, de um "zero fonológico".

b. *Pronomes tônicos e pronomes átonos, e a distinção de funções*

Ao passo que *mim* e *ti* são sempre preposicionados, as formas tônicas *nós*, *ele(s)*, *ela(s)*, *você(s)* e *a gente* aparecem ora como pronomes preposicionados, ora como pronomes-sujeito:

(182) [...] então *nós* vamos começar pela Pré-História [EF SP 405]
(183) a *nós* interessa, a *nós* interessa apenas que *vocês* vejam a diferença que existe, por enquanto, entre conhecimento e compreensão [EF POA 278]

Assim, sua ocorrência sem preposição deveria ser garantia suficiente de que essas formas desempenham o papel de sujeito, ao passo que a presença da preposição teoricamente deveria marcá-las para as funções de adjunto e complemento:

(184) [...] elas não interferem em compras da casa que são feitas todas *por mim* [DID SP 251]

Essa expectativa é às vezes desmentida, porque os pronomes *ele(s)*, *ela(s)* também ocorrem como objeto direto. Em exemplos como (185), isso ainda poderia ser explicado pela presença do determinante *todos*, que cria um contexto diferenciado. São, porém, claramente casos da forma tônica em posição oblíqua ocorrências como (186) e (187):

(185) eu posso saber todos os sinais de trânsito de cor [...] se vocês me trouxerem o livrinho aquele eu respondo todos *eles*. [EF POA 278]
(186) uma coisa que eu não me arrependi foi ter botado *ela* com um ano e quatro meses (entenda-se: é a mãe que fala da entrada da filha para a escola maternal) [DID SSA 231]
(187) vou chamar *ela*, viu? [D2 REC 05]

Contudo, o uso de *ele(s)* e *ela(s)* na função de objeto direto é francamente minoritário na amostra de norma urbana culta examinada (por exemplo, no inquérito D2 SP 360, há um único caso, contra 21 de *o/a/os/as*).

A partir de tudo aquilo que foi dito nos últimos parágrafos, parece plausível admitir que o sistema pronominal do português culto dispõe de formas autonomamente capazes de indicar o objeto direto na série dos pronomes átonos, mas comporta verdadeiras lacunas na série tônica:

Quadro 8 — Comparação da série átona com a série tônica quanto à disponibilidade de formas

Série Átona	Série Tônica
Me	— —
Te	— —
o(s)	*ele(s)* com uso restrito a entornos diferenciados
a(s)	*ela(s)* com uso restrito a entornos diferenciados
o(s)	*você(s)*
a(s)	*você(s)*
nos	—
—	*a gente*
vos	—

Essas lacunas não existem na linguagem popular, em que as formas tônicas do caso reto, *eu, ele* e *nós,* desempenham livremente o papel de objeto, do mesmo modo que ocorre para a 2ª pessoa com *você(s)* em qualquer variedade do português brasileiro. Por sua parte, a linguagem culta parece ainda hesitar entre várias formas de expressar o objeto pronominal:

a. desenvolver um objeto direto preposicionado (prep. *a*);
b. incrementar/ampliar o uso das formas átonas, o que deve ter contribuído para aumentar a dramaticidade do problema escolar conhecido como "colocação dos pronomes átonos";
c. licenciar *a gente* como pronome universal de 1ª pessoa plural e *você/vocês* como pronomes universais de 2ª pessoa;
d. omitir o objeto, isto é, incrementar a construção de "objeto nulo";
e. aceitar a forma discriminada como um mal necessário, principalmente quando é *ele(s)/ela(s),* tirando partido de sua visibilidade: toda vez que o objeto direto é uma forma tônica, sua função em sintaxe superficial é tornada visível pela posição imediatamente pós-verbal.

De todas essas soluções, a de maior peso parece ser a elisão do objeto, fortemente atestada nos dados do Projeto Nurc, como se vê em

(188) a avó da criança... tentou estrangular a recém-nascida [...] a velha chegou a agarrar a menina pelo pescoço para estrangular Ø [D2 SP 252]
(189) [a velha]... retirou... a mãe da criança que era uma menina de quinze anos... e levou Ø para casa [...] A recém-nascida ficou completamente abandonada... a mamãe soube e levou Ø para casa... e quis::.. adotar Ø [D2 SP 252]
(190) não basta conhecer sinais de trânsito, mas é a verdade, é que eu preciso, aí, de uma maneira muito rápida interpretar a situação para poder aplicar Ø [EF POA 278]

(191) esse cachorro... ele não:: não permitia [...] que a gente medicasse Ø então para dar um comprimido ou uma injeção... ele ia todos os dias ao enfermeiro para tomar comprimido... e::... e::... tomar injeção [DID SP 251]
(192) depois ela me disse que era um sujeito que há muito tempo... queria::... que vivia:: cortejando Ø [D2 SP 252]

FUNÇÕES CORRELATAS

Consideraremos aqui mais dois processos gramaticais que envolvem o uso de pronomes pessoais na atribuição de um papel temático aos sintagmas nominais da sentença e que tem uma ocorrência relativamente frequente: a concordância do pronome com um tópico e a medialização do processo mediante o pronome *se*.

a. *Pronomes e topicalização*

A concordância do pronome com um tópico pode ser observada nestes exemplos:

(193) haviam os colonos... e os camaradas... o::... *os colonos... eles* recebiam acho que por mês... quer dizer eram como empregados... normais... e *o camarada ele*::... se não me falha a memória ele recebia por:: empreitada... por serviço vamos dizer [DID SP 18]
(194) e... o *leite...tirado* o que se faz com *ele*?
(195) *o arreio... ele* tem uma... uma parte na frente... que a sela não tem... que ée:: o Santo Antônio como se diz [DID SP 18]
(196) *o cavaleiro ele* tem algum:: jeito de falar com o cavalo pra ele sair... por exemplo... ou pra parar? [DID SP 18]
(197) Então *essas glândulas elas*... não se desenvolvem [EF SSA 49]
(198) *a professora ela* no fundo *ela* é uma orientadora [D2 SP 360]

A hipótese é que o pronome atua através da concordância de gênero e número como um recurso para recuperar para a estrutura semântica da sentença um termo que foi deslocado para a margem esquerda da própria sentença e que, de outro modo, tecnicamente falando, seria um *anacoluto* (ou seja, um segmento sintaticamente avulso). É pela forma do pronome que ficamos sabendo a função semântica do substantivo deslocado.

É possível que essa construção tenha algo a ver com uma das formas de construir sentenças relativas que vem ganhando terreno no português *substandard*, denominada "relativa copiadora",[11] uma sentença adjetiva em que o pronome relativo ocupa o lugar do tópico, mantendo-se o pronome pessoal no interior da sentença, como em:

(199)   *tubérculos que* durante a gestação *eles* se hipertrofiam [EF SSA 49]

A construção da sentença com um tópico autoriza por si a presença do pronome pessoal em seu interior, sendo a relativização feita na posição correspondente ao tópico.

b. *O pronome se: medialização da ação e indeterminação do sujeito*

Embora o foco deste exame sejam as funções sintáticas superficiais, e não os papéis semânticos profundos, a atenção a estes últimos é necessária para que se entenda um dos usos do pronome *se* ainda não examinado, no qual se expressa indeterminação.

Os exemplos que ilustram esse uso são como

(200)   como é que eles *se* divertiam? [DID POA 45]
(201)   a palavra mesma por si já *se* explica [EF POA 278]
(202)   É uma pessoa que não tem escolaridade, que *se* especializa em algum ramo... quais seriam as / especialidades... o que ela poderia fazer? [DID SP 251]

Nesses casos, o pronome *se* não é exatamente um coindexador; pelo contrário, ele exerce um papel que pode ser captado mais seguramente se for explicado no nível lexical e entendido como indicação de que um predicado de *n* argumentos sofreu redução para *n -1* argumentos, devendo o argumento que falta ser procurado entre os sintagmas nominais presentes. É a ideia de uma voz "média" na qual, em oposição à voz transitiva (que descreve uma ação que de algum modo "passa" do sujeito ao objeto) e à voz intransitiva (que descreve uma ação que, por definição, "não passa"), há uma ação em princípio transitiva, mas que se esgota num único referente. Se não fosse arriscado dar mais um rótulo à partícula *se*, que já tem recebido tantas etiquetas no tratamento tradicional da gramática, poder-se-ia adotar a denominação "*se* medializador". Pode-se supor que tenha sido pela via desse tipo de uso que surgiu em português uma conjugação intrinsecamente pronominal, na qual o pronome *se* já não exprime qualquer papel argumental.

Um fato importante é que o pronome *se* não acumula em uma mesma construção o papel de "generalizador", ou "indeterminador", com o de "medializador".

Assim, encontraram-se sentenças como

(203)   ...mas falava-*se* muito sobre o alto custo de vida... (indeterminação) [DID SP 234]
(204)   como é que eles *se* divertiam? (medialização) [DID POA 45]

mas não como[12]

(203') *no Brasil *se* falava-*se* muito sobre o alto custo de vida...
(204') * no Brasil *se* divertia-*se* muito...

A impressão de desequilíbrio e má construção que nos causa a leitura do trecho que segue parece resultar precisamente do fato de que o português culto brasileiro não resolveu o problema que se poderia chamar de "colisão do *se* de indeterminação com o *se* de medialização":

(205) a glândula mamária é sede de muitos tumores [...] malignos ...e:: nesses casos... terá que se trazer [...] a retirada da glândula mamária e vocês vejam... que é uma intervenção... muitas vezes tão traumatizante... tão oscilante que não só *se* limita a atuar (como) em outros casos... a glândula mamária *se* vai até o plano profundo [...] *se* retiram os elementos musculares [EF SSA 49]

A função medializadora não se restringe à 3ª pessoa, como poderíamos ter dado a entender a partir de seu exame em comparação com o *se* indeterminador (uma construção de 3ª pessoa), mas, ao contrário, realiza-se em todas as pessoas. Mas nas outras pessoas a questão fica mais simples, porque não há o perigo dessa colisão das formas.

PRONOMES POSSESSIVOS

Os chamados *pronomes possessivos*[13] vêm sendo tradicionalmente conceituados como palavras que indicam uma relação de posse entre um "possuidor" e um "possuído". Entretanto, apenas num sentido amplo se pode considerar que tais palavras indicam uma relação de *posse*. Por exemplo, não há relação de posse, propriamente, em (206) a (208):

(206) O Flávio Cavalcanti talvez com todas as *suas* desgraças [D2 SP 333]
(207) vou fazer *minha* propaganda [D2 REC 05]
(208) nós estamos vivendo ainda um problema, então torna-se um pouco difícil a *sua* análise [D2 SP 255]

Mantém-se, contudo, aqui, o termo tradicional *possessivo* em referência às palavras em estudo.

A natureza da chamada "relação possessiva"

O trecho transcrito a seguir oferece uma série de ocorrências de construções tradicionalmente configuradas como *possessivas*:

(209) este ponto de vista foi:: alcançado... através de reflexões comuns... não apenas *minha* e *dele*... mas *minha dele dos alunos dos demais profissionais* que:: conosco trabalham [D2 SP 255]

Assim podem ser especificadas as indicações:

Quadro 9

Possuído	Possuidor
reflexões	eu (minha)
	ele (dele)
	os alunos (dos alunos)
	os demais profissionais (dos demais profissionais)

Enquanto o "possuído" é sempre de 3ª pessoa (substantivo), o "possuidor" pode ser de qualquer das pessoas do discurso. Desse modo, toda relação possessiva se dá entre *pessoas* do discurso (aí incluída a chamada não pessoa, a 3ª). Tal relação pode, portanto, configurar-se como bipessoal, como já lhe chamava Apolônio Díscolo, citando Dracão.

É a partir dessa verificação que se pode tentar configurar a natureza da relação que a tradição caracteriza de maneira um tanto imprecisa como sendo *de posse*.

A VERDADEIRA NATUREZA DAS RELAÇÕES DE PESSOA: OS POSSESSIVOS COMO PALAVRAS FÓRICAS

Estabelecido que o "possessivo" indica uma relação bipessoal, admite-se o caráter fórico da relação por ele indicada, ligada às coordenadas da enunciação. Dentro dessas coordenadas, a referenciação de 1ª e de 2ª pessoa é, necessariamente, uma referenciação para fora do enunciado.[14] Desse modo os "possuidores" a que remetem as formas possessivas que se observam de (2-5) a (2-8) recuperam-se na situação:

(210) *meu* Deus do céu, como eu vou educar *meu* filho [EF SP 405]
(211) eu não sei *teu* gosto, né? [D2 POA 291]
(212) como assim? não entendi... a *sua* dúvida [D2 SP 343]
(213) *nossas* atividades não seguem mais a cadência um pouco lenta [EF SP 156]

Se inserida em discurso direto (discurso dentro do discurso), porém, a referenciação de 1ª ou de 2ª pessoa só indiretamente vai para a situação. Em (214), por exemplo, a primeira pessoa expressa pelo possessivo *meu* se recupera anaforicamente referida ao *eu* da sentença que introduziu o discurso.

(214) eu disse "*meu* Deus" [DID SP 234]

O "possuidor" de 3ª pessoa, por sua vez, recupera-se no próprio texto, por *endófora*,[15] quer numa porção antecedente do mesmo texto (*anáfora*), quer numa subsequente (*catáfora*). A ocorrência (215) é o único caso de catáfora encontrado, e as ocorrências (216) a (218) ilustram a recuperação anafórica:

(215) então da *sua* renda anual que é catorze mil e quatrocentos... as pessoas retêm um vinte quatro avos... [EF SP 338]
(216) ele o faz por *sua* livre e espontânea vontade [D2 POA 291]
(217) a sociedade ainda não tinha encontrado *seu* reequilíbrio [EF SP 156]
(218) elas resolveram... trazer... a economia japonesa para *seu* lado [EF RJ 379]

FORMAS DE EXPRESSÃO DA RELAÇÃO POSSESSIVA

Possibilidades de expressão

A relação chamada *possessiva*, como se apontou em "Pronomes possessivos", constitui uma relação pessoal que se estabelece entre o núcleo de um sintagma nominal (isto é, um substantivo, uma 3ª pessoa) e outra pessoa do discurso à qual se refere o elemento possessivo que remete a essa pessoa, seja no texto, seja na situação.

A ocorrência (209), repetida aqui como (219), pode ser novamente examinada para verificar que nela ocorrem as três possibilidades de expressão da referenciação à pessoa de um "possuidor":

(219) este ponto de vista foi:: alcançado... através de reflexões comuns... não apenas *minha* e *dele*... mas *minha dele dos alunos dos demais profissionais* que:: conosco trabalham [D2 SP 255]

O esquema a seguir mostra essas possibilidades:

Possuído   Possuidor

substantivo (*reflexões*) $\begin{cases} de + \text{substantivo } (dos\ alunos;\ dos\ demais\ profissionais) \\ de + \text{pronome pessoal } (dele) \\ \text{pronome adjetivo possessivo } (minha) \end{cases}$

Pode-se entender, em princípio, que esses três tipos de forma de expressão da possessividade sejam intersubstituíveis, propriedade que a ocorrência (209) sugere. No entanto, nem sempre os grupos *de* + substantivo ou pronome pessoal são equivalentes de um pronome possessivo e são com ele livremente intercambiáveis.

Além disso, embora teoricamente se possa esperar que o pronome pessoal de qualquer uma das três pessoas do discurso entre nessa expressão da relação possessiva (*de* + pronome pessoal), não houve, em todo o *corpus* mínimo, nenhuma ocorrência dos pronomes pessoais *eu, tu* e *nós* (*de mim, de ti, de nós*). Encontram-se, representando a 2ª pessoa, a forma *de* + *você(s)*, e, representando a 1ª pessoa do plural, a expressão *da gente*, que alterna frequentemente com *nosso*, como fica claro em (220):

(220)   *a gente* andava de bicicleta, era o esporte predileto *nosso* [DID POA 045]

O valor possessivo de *próprio*

Cabe registrar, ainda, o valor possessivo do elemento *próprio* (e flexões), que aparece em:

(221)   a)   o mundo caminha [...] encontrando as suas *próprias* consequências [D2 REC 05]
        b)   estão em paz com sua *própria* consciência [D2 REC 131]
        c)   expliquem com suas *próprias* palavras [EF REC 337]
(222)   a)   o brasileiro tem aquela preocupação de ter a casa *própria* dele [D2 SP 62]
        b)   quando ele sai da firma [...] ele num pode resolver sua dispensa com a *própria* firma... então ele procura o sindicato [DID REC 131]

Quer coocorrendo com o pronome possessivo, como em (221a-c) e em (222a), quer constituindo a única indicação "possessiva" no sintagma nominal, como em (222b), o elemento *próprio* tem como característica não marcar, por si, a pessoa do "possuidor" (1ª, 2ª ou 3ª). Se há coocorrência com o possessivo no sintagma nominal, a pessoa gramatical é, na verdade, marcada nesse possessivo;

nesses casos, o elemento *próprio* reforça a indicação possessiva, formando-se um complexo possessivo. Observe-se que, em (222b), que tem *própria* como único elemento possessivo do sintagma nominal,[16] há uma reiteração possessiva pela remissão a um sintagma nominal mais alto possessivizado: *(sua) firma*. Não se esqueça que, como qualificador (quando posposto, o que ocorre em (222a)), *próprio* indica, claramente, "propriedade".

O *corpus* examinado não ofereceu nenhuma ocorrência de possessivo fora do sintagma nominal, ou seja, em relação predicativa, do tipo de *a casa é sua*. Entretanto, a relação atributiva sem expressão do verbo de ligação apareceu em (223) a (225), nesse último exemplo não apenas indicada pelo pronome possessivo propriamente dito, mas também pelo elemento *própria*:

(223) que era um marginal bem *NO::sso* aquele marginal [D2 SP 333]
(224) o metrô praticamente... não tem nada *nosso* [D2 SP 62]
(225) uma interpretação também... muito *própria* muito *sua* [EF REC 337]

Essa interpretação predicativa do possessivo está naturalmente condicionada à sua posposição. A questão da ordem é importante nesse aspecto, como se verá mais adiante. Por enquanto, observem-se, apenas, no final da ocorrência (226), os diferentes efeitos de sentido que a anteposição e a posposição do possessivo ao substantivo podem obter:

(226) *Coisas Nossas* foi a primeira tentativa de fazer o cinema brasileiro enveredar... na direção dos filmes musicais americanos [...] o título foi tirado de um samba de Noel Rosa... hoje é um clássico, né?... o... a som/ a:: a sombra... a prontidão e outras bossas são *nossas* coisas são coisas *nossas*, né? [EF SP 153]

Frequência de uso das diversas formas possessivas de 3ª pessoa

A forma que mais ocorreu (cerca de 40%) foi a de 1ª pessoa do singular, seguida da de 3ª pessoa (singular e plural), *seu(s)* (cerca de 30%). Quanto ao uso de possessivos nos diversos tipos de inquérito, verificou-se que as EFs são os inquéritos que menos apresentam esses elementos (24%, enquanto os D2 e os DIDs têm quase 40%), o que sugere maior frequência das construções possessivas na situação de conversação.

Na comparação entre a frequência de uso das formas correspondentes *dele* e *seu*, observou-se preferência pela forma *seu* (quase 70%), um resultado que não seria o esperado, tratando-se de língua falada. Lembre-se, porém, o registro culto do *corpus* sob nosso exame.

Essa preferência foi ainda maior para as EFs (90%), o que é explicável pelo caráter mais formal desse tipo de inquérito. Apenas nos D2 houve maior frequência da forma explícita *dele* (quase 70%), resultado esperado, já que são esses os inquéritos mais tipicamente conversacionais. Quanto à variável *cidade*, no geral, apenas em SP há preferência por *dele* (70%).

A maciça preferência por *seu* nas EFs e, por outro lado, a preferência por *dele* em todos os inquéritos de SP sugeriram que ampliássemos nossa amostra, examinando todos os seis inquéritos do tipo EF de São Paulo.[17]

Nesses inquéritos, verificou-se que a preferência por *seu* (76%) fica bem abaixo dos índices verificados no total das EFs do *corpus* mínimo (90%), mas ainda é grande (muito semelhante à verificada nos DIDs do *corpus* mínimo).

Um estudo qualitativo das frequências de emprego de *seu* e *dele* nos inquéritos de SP pertencentes ao *corpus* mínimo procurou verificar a possível relação entre as duas diferentes expressões possessivas de 3ª pessoa e características do possuidor, especificamente no que se refere ao traço [± ANIMADO]. Os resultados revelaram que todas as 49 ocorrências (15 de *seu* e 34 de *dele*) se referem a possuidor [+ HUMANO]. Isso não permite tirar conclusões quanto ao peso dessa variável; apenas indica que os possessivos de 3ª pessoa se usam maciçamente com possuidor [+ HUMANO] e que, com esse tipo de possuidor, há preferência pela forma *dele*.

Condições de uso das diversas formas de expressão possessiva de 3ª pessoa

A forma *dele* é, obviamente, mais explícita do que o pronome possessivo, já que exibe o gênero e o número do "possuidor", fornecendo instrução mais específica para sua recuperação, ou encarecendo a informação de que o gênero e/ou o número do "possuidor" são pertinentes, como ocorre em (227) a (229):

(227) e aí conversam e a pessoa diz se está interessada ou não está interessada... ou diz... o interesse *dela* ou *dele* é a partir... de uma faixa tal... [D2 SP 360]

(228) L1 – é... preciso marcar uma reunião pra gravar com *essa* gente
L2 – eles estão gravando
L1 – eu tenho umas fitas *deles* lá...
L2 – [( )]
L1 – tenho umas fitas *deles* lá mas que não estão bem gravadas [D2 REC 05]

(229) não vou citar o nome *dele* [...] ela era Albertina [...] não vou mais dizer o nome *deles* [D2 SP 396]

A ausência do referente textual no mesmo turno em que ocorre a forma possessiva, como está em (230), e a distância entre a forma possessiva e o referente textual, como está em (231) e (232), podem, em outros casos, explicar a opção por essa forma que traz mais informações para referenciação:

(230)   L2 – ele também tinha um poder de previsão incrível... mas assim... vai cair um raio aqui... PEM... (risos) o negócio era nessa base foi documentado
L1 – chega ( ) pedra
L2 – o negócio documentado e tudo o mais... e diz que a previsão *dele* é que::... os chineses iam dominar [D2 SP 343]
(231)   então:: não dá:: o indivíduo fala "poxa eu vou perder um ano dois anos aí pesquisando vou levantar um problema defender uma tese aí"... e às vezes não tem sorte na vida *dele* entende [D2 SP 62]
(232)   então ele fez esse fez esse prato a maioria do material todo veio de lá era importado mas um negócio sensacional... tinha assim uma mesa qu::: a quantidade de temperos jamais vi nenhum... tinha até tempero azul (não) sei que era aquilo mas um negócio sensacional, sabe? serviram um chazinho especial também foi uma experiência assim interessante uma comida assim é::: indiana que se faz muito na China... a mulher *dele* que sabia mais e convidou para esse negócio... [D2 POA 291]

Além da distância, parece favorecer o uso da forma mais especificada a existência de muitas pausas entre o referente textual e a forma possessiva anafórica, como ocorre em (233) e (234):

(233)   mas::... todo ele (ele e) o:: serviço *dele* era::... vigilância nas ruas (e certos serviços) [D2 SP 396]
(234)   e:: o:: *meu* primo que era (da) professor de:: Química Física em:: – como é que se chama – no ginásio... de Campinas.. a irmã *dele* [D2 SP 396]

Entretanto, nem a distância, nem as pausas condicionam necessariamente o aparecimento da forma mais explícita *dele*, o que se comprova em (235):

(235)   as pessoas retêm um vinte e quatro avos... do recebem de renda... em termos de moeda... certo? em média não é?... em média a retenção média... para satisfazer os *seus* gastos... as suas transações normais os *seus* pagamentos... normais [EF SP 338]

Frequentemente se usa a forma *dele* em casos em que o pronome possessivo *seu* poderia ser interpretado erradamente como de 2ª pessoa (= *de você, de vocês, do senhor* etc.):

(236) então a Tatá estava contando outro dia né? que:: depois das seis horas da noite você andar na cidade é o jeito *dela* [D2 SP 343]
(237) você teve que adaptar o horário *deles* [D2 SP 360]

Entretanto, não se pode afirmar que *dele* ocorra, sempre, atendendo a uma necessidade de maior especificação, ou, mesmo, de fugir à ambiguidade. Em muitos casos em que se usa *dele*, o uso do pronome possessivo seria indiferente para a recuperação da informação:

(222a) o brasileiro tem aquela preocupação de ter a casa *própria* dele [D2 SP 62]
(238) ele estudou Direito não vou citar o nome *dele* [D2 SP 396]
(239) o que ele ganhava é, é, pra pagar um aluguel relativo à quarta parte do salário *dele* [D2 RJ 355]
(240) eu gostava de um comediante francês que aliás agora tem passado poucos filmes *dele* que era o Jacques Tati [D2 SP 255]

A forma *dele*, por outro lado, pode não ter, absolutamente, valor do tipo considerado "possessivo", casos em que é impossível, obviamente, a ocorrência de *seu*:

(241) quer dizer não é só não vive em função *deles* [D2 SP 360]

Nesses casos, verifica-se que a forma similar de 1ª pessoa, por exemplo, seria *de mim*, que, como se apontou na seção "Possibilidades de expressão", não é expressão de relação possessiva.

Verificaram-se no *corpus* ocorrências de *dele* (ambas com o núcleo nominal do sintagma apagado) nas quais essa indicação possessiva dificilmente seria substituída pelo pronome possessivo correspondente. São casos de expressões fixas:

(242) o sujeito conhece o problema do outro mas também vive na *dele* como se diz na gíria né? [D2 SP 255]
(243) o estudante muito desinibido muito mais... aberto estão naquelas *dele* [DID SSA 231]

Entretanto, essa expressão da relação possessiva por *de + ele*, na 3ª pessoa, corresponde à expressão por um pronome possessivo, no caso das outras pessoas: *Eu vivo na minha. Eu estou na minha, você fique na sua/Cada um na sua.*

Outras expressões fixas, pelo contrário, trazem o pronome possessivo *seu* (e não *dele*) como em (244):

(244) e que por *sua* vez tá inserido [EF SSA 49]

Também alguns arranjos construcionais ligados à transitividade do substantivo condicionam o uso do pronome possessivo, como em (245).

(245) muita gente ainda pode pensar que uma das (inaudível) existentes no Japão seja a da *sua* ausência de recursos de insumos [EF RJ 379]

Observa-se uma restrição ao uso da forma *dele* motivada exatamente pelo fato de essa forma explicitar o gênero e o número do "possuidor". Em (246), vê-se que o antecedente *tudo* (neutro) repele a retomada por uma referência que explicitasse ser o "possuidor" masculino ou feminino:

(246) tudo tudo na vida tem o *seu* lado positivo... e *seu seu* lado negativo [D2 REC 05]

Trata-se de caso semelhante ao da referência possessiva em que o "possuidor" é *cada um*.[18] Embora se possa aceitar como possível, no caso, a forma referencial *dele*, o que se verificou, em um inquérito examinado (D2 SP 360), foi 100% de ocorrências de *seu* em referência a essa forma distributiva:

(247) tem que cada um pegar *sua* lancheira [D2 SP 360]
(248) L1 – [...] eles... cada um torce
 L2 – para o *seu*
 L1 – para o *seu* e não há incompatibilidade [D2 SP 360]
(249) numa família grande... a gente observa assim cada um TEM... o *seu* gosto sabe? cada um tem as *suas* características [D2 SP 360]

Além dos casos de emprego obrigatório (expressões feitas, casos de restrições construcionais, casos de restrições quanto à inteligibilidade da referência), há casos de contextos preferenciais para um ou outro emprego. Resultaram ser contextos preferenciais para o uso do pronome possessivo os sintagmas anafóricos que ocorrem imediatamente após o item que deve ser retomado como "possuidor":

(250) os galactóforos com *seus* orifícios [EF SSA 491]
(251) a traqueia com *sua* bifurcação [EF SSA 49]
(252) é uma ciência mais ampla... ou seja... o todo que estuda... o normativo em *seu* aspecto [dogmático] [EF REC 337]

Mostraram ser contextos preferenciais de *seu* os sintagmas iniciados pela preposição *em* (14 casos em 17):

(253) os rapazes be::rram e berram porque to/... na *sua* maioria são pais de família [D2 SP 350]
(254) a possibilidade que ele tem de manipular as coisas em *seu* próprio proveito... certo? [EF SP 405]
(255) L2 – ou então é o filho do fazendeiro
L1 – ( )
L2 – que vai tomar conta da
L1 – ( ) então se
L2 – da fazenda do pai:: esse negócio todo...
L1 – fica radicado na *sua* cidade natal [D2 SP 360]
(256) L2 – quando o homem está no apogeu
L1 – ( )
L2 – não é verdade?
L1 – ( ) (na *sua*) maturidade [D2 SP 360]

Formas de expressão possessiva em referência à 2ª pessoa

O pronome possessivo *teu* pode representar dois diferentes modos de tratamento: *tu* e *você*. Apenas no segundo caso, como já se apontou, há intercambialidade entre a forma possessiva (*teu*) e a forma possessiva mais explícita (*de + você*). Quanto à forma *teu* (= *de ti*), ela só ocorre três vezes no *corpus* mínimo (sempre em D2 POA 291, e na fala de L1), o que revela baixa opção por essa forma de tratamento.

Deve-se observar que a forma de possessivo *seu* também remete à 2ª pessoa (desde que apresentada por expressão de tratamento ou pelo pronome *você*). Desse modo, *de você* intercambia não apenas com *teu*, mas também com *seu*.

Verificou-se, no *corpus* mínimo, a ocorrência dessas três formas que podem alternar-se na referência possessiva quando o tratamento usado é *você*: de um total de 36 casos nos três tipos de inquérito, *seu* (por *de você*) ocorre em 31 casos (86%), *teu* (por *de você*) ocorre em 2 casos (6%) e a forma analítica *de você* ocorre em 3 casos (8%).

O resultado obtido contraria a expectativa, em se tratando de língua oral, pois, segundo o que se depreende da insistência da gramática normativa no combate à mistura dos tratamentos *tu* e *você* (mais especificamente quanto ao uso de referenciais de 2ª pessoa, entre eles, *teu*, nos casos em que o tratamento é *você*), essa mistura é frequente.

Para verificação desses resultados inesperados obtidos (a baixa ocorrência de *teu* = *de você*), alargou-se o *corpus* de análise utilizando-se mais 10 inquéritos,[19] e o que se verificou foi que só em um deles (D2 SP 343) foi usada, por L1 e por L2, a forma pesquisada (*teu* = *de você*), com 11 ocorrências (sendo 5 as da forma *seu*). Essa prevalência, entretanto, examinado o inquérito, parece revelar uma preferência pessoal.

Nesse inquérito há uma passagem que ilustra bem a facilidade com que se alternam as formas *teu* e *seu* em referência ao tratamento representado por *você*:

(257) por exemplo se você construísse *seu* carro você pensaria em solução?... não... por quê?.. porque se *teu* carro polui [D2 SP 343]

É um tipo de alternância em que, além do fator "distância" entre a forma explícita *você* e o possessivo, ficam implicados fatores pragmático-discursivos.

Resta a indicação de que a expressão possessiva *seu* (= *de você*), do mesmo modo que o pronome *você*, é usada para operar referência generalizada, como em (258) e (259):

(258) você fica fechado ali mas você fica ali... você já pensou aquele tédio que negócio chato... você vê que você ganha é em função de *sua* produção [D2 SP 62]
(259) você vai resolve o que tem de resolver... e volta pra *sua* família [D2 REC 05]

Referência possessiva à 1ª pessoa

A única expressão possessiva da 1ª pessoa do singular é *meu* (e flexões). Para a 1ª pessoa do plural a forma específica é *nosso* (que preencheu 8,5% do total de formas possessivas no *corpus* mínimo), mas aparece também a forma alternativa *da gente* (que está representada em 1% do mesmo *corpus*, nunca em fala do Recife):

(260) mas sempre falta alguma coisa e essa coisa vai entrando no dinheiro *da gente* [D2 RJ 355]
(261) Mas aqui... em casa, é os aniversários *da gente*, né, mas aí é só os amigos da família [DID POA 45]
(262) a gente para aquela vida cotidiana *da gente* [EF SP 405]

A manutenção do valor de *gente* como substantivo, no sintagma *a gente* (que inclui o falante), é comprovada na ocorrência *A gente recebia o seu castiguinho* [DID POA 45]. Vê-se, aí, a forma *seu* remeter a uma 3ª pessoa que está representada no substantivo *gente*.

A forma *nosso* aparece no *corpus*, incluindo, além da 1ª pessoa (*eu*), as seguintes pessoas:

a. 3ª:

(263)   como a minha irmã foi criada aqui em casa e ela também levou os *nossos* hábitos... pra casa dela né? [DID RJ 328]

b. 2ª:

(264)   vamos entrar então no *nosso* assunto... o cinema brasileiro [EF SP 153]

c. 2ª e 3ª:

(265)   era um curso bem diferente dos *nossos* aqui do Brasil [DID SP 242]
(266)   nós temos pele... pele [...] é o revestimento externo do *nosso* corpo [EF SSA 49]

Este último exemplo, como se vê, obtém alto grau de genericidade, abrangendo toda uma espécie ou gênero.

Possessivos no sintagma nominal (sn)

Sabe-se que as palavras que precedem o substantivo no sintagma nominal são bastante variadas, bem como se sabe que suas restrições de ocorrência variam de língua para língua.*

Em inglês, os elementos *the*, *a*, *my*, e *this* ou *that* não coocorrem, além de serem intersubstituíveis no mesmo sintagma nominal, mas, em português, é comum a coocorrência tanto de *o* e *um* como de demonstrativos com o possessivo[20] como se vê em (267) a (269).

(267)   um filho de uma *minha* amiga entrou [...] na Politécnica [DID SP 242]
(268)   *esse nosso* cineminha... artesanal... foi liquidado [EF SP 153]
(269)   a televisão entra *na sua* casa quase sem *a sua* permissão [D2 REC 05]

As condições de coocorrência observadas em um *corpus* alargado (de 23 inquéritos) serão apresentadas mais adiante.

---

* N.O.: Na sequência deste capítulo, a autora fala em *determinante*, *determinação* e *determinado* quando se refere às palavras gramaticais que precedem o substantivo no sintagma nominal. O capítulo "Os especificadores" deste volume chama essas mesmas palavras de "especificadores".

DISTRIBUIÇÃO DO PRONOME POSSESSIVO NO SN

Posição pré-nominal

1. Imediatamente anteposto ao substantivo

a. Artigo definido + pronome possessivo + substantivo (+ adjetivo)

(270) ela faz a feira junto com a *minha* tia [DID RJ 328]
(271) tudo tudo na vida tem o *seu* lado positivo... e *seu* lado negativo [D2 REC 05]
(272) a *minha* filha mais velha está no científico [DID POA 45]

b. Artigo indefinido + pronome possessivo + substantivo[21]

(273) um filho de uma *minha* amiga entrou [...] na Politécnica

c. Pronome demonstrativo + pronome possessivo + substantivo

(274) é muito pertinente essa *tua* colocação [EF POA 278]

d. *Todo* + pronome possessivo + substantivo

(275) todo *seu* material bélico foi arrasado [EF RJ 379]

Em (275), percebe-se uma pausa entre *todo* e *seu*; essa pausa permite afirmar que o artigo definido não ocorre. Em (276) a seguir, o locutor fala pausadamente, e dessa forma a presença do artigo definido é inequívoca.

e. *Todo* + artigo definido + pronome possessivo + substantivo

(276) quase toda a *minha* atividade profissional é mais sentada [DID RJ 328]
(277) edifício moderno proporcionando a todos os *seus* associados a melhor condição possível [DID REC 31]
(278) ele deve procurar o seu sindicato [...] a fim de que possa... ver: todos os *seus* problemas resolvidos [DID REC 31]

f. Pronome possessivo + substantivo (+ adjetivo)

(279) daí é que vem *minha* pergunta [EF REC 337]
(280) é uma ciência mais ampla... ou seja... o todo que estuda... o normativo em *seu* aspecto [dogmático]

(281) Quer dizer, ela já estava dentro de *sua* vida útil, entendeu? [D2 SSA 98]
(282) tudo tudo na vida tem o *seu* lado positivo... e *seu* lado negativo

1. Imediatamente anteposto ao substantivo

a. Artigo definido + pronome possessivo + numeral quantificador/indefinido + substantivo

(283) nas *suas* primeiras experiências de jovens [D2 REC 05]
(284) eu... fui para um colégio [...] fiz o *meu* primeiro ano [DID SP 242]
(285) outra finalidade a que o sindicato se dispõe... evidentemente é aquela de proporcionar... o lazer... aos *seus* inúmeros associados [DID REC 131]

b. Artigo definido + pronome possessivo + *outro/próprio* + substantivo

(286) agora nós vamos passar para o *nosso* outro assunto [EF SSA 49]
(287) o mundo caminha [...] encontrando as *suas* próprias consequências

c. Pronome possessivo + adjetivo + substantivo

(288) ele o faz por *sua* livre e espontânea vontade
(289) os indivíduos [...] procuram... levar... a cabo... levar adiante *suas* melhores... ou suas mais justas reivindicações

d. Pronome possessivo + *próprio* + substantivo

(290) estão em paz com *sua* própria consciência
(291) expliquem com *suas* próprias palavras

Posição pós-nominal

1. Imediatamente posposto ao substantivo

a. Artigo definido + substantivo + pronome possessivo

(292) a televisão *nossa* está se fazendo na medida... ah justamente do que é a nossa sociedade [D2 SP 333]
(293) é tão raro que o ator *nosso* tenha esses dois predicados [D2 SP 333]

b. Artigo indefinido (+ adjetivo) + substantivo + pronome possessivo

(294) enquanto existe um projeto nosso [D2 SP 360]
(295) a telenovela como é feita aqui é um gênero nosso [D2 SP 333]
(296) tem um grande amigo meu que vem aqui [DID SP 234]

c. Pronome demonstrativo + substantivo + pronome possessivo

(297) não poderia realmente ser diferente esta posição nossa ao encarar os diferentes aspectos da vida social [D2 SP 62]
(298) L2 – eu estou sempre correndo estou sempre falando tudo depressa porque não dá tempo...
L1 – E... se impôs
L2 – se a gente for parar...
L1 – essa atitude sua...
L2 – E... (risos) exatamente se a gente for parar para fazer as coisas [D2 SP 360]

d. Numeral/indefinido + substantivo + pronome possessivo

(299) eu não lembro quem era o escritor eram três escritores nossos [D2 SP 333]
(300) qualquer atividade nossa vai ser relacionada com:: com essa preocupação [EF SP 405]
(301) você precisa sair um pouquinho para ir fazer qualquer negócio seu particular [D2 SP 62]

e. Substantivo + pronome possessivo

(302) mas que aí é falta de interesse minha, não é? [D2 SP 343]
(303) eu acho que primeiro por incapacidade minha [D2 RJ 355]

1. Imediatamente posposto ao substantivo

a. Artigo definido + substantivo + adjetivo + pronome possessivo

(304) era o esporte predileto nosso [DID POA 45]

b. Substantivo + adjetivo + pronome possessivo

(305) através de reflexões comuns não apenas minha e dele [D2 SP 255]

INDICAÇÃO GERAL DA ORDEM DOS ELEMENTOS DO SN POSSESSIVIZADO

A composição do sintagma nominal determinado por pronome possessivo, nas ocorrências do *corpus* examinado, é, no geral, a seguinte, ficando marcada a ordem de ocorrência dos determinantes:

a. Com possessivo anteposto ao substantivo

Quadro 10

1	2	3	4	5
todo/ Ø	artigo definido artigo indefinido demonstrativo Ø	POSSESSIVO	numeral ordinal/ quantificador indefinido *outro/próprio* /Ø	SUBSTANTIVO

b. Com possessivo posposto ao substantivo

Quadro 11

1	2	3	4
art. definido/ art. indefinido/ demonstrativo/ *qualquer* Ø Ø	Ø Numeral cardinal	SUBSTANTIVO	POSSESSIVO

Quanto à adjetivação do substantivo nos sintagmas nominais possessivizados, observou-se o que segue:

a. Com possessivo anteposto ao substantivo, o adjetivo ocorreu imediatamente antes ou depois do substantivo, mas apenas nos casos em que, antes do possessivo, havia artigo definido (exs.: "a *sua* parte profunda", "a *sua* mão de obra grande", "a *minha* filha mais velha", "o *seu* lado positivo") ou determinante Ø (exs.: "e *seu* lado negativo" e "*sua* vida útil").

b. Com possessivo posposto ao substantivo, o adjetivo ocorreu antes ou depois do substantivo. Na anteposição, o adjetivo foi precedido de artigo indefinido e ficou adjacente ao substantivo (ex.: "um grande amigo *meu*"). Na posposição, houve adjacência em casos de ocorrência de artigo definido (ex.: "era o esporte predileto *nosso*") ou de determinante Ø (ex.: "de reflexões comuns não apenas *minha* e *dele*"), mas o possessivo ficou entre o substantivo e o adjetivo em um caso de sintagma nominal iniciado pelo indefinidor *qualquer* (ex.: "qualquer negócio *seu* particular").

A organização do SN com a expressão possessiva *dele* (e flexões)

No *corpus* examinado, a expressão possessiva de 3ª pessoa *dele* (e flexões) ocorreu sempre posposta, e com a distribuição que se explica a seguir:

a. Artigo definido + substantivo (+ adjetivo) + *dele* (+ adjetivo)

(306) ontem eu assisti... Carvalho Pinto falando com donas de casa... a filha *dele* [DID SP 234]
(307) sabe ela não admite uma falha nossa... no... ponto de vista *dela* do que seja... o: [...] a perfeição [D2 SP 360]
(308) ela ainda poderia ser... a estrela de um grande musical... por causa da força interpretativa *dela* [D2 SP 333]
(309) ele funciona bem... não sinto o funcionamento *dele*... global [D2 SP 343]
(310) eu tenho umas fitas *deles* lá... [D2 REC 05]
(311) L2 – eles ocupam posto de administradores e economistas entende?
       L1 – perfeito
       L2 – [...] é um direito *deles*

b. Pronome demonstrativo + substantivo + *dele*

(312) tolheu cerceou [...] aquela ambição *dele* mas... [D2 SP 360]
(313) a gente... está pensando... como encaminhá-lo no colegial mas contra esse gosto *dele* [D2 SP 360]

c. *Algum/pouco* + substantivo + *dele*

(314) ele pode estar num esquema de funcionamento... e interdependência muito grande... e que não pode ter... eliminado alguma peça *dele* [D2 SP 343]
(315) agora tem passado poucos filmes *dele* [D2 SP 255]

d. Artigo definido + *próprio/único* + substantivo (+ adjetivo) + *dele*

(316) vê... inclusive que o:: que o:: que o próprio a própria conduta *dele* [D2 SP 62]

(317) Era uma tecnologia... assimilada de duas formas: primeiro, pela própria... e pelo próprio desenvolvimento interno *deles* [EF RJ 379]
(318) a única função *dele* é me ajudar com eles... [D2 SP 360]

e. *todo* + *aquele* + substantivo + *dele*

(319) todas aquelas novelas *dele* ele já vendeu para países de fala espanhola [D2 SP 333]

f. Artigo definido + substantivo + *mesmo* + *dele*

(320) mas o apogeu mesmo *dele* e:: começa encontrar dificuldades [D2 SP 360]

g. Artigo indefinido + substantivo + *todo* + *dele*

(321) às vezes é brecado... o indivíduo... ah... põe um capital todo *dele* em investimento [D2 SP 62]

h. Substantivo + *dele* (+ adjetivo)

(322) é malandragem *dele*
(323) mas por gosto *dele* ele se interessava muito por aquela figura assim [D2 SP 360]
(324) assisti filmes *dele* muito bons [D2-SP-255]

A composição do sintagma nominal possessivizado com *dele* nas ocorrências do *corpus* examinado é, no geral, a seguinte, ficando marcada a ordem de ocorrência dos elementos:

Quadro 12

1	2	3	4	5	6
				Ø	
	art. definido/ art. indefinido/ demonstrativo *algum pouco* Ø				
	art. definido	*único próprio*	SUBSTANTIVO		POSSESSIVO *dele*
	art. definido			mesmo	
	art. indefinido	Ø		todo	
Todo	demonstrativo			Ø	

Quanto à adjetivação, verificou-se que a ocorrência do adjetivo se deu apenas nos casos em que, antes do substantivo, havia artigo definido (seguido ou não de *próprio*) ou determinante Ø. O adjetivo ocorreu sempre posposto ao substantivo, às vezes antes (ex.: 308), às vezes depois (ex.: 309) da forma possessiva *dele*.

A QUESTÃO DA DETERMINAÇÃO DO SN POSSESSIVIZADO

Já se observou aqui que a língua portuguesa (diferentemente de outras, como o inglês, o francês e o alemão) permite a coocorrência de artigo definido e pronome adjetivo possessivo. A presença ou a ausência do artigo definido antes do grupo *pronome adjetivo possessivo + substantivo* tem sido em geral considerada não significativa, reveladora apenas de uma opção do falante, sem consequência no enunciado.

Procurou-se, aqui, observar a ocorrência do artigo e de outros elementos antes do grupo *pronome adjetivo possessivo + substantivo*, em face da ocorrência Ø, para uma avaliação das condições dos usos.

Distribuição das ocorrências

Na análise, verificou-se grande predominância da ocorrência do artigo antes do grupo formado por pronome adjetivo possessivo e substantivo.

No total geral, houve 65% de uso do artigo definido, 1% de outros determinantes e 34% de ocorrência Ø de determinante antes no sintagma com *pronome adjetivo possessivo*.

A prevalência de ocorrência de artigo definido mantém-se nitidamente em todos os casos, tanto na distribuição por inquérito como na distribuição por cidade. Por inquérito, verifica-se que estão acima da média as EFs (68%) e, principalmente, os DIDs (72%), e abaixo da media estão os D2 (55%). Na distribuição por cidade, a variação na porcentagem é muito pequena, indo de 65% (SP) a 68% (RJ).

Para eliminar possíveis distorções provocadas pela existência de diversas variáveis (tipo de inquérito + cidade), operou-se a mesma verificação nas EFs SP 377, 338, 405, 124, 156 e 153,[22] e o resultado mostrou que praticamente não ocorrem outros determinantes que não o artigo definido antes do grupo formado por *pronome adjetivo possessivo + substantivo*,[23] mantendo-se em todas elas uma incidência do artigo definido próxima da média geral encontrada (66%).

Verificados apenas os casos de pronome possessivo posposto ao substantivo, a ocorrência de determinantes verificada no *corpus* mínimo mostrou que, contrariamente ao que ocorre com os sintagmas em que o pronome possessivo é anteposto, a grande predominância é de não definidores (70%), especialmente de *um* (62%). Há apenas um caso (8%) de ocorrência de determinante Ø.

Quanto aos sintagmas com a expressão possessiva *dele* (sempre posposta), o que se verificou foi que, de todas as ocorrências encontradas, apenas uma (em função predicativa) se deu sem precedência do artigo definido:

(325)   como se fosse coisas *dele* [EF SP 124]

Examinada a distribuição geral dos determinantes em todos os sintagmas nominais possessivizados do *corpus* mínimo, incluídos os casos de anteposição e de posposição do pronome possessivo, verificou-se um total de 96% (342 casos) de determinantes definidores. Dentro desse conjunto, 99% (337 casos) correspondem ao artigo definido, quase todos (335 casos) ocorrendo em sintagmas nominais com o possessivo anteposto. Dentro dos 4% de determinantes indefinidores (13 casos), 85% são do elemento *um*, quase todos (11 casos) ocorrendo em sintagmas com o possessivo posposto.

Avaliação dos contextos de ocorrência

O exame aqui efetuado permite verificar que a indicação sem ressalvas de que, em português, o grupo *possessivo + substantivo* pode, ou não, indiferentemente, vir precedido de artigo definido deve ser considerada simplista. Na verdade, é de supor que existam condicionantes que devem ser avaliadas.

Quanto aos casos de possessivo anteposto, os dois grupos seguintes de exemplos ilustram casos em que é indiferente a ocorrência ou a não ocorrência do artigo definido à esquerda do grupo, pelo menos para a qualificação do sintagma nominal como determinado:

a. Com artigo definido à esquerda do grupo *possessivo + substantivo*:

(326)   a televisão entra na *sua* casa quase sem a *sua* permissão
(327)   ela faz a feira junto com a *minha* tia
(328)   a *minha* filha mais velha está no científico
(329)   outra finalidade a que o sindicato se dispõe... evidentemente é aquela de proporcionar... o lazer... aos *seus* inúmeros associados
(330)   o mundo caminha [...] encontrando as *suas* próprias consequências

Sem artigo definido à esquerda do grupo *possessivo + substantivo*:

(331) Daí é que vem *minha* pergunta
(332) é uma ciência mais ampla... ou seja... o todo que estuda... o normativo em *seu* aspecto
(333) quer dizer... ela já estava dentro de *sua* vida útil, entendeu?
(334) os indivíduos [...] procuram... levar... a cabo... levar adiante *suas* melhores... ou *suas* mais justas reivindicações
(335) estão em paz com *sua* própria consciência

Como já se indicou em "Possessivos no sintagma nominal (SN)", o pronome adjetivo possessivo tem o estatuto de determinante no sintagma nominal, e, portanto, os sintagmas nominais iniciados por esse elemento já são sintagmas determinados, referencialmente definidos. Mais especificamente falando, trata-se de uma definição referencial do tipo *pessoal*.

Observe-se que as ocorrências (336) e (337) apresentam, cada uma delas, lado a lado, em coordenação, dois sintagmas com pronome adjetivo possessivo, o primeiro precedido de artigo definido e o outro não, ambos com o mesmo grau de definição referencial:

(336) tudo tudo na vida tem o seu lado positivo... e *seu seu* lado negativo
(337) uma prestação de serviço à altura de *sua* dignidade... e do *seu* valor profissional [DID REC 131]

Observou-se também a ocorrência (338), com o grupo pronome adjetivo possessivo + substantivo precedido de artigo indefinido, lembrando-se que a indefinição semântica que se depreende no elemento *uma* não se confunde com indeterminação:

(338) um filho de uma minha *amiga* entrou [...] na Politécnica

Diz a *Grammaire de Port Royal*[24] que *determinado* não significa "restrito", já que, numa proposição como "*todo homem é racional*", o substantivo *homem* é tomado em toda a sua extensão, e é determinado. Desse modo, o caráter definido de referência se prende a uma definição não descritiva que se acrescente à definição descritiva efetuada pelo substantivo comum, compondo-se, então, uma determinação discursiva para o sintagma, o que representa uma conversão do virtual em atual, pela relação que se faz da noção com o objeto que lhe corresponde na realidade.[25] A indefinição de um elemento precedido de *uma* nada mais é que uma relação do termo do discurso com um referente impreciso, indefinido (o que garante, aliás, ao artigo indefinido, a condição de não fórico). Trata-se de uma indefinição semântica ligada à busca de informações no texto ou na situação, diferente de uma semântica do tipo vocabular (semântica da palavra), que não se encontra nas palavras gramaticais referenciais.

Nas ocorrências (339a) com (339b) e (339c) podem ser contrastadas as três estruturas:

(339)   a) um filho de uma *minha* amiga
         b) um filho da *minha* amiga
         c) um filho de *minha* amiga

Cada um desses sintagmas possessivizados tem uma interpretação:

(339a) *uma minha amiga* 1) determinação (pelo artigo indefinido e pelo possessivo)
                                 2) indefinição semântica do tipo demonstrativo
                                 3) definição semântica do tipo bipessoal
(339b) *a minha amiga*   1) determinação (pelo artigo definido e pelo possessivo)
                                 2) definição semântica do tipo demonstrativo não seletivo
                                 3) definição semântica do tipo bipessoal
(339c) *minha amiga*   1) determinação (pelo possessivo)
                                 2) definição semântica do tipo bipessoal

Desse modo, os sintagmas nominais de (339b) e de (339c) opõem-se, como não indefinidos, ao sintagma nominal de (339a), que é indefinido, mas esses três sintagmas nominais são determinados. O determinante à esquerda de outro determinante, desse modo, deixa de operar, realmente, a determinação. Na verdade, na frase (339c), a simples ausência do indefinidor semântico *(uma)* mantém a definição semântica bipessoal que o possessivo traz, ao mesmo tempo que atua como determinante. Assim, esse sintagma nominal sem artigo é não indefinido (mesmo sem artigo definido).

Diferente de (339b) é a ocorrência (340) apresentada a seguir, em que também ocorre determinante do tipo demonstrativo à esquerda do grupo formado por substantivo + possessivo, novamente operando-se o que pode ser qualificado como "sobredeterminação":

(340)   é muito pertinente essa *tua* colocação

Neste caso, a relação é diferente da que ocorre nos casos de (339), graças à definição semântica representada pela seleção na escala de proximidade que o demonstrativo do sistema tripartido *esse* traz ao sintagma nominal.

Quanto ao sintagma nominal com pronome possessivo posposto, a simples ocorrência de possessivo não confere determinação ao sintagma: à direita do substantivo, o possessivo não é determinante.

Ilustram casos de sintagma nominal com possessivo posposto as ocorrências (292) a (301), já apresentadas. O que se verifica é que são determinados os sintagmas nominais das ocorrências (292) a (299), que apresentam um determinante à esquerda do substantivo, dos seguintes tipos: em (292) e (293), artigo definido; em (294) a (295), artigo indefinido; em (296) em (297), pronome demonstrativo; em (298), numeral cardinal; em (300) e (301), pronome indefinido.

Por outro lado, não são determinados os sintagmas possessivizados de (302) e (303). Em qualquer um desses dois últimos exemplos, a anteposição de um artigo definido (ou de outro determinante) alteraria o estatuto do sintagma.

Ocorre que tudo o que se afirmou aqui acerca do estatuto de determinante que o pronome possessivo possui no sintagma nominal deve ser relativizado, levadas em conta as posições sintáticas do sintagma possessivizado. Existem, por exemplo, posições sintáticas em que não cabem sintagmas nominais determinados, e, assim, o sintagma possessivizado que ocorrer nessa posição não será determinado. Um caso típico é o do vocativo, termo que não comporta determinante, e que, no entanto, traz frequentemente formas possessivas, como em (241):

(341)   eu disse "*meu* Deus"

Nesse caso, a inversão da ordem no sintagma, diferentemente do que ocorre em outros casos, não altera, quanto ao caráter de determinação, o estatuto do sintagma.

Outras posições importantes a serem examinadas quanto à determinação do sintagma possessivizado são as posições de predicativo e de aposto explicativo, nas quais a possessivização não representa determinação (mesmo com anteposição do pronome possessivo). Vejam-se (342) e (343), que têm sintagma nominal não determinado (predicativo do sujeito e aposto, respectivamente):

(342)   nós tivemos a sorte enorme de ser *seus* alunos [EF SP 156]
(343)   foram produzidos por Wallace Dalney... *nosso* conhecido [EF SP 153]

Nas posições predicativa e apositiva, os sintagmas com ou sem determinante à esquerda do grupo *pronome possessivo + substantivo* opõem-se, quanto ao estatuto de determinado ou não. Assim, uma passagem como "tivemos a sorte de ser os seus alunos" apresenta, como predicativo, um sintagma possessivizado determinado (e definido, com o artigo), ao contrário de (342), em que o sintagma possessivizado, em posição predicativa, é não determinado. O mesmo se pode dizer do par formado por "foram produzidos por Wallace Dalney... o nosso conhecido" em (343).

Verifica-se que, por exemplo, na posição de predicativo, são igualmente não determinados (e não definidos) os sintagmas nominais com as duas diferentes posições do possessivo, a anteposição e a posposição:

(344)   a prontidão e outras bossas são *nossas* coisas são coisas *nossas* né? [EF SP 153]

A questão da ordem no SN com possessivo

Nas ocorrências atestadas no *corpus* examinado, conforme se discriminou a partir de "Distribuição do pronome possessivo no SN", existem casos de anteposição e casos de posposição do pronome possessivo ao substantivo, com acentuada predominância dos primeiros (97%, no conjunto dos inquéritos). Verifica-se que o porcentual máximo de possessivos pospostos é 6%, e que, nas EFs, esse tipo de ocorrência é quase nulo. A determinação da ordem e de sua funcionalidade nesses casos merece ser verificada.

ORDEM E FUNÇÃO DO PRONOME POSSESSIVO NO SN

Do ponto de vista do caráter determinado do sintagma, postulou-se que o estatuto do sintagma nominal não se altera, ocorra ou não o artigo definido antes do grupo *pronome adjetivo possessivo + substantivo*. Entretanto, não se pode afirmar o mesmo se for diferente a ordem dentro do sintagma, isto é, se o pronome adjetivo possessivo estiver posposto ao substantivo.

Segundo uma tese influente, "a posição do possessivo em relação ao nome dentro do sintagma nominal indica se este sintagma deve ser entendido referencialmente ou atributivamente".[26] O que parece evidente, porém, é que o que condiciona essa interpretação, nos exemplos dados pelo autor da tese, não é simplesmente a posposição do pronome. Em primeiro lugar, verifica-se que os exemplos propostos são todos com determinante Ø à esquerda do substantivo, tratando-se, pois, de sintagmas possessivizados, mas não determinados (já que se trata de possessivo posposto). Isso leva a supor que o uso atributivo do pronome possessivo depende da não determinação do substantivo que ele acompanha, e, na verdade, a verificação é fácil, a partir das ocorrências do *corpus* que apresentam determinante (artigo definido, artigo indefinido, pronome demonstrativo, pronome indefinido, numeral) antes do grupo com pronome adjetivo possessivo posposto (citadas em "Posição pós-nominal". Sobre as leituras referencial e atributiva, ver, neste mesmo volume, no capítulo sobre os especificadores, a seção "Os diferentes valores das descrições definidas").

Por outro lado, a posposição do possessivo ao substantivo não pode sem discussão ser invocada como condição definidora de função atributiva para o pronome. Nem mesmo a convergência dessa condição com a não determinação do sintagma possessivizado é suficiente para a interpretação atributiva do pronome possessivo. Suponha-se, a partir de (345), uma ocorrência como (345'):

(345)   porque a *minha* filha mais velha está no científico
(345')   ?? porque Ø filha (mais velha) *minha* está no científico

Embora satisfaça as duas condições indicadas, o possessivo *minha* não pode ser entendido como atributivo nessa passagem. Aliás, a passagem é estranha exatamente porque atribui a um sintagma não determinado um predicado factual. Do mesmo tipo seria um exemplo (346') que se supusesse a partir de (346), desde que o predicado aí se entendesse como modalizado (= *deve constituir-se, tem de constituir-se*):

(346)   a *minha* alimentação constitui-se assim de verduras [DID RJ 328]
(346')   ? alimentação *minha* constitui-se de verduras

O que ocorre é que esse possessivo pode entender-se como atributivo, e não como referencial, exatamente porque o predicado pode entender-se como potencial.

Outro exemplo de interpretação não atributiva do possessivo posposto que pode ser invocado é (347):

(347)   assisti filmes *dele* muito bons

que também é um predicado sem marca de não factualidade. O real caráter da expressão possessiva não referencial no sintagma pode ser lembrado, mais uma vez, supondo-se, a partir de (247), a passagem (347'):

(347')   Filmes *dele* não são bons.

Nessa frase com possessivo em função atributiva, conjugam-se as três condicionantes: posposição do possessivo, não determinação do sintagma e modalização do predicado (que faz uma afirmação de caráter potencial).

São exemplos de possessivos em função atributiva:

(348)   mas que aí é falta de interesse *minha*, não e?
(349)   eu acho que primeiro por incapacidade *minha*

ORDEM FIXA E ORDEM PREFERENCIAL

Verifica-se que há casos de posição obrigatória do possessivo em relação ao núcleo do sintagma nominal possessivizado. São exemplos desse tipo casos em que o pronome possessivo é antecedido por numeral cardinal, como em (299), e por *qualquer*, como em (300) e (301), exemplos que aqui se repetem:

(350) eu não lembro quem era o escritor eram três escritores *nossos*
(351) qualquer atividade *nossa* vai ser relacionada com:: com essa preocupação
(352) você precisa sair um pouquinho para ir fazer qualquer negócio *seu* particular

Merece observação o uso do que aqui se chama "complexo possessivo": *seu* + *próprio* (e flexões).

No complexo possessivo com *seu* + *próprio*, a possessivização é feita, primeiramente, pelo pronome possessivo propriamente dito, de referência pessoal (1ª, 2ª ou 3ª) e, depois, pelo elemento que indica "propriedade" (*próprio*), o qual reitera e precisa a indicação possessiva:

(353) a) o mundo caminha [...] encontrando as *suas* próprias consequências
 b) estão em paz com *sua* própria consciência
 c) expliquem com *suas* próprias palavras

Qualquer alteração da ordem relativa dos elementos do sintagma nominal assim determinado é impossível sem que se altere a expressão possessiva.

Há, porém, colocações não obrigatórias nem pertinentes, que revelam preferências de uso ligadas à determinação do sintagma nominal e a propriedades semânticas do substantivo-núcleo do sintagma possessivizado. Desse modo, as posposições do pronome possessivo ao substantivo precedido de artigo indefinido nos casos de substantivos de significado relativo (simétricos ou assimétricos) são as mais ocorrentes:

(354) enquanto existe um projeto *nosso*
(355) eu tenho um cunhado *meu* [D2 POA 291]
(356) a telenovela como é feita aqui é um gênero *nosso*
(357) uma tia *minha* lá [...] que matou a cobra [DID POA 45]
(358) tem um grande amigo *meu* que vem aqui
(359) sabe ela não admite uma falha *nossa*...
(360) fomos com um tio *meu* [DID POA 45]
(361) para os procuradores uma lei *nossa* uma regulamentação *nossa* [D2 SP 360]

Verifica-se que, dessas oito ocorrências do *corpus* mínimo, quatro são com esse tipo de substantivo de significado relativo. Por "significado relativo", entende-se aqui o fato de que o substantivo em questão é usado para identificar um dos dois indivíduos que estão nos polos opostos de uma relação binária, ao passo que o outro é indicado pela pessoa do possessivo. Por exemplo, em (358), a relação binária é a amizade, que se estabelece entre o falante e o indivíduo que ele qualifica de "grande amigo".

Observa-se, ainda, que o *corpus* mínimo não ofereceu nenhum exemplo de anteposição nesse tipo de contexto. Fora do *corpus* mínimo foi encontrado apenas um exemplo:

(362)   um filho de uma *minha* amiga

SINTAGMA COM DETERMINAÇÃO POSSESSIVA SEM O SUBSTANTIVO

Mostra-se limitado o emprego de pronomes possessivos naquela função que a Nomenclatura Gramatical Brasileira chama *substantiva*. A porcentagem de não ocorrência de substantivo no sintagma possessivizado no *corpus* mínimo fica sempre abaixo de 10%, chegando a menos de 1% nas EFs. Em todos os casos, há a presença do artigo definido.

Outra observação é que em apenas quatro dos casos encontrados a referência que o possessivo opera não é anafórica. Observa-se, utilizando-se exemplos de um *corpus* ampliado, que a recuperação se faz:

a. na própria sentença:

(363)   um homem que se debruçou num país extremamente diverso do *seu* [EF SP 156]
(364)   a representação teatral que coloca a sua posição diante de um drama social qualquer... é desenvolvido através das várias aulas e através das várias técnicas inclusive das aulas do R. e das *minhas* também [D2 SP 255]

b. em sentença encaixada:

(365)   conheço mais ou menos tem a Igreja Ortodoxa porque ela é muito parecida com a *nossa* [DID SP 242]

c. em outra sentença coordenada:

(366)   você tá defendendo desde o princípio o meu pensamento e eu defendendo o *seu* [D2 REC 05]
(367)   eu não vejo televisão... acho que a antena interna da *minha* atrapalha [D2 SP 255]

d. em fragmento anterior de turno (após intervenção do interlocutor):

(368) L1 – certo você teve que adaptar o horário deles:...
       L2 – é... aliás ele já é
       L1 – ao *seu* [D2 SP 360]

e. em outro turno ou fragmento de turno (dentro da mesma estrutura sintática ou não; do mesmo locutor ou não):

(369) L1 – embora eles sejam de times contrários... eles... cada um torce...
       L2 – para o *seu* (risos)
       L1 – para o *seu* e não há incompatibilidade assim
(370) L1 – na *tua* casa mesmo
       L2 – na *minha* também [D2 POA 291]
(371) L2 – ué, se um apartamentozinho que eu agora (es)tava querendo alugar, desse que, ali na 314...
       L1 – Esse, aqui atrás.
       L2 – Não, não é o *meu* [D2 RJ 355]

Uma passagem de D2 RJ 355 mostra uma recuperação de algo introduzido sete turnos antes, contando-se 132 palavras entre o possessivo (*meu*) e o substantivo recuperado (*financiamento*), mediados por uma digressão sobre o que significa UPC:

(372) L2 – Sabe quanto é que está saindo o *meu* financiamento mensal? Quer dizer, a primeira prestação...
       L1 – Mas não se referia a aumentos percentuais de UPCs?
       L2 – Ah, sim, e, eles fazem em função das UPCs, então o que acontece, as UPCs que quando eu comprei era de um valor mínimo...
       L1 – Você sabe o que que é UPC? É a unidade padrão, padrão de construção
       L2 – De construção? É de construção?
       L1 – Acho que é.
       L2 – Não sei, a unidade padrão
       L1 – Não, de correção, de correção. Unidade Padrão de Correção.
       L2 – Então a UPC, quer dizer, então eu comprei por um determinado número de UPCs. A UPC era o quê? Quarenta cruzeiros ou até menos, a UPC este trimestre que nós estamos está por cento e noventa e quatro, então cento e noventa e quatro, o que está acontecendo é o seguinte, é que o *meu* a... há um decréscimo em cada prestação [D2 RJ 355]

Verifica-se que podem ser diferentes dos do substantivo recuperado:

a. gênero gramatical

(373)   Se fossem só os *meus* não teria problema é que eu levo filhas de uma vizinha [D2 SP 360]

b. número gramatical

(374)   era um curso diferente dos *nossos* aqui do Brasil

Observe-se que o caso ilustrado em (373) foi o único de recuperação catafórica encontrado.

Em (375) e (376) a recuperação se faz graças ao tema do discurso, filhos, e ao conhecimento comum entre os interlocutores, já que o substantivo apagado não aparece no contexto:

(375)   então a *minha* de onze anos... ela supervisiona o trabalho dos cinco [D2 SP 360]
(376)   vejo pelos *meus*... um só sabe... falar de outro... quando é para falar coisa errada... para contar defeito [D2 SP 360]

Os possessivos com substantivos valenciais

O exame do sistema de transitividade nos enunciados mostra que, no nível da sentença, o predicado se realiza por um verbo, mas, transposto para o nível do sintagma nominal, ele se realiza por um substantivo ou um adjetivo (ou ainda certos advérbios) de natureza valencial.

Um sintagma nominal, que tem como núcleo um substantivo valencial, comporta uma predicação na qual ao substantivo valencial se relaciona um ou mais argumentos. Se representados por substantivos ou por pronomes pessoais, esses argumentos necessariamente se ligam ao substantivo predicador por uma preposição, que é o instrumento que atribui caso ao substantivo argumental e compõe com esse substantivo o sintagma complemento do substantivo predicador, o que tradicionalmente se denomina "complemento nominal". A relação está ilustrada no Quadro 13:

Quadro 13

PREDICADOR SUBSTANTIVO	PREPOSIÇÃO	ARGUMENTO (SUBSTANTIVO OU PRONOME)
reflexões	de	os alunos os demais profissionais ele

Em observação inicial, assentamos que o pronome possessivo é um equivalente do grupo preposição *de* + pronome pessoal, sintagma esse capaz de preencher a função de argumento de um predicador substantivo. Como tal, o pronome possessivo pode exercer uma série de papéis semânticos em relação ao substantivo que exprime o predicado (que é o núcleo do sintagma em que o possessivo entra como determinante). Uma ocorrência como (377), construída a partir de uma ocorrência real encontrada no *corpus*, pode servir de exemplo:

(377)   ele ganha e em função de *sua* produção / da produção *dele*

Pode-se dizer que o sintagma "*sua produção*" equivale ao sintagma "*a produção dele*", mas é necessário apontar que, entre *ele* e *produção*, contrai-se uma relação semelhante à que se contrai entre *ele* e o verbo *produzir*, numa frase como "*ele produz*" (*ele* é o Agente).

Do mesmo modo que um substantivo, um adjetivo valencial pode ativar, dentro do sintagma nominal, o sistema de transitividade, constituindo o predicado de um argumento possessivo:

(378)   era o esporte predileto *nosso*
(379)   produzido e dirigido e interpretado... precisamente por *nossa* conhecida Cleo de Verberema [EF SP 153]

O possessivo ainda pode coocorrer com algum outro argumento, no caso de substantivo com valência superior a 1:

(380)   o *seu* relatório dos doentes que ele atendeu [DID SSA 231]
(381)   *seu* domínio sobre as forças da natureza [D2 SP 156]
(382)   *meus* conhecimentos de carro [D2 SSA 98]
(383)   *sua* manutenção da queda desse hormônio [EF SSA 49]
(384)   *sua* entrada na faculdade [DID SSA 231]
(385)   a interpretação *dela* de Ponteio [D2 SP 333]

No *corpus* pesquisado encontram-se as seguintes estruturas possessivas com substantivo ou adjetivo valencial:

1) N$_1$ argumento possessivo:

> *nossa* vida [EF SP 405]
> o desenvolvimento interno *deles* [EF RJ 379]

2) N$_2$ argumento possessivo + argumento substantivo preposicionado:

> *meus* conhecimentos de carro [D2 SSA 98]
> *sua* ausência de recursos [EF RJ 379]

3) N$_3$ argumento possessivo + argumento substantivo preposicionado apagado:

> e aí acabou *meus* conhecimentos [D2 SSA 98]
> o coordenamento *dela* [D2 SP 360]

4) N$_3$ arg. possessivo + arg. substantivo preposicionado apagado + arg. sentença:

> e aí vem *minha* pergunta porque que: [EF REC 337]

5) N$_3$ arg. possessivo + arg. substantivo preposicionado apagado + arg. sentença apagada:

> justifique *sua* resposta

6) Adj$_1$ arg. possessivo:

> o esporte predileto *nosso* [DID POA 045]

Quanto às relações sintático-semânticas observadas nas predicações nominais que, no *corpus*, ocorreram com argumentos representados por pronomes possessivos, as que se registraram são exemplificadas nas seções adiante.

POSSESSIVO AGENTE

Em SN que expressa ação

a. Possessivo Agente + substantivo abstrato de ação

(386) ele vai atuar sobre uma comunicação podendo ser essa *sua sua* atuação de três diferentes maneiras [EF POA 278]
(387) o *meu* comer bem é esse [D2 POA 291]
(388) a outra situação é a *sua* citação de Durkheim [EF REC 337]
(389) a televisão entra na sua casa quase sem a *sua* permissão

Nessas ocorrências, o substantivo de ação é geralmente a nominalização de um verbo da mesma subclasse. Entretanto, nem sempre é isso que ocorre:

(390)   então eu... saí do::... ah ah:: pedi demissão do *meu* serviço [D2 SP 360]
(391)   eu não poderia levar bem o *meu*... a *minha* profissão [D2 SP 360]

b. Possessivo Agente + substantivo concretizado de ação

(392)   ele foi fazer o *seu* relatório [DID SSA 231]
(393)   Bernadete defendeu a dissertação *dela* de mestrado [EF REC 337]
(394)   A *minha* pergunta [...] mas, não, não fala em interpretação, vamos ficar com translação [EF POA 278]
(395)   Você gravou as cantorias *deles* [D2 REC 05]

Essa concretização fica bem evidenciada no uso de uma forma como o plural diminutivo de (396):

(396)   eu aproveito para fazer *minhas* comprinhas [DID POA 45]

Em SN que expressa ação-processo

a. Possessivo Agente + substantivo abstrato de ação-processo + preposição + substantivo afetado (valência 2)

   (2-136) *seu* domínio sobre as forças da natureza

b. Possessivo Agente + substantivo concretizado de ação-processo

(397)   eu posso classificar os alunos, mas estabeleço taxonomia, quando a *minha* classificação... [EF POA 278]

c. Possessivo Agente + substantivo concretizado efetuado

(398)   destinatários de *sua* produção [EF RJ 379]
(399)   vou fazer *minhas* criações [EF SP 405]

A concretização fica bem comprovada na forma plural de (399).

Em SN que expressa ação modalizada

Possessivo Agente + substantivo abstrato designativo de modalidade (+ *de*) (+ verbo de ação ou ação-processo)

(400) numa época ou noutra a *tua* potencialidade de fazer hecatombe aumenta né? [D2 SP 343]
(401) qual é a obrigação diária de um professor bom a obrigação... primária *dele* é dar aula né? [DID SSA 231]
(402) De modo que *minha* pretensão agora é essa [D2 SSA 98]

Em SN que implica ação (com ou sem processo acoplado)

Possessivo Agente controlador + substantivo abstrato ou concreto instrumental

(403) o *meu* enfoque é muito pessoal
(404) a gente vê essa obra hoje com outros olhos com os *nossos* critérios... de beleza [EF SP 405]
(405) vocabulário *dela* é composto [D2 SP 360]
(406) expliquem com *suas* próprias palavras

POSSESSIVO AFETADO

Em SN que indica processo

Possessivo Afetado + substantivo abstrato de processo

(407) a sociedade ainda não tinha encontrado *seu* reequilíbrio
(408) que é um país que pratica na opinião de alguns... um socialismo considerado como democrático... tem nas cooperativas uma espécie de suporte ou tripé... para o *seu* desenvolvimento [DID REC 131]
(409) (economia japonesa) que também desde o *seu* início [EF RJ 379]

Em SN que indica ação-processo

a. Possessivo Afetado + substantivo abstrato de ação-processo (N_2)

(410) (Estados Unidos) [...] no início da industrialização *dele* [EF RJ 379]

b. Possessivo Afetado + substantivo concretizado de ação-processo (N$_2$)

(411)   a *minha* alimentação constitui-se assim de verduras

c. Possessivo Afetado + substantivo concreto de ação-processo

(412)   ela [...] tem que:: atender aos *seus*... assessores não é? [D2 SP 360]
(413)   a fim de que possa [...] chegar: até o *seu* juiz... chegar até a Justiça do Trabalho [DID REC 131]

POSSESSIVO EXPERIMENTADOR

Em SN que expressa processo

Possessivo Experimentador + substantivo abstrato ou concretizado de processo

(414)   é algo desligado de *nossa* vida [EF SP 405]
(415)   eu tenho me decepcionado com certas condutas... e... mas naturalmente é o modo de sentir *meu* [DID SP 242]
(416)   você está sentindo a *sua* emoção [EF REC 337]
(417)   sabe ela não admite uma falha *nossa*
(418)   nas *suas* experiências de jovem [D2 REC 05]

Em SN que expressa estado

Possessivo Experimentador + substantivo abstrato ou concretizado de estado

(419)   o *meu* maior interesse neste momento [EF SP 124]
(420)   os representantes têm falhado muito, de acordo com o *meu* desejo [DID SP 242]
(421)   existe [...] uma ideia de estrutura linguística que demasiado rígida para o *meu* gosto [EF SP 124]

POSSESSIVO OBJETIVO

Em SN que expressa ação

Possessivo Objetivo + substantivo abstrato ou concretizado de ação

(422) vou fazer *minha* propaganda
(423) nós estamos vivendo ainda o problema então torna-se um pouco difícil a *sua* análise
(424) temos o tecido subcutâneo... e a camada... retro... mamária... com a *sua* definição [EF SSA 49]

Em SN estativo

Possessivo Objetivo + substantivo abstrato ou concretizado de estado ou de qualidade

(425) mas o apogeu mesmo *dele*
(426) muita gente ainda pode pensar que uma das (inaudível) existentes no Japão seja a da *sua* ausência de recursos de insumos [EF RJ 379]
(427) uma prestação de serviço à altura de *sua* dignidade... e do *seu* valor profissional
(428) determinadas questões... fogem à *sua* competência profissional [DID REC 131]
(429) ele formaliza essa *sua* qualificação [DID SSA 231]
(430) *minha* sabedoria foi embora [D2 SSA 98]

POSSESSIVO BENEFICIÁRIO

Em SN que expressa processo

Possessivo Beneficiário + substantivo abstrato ou concretizado de processo

(431) a possibilidade que ele tem de manipular as coisas em *seu* próprio proveito
(432) a carreira e aí... co/ com prejuízo *dela* [D2 SP 360]
(433) A gente recebia o *seu* castiguinho [DID POA 45]

Em SN que expressa ação-processo

Possessivo + substantivo abstrato ou concretizado de ação-processo

(434) Sabe quanto é que está saindo o *meu* financiamento mensal?
(435) bom pode ser suponhamos que chega no dia 30 ele está a zero... e o pagamento *dele* atrase... certo? [EF SP 338]

POSSESSIVO QUE EXERCE O PAPEL DE MAIS DE UM CASO, CONCOMITANTEMENTE

São casos mais raros, mas encontráveis:

Possessivo Experimentador e Beneficiário + adjetivo

(436)   eu fui com um cliente aliás muito amigo *meu* [DID SP 137]

Nessa passagem, o possessivo *meu* remete à 1ª pessoa do singular, e o *eu* se coloca nos dois polos da relação argumental que o predicador *amigo* (de valor relativo) ativa: a de Experimentador e a de Beneficiário do estado expresso pelo adjetivo.

Possessivo Agente e Meta da ação + substantivo concretizado de ação

(437)   Agora tem o seguinte aspecto, a *nossa* conversa está em torno de dinheiro, de inflação, de desvalorização da moeda [D2 RJ 355]

Nesse exemplo, o possessivo de plural *nossa* desdobra-se em 1ª pessoa e 2ª pessoa, cada uma delas Agente e Meta ao mesmo tempo (reciprocidade) da ação expressa no substantivo *conversa*. Ao final, deve-se observar que, muitas vezes, a função do possessivo não pode ser determinada apenas a partir das relações sintático-semânticas internas ao sintagma nominal, mas é necessário que se considere a relação entre sintagma nominal e sintagma verbal:

(438)   a *minha* alimentação constitui-se assim de verduras

Nesse exemplo, a 1ª pessoa a que o possessivo faz referência exerce, em relação ao substantivo valencial, o papel de Agente, que se organiza com esse predicado em relação correspondente à de sujeito. O sintagma nominal possessivizado, por sua vez, é o suporte da predicação estativa efetuada pelo verbo *constituir-se*. Noutro arranjo sintático-semântico frasal, o mesmo sintagma nominal *a minha alimentação* poderia ter outra definição semântica. Assim, suponhamos a passagem:

(439)   O hotel não providenciou rapidamente a *minha* alimentação.

Com o novo arranjo, já não se define a 1ª pessoa como Agente, o que corresponde a diferente estatuto sintático-semântico do possessivo no sintagma nominal.

A possibilidade de que dois sintagmas possessivizados com o mesmo núcleo nominal recebam interpretação diferente é ilustrada nestes pares:

a)
(440)   Pedro Lima enumera... os recursos... que as agências americanas têm lançado mão... para tornar mais aceitáveis os *seus* filmes. [EF SP 153]
(441)   os *nossos* filmes foram de NOvo expulsos dos nossos cinemas

b)
(442)   eles levam geralmente *seus* livros e sua pasta [DID SSA 231]
(443)   quando o *meu* primeiro livro foi publicado [D2 SP 255]

Valor semântico dos sintagmas nominais com possessivos

No início deste subcapítulo questionou-se a atribuição da noção de *posse* a toda e qualquer relação estabelecida entre os chamados *possessivos* e os substantivos com os quais esses elementos constroem um sintagma nominal. A partir daí, verificou-se que o chamado *possuidor* não necessariamente *possui*, e que o chamado *possuído* não necessariamente representa algo de que alguém tem posse.

Indicou-se como bipessoal (em "Pronomes possessivos") a relação que entre "possuidor" e "possuído" se estabelece, ficando por verificar a natureza semântica dessa relação.

Apontou-se a seguir (em "Os possessivos com substantivos valenciais") a possibilidade de essa relação bipessoal implicar a manifestação de uma relação transitiva, no caso de o substantivo (o "possuído") ser valencial, caso em que a pessoa expressa no possessivo constitui um argumento desse substantivo. A consideração de um sistema de transitividade deslocado para o nível do sintagma nominal implica a postulação de resultados semânticos decorrentes dessa contração de relações sintático-semânticas dentro do sintagma nominal (como se viu em "Os possessivos com substantivos valenciais").

AS DIVERSAS RELAÇÕES EXPRESSAS

Independentemente das relações instauradas pela predicação de substantivos valenciais, instauram-se variadas relações semânticas entre um possessivo e o substantivo que ele acompanha. No *corpus* examinado de língua falada, foram encontradas as seguintes:

A relação de posse

(444) você pode pegar o *seu* carro [D2 SP 62]
(445) todos possam ter o *seu* telefone [D2 SP 255]
(446) você quer ter a *sua* casa própria [D2 SP 62]
(447) o brasileiro tem aquela preocupação de ter a casa própria *dele*

Nesses casos trata-se de uma relação, *stricto sensu*, de *posse*. Os substantivos *carro*, *casa* e *telefone*, concretos, sintaticamente não valenciais e de significado fechado em si, são substantivos capazes de entrar numa relação realmente *possessiva*, do tipo de: "*você possui carro*", "*você possui casa*", "*todos possuem telefone*". O adjetivo *própria* nos dois últimos exemplos reforça o sentido da relação de posse expressa. Provavelmente pela grande frequência dessas construções, a indicação de *posse* foi tomada como genérica para todos os sintagmas nominais com possessivos, e isso ficou na tradição. Entretanto, dessa construção que foi tomada pela tradição como prototípica, deve-se partir para outras construções nas quais diferentes núcleos nominais determinam diferentes resultados semânticos para a construção "possessiva" em que entram.

A relação de pertença

A relação de pertença é uma relação bipessoal mais ampla que a de posse, já que toda posse é, de certo modo, pertença, mas nem toda pertença é posse.

A expressão mediante possessivos dessa relação foi encontrada nos seguintes casos:

a) Constituição de um todo inteiro: o possessivo remete ao todo (inclui-se aqui a chamada "posse inalienável")
POSSESSIVO   SUBSTANTIVO
todo   parte, peça

(448) informações que são jogadas na *minha* cabeça [D2 SP 62]
(449) no estilo de Cruzeiro muito raramente caem em *minhas* mãos [D2 SP 255]
(450) e lhe lembra a importância da decoração dos cafés com *seus* vidros foscos [EF SP 156]
(451) a televisão, com aquela *sua* telinha mágica [D2 SP 333]

b) Inclusão em um todo abrangente

b') O possessivo remete ao incluído:
POSSESSIVO   SUBSTANTIVO
incluído   includente

- includente *classe* ou *grupo, ambiente*:

(452) você passa a pensar inclusive em função da *sua* família [D2 SP 62]
(453) ele deve procurar o *seu* sindicato
(454) na *minha* cidade um par de sapato de homem [D2 SP 396]

- includente *época* ou *fase*:

(455) os bons filmes policiais... pelos quais eu tenho assim desde a minha... quase a *minha* meninice [D2 SP 255]
(456) no *meu* tempo de menino [D2 SP 396]
(457) então passei *meus* anos todos naquele colégio, né? [DID SSA 231]

b") O possessivo remete ao includente:
POSSESSIVO   SUBSTANTIVO
includente   incluído

(458) prestada pelas cooperativas aos *seus* componentes [DID REC 131]
  - *seus* = da cooperativa (coletividade)
(459) os rapazes be::rram e berram porque to/... na *sua* maioria são pais de família
  - *sua* = dos rapazes (conjunto); trata-se, na verdade, de um emprego do possessivo como partitivo.

c) Relação de comunidade: o possessivo (sempre referente a plural) remete a nação, região, cidade etc. da pessoa indicada:
POSSESSIVO   SUBSTANTIVO
comunidade   produto
(da pessoa indicada)

(460) eles... usam também batata frita... que é diferente da *nossa* batata frita aqui... (:::) a nossa batata (é) corada [DID RJ 328]
(461) é uma distinção somente que algumas pessoas fazem... é que na *nossa* língua... não tem sentido [EF RJ 337]
(462) Cleo de Verberema... finalmente ela entrou na história do *nosso* cinema [EF SP 153]
(463) olha eu acho que a televisão *nossa* está se fazendo na medida... ah:: justamente do que é a nossa sociedade... (:::) eu vejo a *nossa* televisão como um verdadeiro happening... sabe? [D2 SP 333]

A relação de oposição semântica

Há substantivos que, embora sintaticamente não valenciais, possuem o que se poderia chamar de *valência semântica*: não são semanticamente fechados em si, mas possuem um significado relativo, formando par opositivo com outro substantivo.[27] Com esses substantivos, a construção possessiva (bipessoal) constitui uma ativação da relação semântica entre os membros do par em oposição: cada uma das duas pessoas da construção possessiva representa uma das pontas da relação.

a. Relação de oposição assimétrica

(464) nós tivemos a sorte enorme de ser *seus* alunos [EF SP 156]
(465) *meu* pai foi um militar [D2 SP 360]
(466) os subordinados que se submetam aos *seus* superiores [EF SP 153]

POSSESSIVO SUBSTANTIVO
seus   *alunos*
ele = professor
meu   *pai*
eu = filho
seus   *clientes*
ela = fornecedora
seus   *superiores*
= dos *subordinados*

b. Relação de oposição simétrica

(467) todos os *meus* colegas entraram assim [DID SP 242]
(468) *meu* amigo Sabago [EF SP 124]
(469) as mulheres brasileiras veem cada vez mais crescer em torno de si... o indiferentismo de *seus* patrícios [EF SP 153]

POSSESSIVO SUBSTANTIVO
meus   *colegas*
ele = colega
meu   *amigo*
eu = amigo
seus   *patrícios*
elas = patrícias

A relação de execução

Com substantivos concretos não valenciais que tenham o traço [obra], pode resultar da construção possessiva uma relação produtor-produto: o valor semântico expresso pode ser de *execução*, como acontece com os verbos com argumento Afetado. O substantivo representado pelo possessivo é interpretado, então, como um Agente (embora o substantivo núcleo do sintagma nominal não seja abstrato de ação):

(470) quando o *meu* primeiro livro foi publicado (= o livro que eu escrevi)
(471) eles cantam os repentes *deles* (= os repentes que eles inventaram...) [D2 REC 05]
(472) eles verificam nos testes *deles*... que o indivíduo atinge [EF SP 337]

A NATUREZA DO RESULTADO SEMÂNTICO DA CONSTRUÇÃO

Com base em na seção anterior, pode-se indicar uma representação para a organização sintático-semântica que se estudou no exemplo (377):

sua   *produção*
A1 (3ª pessoa) P   (3ª pessoa)

Essa representação indica que duas terceiras pessoas contraem uma relação (relação bipessoal) predicativo-argumental da qual, necessariamente, resulta um efeito de sentido (efeito que depende da natureza semântica do predicado (P) e dos traços semânticos desse argumento (A) que o P selecionou). Pode-se dizer que, no caso, não há que conferir um valor semântico específico a *sua* (ou a outro qualquer possessivo que aí ocorresse); o que esse possessivo faz é:

a. indicar uma pessoa (no caso, a 3ª) a ser recuperada;
b. ocupar a casa de um argumento (A), contraindo relação sintático-semântica com um predicado (P) nominal (segundo a natureza desse P).

Daí poder-se dizer que:

a. o pronome possessivo é uma subclasse do pronome pessoal;
b. o valor semântico da construção possessiva com núcleos nominais valenciais é o resultado da contração de relações entre as duas pessoas que ativam o sistema de transitividade no interior de um sintagma nominal.

Diferente é o caso do sintagma nominal "*sua lancheira*", de (247), no qual dificilmente se aceitaria a atribuição da condição de P ao substantivo *lancheira*. Nesse caso, é o valor do possessivo que faz supor um verbo de base, *ter*, do qual a pessoa a que o possessivo remete seria o sujeito (sendo Beneficiário).

Assim, se a relação bipessoal é contraída entre o "possuidor" e um substantivo não valencial, não ativando o sistema de transitividade, o resultado semântico da construção deve ser tirado das propriedades semânticas dos dois elementos envolvidos (o substantivo não valencial e o substantivo a que o possessivo remete) somadas a um valor particular e básico da relação possessiva.

CONSIDERAÇÕES FINAIS

As indicações a seguir constituem um resumo das conclusões obtidas, com respeito ao comportamento dos chamados "possessivos" no *corpus* do Projeto Nurc colocado sob exame:

A frequência de uso observada mostrou, entre outros, os seguintes fatos:

a. predomina a forma *meu*, pronome de 1ª pessoa do singular, seguida da forma *seu*, de 3ª pessoa, de possuidor singular ou plural;
b. nos textos mais conversacionais (D2 e DID), ocorrem mais possessivos do que nas EFs;
c. para a 3ª pessoa, tem elevada preferência a forma *seu* em relação à forma *dele*; esse dado contraria as expectativas (especialmente em se tratando de língua falada), mas foi confirmado pela análise de um *corpus* de confronto;
d. a forma de 2ª pessoa *teu* (= *de ti*) teve baixa e restrita ocorrência, resultado que também contraria as expectativas, mas que foi confirmado pelo exame de mais dez inquéritos;
e. os casos de posposição do pronome adjetivo possessivo ao substantivo no sintagma foram raros;
f. mais de dois terços dos sintagmas com possessivo anteposto ao substantivo apresentaram outro determinante à esquerda; na quase totalidade dos casos, o artigo definido;
g. a posposição do pronome adjetivo possessivo foi raríssima, e, contrariamente ao que ocorreu na anteposição, a predominância foi do artigo indefinido;
h. foi muito rara a ocorrência do pronome possessivo como núcleo do sintagma.

No final deve ser observado que o funcionamento dos elementos possessivos mostrou grande complexidade, que tem ponto de partida no próprio fato de os possessivos estabelecerem relações bipessoais no enunciado. Vários aspectos da questão são destacados a seguir.

Do ponto de vista da organização discursivo-textual, esses itens mostraram um comportamento fórico (exatamente porque são bipessoais), que se resolve no emprego exofórico dos possessivos de 1ª pessoa e de 2ª (a não ser em discurso dentro do discurso), e no emprego predominantemente anafórico dos possessivos de 3ª pessoa, com diferentes graus de distância do substantivo a ser recuperado.

Do ponto de vista funcional, verificou-se, no *corpus* em exame, maciça ocorrência de possessivos no interior de sintagma nominal, sendo nula a ocorrência do possessivo referido ao substantivo por verbo de ligação. No *corpus* examinado, a função atributiva ficou restrita à posposição do possessivo ao substantivo, associada a condições específicas que foram apontadas.

Do ponto de vista da distribuição no sintagma nominal, as duas diferentes formas de expressão da possessividade apresentam características particulares: em primeiro lugar, *de + ele* só ocorreu posposta ao núcleo nominal, e a forma pronominal possessiva ocorreu em ambas as posições e com variados graus de distanciamento do núcleo nominal. A colocação do pronome adjetivo possessivo em relação ao núcleo nominal mostrou pertinência funcional, desde que conjugada com outros fatores, como os referentes à determinação do sintagma possessivizado e à modalização da proposição. Ficou evidenciada a condição de determinante que o pronome adjetivo possessivo possui quando colocado à esquerda do substantivo, bem como a possibilidade de sobredeterminação do sintagma nominal possessivizado (pelo artigo, pelo demonstrativo ou por indefinidos e numerais). Verificou-se, ainda, a baixa frequência de possessivo substantivo, ou seja, do sintagma sem núcleo nominal.

Do ponto de vista sintático-semântico, observou-se a natureza argumental das relações que os possessivos contraem com os núcleos nominais valenciais (substantivo ou, mais raramente, adjetivo). Detectaram-se, assim, matrizes construcionais com argumento possessivo (com possibilidade de ocorrência de outro argumento, não possessivo), decorrendo daí uma gama muito variada de efeitos semânticos particulares, o que garante para os chamados *possessivos* uma descrição semântica muito mais complexa do que aquela que a tradição expõe. Desse modo, a expressão de *posse*, propriamente dita, fica restrita aos casos de ocorrência de pronome possessivo com substantivos sintaticamente não valenciais e semanticamente não relativos (de significado fechado em si mesmo). Isso significa que, como em muitos outros casos da denominação gramatical tradicional, o nome da (sub)classe não pode ser entendido como orientador na determinação das suas propriedades.

NOTAS

[1] Este capítulo se fundamenta nos seguintes textos, com reelaborações: Neves (1990, 1992a, 1992b, 1993a, 1993b); Ilari, Franchi e Neves (1996).
[2] Neves (2001b, pp. 40-1).
[3] Neves (2002b, pp. 218-9).
[4] *Da sintaxe* III, p. 104, grifo nosso, apud Neves (2002b, p. 219).
[5] A compreensão desse sistema de oposições deve muito a um artigo célebre de Benveniste (1995), significativamente intitulado "A natureza dos pronomes".
[6] Esses dados provêm de dois levantamentos feitos a partir dos inquéritos do Nurc: um deles, que vem descrito em Monteiro (1991), abrangeu DID e EF e encontrou 62% para uso do sujeito *nós*; outro, realizado por Maria Helena de Moura Neves, incluiu também D2 e encontrou 53%.
[7] Galves (1987, 1988).
[8] Neves (2000a, 2000b, p. 464).
[9] É o que a Gramática Gerativa reconhece enquadrando o português no parâmetro *pro-drop*.
[10] Exemplos analisados por Castilho (1993a).
[11] Segundo Tarallo (1983).
[12] Essa impossibilidade de acumular as duas funções contrasta com o que se observa em outras línguas latinas. Por exemplo, em francês e italiano são possíveis, respectivamente, *Au Brésil on s'amuse beaucoup*, *In Brasile ci si diverte moltissimo*.
[13] Para a primeira versão deste estudo, atuaram na coleta e na conferência de dados Celi Aparecida Consolin Honain e Marize Mattos Dall'Aglio Hattnher.
[14] *Exofórica*, nos termos de Halliday e Hasan (1976) e de Halliday (1985).
[15] Nos termos de Halliday e Hasan (1976) e de Halliday (1985).
[16] Há contextos em que *próprio* é focalizador, como se pode ver no exemplo *A firma mandou você resolver este problema com o sindicato, mas você tem que tratar disso com a própria firma*. Sobre focalizadores, ver, neste mesmo volume, no capítulo dedicado aos especificadores, a seção "O demonstrativo, operações cognitivas sobre alteridade e diferença".
[17] Trata-se dos inquéritos editados por Castilho e Preti (orgs.) (1986).
[18] Em Muller (1996) defende-se que *seu* é preferido como possessivo de terceira pessoa, quando se trata de remeter a um sintagma nominal quantificado.
[19] Incluíram-se os inquéritos D2 SP 333, 396, 255, 62 e 343; EF SP 377, 338, 124, 156 e 153.
[20] Sobre a ordem de determinantes no sintagma nominal, ver Neves (1992b).
[21] Quando repetirmos um exemplo, suprimiremos da repetição a indicação do inquérito do Nurc, para facilitar a leitura.
[22] EFs publicadas em Castilho e Preti (orgs.) (1986).
[23] O único caso foi: "qualquer atividade *nossa*" [EF SP 405].
[24] Apud Bailly (1968, p. 58).
[25] Bally (1965).
[26] Donnellan (1966); Borges Neto (1986, p. 148). Os exemplos retirados de Borges Neto são "*Espero carta tua*" (p. 146) e "*Filho meu não vai estudar letras*" (p. 148).
[27] Leech (1978, pp. 110-4).

OS ESPECIFICADORES

Ataliba T. de Castilho
Rodolfo ilari
Maria Luiza Braga
Célia Moraes de Castilho
Roberta Pires de Oliveira
Renato Miguel Basso

No presente capítulo, trataremos de itens que chamaremos, genericamente, de especificadores, a saber: o artigo definido, os demonstrativos (*este*, *esse*, *aquele*) e os quantificadores indefinidos (*todo*, *qualquer*, *cada*). Do ponto de vista sintático, essas palavras ocorrem quase que exclusivamente antes de um nome; do ponto de vista semântico, realizam operações de pormenorização sobre o referente do nome que está em seu escopo.

Há, é claro, muita heterogeneidade entre as classes aqui arroladas e entre itens pertencentes a uma mesma classe. Contudo, o que nos interessa aqui, mais do que esmiuçar diferenças particulares, é fornecer ao leitor um arranjo dessas palavras segundo critérios que possam ser mobilizados para o entendimento de sua distribuição e de seu sentido.

Parte 1
Artigo definido

Maria Luiza Braga
Rodolfo Ilari
Roberta Pires de Oliveira
Renato Miguel Basso

Na tradição gramatical dos últimos duzentos anos, os artigos têm sido reunidos em uma classe própria, e subdivididos, por sua vez, em definidos (*o, a, os, as*) e indefinidos (*um, uma, uns, umas*); portanto, o leitor teria direito a esperar que este volume tratasse de todas essas palavras num mesmo capítulo. Não foi esta, porém, a orientação que seguimos neste livro, no qual duas séries de formas são tratadas separadamente. Há, para esse rearranjo, fortes razões; uma razão tipicamente sintática é a possibilidade de comutar com os possessivos, os demonstrativos e certos pronomes indefinidos; uma razão tipicamente semântica é que os artigos definidos têm uma interpretação semelhante à dos demonstrativos, ao passo que os artigos indefinidos têm uma interpretação semelhante à de certos pronomes indefinidos.

A base dessa descrição são, mais uma vez, os dados do Projeto Nurc (Projeto da Norma Urbana Culta), e o tratamento segue o roteiro habitual que vai da sintaxe à semântica e desta às propriedades textuais e discursivas. Atendendo às singularidades de emprego das palavras examinadas, o tratamento sintático detém-se principalmente na maneira como o artigo definido se localiza em relação aos outros especificadores; o tratamento semântico elabora uma noção de "identificabilidade" e explora os efeitos de comutar o artigo definido com os outros especificadores e com a ausência deles; por sua vez, o tratamento discursivo mostra que o artigo definido ocorre com mais frequência nas passagens da sentença que veiculam informação dada, e com isso pode contribuir para sinalizar a manutenção ou mudança de tópico discursivo.

SINTAXE DO ARTIGO DEFINIDO

Em certo sentido, a sintaxe do artigo definido é extremamente simples: ele ocorre sempre à esquerda de algum substantivo, na porção ocupada pelos especificadores. A realização mais simples dessa condição acontece quando se juntam num mesmo sintagma nominal um artigo definido e um substantivo comum, ou, em outras palavras, quando o sintagma nominal contém um artigo definido usado como especificador, seguido imediatamente por um substantivo comum que funciona como núcleo. Nos dados de língua falada que servem de base a esta seção, os casos dessa construção são inúmeros.

(1) infelizmente Recife é a cidade de mais de um milhão de habitantes [D2 REC 05]
(2) mas o trecho de:... se não me engano de:... (Monlevade) é um pouco mais pra cá não me lembro o nome agora... acho que é de Coronel Fabriciano... até Governador Valadares é novo... inclusive eu sei porque eu vi a concorrência [D2 SSA 98]
(3) tanto que quando eu morrer quero ser cremado e as cinzas jogadas no Capibaribe [D2 REC 05]
(4) e então PAra serem servidos eles chaMAvam... o casal que tiver a vela cor-de-rosa se a!... se levante para servir né? [DID POA 45]
(5) e: eu tenho quase certeza embora não tenhamos a lista... que vocês: são... no total cinquenta e um... quer dizer sempre tá faltando... não é? [EF REC 337]
(6) que vão, vão lá pica(r) cebola, e aquela coisa toda, e outro grupo vai faze(r) as bebida(s), as caipirinhas, os coquetéis, etecétera, etecétera [D2 POA 291]
(7) existe diferença entre o... o sindicato dos trabalhadores e o sindicato patronal? [DID REC 131]
(8) então nós damos tanto doente... pra aquele::... estudante acompanhar... e o acompanhamento do doente é MUITO IMPORTANTE pra o o... gabarito do:: estudante... [DID SSA 231]
(9) claro eu dei o seguinte exemplo, em uma aula anterior: se quem tivesse perdido a guerra não fosse o Japão, já reconhecidamente... uma... potência antes da guerra [EF RJ 378]
(10) tapa, é claro, com queijo bem, aí vai ao forno e junto vai também já preparado o arroz que foi feito à parte e mistura então os frutos do mar que vêm é polvo, mariscos, as, as mais variadas espécies [D2 POA 291]

Além de sintagmas como os que foram assinalados de (1) a (10), encontramos nos dados do Nurc situações em que o esquema básico "artigo + substantivo" ainda pode ser reconhecido, mas sofre vários tipos de complicação. Esses sintagmas mais complexos têm, entre outras, as seguintes estruturas:

- (Pré-artigo + artigo + substantivo núcleo + ...)$_{SN}$
- (Artigo + pós-artigo + substantivo núcleo + ...)$_{SN}$
- (Artigo + núcleo Ø...)$_{SN}$
- Sintagma nominal cujo núcleo não é um substantivo

Todas essas construções têm que ser opostas a outras, em que o artigo não aparece, e que por isso apresentam uma estrutura como:

- (Substantivo núcleo + ...)$_{SN}$

O que precede o artigo no SN: os pré-artigos

O artigo definido pode intercalar-se entre o quantificador *todo, toda, todos, todas* e o substantivo que especifica, como se verifica em (11), (12) e (13), respectivamente.[1] Por sua vez, o exemplo (14) mostra que, às vezes, o substantivo se justapõe diretamente ao quantificador, dispensando o artigo:

(11)   ...aí eu procurei bastante escolhi/ foi escolhida a que eles estão... como sendo na opinião de muita gente uma das melhores (escolas) et cetera et cetera... tudo que tinha... peguei *todos os requisitos*... fiz [D2 SP 360]
(12)   o problema de Recife é o problema de *todo o Brasil*... é um é uma é é uma comunidade EM desenvolvimento... de modo que tem todas a a... os percalços do do do da fase de transição [D2 REC 05]
(13)   ao presidente do sindicato compete evidentemente... prestar a esses associados *toda a assistência* devida fazendo inclusive reclamações... [DID REC 131]
(14)   ...é horroroso quando eles estão fazendo programa eu tenho ido *todas terças-feiras* no programa que aparece no sábado [D2 SP 360]

Os exemplos anteriores poderiam sugerir, equivocadamente, que após os quantificadores a presença do artigo definido constitui uma variação livre, mas esse não é sempre o caso. O artigo definido é indispensável em certos contextos, como (11). Há variação livre em (14). Em muitos contextos a inclusão ou exclusão do artigo propicia sentidos diferentes. Note-se, por exemplo, que em (14) tanto se poder dizer "*todas terças-feiras*" como "*todas as terças-feiras*" sem mudanças de sentido. O mesmo, contudo, não vale para o singular, como se verifica facilmente, comparando "João trabalhou toda terça-feira (de sua vida)" e "João trabalhou toda a terça-feira (uma determinada terça-feira, das 6 da manhã às 11 da noite)".

O que se interpõe entre o artigo e o substantivo no SN: os pós-artigos

O artigo definido pode preceder, variavelmente, os pronomes possessivos (a questão do artigo antes do possessivo é tratada de maneira bastante extensa no capítulo deste volume dedicado aos pronomes); certos demonstrativos como *mesmo* e *próprio*; alguns adjetivos e os numerais (cardinais e ordinais):

(15) sabia que pra conseguir sobreviver, ta? (,) precisava ampliar *a sua área de atuação* [EF RJ 379]

(16) depois ainda tem que escovar dente para sair... eh tem que cada um pegar Ø *sua lancheira* [D2 SP 360]

(17) *as duas coisas* são reais... que *as duas coisas* fazem parte do mundo e têm e passam a ter uma existência. [EF SP 405]

(18) fiz os três anos científico no *mesmo colégio*... [DID SSA 231]

(19) eu farei esse tipo... de estudo... dirigido... em grupos ou individualmente... não cobrarei: só em circunstâncias muito especiais... mas a cobrança será *a própria frequência*... [EF REC 337]

(20) que o total de população, no início do século, na África e na América Latina era um total bastante pequeno, e que foi *a grande taxa*... maior que a da na América e na África que fizeram com que hoje, realmente apesar de uma taxa muito alta, ainda em termos totais, tanto a África como a América Latina, tenham uma população relativamente pequena em comparação à Europa e à Ásia [EF RJ 379]

(21) ...e essa relação... vai servir... quando da avaliação de vocês... *a primeira avaliação*... [EF REC 337]

(22) e:: íamos tomar banho né? lá no:: no Barroso... e:: antes de saber nadar depois então... meu pai resolveu botar um professor... *primeira vez* foi ele que quis me ensinar a nadar [DID POA 45]

Uma comparação entre sentenças com numerais cardinais precedidos por artigo, como (17), e não precedidos mostra a distinção entre artigo definido e indefinido a propósito dos numerais: sem o artigo, os numerais são indefinidos; com o artigo, definidos. Assim, as regras que controlam a presença do artigo antes dos numerais cardinais são distintas daquelas que regulam sua anteposição aos possessivos, certos demonstrativos e os numerais ordinais.

O artigo como núcleo

As formas *o, a, os, as* são eventualmente encontradas em construções como

(23)   L2 – A sua família é grande?
       L1 – Nós somos:: seis filhos.
       L2– E *a* do marido? [D2 SP 360]
(24)   Doc. – vocês acham que o brasileiro se alimenta bem em geral?
       L1 – depende, que área, brasileiro do norte ou brasileiro do sul? Por exemplo, que o brasileiro pra, eu acho que de um modo geral, nem *o* do sul que eu acho que tu come(s) bem na tua casa, eu como bem na minha casa porque a gente já (es)tá, eu acho que não é, isso vai muito numa, uma questão de, de educação, de nível [D2 POA 291]
(25)   e daí:eu fiz vestibular d/ pra medicina... e cursei a::faculdade de medicina não *a* da federal eu fiz n*a*::Católica que é Escola Bahiana de Medicina e Saúde Pública... [DID SSA 231]
(26)   olha aqui a aréola ... com pequenas elevações que... correspondem como eu disse a vocês... aos tubérculos que durante a gestação... eles se hipertrofiam... aqui é aréola... coloração mais acentuada que *a* da pele da pessoa... [EF SSA 49]
(27)   vinha um outro carro com uma plataforma baixinha e um sujeito sentado nessa plataforma... ia apanhando as bandeirinhas... que na medida que *o* da frente pintava ele ia pintando e soltando uma bandeirinha... pra mostrar que a pista tava pintada:de novo [D2 SSA 98]

Diante de exemplos como esses, a intuição do falante é que as formas *a, o, a, a* e *o* estão respectivamente por *a família, o brasileiro, a faculdade, a coloração* e *o carro*, e isso tem levado a falar em elipse do substantivo. Se for levada a sério a ideia de que há elipse do substantivo-núcleo nessas construções, teremos que dizer, por coerência, que *a* e *o*, nos casos anteriores, são artigos. Outras explicações possíveis caracterizam essas formas como demonstrativos[2] ou pronomes.

O substantivo sem artigos

Em certos contextos, segundo alguns autores, o artigo definido pode ser substituído por zero, e mesmo pelo artigo indefinido, como mostram os exemplos (28) e (29), este último composto por duas sentenças com a mesma estrutura, na primeira das quais encontramos um SN com artigo indefinido – *um médico* – e na segunda um SN com artigo definido – *o engenheiro*. Note-se que, nas duas sentenças, os SN ocupam posições idênticas:

(28) L2 – ...depois ainda tem que escovar *dente* para sair... éh tem que cada um pegar sua lancheira o menino pega a pasta porque ele já tem lição de casa [D2 SP 360]

(29) *um médico* era só médico, *o engenheiro* era só engenheiro... pelo menos naquela altura... e então:: eu acho que fui incutida por ele... e:: e e não e não fiz o resto por minha causa... aí... foi [D2 SP 360]

Exemplos de sintagmas nominais em que não há artigo ou qualquer outro especificador são facilmente encontrados em certos provérbios e também em várias locuções (adverbiais, prepositivas, conjuntivas...), como se pode verificar em (30) a (40):

(30) *Pau* que nasce torto nunca se endireita
(31) *Olho* por olho, *dente* por dente
(32) Quem com *ferro* fere, com *ferro* será ferido
(33) Preso por ter *cão*, preso por não ter *cão*
(34) ...porque na medida... em que acabava a caça do lugar OU (que) *em virtude* da da época do ano no inverno por exemplo... os animais iam hibernar [EF SP 379]
(35) ...há uma imprecisão *com relação ao* termo síntese. [*com a relação] [EF POA 278]
(36) a gente nunca pode precisar o tempo... de ah ahn:: ( ) com as crianças necessitando da gente não pode precisar mesmo... *com certeza* então eu tenho impressão de que quando o menor... já::estiver assim... pela quarta série terceira quarta série... ele já estará mais... independente [D2 SP 360]
(37) para contratar um bom cauSÍdico a fim de que o mesmo possa prestar ao mesmo... uma assistência... adequada... que se impõe... principalmente *em casos* em que o associado não tem realmente... condições... [DID REC 131]
(38) a traqueia se termina dando nos brônquios... o direito e o esquerdo... onde um plano... passando por diante da traqueia à altura de sua bifurcação... é que serve *como meio* de divisão... da região mediastínica [EF SSA 49]
(39) isto é:: não é a realidade a a a... a realidade idealizada MAS a realidade *de FAto*... que vai ser retratada... [EF SP 405]
(40) um período MUIto maiOR do que... o que nós conhecemos... historicamente... que abrange *por volta de* cinco mil antes de Cristo até hoje portanto... *por volta de* sete mil anos... certo? [EF SP 405]

O traço comum de todas essas construções é sua *formulaicidade*, ou seja, o fato de que constituem frases feitas, estereótipos verbais. Esses casos devem ser considerados à parte, porque a gramática das frases feitas é até certo ponto idiossincrática (a melhor prova disso é que há também provérbios e locuções em que a presença do artigo *é* obrigatória, como veremos). Seja como for, os casos de ausência do artigo que mais interessa considerar são aqueles em que ela comuta com sua presença, ou é favorecida por certas condições sintáticas. Parece certo, por exemplo, que a posição de predicativo do sujeito, pelo menos quando é preenchida por substantivos que se aplicam a humanos, favorece o aparecimento de SN sem artigo ("João é advogado"; "Maria é casada"); o mesmo acontece para certos objetos diretos "incorporados" ao verbo ("escovar dente" em (28)).

O núcleo não é um substantivo (substantivações)

Em muitos SN, o núcleo não é um substantivo, e sim uma palavra "substantivada". Isso é possível porque, antecedida por um artigo definido, qualquer palavra passa a funcionar como um substantivo, como mostram os exemplos (41) a (46). Entre as palavras assim substantivadas encontramos:

Verbos

(41) Eu acho que comer bem é, em primeiro lugar, não é comer demais, comer bem é, dentro do possível, não, aí eu digo, não é o aspecto da, da, daquela ração balanceada eu acho que comer bem é dosar as coisas, sem uma preocupação científica pra não, não digo que não exista isso, mas eu, *o meu comer bem* é esse, dentro do possível uma coisa, não, eu quero fugi(r) do termo balanceado, mas comer bem é poder, ah, juntar numa determinada refeição ou nas refeições uma série de coisas que ao, ao, ao me alimentar também me satisfaz, me dá um prazer íntimo de comer [D2 POA 291]

(42) Porque realmente vocês aprendem a ser técnicos... *no fazer no interpretar*; e no áh: exigir... cobrar... a lei impor a lei... não é isso? [EF REC 337]

Adjetivos

(43) L2 – Já saí de lá de manhã e cheguei aqui de noitinha mas ( )
L1 – É... agora *o bom* é sair antes das seis porque mesmo que você não pegue o congestionamento urbano não pega a:a Heitor Dias mas quando chega ali de/de Água Comprida pra frente o tráfego começa:a engrossar [D2 SSA 98]

(44) L1– o que acontece é *o seguinte*. [D2 SSA 98]

Conjunções

(45) e ele gosta MUIto::de desmontar coisas e montar... ele descobre *o porquê* das coisas agora ele quer ser MESmo pelo gosto dele ele gostaria de ser jogador de futebol ((risos)) não é? [D2 SP 360]

Particípios passados

(46) E qual é o prazo que eles dão para *os concursados* assumirem? [D2 SP 360]

Pronomes (indefinidos)

(47) você lá paga três, paga dois e quinhentos e o salário de professor universitário lá é *o mesmo* que aqui então então os quinze que você ganha aqui corresponde lá a trinta mil, corresponde... [D2 RJ 355]

Usos categóricos com presença do artigo

Aos casos de ausência do artigo podemos opor outros em que ele está categoricamente presente. O artigo definido ocorre categoricamente antes de substantivos utilizados com acepção partitiva (48) e antes de adjetivos intensificados no grau superlativo relativo (49):

(48) eu trabalho a maior parte d*o tempo* sentada... [DID RJ 328]
(49) ela qualque(r) prato, podia se(r) *o mais complexo*, de gosto mais estranho ou exótico possível, ela detectava tempero por tempero e depois reproduzia [D2 POA 291]

Outros contextos de presença categórica do artigo incluem certos provérbios e várias locuções, a mostrar, mais uma vez, que a gramática das expressões formulaicas é em grande medida uma gramática à parte:

(50) a) Mais vale um pássaro *na mão* do que dois voando.
b) Em casa de ferreiro *o espeto* é de pau.
(51) ...portanto temos entre oito nove grupos... *no máximo*... talvez eu tenha deixado algum grupo... de fora [EF REC 337]
(52) ou à medida que... que vão ouvindo... "esses saberes fundamentais sobre o jurídico... são ciências..." esses três saberes não é? "são ciências *no sentido de que*... representam um conjunto or-de-na-do de definições... CLASSIFICAÇÕES e proposições. [EF REC 337]

(53) no território... dos Estados Unidos, condições geográficas favoráveis, condições de população... favoráveis(,) quer dizer, constituindo uma força de trabalho... grande e na *medida*... necessária ao desenvolvimento harmonioso [EF RJ 379]

(54) tem secretária... que querem sa/ saber o porquê::o motivo que quer falar com aquela pesso::a tudo isso... né?... então ou ligam para a casa... da pessoa para a residência... normalmente *a maioria das vezes* fazem isso... o mas também têm um pouco de dificuldade porque não podem falar nem para a esposa... porque eles não sabem que tipo de vida... éh vive o casal [D2 SP 360]

SEMÂNTICA DO ARTIGO DEFINIDO

Entender a especificidade da contribuição que o artigo definido faz à interpretação das sentenças é um tema clássico em Filosofia da Linguagem e foi nessa disciplina filosófica que tomaram forma as principais hipóteses (e muitas das controvérsias) com que lidam hoje os linguistas e os gramáticos do português.

Unicidade *versus* pressuposição de existência *versus* identificabilidade

No início dos anos 1970, os linguistas brasileiros[3] "descobriram" uma hipótese, elaborada no início do século XX pelo filósofo inglês Bertrand Russell,[4] conhecida como "teoria das descrições definidas". Segundo essa teoria, uma sentença como "*O rei da França é sábio*" compreende uma descrição definida (um sintagma nominal constituído por um artigo definido + um substantivo comum) que funciona como sujeito ("*o rei da França*") e um predicado ("*é sábio*"). Sempre de acordo com essa hipótese, a função do artigo "*o*" que aparece na descrição seria a de nos dizer que a sentença como um todo equivale à conjunção de três enunciados que, na hipótese de a sentença ser verdadeira, teriam que ser simultaneamente verdadeiros:

1. existe no máximo um indivíduo que é rei da França; e
2. existe no mínimo um indivíduo que é rei da França; e
3. esse indivíduo é sábio.

Assim entendida, a sentença de Russell é falsa no século XXI, porque o segundo dos enunciados que a traduzem não se realiza (como todos sabemos, a França é uma República).

Quando chamou a atenção dos linguistas brasileiros na década de 1970, a teoria russelliana das descrições definidas já tinha sido objeto no exterior de um ruidoso debate, ao longo do qual tomou força uma outra ideia, lançada por outro filósofo inglês, Peter Strawson.[5] Por esse segundo enfoque, se algum de nós, falando sério, declarasse hoje que o rei da França é calvo não estaria mentindo, ou fazendo uma afirmação falsa, mas sim produzindo um enunciado descabido: não faz sentido falar do rei da França em uma situação em que ele simplesmente não existe. Esse novo enfoque chamou a atenção para o fato de que nossas sentenças podem ser mais ou menos adequadas à situação em que são pronunciadas ou, por outra, que elas só escapam de ser "descabidas" se a situação em que são pronunciadas realiza suas *pressuposições* (uma das pressuposições de "*O rei da França é calvo*" é precisamente que exista um rei da França).

Uma diferença entre as duas hipóteses que acabamos de descrever é que a de Russell traduz as sentenças em que aparecem expressões que começam pelo artigo definido por meio de asserções, ao passo que a de Strawson aponta para certas exigências que a situação de fala precisa satisfazer, e para o fato de que os locutores cumprem essas exigências, sob pena de produzirem enunciados "descabidos". Em outras palavras, a teoria de Russell é uma teoria da semântica do artigo, que imputa a ele certos sentidos; por sua vez, a proposta de Strawson não é sobre a semântica do artigo, mas sim sobre suas condições de uso.

De nossa parte, explicaremos aqui o papel do artigo definido dando um peso ainda maior ao papel do locutor como alguém que avalia a situação de fala. Diremos, com efeito, que o artigo definido representa o referente do sintagma nominal no qual ocorre como *identificável pelo interlocutor*. Tomemos uma sentença como (55):

(55)   na minha casa por exemplo, se come verdura, eu como, minha mulher não come, meus filhos adoram, principalmente *o guri* [D2 POA 291]

Se o entrevistado que a pronuncia tem dois filhos homens, com a sentença (55), certamente se refere ao mais novo deles; ou então, se ele tem um filho e uma filha, refere-se certamente ao filho. Para o caso de o falante que pronunciou a sentença (55) ter apenas um filho e uma ou mais filhas, podemos dizer que "*o guri*" tem como referência o filho, justamente porque este é o único indivíduo que pode ser capturado por "*o guri*". Num caso, porém, em que o falante em questão tenha dois filhos homens da mesma idade, a sentença (55) não seria uma sentença feliz, porque com ela não conseguimos saber a quem o falante se refere com "*o guri*".

Essa última situação nos dá uma outra indicação de como o contexto é importante para que uma sentença com artigo definido seja usada de maneira adequada: não apenas é preciso que o referente do nome que acompanha o artigo exista, mas também é preciso que exista apenas um indivíduo do tipo indicado (é, numa outra perspectiva, o que dizia o enunciado 1 da paráfrase de Russell). Os exemplos (56) a (58) se interpretam de maneira análoga.

(56) Não, Recife é *a maior cidade do mundo*... porque é aqui que *o Capibaribe* se encontra com *o Beberibe* pra formar *o Oceano Atlântico* [D2 REC 05]
(57) mas não tive ainda um... motivo vamos dizer especial mesmo a não ser quando *o meu marido* às vezes tem que... conversar alguma coisa... [DID POA 45]
(58) a gente se reúne também na ou na casa de cada um... agora não me le/ não tinha me lembrado... então cada um traz um PRAto... e a gente faz *a farrinha* na casa dum... né?... [DID POA 45]

A noção de identificabilidade é provavelmente a melhor explicação que podemos oferecer para a semântica dos artigos definidos neste momento; é uma espécie de denominador comum de todos os usos do artigo definido, e dá conta de maneira satisfatória do fato de que numa grande maioria de casos o artigo definido serve precisamente para construir uma expressão à qual corresponde no mundo um objeto (ou uma coleção de objetos, pessoas, lugares, períodos de tempo...) dos quais pretendemos falar. Mas convém dizer desde já que a noção de identificabilidade também levanta problemas, e isso, sobretudo, por duas razões.

Antes de mais nada, a identificabilidade é uma espécie de conceito de cobertura para mecanismos linguísticos e cognitivos muito diferentes entre si (Veja-se a seguir, "A imponderável vagueza da noção de 'identificabilidade'"); além disso, ela toma como prototípico um uso do artigo definido que chamaremos aqui de referencial; ora, o uso referencial não é o único que o artigo definido apresenta (Veja-se a seguir, "Os diferentes valores das descrições definidas"); além disso, nem todos os exemplos de uso referencial são como (55) a (58).

Na sequência deste capítulo, trataremos das descrições definidas plurais, tema da seção "Descrições definidas plurais"; na seção "Os valores das descrições definidas e a semântica dos especificadores", exploraremos o contraste que se pode estabelecer entre o uso das descrições definidas e certas formas de generalização; por fim, na seção "Valores semânticos da ausência do artigo", tratamos de algumas características dos sintagmas (nominais) nus – aqueles em que não aparecem nem o artigo definido, nem qualquer outro especificador.

A imponderável vagueza da noção de "identificabilidade"

Basta reunir uma pequena coleção de exemplos para verificar que os processos cognitivos que garantem a identificabilidade são extremamente diversificados. Tomem-se, por exemplo, (59) e (60):

(59) ...agora tem o seguinte aspecto, *a nossa conversa* está em torno de dinheiro, de inflação, de desvalorização de moeda e eu acho que... [D2 RJ 355]

(60) ...eu pus em uma escola ele não gostou daquela... aí eu achei que realmente *a escola* não preenchia tudo que eu gostaria (que) preenchesse... [D2 EF 360]

Uma vez que o emprego dos artigos definidos se correlaciona à presumida identificabilidade dos referentes a que remetem os substantivos, seria de esperar que o artigo definido fosse inadequado para a primeira menção de um referente. Em (59), contudo, o substantivo *conversa*, embora esteja sendo introduzido pela primeira vez no discurso, vem precedido por artigo definido e pronome possessivo, e esse uso se justifica pelo fato de que a conversa à qual as falantes estavam se referindo era a própria atividade em que elas estavam envolvidas naquele momento particular: o "referente" estava acessível perceptualmente. Em (60), a presença do artigo definido se explica pelo fato de o referente em pauta – *escola* – já ser conhecido do ouvinte visto que já havia ocorrido no discurso prévio; o referente é introduzido pelo sintagma indefinido "*uma escola*"; a segunda menção do substantivo recupera uma peça de informação dada e, portanto, identificável: referentes já mencionados ou presentes na situação de fala são considerados potencialmente dados, identificáveis, e constituem um contexto muito propício ao uso do artigo definido.

A análise de amostras de fala produzidas em situações ordinárias de comunicação revela, no entanto, que nem todas as peças de informação se encontram totalmente explicitadas quando ocorre o uso de artigos definidos; em outras palavras, durante a fala, as entidades sobre as quais os interlocutores discorrem podem ser objeto de inferências processadas por eles. Essas inferências podem ser desencadeadas quer por entidades presentes no texto que precede, como em (61), quer por entidades presentes na situação de fala, como em (62):

(61) ...aí põe o camarão naquele refogado, rapidamente, só mexe o camarão, depois dele limpo, tira-se *o lombinho* pra tira(r) o, a, as, a, como é a ô meu Deus, *o intestino*, diz que intestino do camarão (ininteligível) então tira aquilo ali, limpa bem o camarão [D2 POA 291]

(62) o povo japonês (,) a a população do Japão, extremamente grande pra sua área extremamente laboriosa no sentido de que... sabia que pra conseguir sobreviver, tá?(,) precisava ampliar a sua área de atuação, tá claro isso? a aula é gravada mas *as perguntas* podem ser feitas e devem, senão fica parecendo monólogo [EF RJ 379]

Em (61), as palavras *lombinho* e *intestino*, embora estejam sendo mencionadas pela primeira vez, vêm precedidas pelo artigo definido e o que justifica tal emprego é o fato de que essas palavras integram o quadro de referência do ato de limpar camarões, tal como é construído culturalmente pelo grupo social em questão. Trata-se, mais precisamente, de uma anáfora associativa ou indireta. Já em (62), fala-se de aulas, e é normal e esperado que durante a aula os alunos façam perguntas ao professor.

A investigação de dados produzidos em situação real de comunicação revela que, em certas circunstâncias, sintagmas nominais que introduzem referentes "novos" podem ser precedidos por artigos definidos. Isso ocorre porque o falante acredita que o ouvinte será capaz de identificá-los, seja porque eles constituem tópicos recorrentes para uma dada subcultura, como é o caso do SN *"Semana Santa"*, no exemplo (63), ou porque esses referentes integram o conhecimento compartilhado, em uma situação de comunicação particular, como em (64), ou, ainda, porque o falante dá por certo que o interlocutor acomoda a pressuposição, como é o caso do exemplo de *"o guri"* em (55).

(63)   ....não, tu vês, por exemplo, o peixe, peixe aqui no Rio Grande eu tenho impressão que se come peixe, exclusivamente *na Semana Santa*, porque é um, é um dogma, o padre mandou [D2 POA 291]
(64)   então nós vamos começar pela Pré-História... hoje exatamente pelo período... *do paleolítico*... a arte... no período paleolítico... o paleolítico é período período... *da pedra lascada*... como vocês todos sabem... não é?... e... tem uma duração de aproximadamente de seiscentos mil anos... seria exatamente... pegando a (fase) da evolução do homem... enquanto... [EF SP 405]

Um caso à parte, na aplicação da identificabilidade aos usos do artigo definido, é o dos nomes próprios, já que em português, diferentemente do que ocorre em outras línguas, tanto os antropônimos quanto os topônimos admitem a anteposição de artigo definido. Com relação aos primeiros, a familiaridade ou notoriedade da pessoa designada favorece a presença, como se vê em (65); já com respeito aos topônimos, a presença do artigo parece correlacionar-se a fatores de outra ordem (por exemplo, a presença ou recuperabilidade de um substantivo comum, qualificando o lugar), como exemplificam os trechos em (66) e (67):

(65)   L1 – Porque depois foi anulado
       L2 – Uhn uhn...
       L1 – No tempo *do Ademar de Barros* [D2 SP 360]
(66)   ...*o Capibaribe* se encontra com *o Beberibe* para formar *o Oceano Atlântico* [D2 REC 05]
(67)   porque você pega o congestionamento na área urbana ainda... desde *a Barra Centenário* essa área de colégios etc. ...e daí pra frente você vai pegando... a:... *a Barros Reis* um pedaço *da Barros Reis* hoje *Heitor Dias* né?... [D2 SSA 98]

Os diferentes valores das descrições definidas

As descrições definidas que citamos e comentamos até aqui têm procedências diferentes, mas, do ponto de vista de seu uso, são muito parecidas: todas destacam um indivíduo em particular (isto é, uma pessoa, lugar, momento, período de tempo... "identificáveis") que é ao mesmo tempo usado como objeto de predicação. É a função semântica que tem sido chamada tradicionalmente de "referencial". Ora, a função referencial é apenas uma das tantas que o artigo definido pode desempenhar. Na bibliografia pertinente, é possível encontrar inúmeras classificações dos usos do artigo definido e algumas dessas classificações distinguem dezenas de casos: no fundo, identificar mais ou menos usos dessa classe de palavras (ou de qualquer outra) depende apenas de nossa disposição para analisar e distinguir. Aqui, apresentaremos ao leitor uma classificação que distingue quatro usos do artigo definido:[6] dois generalizantes e dois particularizantes, relacionados conforme se representa neste diagrama:

Quadro 1 – Alguns valores das descrições definidas

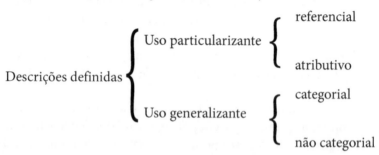

A distinção entre uso particularizante referencial e uso particularizante atributivo[7] é de fundo pragmático, por isso, ao explicá-la, precisamos descrever minimamente a situação e as ações que o falante realiza através da interlocução ao utilizá-las. Pode ser exemplificada por estas duas histórias:

(68) Uso particularizante referencial - Em 1985, um funcionário da TV Globo pronuncia a seguinte frase:
"*O fundador e primeiro diretor das organizações Globo* nunca esteve na Mongólia"

(69) Uso particularizante atributivo - Em 1937, o escritor José Américo de Almeida, na função de chefe de gabinete da presidência da república, ao receber um relatório administrativo de um obscuro prefeito do interior alagoano, comenta
"*A pessoa que escreveu este relatório* já escreveu livros de ficção!"

No primeiro caso, o mais provável é que o funcionário quisesse falar do proprietário da Globo, o jornalista Roberto Marinho. Pela fala do funcionário, identificamos a pessoa, ficamos sabendo que há um país em que ela nunca esteve, e o efeito não muda se de repente descobrirmos que o primeiro diretor da TV Globo não foi Roberto Marinho, mas um sócio que depois foi afastado do negócio. O que conta é chegar ao indivíduo certo, por isso é que o uso é referencial. No segundo caso, sabemos hoje que o prefeito de Palmeira dos Índios era Graciliano Ramos. Mas o elogio de José Américo de Almeida não tinha por alvo a pessoa de Graciliano Ramos (que naquela época era um absoluto desconhecido), e sim o indivíduo identificado como autor de um certo relatório, quem quer que ele fosse. Aqui, essa propriedade é essencial, por isso o uso é atributivo.

Nos dados do Nurc, um exemplo interessante de uso atributivo pode ser visto no trecho (4), cujo contexto maior é (70):

(4) *o casal que tiver a vela cor-de-rosa se a!... se levante para servir né?*

(70) porque é jantar esses tipo americano né? se bem que lá é muito organizado não tem NAda de avanço nem nada porque... eles ah:: chamam assim... mesas ah:: numeRAdas né? ou então como fizeram outra vez que nós fomos estava muito bonito... em cada mesa... tinha:: uma vela para cada casal... um potezinho assim com flores e uma vela e quando entramos no salão estava tudo aceso... né? estava lindo fizeram tudo isso antes então ficou muito bonito quando a gente entrou... aí eles mandaram apagar... as velas elas as velas eram todas coloridas... *e então PAra serem servidos eles chaMAvam...o casal que tiver a vela cor-de-rosa se a!... se levante para servir né?* e assim ia cada cor... né? [DID POA 45]

No exemplo (70), a descrição definida "*o casal que tiver a vela cor-de-rosa*" tem um uso atributivo; com essa descrição não se chega a um casal conhecido, mas sim ao casal identificado por uma certa característica ou propriedade, no caso, "estar com a vela cor-de-rosa"; em outras palavras, esse trecho do exemplo (70) poderia ser reescrito como "o casal que tiver a vela cor-de-rosa, qualquer que for ele, se levante para se servir" (note-se, porém, que a descrição definida "a vela cor-de-rosa", que entra por sua vez na composição da descrição definida "o casal que tiver a vela cor-de-rosa", tem um uso referencial). Passemos às outras distinções do Quadro 1.

A distinção entre uso generalizante categorial e uso generalizante não categorial é exemplificada em (71) e (72)

(71) uso generalizante categorial "o tigre é um mamífero"
(72) uso generalizante não categorial "o tigre vive na savana"

e tem a ver com o tipo de relações que o sujeito, genérico em ambos os casos, estabelece com o predicado: alguns predicados trazem informações que, em certo sentido, estão implícitas no próprio sujeito e, assim, fazem afirmações que não admitem exceção; outros predicados trazem informações que não são inerentes à significação do sujeito e assim admitem exceções. Por exemplo, o caso de um tigre que não seja mamífero não é sequer imaginável, mas a verdade de (72) não é arranhada pelo fato de que há muitos tigres que não vivem na savana: provavelmente, o leitor, como os autores deste capítulo, só viu tigres no zoológico de alguma cidade grande, ou no circo, e portanto longe das savanas. O caráter categorial ou não categorial das descrições generalizantes pode ser confirmado por vários testes de natureza quase distribucional: as sentenças (73) e (74) foram construídas a partir de (71) e (72) pelo acréscimo do advérbio *geralmente*; (73) é estranha e (74) é perfeitamente aceitável:

(73) ? O tigre é geralmente um felino. (generalizante categorial)
(74) O tigre é geralmente um animal de hábitos noturnos. (generalizante não categorial)

Testes como esse, baseado na aplicação de *geralmente*, são possíveis porque as descrições definidas são altamente seletivas em relação aos predicados que aceitam: pesquisas recentes sobre a forma progressiva mostraram que é possível dizer (75), mas não (76):

(75) os lobos estão ficando (mais) escuros/maiores
(76) *os lobos estão ficando caninos

e as explicações dadas recorreram à distinção entre conhecimento e evidência,[8] ou à oposição entre propriedades estruturais e contingentes:[9] trata-se, como se pode perceber, de noções próximas daquelas a que recorremos anteriormente.

Descrições definidas plurais

Como é possível notar pelo exemplo em (75), temos também descrições definidas plurais. O Quadro 1 se aplica tanto às descrições singulares, exemplificadas e discutidas anteriormente, quanto às plurais. A ideia básica para entendermos a semântica de descrições plurais é que o nosso universo de discurso contém, além de indivíduos singulares – o João, o Pedro, a Maria –, indivíduos plurais, como o João e a Maria juntos. Um indivíduo plural se compõe de indivíduos singulares, mas é também uma singularidade; só que uma singularidade não atômica (um exemplo de outra área ajuda a entender: uma molécula de oxigênio é uma unidade singular, porém composta por dois elementos atômicos).

Assim como as descrições singulares particularizantes, as plurais podem ser usadas referencial ou atributivamente. Para um exemplo de uso referencial, suponha que estamos num tribunal e que dois réus são acusados de ter inventado uma arma de destruição em massa. Nessa situação, alguém profere:

(77)   Os homens que descobriram essa arma são perversos.

Não importa que se descubra mais tarde que os acusados não eram os inventores da arma. O que importa é que naquela situação o falante conseguiu se referir a eles (e a sentença é verdadeira se aqueles dois homens forem de fato perversos).

No uso atributivo dessa mesma sentença, a identidade dos homens que inventaram a arma ou não é conhecida ou não é relevante: os homens que inventaram a arma, quem quer que eles sejam, são perversos. Nesse caso, a propriedade "ser perverso" se aplica apenas àqueles que inventaram a tal arma.

Há descrições definidas plurais generalizantes, tanto categoriais quanto não categoriais, exemplificadas a seguir:

(78)   Os leões são mamíferos.
(79)   Os leões moram na savana.

Há certos predicados que só podem ser aplicados a descrições definidas plurais ou coletivas; um exemplo é o predicado "se reunir":

(80)   a) ? O menino se reuniu na terça.
       b) Os meninos se reuniram na terça.

Além disso, o uso de descrições definidas plurais e singulares pode ter outras implicações. Por exemplo, (81) pode indicar que Babbage inventou o protótipo do computador (as ideias por trás de um computador), ao passo que em (82) o sintagma "*os computadores*" se refere aos diversos subtipos diferentes de computador (os computadores com que lidamos no dia a dia):

(81)   Charles Babbage inventou o computador.
(82)   Charles Babbage inventou os computadores.

Os valores das descrições definidas e a semântica dos especificadores

A discussão que fizemos a propósito do Quadro 1 ficou apenas esboçada, mas deveria ter servido para mostrar que a noção de identificabilidade, além de mobilizar mecanismos cognitivos altamente diversificados (isso foi assunto da seção "A imponderável vagueza da noção de 'identificabilidade'"), é compatível com um conjunto de valores semânticos bastante precisos (assunto da seção "Os diferentes valores das descrições definidas"), que valem para o singular e o plural (seção "Descrições definidas plurais").

Várias linhas de reflexão e investigação se abrem a partir da consideração desse quadro. A mais óbvia consiste em mostrar quais entre os valores que ele distingue aparecem no *corpus* de língua falada que serve de referência a este capítulo. Essa não é uma tarefa difícil de ser realizada se, previamente, nos prepararmos para o fato de que, nos dados dos inquéritos, as categorias do Quadro 1 aparecem normalmente combinadas com outras das quais não falamos aqui. Este é o momento de lembrar, por exemplo, que é possível tratar de maneira generalizante conjuntos de objetos definidos deiticamente, ou quantidades contínuas como as denotadas por substantivos não contáveis. Isso faz com que as ocorrências de descrições generalizantes que encontramos no *corpus* tenham geralmente uma certa complexidade, como é o caso de (86), e sejam apenas excepcionalmente simples, como (87):

(83) *A(s) batata(s) produzida(s) nesta região* [dêitico] é (são) geralmente um produto de exportação.

(84) Servido depois do almoço, *o café* [não contável] é geralmente um bom remédio contra a digestão péptica.

(85) *O vinho produzido nesta região* [não contável e dêitico] é geralmente um produto de exportação.

(86) *o salário de professor universitário lá* é o mesmo que aqui então os quinze que você ganha aqui corresponde lá a trinta mil, corresponde... [D2 RJ 355]

(87) *O baiano* é preguiçoso, *o cearense* é preguiçoso [DID RJ 328]

(88) não eu tô acost/ não pra mim tá bom porque é na minha média... eu não viajo nem num outro carro acima de oitenta ou noventa... de velocidade... *a kombi* dá pra fazer isso de modo que eu vou tranquilo... eu pretendo chegar sair daqui... sexta-feira de manhã pra poder estar no sábado em Belo Horizonte... tranquilo [D2 SSA 98]

(89) mas eu acho que *o teatro* hoje em dia está::está indo para um caminho eh tão TANto palavrão tanta... ((risos)) ...é um negócio né? fala a verdade ((risos)) eu tenho assistido umas PEças eu assisti u::ma com a::aquela artista magrinha de televisão aquela moreninha que é bailarina também... eh [DID SP 234]

(90) Doc. – e quem a senhora acha que é responsável pra::por um bom sucesso de um filme?
Inf. – éh::em primeiro lugar eu acho que é o... *o diretor*... [DID SP 234]

Uma outra linha de investigação possível consiste em contrastar os usos do artigo com os de outros especificadores. Essa investigação pode ser empreendida, em princípio, para qualquer um dos valores do artigo definido previstos no Quadro 1, mas é rentável sobretudo no caso das descrições definidas generalizantes, quando nos perguntamos que diferenças há entre os valores do artigo definido, os valores dos quantificadores que exprimem generalização, *qualquer, todo, cada*, e a simples omissão de qualquer especificador. Vejam-se a seguir alguns testes feitos a partir das ocorrências do *corpus*, (91) e (92):

(91) geralmente *as estradas melhores* são... de tráfego mais pesado... [D2 SSA 98]
 a) Estradas melhores são (geralmente) de tráfego mais pesado.
 b) ? Uma estrada melhor é geralmente de tráfego mais pesado.
 c) ? Qualquer estrada melhor é (geralmente) de tráfego mais pesado.
 d) A estrada melhor é (geralmente) de tráfego mais pesado.
 e) Toda estrada melhor é de tráfego mais pesado.

(92) [num filme] *para mulher* o que mais chama atenção são as cenas lindas [DID SP 234]
 a) Para qualquer mulher o que mais chama atenção são as cenas lindas
 b) Para toda mulher o que mais chama atenção são as cenas lindas
 c) Para uma mulher o que mais chama atenção são as cenas lindas
 d) ? Para cada mulher o que mais chama atenção são as cenas lindas
 e) Para a mulher o que mais chama atenção são as cenas lindas
 f) Para mulheres o que mais chama atenção são as cenas lindas
 g) Para quaisquer mulheres o que mais chama atenção são as cenas lindas
 h) Para todas as mulheres o que mais chama atenção são as cenas lindas
 i) Para as mulheres o que mais chama atenção são as cenas lindas

Por que razão as várias formas de expressão da genericidade não se equivalem nesse contexto? Na falta de uma boa resposta para essa pergunta, diremos que todas essas construções obrigam a considerar exaustivamente uma determinada classe de indivíduos identificável no contexto (no limite, a classe formada pelas "estradas melhores" ou pelas "mulheres que veem filmes"); mas o procedimento pelo qual "conferimos" na prática a verdade da sentença muda em cada caso. Assim, quem usa *todos* dá a entender que é possível examinar um a um os indivíduos da classe e que o predicado da sentença se aplica a cada um deles, sem exceções; por sua vez, quem usa *qualquer* dá a entender que a confirmação pode ser feita por amostragem ("pegue qualquer um e..."). São apenas hipóteses entre outras possíveis, mas essas hipóteses têm a vantagem de atribuir a todas as expressões generalizantes uma característica comum, e de atribuir a cada uma delas uma particularidade.

Valores semânticos da ausência do artigo

Vale a pena dedicar um parágrafo, mesmo que rápido, aos chamados *sintagmas nus*, isto é, os sintagmas nominais formados apenas por um substantivo, sem o concurso de especificadores ou artigos. No português do Brasil, diferentemente do que ocorre nas outras línguas românicas e no português europeu, essa construção é frequente na fala cotidiana:

(93) [num filme] para *mulher* o que mais chama atenção são as cenas lindas [DID SP 234]
(94) *Mulher* é vaidosa.

Os sintagmas nus levantam várias questões, entre as quais nos limitamos a apontar algumas, por meio de perguntas, nos itens a seguir:

- são eles equivalentes à descrição definida genérica (não categorial, nesse caso)? Aparentemente não. (95) pode ter uma interpretação referencial: há um pedreiro saliente no discurso, sobre quem estamos falando, e ele é preguiçoso. Com (96), estamos sempre fazendo uma generalização:

(95) O pedreiro é preguiçoso.
(96) Pedreiro é preguiçoso.

- Como explicar o contraste entre (97) e (98)? Vimos com os exemplos (80a) e (80b) que certos predicados (como "reunir-se") só se aplicam a descrições definidas plurais. Isso parece indicar que o singular nu é sempre um plural, isto é, carrega sempre uma indicação de pluralidade:

(97) *O pedreiro se reúne no posto.
(98) Pedreiro se reúne no posto.

- Como explicar a inaceitabilidade de (99)? Aparentemente essa sentença é ruim porque "computador" não consegue denotar uma singularidade; não é possível inventar uma pluralidade, inventamos protótipos (ver comentário sobre o exemplo (81)).

(99) ?? Babbage inventou computador.

- O singular nu é igual ao plural nu? Esse também não é o caso, como mostra o contraste entre (100) e (101). A diferença entre essas duas sentenças é que (100) é verdadeira quando há uma única bola em campo; (101) exige que haja mais de uma bola.

(100) Tem bola no campo.
(101) Tem bolas no campo.

FUNÇÕES TEXTUAIS E DISCURSIVAS DO ARTIGO

Ficou dito anteriormente que o falante usa o artigo definido quando presume que seu interlocutor será capaz de identificar o referente do sintagma nominal, ou porque está presente no contexto e pode ser apontado deiticamente, ou porque é único em seu gênero (exemplo (55)), ou porque já se está falando dele e sua identificação é um fato consumado. Com esse papel, o artigo definido está normalmente associado a informações "já dadas", presentes à atenção dos interlocutores, e nesse sentido conhecidas. Isso tem várias consequências; nas seções "O artigo definido indica que continuamos falando dos mesmos objetos" e "O tratamento da informação e a função sintática dos constituintes" a seguir, exploraremos duas, que têm a ver com a construção de textos: a maneira como o artigo definido ajuda a garantir a "manutenção do tópico" e a maneira como ele se associa aos constituintes da sentença.

O artigo definido indica que continuamos falando dos mesmos objetos

Num texto, o artigo definido é usado principalmente para construir termos singulares e para marcar o fato de que continuamos a falar sobre os mesmos objetos. Termos singulares podem ser entendidos como aquelas sequências de palavras que indicam sobre qual indivíduo se está falando. Um termo singular pode ser um nome próprio, como *João*, *Maria* etc., desde que o contexto no qual esse nome próprio aparece forneça informações suficientes para que possamos com ele indicar um único indivíduo. Por sua vez, uma sequência como "*a montanha mais alta do mundo*" também pode ser entendida como um termo singular, pois identifica o Monte Everest. As descrições definidas, e os artigos nelas presentes, são fundamentais para a construção de termos singulares.

Uma ideia bastante interessante de como se dá a construção de termos singulares é que toda expressão "*o X*" carrega implicitamente uma restrição que serve para indicar como é possível identificar de qual X se está falando. Vejamos um exemplo:

(102) então ela [a sinalização da estrada] foi pintada com uma tinta especial... com película grossa... não sei se cês já rodaram mas quando você cruza a faixa não é que você sente um tombo... mas você sente que *a película* tem altura... nas outras você passa por cima e nem sente ela é rasa... quer dizer aquela tinta é uma tinta especial... quer dizer realmente a/ a/ a fosforescência ( ) [D2 SSA 98]

Seguindo essa ideia, que tem que ser creditada ao filósofo Zeno Vendler, para o termo singular "*a película*", no exemplo anterior, temos no discurso imediatamente anterior a restrição que garante seu *status* de termo singular; essa restrição seria algo como "que é grossa e usada para pintar sinais nas estradas", ou seja, o trecho "*você sente que a película...*" deve ser entendido como "você sente que a película, que é grossa e que é usada para pintar sinais nas estradas,...".

Não é necessário, contudo, que essa restrição seja realizada através de material linguístico; a restrição em questão pode ser alcançada através da dêixis. Se alguém, numa sala com muitos livros, situação que não preenche, portanto, os requisitos de uma descrição como "*o livro*", aponta para um deles especificamente e diz: "*Pega o livro, por favor*", não teremos dificuldade em construir, através da ostensão (o gesto de apontar, a indicação) do falante, a restrição, que seria algo como "aquele que eu estou apontando/mostrando", ou seja, "Pega o livro que eu estou mostrando, por favor".

Por trás dessas considerações, a ideia é que o artigo definido nos orienta no sentido de procurar uma restrição recuperável no contexto ou no cotexto sobre a referência do sintagma do qual faz parte: o artigo funciona então como um lembrete de que há uma restrição operando. Recuperando informação (uma restrição, no caso), seja a partir de material linguístico, seja a partir de características contextuais, o artigo definido também é um elemento coesivo, no sentido de operar a manutenção de um referente. É em razão disso que o artigo definido, como vimos na seção "A imponderável vagueza da noção de 'identificabilidade'", é uma ferramenta fundamental no estabelecimento de relações anafóricas, relações de continuidade referencial ao longo de porções não necessariamente justapostas de um texto.

O tratamento da informação e a função sintática dos constituintes

Estudos sobre numerosas línguas revelam que a informação nova tende a ser apresentada pelos constituintes que se encontram à direita do predicado. Neste contexto, o substantivo que transmite informação nova tende a vir precedido por artigo *indefinido* que funcionaria como uma espécie de sinal a alertar o interlocutor de que aquele referente constitui uma peça de informação sobre a qual se vai continuar a discorrer. Ao retomarem aquela peça de informação recém-introduzida, é muito provável que os interlocutores se valham de um SN definido, pelas razões citadas na seção anterior, na posição de sujeito, como mostra o exemplo (103):

(103) L2 – eu pus *em uma escola* ele não gostou daquela... aí eu achei que realmente *a escola* não preenchia tudo que eu gostaria (que) preenchesse então [D2 EF 360]

Esse padrão de distribuição da informação na sentença sugere que a presença do artigo definido se correlaciona, ainda que indiretamente, à função sintática dos constituintes. Uma vez que, na ordem linear da sentença, a informação velha/conhecida/dada precede usualmente a informação nova, que está sendo introduzida pela primeira vez no discurso, é de esperar que o sujeito, constituinte que ocupa não marcadamente a primeira posição da sentença no português, seja constituído por SN determinados por artigos definidos, como se vê em

(104) Doc.: E::e na tua opinião você aí mais como... pediatria você acha que... é uma coisa que... causa digamos um mal irreversível na vida da criança essa essa ausência de esporte?
L1 – Não não que seja mal irreversível mas que causa m/ causa mal a criança causa né?... que *o esporte* é a base da::da saúde né? ...de tudo tanto ...a saúde física como a saúde mental... né? ...o estud/ *o estudante* deve praticar esporte, *a criança* deve praticar esporte... agora que seja uma:: ...um mal irreversível não mas que causa mal causa. [DID SSA 231]

Essa tendência de o sujeito ser constituído por SN definido é exacerbada em se tratando das sentenças constituídas por verbo copular, sejam elas atributivas ou identificadoras como ilustram os trechos seguintes em (105) e (106).

(105) L1 – ...e é um hábito que eu gostaria de ter porque a gente... custa a implantar em casa... porque::o *intervalo entre as refeições* é pequeno... né?... [DID RJ 328]
(106) L1 – ...que *o esporte* é a base da::da saúde né?... de tudo tanto... a saúde física como a saúde mental... né? [DID SSA 231]

Taxas igualmente muito elevadas para a presença de artigo definido são encontradas nos tópicos e, outra vez, a explicação para esse fato tem a ver com a distribuição da informação: os tópicos ocorrem sempre à esquerda, codificam informação velha/dada, e por isso são quase categoricamente definidos:

(107) L2 – ....meus filhos adoram, principalmente o guri, agora *o brasileiro*, em princípio eu acho que come muito mal, acho que come muito mal [D2 POA 291]

A probabilidade de se encontrarem artigos definidos em sintagmas preposicionais é inferior à apresentada pelos sujeitos e tópicos, por um lado, mas mais elevada do que a exibida por objetos diretos, por outro lado. O exame dos dados do *corpus* compartilhado mostra que os sintagmas preposicionados tendem a expressar informação disponível ou compartilhada, como ilustram os exemplos dos trechos (108) e (109), nos quais as interlocutoras discorrem sobre educação dos filhos, escolas e trabalho feminino e, posteriormente, sobre as características de uma boa escola:

(108) ...eu acho que isso não... funciona muito porque a criança vai ao maternal somente pra brincar... SER educada aprender a fazer coisas que em casa a mãe às vezes não tem condição de ensinar... como eu não tinha condição de ensinar MUIta coisa a ela porque eu passo o dia inteiro na rua trabalhando... então ela *na escola* aprendeu muita coisa que eu não tive condições de ensinar... [DID SSA 231]

(109) ... Porque em qualquer lugar a gente pode fazer uma escola né? ...tendo alunos e professores... agora uma escola se compõe de um::... um... local em que haja... condições *do estudante*... ter a aula *do professor* dar a sua aula como sejam... ahn:: móveis adequados pra pra aula né? [DID SSA 231]

A investigação dos dados do *corpus* compartilhado revela que o uso do artigo definido em sintagmas preposicionais aumenta se ele puder se combinar com a preposição que o precede, como ocorre com *na, no, nas, no; pelo, pela, pelos, pelas; do, da, dos, das*, em contraste com *com*, por exemplo.

(110) O senhor falou na importância paga *pelos associados*... existe alguma lei que regulamenta essas importâncias? [DID REC 131]

(111) ...por isso é que Recife... está *nas estatísticas*... como s... menor do que Belo Horizonte [D2 REC 05]

(112) ...e então havia publicação de outras... e assim foi indo e::e a::... de acordo com o edital a validade é dois anos DA publicação... *dos resultados*... da lista de aprovados... [D2 SP 360]

(113) ...e: nós tamos... na obrigação de ir pra lá manter certos contatos e providenciar certas coisas já e fazer inclusive o lançamento... *do* Congresso... só que é pra ir com pôsteres da Bahia [D2 SSA 98]

Parte 2
Demonstrativos

Ataliba T. de Castilho

Para lidar com os demonstrativos, precisamos distinguir duas situações bem diferentes:

a. Os chamados "demonstrativos *neutros*": *isto, isso* e *aquilo* formam SN completos sem a intervenção de especificadores e substantivos.
b. Os demonstrativos *este, esse, aquele, próprio, mesmo*... (em suas formas masculinas e femininas, singulares e plurais) intervêm na formação de SN cujo núcleo é um substantivo.

A Nomenclatura Gramatical Brasileira (NGB) procurava captar essa diferença chamando aos primeiros "pronomes substantivos demonstrativos" e aos demais "pronomes adjetivos demonstrativos". Vale a pena observar que nos sintagmas formados pelos "pronomes adjetivos demonstrativos", o substantivo-núcleo traz informações sobre o referente (ou seja, delimita um conjunto de objetos por meio de uma propriedade). Uma boa maneira de caracterizar o papel do demonstrativo nessas construções consiste em entendê-lo como um operador que trabalha "a partir dessas informações". Dito de outro modo, os demonstrativos masculinos e femininos tomam como escopo um substantivo, e formam com ele um SN em que as informações prestadas pelo substantivo são elaboradas num sentido preciso.

Num SN, podem aparecer operadores de dois tipos: (i) há aqueles que afetam o conteúdo descritivo, somando características às que o substantivo já traz (o caso mais comum é o dos adjetivos que qualificam: *casa* × *casa assobradada, flor* × *flor murcha*); e (ii) há aqueles que, dado um conjunto de objetos que compartilham as mesmas propriedades, nos dizem qual a porção desse conjunto à qual queremos fazer referência (*casa assobradada* × *qualquer casa assobradada; flor murcha* × *ne-*

nhuma flor murcha). Para distinguir essas duas operações, alguns autores[10] falam em predicação e delimitação.

Os demonstrativos são sempre operadores de tipo delimitativo. Funcionam como operadores de identificação e "*determinam* (= restringem, tornam mais precisa) *a referência dos* SN *nos quais eles ocorrem*",[11] permitindo, na prática, sua identificação. A presença dos demonstrativos em nossas sentenças fornece ao interlocutor pistas sobre o processamento mental, pré-verbal, levado a cabo pelo locutor. Por meio dessas palavras, ele passa ao interlocutor a seguinte instrução: "você sabe do que estou falando, você conhece o referente deste sintagma nominal, que foi explicitado nos atos de fala precedentes, ou que pode ser inferido em nossa situação de fala".

Sendo esse o mecanismo cognitivo que os demonstrativos acionam, seu fundamento é a foricidade, uma propriedade semântica básica, que os demonstrativos compartilham com os pronomes pessoais e com os possessivos.

Entender o que é e como funciona a foricidade é portanto essencial para entender o papel dos demonstrativos, mas a própria palavra "foricidade" corre o risco de gerar equívocos, pois já foi entendida de várias maneiras e é comum, mesmo entre especialistas, uma certa confusão entre os conceitos de foricidade, anáfora e dêixis.

Os demonstrativos realizam todas as possibilidades da foricidade: 1) operando como anafóricos ou catafóricos, constituem um importante recurso da coesão textual; 2) operando como dêiticos (e, portanto, como exofóricos), localizam objetos e estados de coisas no espaço e no tempo. Assim, em

(114) O aluno disse que *ele* não gosta de aulas,

se entendermos que ele aponta para um participante da situação de fala, houve uma interpretação dêitica (exofórica) do item. Neste caso, os demonstrativos ocorrem para "correlacionar os enunciados com as coordenadas espaço-temporais do ato de fala".[12] Se entendermos que o *ele* de (114) retoma *o aluno*, houve uma interpretação anafórica (endofórica) do item. Ambas as interpretações são perfeitamente possíveis, porém realizam diferentes operações, indiciar e retomar, respectivamente.

A seguir, descrevem-se as propriedades sintáticas, semânticas e discursivas dos demonstrativos.

PROPRIEDADES SINTÁTICAS

Diferentes realizações dos constituintes do SN dão lugar às diferentes estruturas nominais, desde a estrutura mínima (N ou PRO), passando por estruturas médias (Especificador + N/N + Complementizadores), até atingirmos a estrutura máxima (Esp. + N + Comp.). Tem-se notado uma correlação entre essas estruturas e as funções que o SN recebe do predicador, tanto quanto em sua posição na sentença.

SN mínimos em geral figuram no tema sentencial, lugar de baixa informatividade, funcionando como sujeito. SN máximos em geral figuram na posição de rema propriamente dito, lugar de alta informatividade, funcionando como complemento.[13]

Demonstrativo como constituinte do SN

Tomando a classe dos pronomes[14] em seu conjunto, nota-se que os pronomes pessoais e as formas neutras dos pronomes demonstrativos, da mesma forma que as formas neutras dos quantificadores indefinidos, funcionam exclusivamente como núcleo do SN[15] (como "pronomes-substantivos", na terminologia tradicional), ao passo que os demais operam maiormente como especificadores (como "pronomes-adjetivos" naquela mesma terminologia).

Já os demonstrativos ocupam maiormente o lugar dos especificadores do SN, juntamente com o artigo,[16] os possessivos, os quantificadores indefinidos, certas expressões qualitativas, como em "*o estúpido do rapaz*", e certos delimitadores, como em "*um tipo de/uma espécie de + N*").[17]

Tanto quanto o artigo, o demonstrativo desempenha o papel de nominalizador: a palavra que o segue é um N, ou será reanalisada como tal.

DEMONSTRATIVO COMO ESPECIFICADOR DO SN

Este uso foi documentado em (115) a (119):

(115) agora nós vamos passar para o nosso *outro* assunto... o *outro* assunto... é a região mediastínica... então nós vamos começar a nossa região mediastínica [...]. Definição... nós vamos definir região mediastínica... *aquela* região... limitada pelas pleuras... pelas pleuras mediastínicas direita e esquerda [...] nós temos o cavado da aorta... nós temos aorta dependente... aorta torácica... *esses* elementos... nós temos que encontrar os troncos arteriais [...] *esses* elementos... todos estão encontrados... estão situados na região denominada de região mediastínica... que é esta aqui que vocês estão vendo... quanto aos limites... qual o limite *dessa* região? [...] não há... um limite desde que *essa* região para cima se constitua... como as regiões do pescoço... e para baixo nós temos... *aquele* elemento que já conhecemos e mais... que é o nosso diafragma... *esses* elementos então constituem... um limite... do::... /da região mediastínica [...] pois bem... *nesta* parte interna em relação aos hilos do pulmão [...] não há um plano... não há um elemento que sirva de::limite eXAto... para *este/essa* divisão... diz-se que *essa* região para cima se continua com as regiões do pescoço... [EF SSA 049]

(116) nós somos:: seis filhos [...] e a do marido... eram doze agora são onze... quer dizer somos de famílias GRANdes e::... então ach/ acho que ::... dado *este* fator nos acostumamos a:: muita gente... [D2 SP 405]
(117) a) L1 – cada um já fica mais responsável por si... pelo menos fisicamente... né?
L2 – já se cuidam...
L1 – de higiene de:: trocar de roupa todo *esse* negócio [D2 SP 360]
b) nós estamos com mui::to trabalho... muito trabalho MESMO... estou vendo toda *essa* campanha de arrecadação de ICM... [D2 SP 360]
c) eles pediram que as alunas da Prefeitura [...] *aquele* grupo todo fosse fazer cena num dos números...
(118) e depois já com trator *esse* trator tinha peças sobressalentes [DID SP 18]
(119) o entusiasmo contagiou muitas áreas os ecos *dessa* animação chegaram aos brasileiros [EF SP 153]

DEMONSTRATIVO NO SN DE NÚCLEO ELÍPTICO

Os demonstrativos continuam como um especificador quando o SN apresenta um núcleo elíptico, como em:

(120) a) o que vai acontecer é que, eu vou pagar um pouquinho menos no outro mês vou pagar um pouquinho menos, porque diminuiu as UPCs apesar de no *outro* diminuir a UPC... [= outro mês] [D2 RJ 355]
b) L1 – e::depois volto para casa mas chego já apronto o *outro* para ir para a escola... o menorzinho... e fico na::quelas lides domésticas [= o outro filho] [D2 SP 360]
c) e ela então veio com a notícia que aquele ketchup que (es)tava sendo servido era ela que tinha feito, o *outro*, ela tirou, botou o dela e serviu aí o pessoal, não é possível, foram prova(r) era o *mesmo* [= o outro ketchup, o mesmo ketchup] [D2 POA 291]

Nesses exemplos, o núcleo está ocupado por uma categoria vazia, explicitada pelas expressões entre parênteses, de sorte que os pronomes em itálico continuam como especificadores do SN respectivo.

Há, na verdade, controvérsias sobre se demonstrativos no masculino e no feminino não poderiam nuclear um SN, em casos como:

(121) aquele idiota do Mário,

isto é, $^{SN}[[aquele]^{núcleo}[idiota\ do\ Mário]^{complementizador}\ ^{SN}]$, analisando-se "*idiota do Mário*" como um complementizador qualitativo de *aquele*. Tem-se mostrado que (121) tem um comportamento distinto de

(122)   aquela casa do Mário,

porque (122) pode ser parafraseado por "*a casa do Mário é aquela*", enquanto (121) não admitiria "**o idiota do Mário é aquele*", argumento que desfavorece a análise do demonstrativo como núcleo sintagmático.[18]

Com isso, apenas os demonstrativos neutros podem funcionar no núcleo do SN, situação em que eles retomam toda uma sentença, quando não toda uma unidade discursiva. Como núcleo sintagmático, ao demonstrativo neutro podem agregar-se expressões que modalizam a asseveração ou expressões que predicam a própria sentença, conforme já foi apontado:[19]

(123)   a) L2 – cada um já fica mais ou menos responsável por si [...] pelo menos na... a... ah por si... fisicamente... né?
L1 – *isso*
b) L1 – certo e quem não arrisca não petisca, não é?
L2 – exatamente... né? então vamos tentar::: ( ) ver se conseguem
L1 – *Isso*
c) L2 – tem que... falar com essa pessoa e agir com essa pessoa dentro da máxima ética... porque essa pessoa provavelmente será cliente futuro... não é?
L1 – *Isso* mesmo.

(124)   a) L2 – [...] aí eu fico trabalhando em casa mas tomando conta toda hora preciso interromper no meio de um negócio para ::... levar um ao banheiro para dar uma comida para outro ::... e as coisas de casa que a gente aten/ tem que atender normalmente com crianças... BRIgas que a gente tem de repartir
L1 – [apartar
L2 – tem que apartar :: *isso* toda hora... [D2 SP 360]
b) o menino detesta escola... então ::... ele acor ::da... e te pergunta do quarto dele se tem aula... se TEM aula diz "DROga estou com sono quero dormir eu tenho dor disso dor daquilo"... agora dias que não tem aula ele pergunta e se a resposta é negativa aí então ele diz para a irmã... "levanta que hoje não tem aula podemos brincar" [...] *isso* com cinco anos... [D2 SP 360]

Note-se que nos últimos dois exemplos, *isso* funciona como núcleo de um SN^{sujeito}, que forma uma minissentença juntamente com os predicados "*toda hora*", "*com cinco anos*".

DEMONSTRATIVO NA POSIÇÃO PÓS-NOMINAL

A posição de base dos demonstrativos é antes do N. Entretanto, quando se repete o N, eles podem aparecer pospostos ao núcleo:

(125) a) Encontrei esse livro outro dia na biblioteca. Livro *esse* que estava deslocado de sua seção.
       b) ...o interesse dela ou dele é a partir... de uma faixa *tal*... enquanto na/ isso a faixa normalmente é de... de dinheiro né? vencimentos [D2 SP 360]

Sintaxe dos demonstrativos: outros recortes

Diversos autores já destacaram que o artigo, apresentado separadamente dos demonstrativos em nossa tradição gramatical, "categoricamente continua a ser uma partícula pronominal demonstrativa".[20]

A verdade é que muitas propriedades sintáticas dos demonstrativos (a começar pelo fato de que atuam principalmente como especificadores de um SN) são compartilhadas por outras classes de palavras, e isso torna possíveis outros recortes em que os demonstrativos não são representados como classe à parte. Assim, num segmento como (126), é um fato que as palavras grifadas comutam entre si e não ocorrem juntas (126'), o que parece demonstrar que pertencem à mesma classe gramatical:

(126) Quanto à aréola, apenas eu digo a vocês o seguinte: [...] *esta* aréola possui uma série de tubérculos, são tubérculos denominados de Morgagni. Tubérculos *esses* de Morgagni que, durante a gestação [...] *estes* tubérculos de Morgagni *eles* se hipertrofiam de uma maneira considerável [...]. Então *os* tubérculos de Morgagni são *os mesmos* tubérculos de Montgomery [...]. *Estes* tubérculos, [...] chegou-se à conclusão [...] que *estes* tubérculos nada mais são que glândulas mamárias pequenas. [EF SA 49]
(126') *a esta aréola / *os estes tubérculos / *os eles se hipertrofiam

Essa constatação já levou a pensar que os artigos, os demonstrativos e os pronomes pessoais deveriam ser reunidos numa superclasse, denominada "Mostrativos".[21] Se aceita essa classe maior, seria provavelmente necessário distinguir uma subclasse formada por *mesmo, tal, próprio* e *outro*, já que essas palavras têm uma distribuição parcialmente diferenciada, como se mostra em (126"):

(126") os mesmos, estes mesmos, esses mesmos,
aqueles mesmos os tais, estes tais, esses tais,
aqueles tais, o próprio, este próprio, esse próprio,
aquele próprio,
o outro, este outro, esse outro, aquele outro,
*o esse, *ele esse etc.

Um quadro célebre em que os demonstrativos são relacionados aos pronomes pessoais de terceira pessoa e aos artigos é o Quadro 2, no qual, baseando a descrição em propriedades morfofonológicas, Aryon Dall'Igna Rodrigues identificou quatro bases ou temas:[22]

Quadro 2 — Itens que integram a classe dos demonstrativos

Bases ou temas	Acréscimo do sufixo -o para referência a objeto não especificado	Acréscimo do sufixo -a para a concordância com nomes do gênero feminino	Natureza da indicação
1./este/	/isto/	/esta/	Proximidade do falante
2./esse/	/isto/	/essa/	Proximidade do ouvinte
3./aquele/	/isto/	/aquela/	Afastamento dos interlocutores
4. /ele/~/o/	/*o – o > o/	/ela/	Indicação textual

Em sua formulação original, o Quadro 2 foi acompanhado das seguintes observações: 1) em algumas variedades do português do Brasil desaparece a distinção entre as bases 1 e 2, prevalecendo só um deles, ou usando-se ambos, aparentemente de modo indistinto; 2) o acréscimo do sufixo -a altera a vogal acentuada, que passa de /e/ a /ɛ/; 3) o acréscimo do sufixo -o eleva essa vogal de /ɛ/ para /i/; 4) quanto à distribuição dos alomorfes da base 4, *ele* ocorre como sujeito ou complemento e nunca precede nome; *o* ocorre nas mesmas situações sintáticas, mas sempre diante de nome, e também como objeto direto, desacompanhado de nome; nessa função, pode ser substituído por seu alomorfe *ele*. Essa formulação tem o mérito de reunir num só quadro várias classes que andam dispersas em nossa tradição gramatical: o artigo, o demonstrativo, o pronome pessoal da terceira pessoa, reto e oblíquo. Além disso, problematiza a afirmação, recorrente na gramática tradicional, de que os demonstrativos *este*, *esse*, *aquele* correspondem à primeira, à segunda e à terceira pessoa, respectivamente. Como veremos a seguir, esse arranjo tripolar não corresponde ao uso contemporâneo do português do Brasil.

PROPRIEDADES SEMÂNTICAS

Os demonstrativos: operações cognitivas sobre alteridade e diferença

Alguns demonstrativos servem para indicar que a identidade dos referentes do SN nos é conhecida, seja de forma precisa, seja de forma imprecisa. O uso dessas palavras assinala que houve uma comparação pré-verbal de referentes, da qual resultou uma de três possibilidades:

(i) as entidades A e B são idênticas, e por isso são expressas com precisão;
(ii) as entidades A e B são apenas parecidas, e por isso são expressas com imprecisão;
(iii) as entidades A e B são diferentes, e por isso são expressas por alteridade.

Identidade, semelhança e alteridade: vamos detalhar essas três estratégias.

1. As formas masculinas e femininas *este*, *esse*, *aquele* (seguidas facultativamente de um locativo), *mesmo*, *próprio* identificam positivamente seu referente, como em:

(127) a) *Este* livro / *esse* livro aqui está muito caro.
 b) *Aquele* livro lá é mais barato.
 c) Outro dia achei o *mesmo* livro por um valor mais baixo.
 d) eu não vou chegar em Belo Horizonte no *mesmo* dia... vou ter que dormir ou em Conquista [D2 SSA 98]
 e) é difícil porque tem que manter... do dos dos *próprios* clientes não pode ser feito isso... é uma questão de ética [D2 SP 360]
 f) naquele tempo DENtro do:: do *próprio* rio fizeram cerCAdos... assim com FUNdo... uma espécie duma piscina né? [DID POA 45]
 g) tu fez alguma pergunta, André? bem, por exemplo na translação, o *próprio* nome já diz, pode ser uma tradução [EF POA 278]

Por meio desses exemplos, damos a entender que, tendo comparado dois indivíduos dos conjuntos *livro*, *dia*, *cliente*, *rio*, *nome*, *área*, concluímos tratar-se da mesma entidade.

2. As formas neutras *isto*, *isso*, *aquilo*, *o* (= *isto*), *semelhante* marcam a semelhança de seu escopo, especificando seu significado de um modo impreciso, como em:

(128) a) *Isto/isso* aqui está muito caro, e *aquilo* lá também.
b) então vai perguntar de uma maneira maniqueísta correto ou errado... isso aí não é nem correto nem errado. [EF REC 337]
c) O que eu quero dizer é o seguinte [...]
d) a jovem Aurora podia deixar de recorrer às fórmulas que se usam em *semelhantes* conjunturas.[23]
e) então abaixo da pele como eu lembro a vocês que o nosso [...] de anatomia topográfica é *semelhante* camada... [EF SSA 49]

A presença de locativos em (128a) ocorre quando o falante precisa atenuar a imprecisão dessas expressões.

3. Os demonstrativos *outro*, *tal* identificam um referente por alteridade:

(129) a) *Outro* livro caro nesta livraria!
b) eles estão gravando com Lula Porto acompanhados por Lula e por *outro* rapaz [D2 REC 05]
c) também isso isso você vê em qualquer bairro do Recife também... nos *outros* bairros do Recife você também vê... agora ô ôô ô ô [D2 REC 05]
d) É o *tal* negócio, assim meu dinheiro não vai dar para nada.
e) o pessoal que vai "ah::" diz que *tal* filme não é bom eu prefiro ficar em casa e não ir a cinema [DID SP 234]
f) porque você disse PARA ALGUNS auto:res... ou alguns estudiosos... existe diferença... mas:... para outros ou na minha opinião... não existe por *tal*... motivo ou *tais* motivos... [EF REC 337]

Em (129), *outro* e *tal* identificam *livro*, *rapaz* e *negócio* por diferença, não por semelhança, expressando que a identidade de seu escopo sobrevém após uma operação de confronto entre referentes. Assim, através de "*este livro*" simplesmente aponto verbalmente para o referente *livro* situado no centro de meu campo visual, ao passo que em "*outro livro*" comparei previamente dois livros e informei que o segundo deles não está no centro de meu campo visual. Com isso, cada um desses SN remete a um referente por diferença. O mesmo vale para "*este negócio*" e "*tal negócio*".

Encarados como operadores de identidade/alteridade, os demonstrativos proporcionam ao falante o conjunto de opções resumidas no Quadro 3:

Quadro 3 — Itens que integram a classes dos demonstrativos em face da oposição identidade versus alteridade

Identidade		Alteridade
Identidade precisa	Identidade vaga	
Este, esta	Isto	Outro
Esse, essa	Isso	Tal
Aquele, aquela	Aquilo	
Mesmo, mesma	O (neutro)	
Próprio, própria	Semelhante	
O, a (masculino/feminino)		

Demonstrativos, dêixis e foricidade

Entre as propriedades semânticas dos demonstrativos, a dêixis ocupou sempre um lugar de relevo em nossas gramáticas. É comum descrever *este* como o pronome que identifica o falante (e, portanto, cria instâncias da primeira pessoa), ao passo que *esse* identificaria o ouvinte (a segunda pessoa), e *aquele* identificaria o objeto ou o ser que não participa da interlocução (portanto, a terceira pessoa que, como já se disse, é uma não pessoa).[24]

Muitas pesquisas foram feitas nessa perspectiva.[25] Entretanto, não ficou confirmado que o uso dêitico é o mais saliente para os demonstrativos da subclasse *este, esse, aquele*. Primeiro, porque eles não são exclusivamente dêiticos, ocorrendo predominantemente o uso endofórico de retomada ou antecipação. Análises do *corpus* mínimo do Projeto Nurc mostram que o uso endofórico ocupa 73,4% das ocorrências, distribuindo-se pelos restantes 26,6% os demais usos, aí incluídos os dêiticos.[26] Segundo, porque mesmo em seus usos dêiticos não se comprova a correspondência dos demonstrativos com as pessoas gramaticais, visto que a subclasse aqui mencionada não é mais composta por três termos, e sim por dois, em que dispomos de um termo indiferenciado *este/esse*, que contrastamos com o segundo termo, *aquele*.

USOS DÊITICOS

A escassa documentação dos demonstrativos como dêiticos não significa que esse valor esteja desaparecendo. Ele comparece sob condições discursivas especiais, reforçado às vezes por um locativo, sempre que a ostensão seja indispensável:

(130) a) [numa aula, apontando para um mapa] *isto* seria a Espanha
 b) agora *isso* aqui... ela jamais vai poder... VER *essa* imagem... da mesa... então *isso* aqui é o que ela sabe... ela está desenhando o que tem na cabeça [EF SP 405]

Pode-se, portanto, supor que os baixos índices de uso dêitico resultam dos tipos de texto coletados nos inquéritos do Projeto Nurc, que dão mais realce à discussão de pontos de vista e à narrativa de experiências pessoais do que a comentários sobre a realidade circunstante.

USOS ENDOFÓRICOS

a. Uso das formas masculinas e femininas

Os exemplos (115) a (119) ilustram amplamente o uso de *este, esse, aquele*, tornando patente que seu âmbito de atuação preferido situa-se fora da sentença, onde funcionam como coesivos textuais.

b. Uso das formas neutras

Os demonstrativos neutros *o, isto/isso/aquilo* potencializam a propriedade de remeterem a outras passagens do texto, retomando toda uma sentença, como "*Maria viajou*" em (131a), ou segmentos da sentença, como "*é clara*" em (131b):

(131) a) Fernando disse que Maria viajou. Fernando disse-*o*/*isso*.
 b) A tese é clara e as hipóteses também *o* são/são *isso*.

Essas formas ocorrem com frequência desigual, notando-se nos dados do Projeto Nurc uma acentuada preferência por *isso* (67% dos casos), a que se seguem *o* (23%), *aquilo* (6%) e *isto* (4%).

Um aspecto importante da subclasse dos demonstrativos neutros é, pois, o de operarem como fóricos de largo espectro, tomando como escopo ou toda uma sentença (e não um só de seus constituintes), ou toda uma unidade discursiva, como já se referiu atrás. Os exemplos a seguir ilustram a retomada de uma sentença (132a) e de uma unidade discursiva (132b):

(132) a) L2 – [...] aí eu fico trabalhando em casa mas tomando conta toda hora preciso interromper no meio de um negócio para ::... levar um ao banheiro para dar uma comida para outro ::... e as coisas de casa que a

gente aten/ tem que atender normalmente com crianças... BRIgas que a gente tem de repartir
L1 – [apartar
L2 – tem que apartar :: *isso* toda hora... [D2 SP 360]

b) o menino detesta escola... então ::... ele acor ::da... e te pergunta do quarto dele se tem aula... se TEM aula diz "DROga estou com sono quero dormir eu tenho dor disso dor daquilo"... agora dias que não tem aula ele pergunta e se a resposta é negativa aí então ele diz para a irmã... "levanta que hoje não tem aula podemos brincar" [...] *isso* com cinco anos... [D2 SP 360]

Empregos como esses podem explicar por que o gênero neutro se manteve entre os demonstrativos, tendo desaparecido entre os nomes.

Outra questão diz respeito à forma *o*, que pode operar como masculino, quando parafraseável por *esse/aquele* (133a), ou como neutro, quando parafraseável por *isso/aquilo* (133b), nos contextos em que a forma vem seguida de *de* ou de *que*:

(133) a) um período muito maior do que *o* que nós conhecemos historicamente (cf.... do que *o* de que temos notícia)
b) ele vai pintar ah desenhar o animal só com duas patas porque é *o* que ele pode ver [EF SP 405]

Em (133a), o demonstrativo pode variar em gênero e número, concordando com seu antecedente:

(133) a') uma época muito maior do que *a* que conhecemos / do que *a* de que temos notícia / épocas muito maiores do que *as* que conhecemos / do que *as* de que temos notícia.
a") períodos muito maiores do que *os* que conhecemos

O mesmo não ocorre com (133b'), assegurando tratar-se de forma neutra:

(133) b') ele vai pintar ah desenhar a parede só com duas patas porque é *o* que ele pode ver

Por outras palavras, *o* apresenta duas análises, uma como forma masculina e uma como forma neutra.

PROPRIEDADES DISCURSIVAS

Em muitos casos, o papel dos demonstrativos ultrapassa os limites da sentença. Já se observou, nesse sentido, que através dos demonstrativos desenvolvemos as seguintes estratégias discursivas: 1) inserção de novo tópico discursivo (veja-se a seção "Tópico discursivo" no volume desta coleção dedicado à organização do texto); 2) continuidade do tópico discursivo; 3) encerramento do tópico discursivo.

Demonstrativo e inserção do tópico discursivo

As formas *este*, *esse*, *aquele* operam majoritariamente na inserção e na retomada do tópico. Nesta subsecção, será descrita a estratégia de inserção, por meio da qual integramos um tópico novo, claramente expresso, ou integramos um tópico inferido.

INSERÇÃO DE TÓPICO NOVO

A língua opera com um conjunto de expressões sinalizadoras de que um novo assunto, bem como suas subdivisões, está sendo trazido à baila. Os demonstrativos integram essas expressões, como se pode ver por este fragmento de aula:

(134) agora nós vamos passar para o nosso *outro* assunto... o *outro* assunto... é a região mediastínica... então nós vamos começar a nossa região mediastínica [...]. Definição... nós vamos definir região mediastínica... *aquela* região... limitada pelas pleuras... pelas pleuras mediastínicas direita e esquerda [...] nós temos o cavado da aorta... nós temos aorta dependente... aorta torácica... *esses* elementos... nós temos que encontrar os troncos arteriais [...] *esses* elementos... todos estão encontrados... estão situados na região denominada de região mediastínica... que é *esta* aqui que vocês estão vendo... quanto aos limites... qual o limite *dessa* região? [...] não há... um limite desde que *essa* região para cima se constitua... como as regiões do pescoço... e para baixo nós temos... *aquele* elemento que já conhecemos e mais... que é o nosso diafragma... *esses* elementos então constituem... um limite... do::... /da região mediastínica [...] pois bem... *nesta* parte interna em relação aos hilos do pulmão [...] não há um plano... não há um elemento que sirva de::limite eXAto...para *este/essa* divisão... diz-se que *essa* região para cima se continua com as regiões do pescoço... [EF SSA 049]

O texto começa pelo hipertópico *assunto*, que vai sendo subdividido pelos N *região, elementos, parte, divisão*, os quais expressam o quadro tópico que se vai construindo. O leitor poderá consultar sua intuição para entender a flutuação aqui encontrada entre *"outro N", "aquela N", "esses elementos", "esta [região] aqui"* etc.

Parece evidente que os textos descritivos favorecem a emergência dos demonstrativos, mais escassos nos textos narrativos.

INSERÇÃO DE TÓPICO INFERIDO

Outros usos dos demonstrativos mostram que eles operam na transição de um tópico claramente expresso para um tópico inferido. Havendo inferência, não se pode dizer que o tópico é inteiramente novo, o que aponta para um processo distinto daquele examinado anteriormente, em que o demonstrativo especifica um sn repetido ou parafraseado. Vejam-se estes exemplos:

(135) nós somos:: seis filhos [...] e a do marido... eram doze agora são onze... quer dizer somos de famílias GRANdes e::... então ach/ acho que ::.... dado *este fator* nos acostumamos a:: muita gente... [D2 SP 405]

Em (136), calcado em (137a), o demonstrativo identifica um discurso implícito, que tem de ser processado e preenchido pelo interlocutor, com quem se arma uma sorte de compromisso do tipo:

(136) você sabe que há pouco pessoal disponível no serviço público, e nessa situação se desencadeia uma campanha de arrecadação de ICM. Toda essa arrecadação... [D2 SP 360] Com o sn *"toda essa arrecadação"* introduzo no texto um tópico ainda não mencionado, mas que pode ser inferido neste ato de fala.

O demonstrativo, aqui, desliza de operador de uma identidade explícita para a ativação de uma identidade inferida, assegurando a continuidade da interação. O quantificador indefinido *toda* associa-se frequentemente ao demonstrativo no processamento da inferência, agora apresentada como um resumo de atos verbais não realizados:

(137) a) [o locutor vinha tratando de concurso para procuradoria, quando diz:] nós estamos com mui::to trabalho... muito trabalho MESMO... estou vendo *toda essa campanha de arrecadação de ICM*... [D2 SP 360]

b) L1 – cada um já fica mais responsável por si... pelo menos fisicamente... né?
L2 – já se cuidam...
L1 – de higiene de:: trocar de roupa...*todo esse negócio* [D2 SP 360]
c) eles pediram que as alunas da Prefeitura [...] *aquele* grupo todo fosse fazer cena num dos números... [DID SP 234]

Em (137c), *aquele* opera ao mesmo tempo um processo dêitico de distanciamento argumentativo, ou seja, *grupo* não tem a centralidade tópica de *alunas* neste ato de fala. Não fosse assim, e a expressão em itálico teria sido verbalizada como "*este grupo todo*".

Do ponto de vista da foricidade, parece evidente que o quantificador indefinido mais o demonstrativo promovem aqui dois movimentos simultâneos: apontando para trás, eles retomam anaforicamente o que foi dito; apontando para diante, explicitam por meio desse duplo movimento mental um N implicitado.

Demonstrativo e continuidade do tópico discursivo

A continuação do tópico discursivo é fortemente expressa pelo demonstrativo, precisamente porque ele assinala a identidade do referente. Vejamos alguns destes casos:

a. Processo de tema constante por repetição e especificação do SN, esquema

[(o) N -------> Dem N^{repetido}]

(138) e depois já com trator *esse* trator tinha as peças so... sobressalentes [DID SP 18]

b. Processo de tema constante por paráfrase e especificação do SN, esquema

[(o) N -------> Dem N^{parafraseado}]

(139) o entusiasmo contagiou muitas áreas os ecos *dessa* animação chegaram aos brasileiros [EF SP 153]

Ao repetir ou parafrasear um SN, o falante assegura a identidade entre ambos através da especificação de um demonstrativo.

c. Processo do tema derivado, esquema:

$$[R \dashrightarrow T^{derivado}]$$

(140)

Rema matriz	Tema derivado	
precisa <u>carpir o café</u>	*essa* carpa do café	se faz uma ou duas vezes por ano
Colocava um monte de <u>espigas de milho</u>	*essa* espiga	é guardada...

[DID SP 18]

Em (140), assegura-se a continuidade temática através do processo de derivação temática,[27] em que do rema (R) "*carpir o café*" se extrai o tema (T) "*essa carpa do café*", e do rema "*colocava um monte de espigas de milho*" se deriva o tema "*essa espiga*". Nos dois casos, confluem para um mesmo propósito a nominalização de *carpir* e a repetição de *espigas*, sendo ambos especificados por um demonstrativo.

d. Processo de tema derivado por paráfrase resumidora,[28] esquema:

$$[R \dashrightarrow T^{parafraseado\ resumido}]$$

(141)

Rema matriz	Tema derivado	Rema 2
[os jornais] <u>não têm assim sido muito bem-sucedidos</u>	*Esta* falha	em muitas explicações
b) Constituem os OVNIs um assunto válido para o estudo científico?	*Estas* questões	me vem perturbando desde 1962

[D2 SP 255 + EF SP 365][29]

Neste esquema, um SN especificado deriva do rema matriz. O demonstrativo assinala a identidade do tema assim gerado.

Demonstrativo e encerramento do tópico discursivo

Os demonstrativos também assinalam que o falante atingiu a completude de seu tópico; isso ocorre com a forma neutra antecedida de um quantificador igualmente neutro, ou com a forma *tal* integrada em expressões complexas. Num caso ou em outro, o falante promove uma sorte de resumo:

(142) a) tem secretária... que querem sa/ saber o porquê ::: o motivo que quer falar com aquela pesso::a... tudo *isso*
b) que não sei quê que eh :: tem mil e um curso tudo *isso*... né? [D2 SP 360]
c) L1 – eu acho que hoje em dia já é... porque eles fizeram aquela retificação (no traçado) *et cetera e tal* então não sei
d) não abusar da sinalização pra não distrair o motorista *e tal* não olhar não ter muita placa é aquele negócio ( ) né? quem não obedece a sinalização evita acidentes né? (risos) [D2 SSA 98]
e) as estantes ficam junto das mesas a gente está sentada *tal* com aqueles livro BEM agarradinho junto da mesa sabe? [DID SSA 231]

Em (142b-e), a forma *tal* vai deixando o âmbito dos demonstrativos, assumindo cada vez mais o papel de um marcador resumitivo ("*et cetera e tal*", "*e tal*", "*e coisa e tal*"), um quase-advérbio por meio de que o falante deixa ver que saltará alguns enunciados, para apressar sua fala.

Em ocorrências semelhantes a (142), além de resumir, o demonstrativo também modaliza asseverativamente seu escopo, como em:

(143) L2 – tem que... falar com essa pessoa e agir com essa pessoa dentro da máxima ética... porque essa pessoa provavelmente será cliente futuro... não é?
L1 – *Isso* mesmo. [D2 SP 360]

Em conclusão, viu-se que os demonstrativos, tanto do ponto de vista sintático, semântico como discursivo, têm propriedades comuns, mas não constituem uma classe inteiramente homogênea.

Sintaticamente, todos os demonstrativos masculinos e femininos entram na construção de SN como especificadores, enquanto os neutros funcionam exclusivamente como núcleo.

Semanticamente, há dois grandes parâmetros a considerar: o dos tipos de foricidade (dêixis *versus* endófora) e o da identidade (identidade *versus* alteridade).

Discursivamente, eles operam na inserção, na continuidade e na retomada do tópico discursivo.

A análise mostrou que os demonstrativos atuam simultaneamente num âmbito sintático, semântico e discursivo, o que aponta para a língua como um sistema complexo.[30]

Parte 3
Quantificadores indefinidos

Célia Moraes de Castilho

São quantificadores indefinidos as expressões que funcionam como "atualizadores do nome que não estabelecem relação entre o que é designado pelo nome e as pessoas envolvidas no processo da comunicação, como os demonstrativos e possessivos, mas que acrescentam ao que é designado alguma informação sobre a quantidade".[31] Por outras palavras, eles indicam a porção de um conjunto à qual queremos nos referir.

A quantificação é um processo semântico bastante amplo, passível de representação linguística por meio de diversas classes e construções, muitas delas analisadas neste volume. É esse o caso

(i) dos substantivos contáveis antecedidos de numerais, como em

(144) se ficássemos mais *dez* minutos já levaria direto [D2 SP 360]

em que há uma quantificação definida,

(ii) dos verbos que indicam eventos iterativos, como em

(145) João *tosse* todo o inverno.
(146) João *cai* a manhã inteira quando está atrasado

(iii) dos adjetivos quantificadores, como em

(147) a) o importante é que o professor proponha *diferentes* atividades que envolva *diferentes* processos mentais [EF POA 278]
      b) vocês poderiam descrever um prato *diferente* [D2 POA 291]

(iv) dos advérbios quantificadores, como em

(148) *normalmente* a gente tira exatamente o pedaço do livro [EF POA 278]
(149) tu viajas deixa o apartamento e *muitas vezes* essa segurança também pifa [D2 POA 291]

(v) das sentenças condicionais de habitualidade (ver, em outro volume desta coleção, o capítulo dedicado às subordinadas condicionais. Os exemplos aqui apresentados são transcrição de exemplos analisados naquela seção), como em

(150) é inclusive *se há alguma coisa quebrada* por exemplo eu chego... foi um dos dois... ou aquele que foi... diz que ele que fez [D2 SP 360]

Esses exemplos demonstram alguns modos de representação da quantificação na estrutura linguística, comprovando uma vez mais a relação assimétrica entre gramática e semântica.

Distinguem-se na literatura os quantificadores dos determinantes, classe, esta, de estatuto reconhecidamente incerto na teoria gramatical.[32] Tem-se lembrado que há razões gramaticais para reunir sob a denominação de determinantes o artigo, o demonstrativo, o possessivo e os indefinidos, embora essas classes de palavras sejam diferentes do ponto de vista semântico. Todas essas classes integram os especificadores, como um dos constituintes do SN,[33] lição que será acompanhada aqui.

De fato, os determinantes "restringem ou tornam mais precisa a referência do SN em que ocorrem".[34] Entretanto, os determinantes

> são modificadores que se combinam com os nomes para produzir expressões cuja referência é determinada em termos da identidade do referente, ao passo que os quantificadores são modificadores que se combinam com os nomes em termos do tamanho do conjunto de indivíduos ou em termos da totalidade da substância que está sendo referida.[35]

Uma última observação sobre a estrutura do SN: frequentemente são incluídas entre os especificadores classes que apresentam o conteúdo de N de forma determinada. Entretanto, em nossos dados há locuções prepositivas delimitadoras (como "*uma espécie de*", "*um tipo de*") que se dispõem antes do N e que atuam como não especificadores.[36] Com isso, estamos propondo o alargamento das classes que compõem a margem esquerda do SN de forma a incluir os não especificadores. Esquematizando, a margem esquerda do SN ficaria assim:

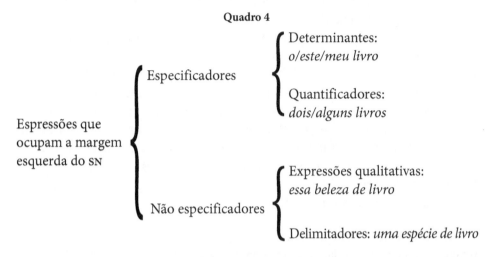

Quadro 4

Em suma, são quantificadores indefinidos (QI) os pronomes indefinidos assim denominados na gramática tradicional. Eles se distinguem dos quantificadores definidos ou numerais. Como já se disse, eles operam em sua grande maioria como determinantes, mas alguns de seus itens podem figurar no núcleo do SN, como é o caso de *algo, algum, alguém, ninguém, tudo, nada*.

Por "indefinido" entenda-se mais amplamente desde um número indeterminado de objetos (*muitos dias*) até uma quantidade indeterminada de uma substância qualquer (*bastante água*), na dependência de ser contável ou não contável o N que funciona como núcleo do SN respectivo (ver, em outro volume desta coleção, o capítulo dedicado ao substantivo).

Na expressão da indefinitude, os QI podem combinar-se com outras classes (como de 151 a 153), ou com substantivos de significação indeterminada (154 e 155), tais como:

- coisa: *qualquer coisa, uma coisa qualquer, coisa assim, qualquer coisa assim, alguma coisa assim, uma coisa e outra, outras coisas mais, (não sei o quê e) tal e coisa*;
- gênero: *nesse gênero*;
- modo: *de todo modo*;
- forma: *de qualquer forma, de uma certa forma*;
- negócio: *esse negócio todo, um negócio assim, o tal negócio*;
- troço: *um troço assim*;
- ponto: *até certo ponto, a tal ponto*.

Exemplos:

(151) então ele fazia com que nós lêssemos... os livros éh coleções *uma e outra* que a gente tem... [D2 SP 360]
(152) mas é desconfortável o cara lhe acorda pra lhe dar um café e *não sei o quê e tal* [D2 SSA 98]
(153) não a testei ainda... não é? Não a testei com... como normalmente se faz né? Submetê-la... a uma psicóloga e *tudo o mais*... [D2 SP 360]
(154) eu acho calefação coisa que o nosso clima aqui existe muito pouco poucas as casas têm lareira não vou fazer não vou falar de coisas mais sofisticadas de calefação de aquecimento central ou *coisa assim*, não não fogão a lenha ou a carvão *qualquer coisa assim* são pouquíssimas as casas que têm [D2 POA 291]
(155) a mim me parece viu que você tem razão *até certo ponto... até certo ponto* eu sou partidário [D2 REC 5]

A classe dos QI mostra que os dados do mundo podem ser vistos ou na sua totalidade ou na sua parcialidade, em conjunto ou separadamente. Quando se consideram os elementos de um conjunto na sua totalidade, usa-se *todo, tudo*; quando se quer referir a cada elemento do conjunto, usa-se *cada*; quando se quer referir a não importa qual elemento do conjunto, emprega-se *qualquer*. Ao considerar apenas alguns elementos de um conjunto, é possível evidenciar apenas um deles (*um, algum, algo, alguém, fulano, certo, tal*), dois (*um... outro, ambos*), mais de dois (*vários, diversos, poucos, menos, certos, alguns*) ou muitos deles (*muito, tanto, inúmeros, bastante, demais, mais*). De um conjunto pode-se ainda não considerar nenhum elemento (*nada, ninguém, nenhum*). Como reconhece Chierchia, "temos uma grande necessidade de relacionar, comparar, contar etc. as classes de objetos em que nossa experiência se articula";[37] essa é uma das funções dos quantificadores.

Os seguintes itens lexicais e locuções prepositivas (ver, neste mesmo volume, o capítulo dedicado às preposições) integram a classe dos QI:

a. Itens lexicais: *um, algum, nenhum, alguém, ninguém, algo, bastante, cada, certo, diversos, inúmeros, mais, menos, muito, nada, pouco, qualquer, tal, tanto, todo, tudo, todos, vários* etc.
b. Locuções prepositivas terminadas por um partitivo: *uma série de, a maior parte de, a maioria de, um tanto de, um pouco de, uma porção de, uma cacetada de* etc.

Entre todos, *um* é decerto o QI mais gramaticalizado, pois (i) aparece em outras formações, como *algum, nenhum*, e (ii) funciona como operador de nominalização, propriedade que compartilha com o artigo *o*. Isso deve explicar por que nossas gramáticas incluem *o* e *um* numa classe, a dos artigos, o primeiro como artigo definido e o segundo como artigo indefinido. Entretanto, essa lição não será seguida aqui, porque, embora ambos sejam nominalizadores, *o* e *um* exibem propriedades diferentes, já evidenciadas na literatura:[38]

1. Negando sentenças em que aparecem essas classes, *o* se mantém, e *um* se transforma em *nenhum*: O homem chegou → O homem não chegou *versus* Um homem chegou → Nenhum homem chegou.
2. Quanto às possibilidades combinatórias, *um* (i) aparece nos mesmos contextos de quase todos os QI (*um dia / certo dia / qualquer dia* etc.); (ii) coocorre com outros QI, o que mostra que integra com eles a mesma classe (ela tem *um algo* de estranho, *um certo* Manuel está te procurando, *um outro* veio aí à tua procura); (iii) coordena-se com outros QI (você vê *uma ou outra* árvore [DID SP 123]).
3. O item *o* (i) aparece nos mesmos contextos dos QI, pois também é um especificador do SN, mas (ii) não coocorre com sua "classe-irmã", os demonstrativos (*o este dia).
4. Sendo tônico, *um* pode figurar como especificador de um SN com núcleo elidido, o que não ocorre com *o*: chegou um livro / chegou um Ø x chegou o livro / *chegou o Ø). Sobre *um* seguido de N elidido, ver (156):

(156) não é aquele é aquele/ é aquele que sai de Governador Valadares *um*/*um* Ø que vai sair em (Monlevade) [D2 SSA 98]

Em face desses resultados, consideraremos *o* e *um* como classes distintas, acompanhando, aliás, as análises que aparecem nas primeiras gramáticas da língua portuguesa.

À semelhança das outras classes examinadas neste volume, também os QI não têm homogeneidade. É o que demonstraremos nas seções a seguir, em que analisamos suas diferentes propriedades. Deve ficar claro que essas propriedades não são opositivas, e qualquer um dos exemplos a seguir exibe-as todas, ao mesmo tempo.

PROPRIEDADES GRAMATICAIS DOS QI

Propriedades morfológicas

Dois fenômenos devem ser aqui lembrados:

1. Alguns QI se flexionam em gênero e número:

(157) a) ...eu acho que o meu conceito de morar bem é diferente *um* pouco da maioria das pessoas que eu conheço... [...] é ter *um* quintal... é ter árvores... é morar perto do mar [D2 REC 05]
b) hoje mesmo eu fiz *uma* viagem daqui pra Camaçari... [D2 SSA 98]
c) nós vamos reconhecer bisontes... [...] ...nós vamos reconhecer ahn cavalos... nós vamos reconhecer veados... [...] ...e *algumas* vezes muito poucas... *alguma* figura humana... [EF SP 405]
d) outra finalidade... a que o sindicato... se propõe... evidentemente é... aquela de proporcionar... o lazer... aos seus... *inúmeros*... associados... [EF REC 337]
e) as incursões (ou aquilo que) eu estou rotulando de incursões foram *quaisquer* tipos de quê? De relações em função de aumento de ampliação de território [EF RJ 379]

O exemplo (157e) aponta para a singularidade do "plural interno" do item *qualquer*, fato que se deve ao seu processo de formação: relativo *qual* + verbo *querer*. Em seu percurso de gramaticalização, esse item admitia na fase arcaica da língua a inserção de um elemento entre os constituintes, como em "*os comendadores de qual ordem quer que som postos enas bailias*",[39] sintaxe não mais admitida atualmente. A pluralização de *qual*, em *quaisquer*, decorre, portanto, da formação dessa palavra.

Ainda com respeito aos traços morfológicos dos QI, observa-se o seguinte: 1) *inúmeros, diversos* e *vários* são *pluralia tantum* (itens que têm apenas forma plural); 2) *qualquer* não se flexiona em gênero; 3) a forma neutra correspondente a *todo* é *tudo*.

2. Alguns QI são invariáveis:

(158) a) depois em *cada* prestação é tanto [D2 RJ 355]
b) tem sempre *alguém* para falar com ele [D2 SP 360]
c) pode ser que eles criem *algo* diferente [D2 SP 62]
d) quando eu ia ainda bem pequeno... aí tinha caf... *bastante* café... [DID SP 18]

Propriedades sintáticas

DISTRIBUIÇÃO DOS QI NO SN

1. QI nucleares: *alguém, algo, tudo, ninguém* e *nada* figuram como núcleo do SN:

(159) a) aí você talvez você não faça *algo* por questões... [D2 SP 62]
b) mesmo esquema... de comportamento pode se repetir... dezenas de gerações em seguida até *alguém* interromper [D2 SP 343]
c) entre almoço e jantar e entre café e almoço eu normalmente não como *nada* [DID RJ 328] (sobre dupla negação, veja-se o capítulo que trata do advérbio, no volume desta mesma coleção dedicado às palavras de classe aberta)
d) Olinda *ninguém* mora ( ) *ninguém* diz é lá que eu moro não diz é lá que eu pernoito [D2 REC 5]
e) eu acho que é *tudo* é um conjunto né?... [DID SP 234]

2. QI especificadores: *um, algum, nenhum, todo, diversos, inúmeros, vários, poucos, cada, certo* e *qualquer* figuram como especificadores de um núcleo:

(160) a) por causa da monotonia... é *um* <u>trecho</u> completamente deserto muito cheio de curva... a estrada não é:boa... então é:*um* <u>trecho</u> monótono... cê cansa muito esse trecho de viagem... e depois ir pra Belo Horizonte... que é *uma* <u>cidade</u> que eu pelo menos não gosto... (risos) [D2 SSA 98]
b) naquela época... o que existia era os bisontes e os mamutes também... *alguns* <u>mamutes</u>... [EF SP 405]
c) então *cada* <u>parente</u> resolveu oferecer um jantar um dia e chamava a parentela [D2 SSA 98]
d) também isso isso você vêm em *qualquer* <u>bairro do Recife</u> [D2 REC 5]
e) desse lugar eu me lembro assim também de *certos* <u>fatos</u> de *certas* <u>cousas</u> porque eu era bem pequena quando ia lá [DID POA 45]
f) outra finalidade... a que o sindicato... se propõe... evidentemente é... aquela de proporcionar... o lazer... aos seus... *inúmeros*... <u>associados</u>... [DID REC 131]
g) eu não tenho *nenhuma* <u>tarde</u> para mim

3. Um terceiro caso é o dos QI especificadores de SN de núcleo elidido:

(161) a) segundo esta corrente... que *alguns* Ø chamam escola humboldiana ou escola Sapir-Whorf [EF SP 124]
b) então o guarda cívico quase *todos* eles eram... portugueses... quase *todos* Ø eram portugueses [D2 SP 396]
c) peças de motor a gente conhece *várias* Ø de ouvir falar... [D2 SSA 98]

4. **Posição dos QI nos SN de amplitude máxima.** Quando um SN mostra todos os seus constituintes preenchidos, temos um SN de amplitude máxima. Nessas circunstâncias, os QI podem preencher toda a margem esquerda do SN, que chega a encerrar até sete constituintes, como em: [40]

(162)   *todos* aqueles meus outros dez primeiros estranhos poemas[41]

Enquanto especificadores, os QI podem ocupar uma posição pré ou pós-nominal. Para o exame dessa questão, vamos estabelecer que o núcleo ocupa a posição Ø (= P^0), prevendo-se posições pré-nominais enumeradas progressivamente a partir de P^0 (P^1N, P^2N...) e o mesmo para as posições pós-nominais (NP^1, NP^2....). Vamos estabelecer que a posição de máximo afastamento do N fornece informações sobre as subclasses de QI.

Aplicados esses critérios aos dados, obtém-se o que vem reunido no Quadro 5.

Quadro 5 — Posição dos QI no SN máximo

P^6N	P^5N	P^4N	P^3N	P^2N	P^1N	P^0N
Todos	os todos	meus os todos	outros meus os todos	três três meu o todo	primeiros primeiros três meu o todo	carros carros carros carro carro carro
			um	outro um	segundo outro um	carro carro carro
					segundo outro um	carros carros
					pouco(s) cada	carro(s) carro

Vê-se que somente o QI *todos* pode ocupar a posição P^6N. Veremos mais adiante que esse item é um dos poucos a figurar também como um pós-nominal, sem que se altere a interpretação semântica da expressão.

Um ocupa a posição P^3N, e como ele se comportam também *algum, nenhum, outro, vários, certo, diversos, inúmeros* e *qualquer*. Como se sabe, *algum* e *nenhum* derivam historicamente de *um*.

Como P^1N só ocorrem *pouco* e *cada*, que exibiriam, portanto, um grau máximo de conexidade com o núcleo.

Nota-se que no Quadro 5 a presença de *outro* altera a posição de todos os QI P^6N e P^3N. Isso mostra que ele exibe uma alta capacidade combinatória, ficando de fora dessa combinação apenas os QI *demais, pouco* e *cada*. Isso se deve a que *ou-*

tro atua como um operador de inserção de conjunto, desencadeando um processo de comparação implícita entre dois conjuntos.

A amplitude máxima dos SN quantificados é apenas uma possibilidade, não contemplada no *corpus* de língua falada em que se fundamenta esta gramática. O que encontramos ali são SN com um, dois ou no máximo três especificadores, sendo o QI um deles:

- SN com um QI especificador, seguido ou não de demonstrativo, adjacente ao núcleo:

(163) a) porque todo amigo tem *algum* amigo que precisa... [D2 SP 360]
      b) eu passei um ano inteiro sem receber *nenhuma* multa [EF POA 278]
(164) a) mas a gente põe *algumas* outras coisas para melhorar o gosto [EF SP 405]
      b) *qualquer* outro tipo de [esporte] futebol de basquete [DID SSA 231]

- SN com três especificadores, um dos quais é o QI *todo*, distanciado do núcleo:

(165) a) Essa é uma afirmação básica... percorre *toda* a sua estética... [EF SP 156]
      b) Em *todos* os três museus onde eu tive oportunidade de estar [DID SP 137]

FUNCIONAMENTO DOS QI NA SENTENÇA

1. Movimentos dos QI no SN

Assim como os possessivos e demonstrativos, os QI se antepõem ao N, em sua posição de base, podendo igualmente pospor-se a ele.

O movimento de alguns QI implica a mudança de sua polaridade, em sua reanálise, ou mesmo a possibilidade de novas interpretações semânticas, como em

(166) a) Pessoas de *certa* idade nunca dizem a idade certa
      b) vamos reconhecer *qualquer* figura humana
      c) vamos reconhecer uma figura humana *qualquer*

em que *certa* anteposto a *idade* funciona como um QI, ao passo que posposto funciona como um adjetivo predicador; *qualquer* anteposto a *figura humana* libera o sentido de uma indefinitude não marcada, sentido que passa ao de uma indefinitude depreciativa quando posposto.

Todo apresenta o chamado "movimento longo", visto que pode deslocar-se no interior do SN e no interior da sentença, movendo-se até mesmo para fora de seu nicho sintagmático:

(167) a) na cidade *todas* as pessoas estavam comentando o filme...
 b) na cidade as pessoas *todas* estavam comentando o filme...
 c) na cidade as pessoas estavam comentando o filme... *todas*

A literatura trata esse fato como um caso de "flutuação de quantificadores".[42]

2. Funções sentenciais dos SN quantificados

Como especificadores, os QI desempenharão a função que é atribuída pelo verbo ao SN que integram. Como estritamente nucleares do SN, eles desempenham na sentença as funções de sujeito, complemento, equativo e antitópico:

a. Sujeito

(168) a) *alguém* aqui não entendeu isso? [EF REC 337]
 b) o governo acabou nomeando uma comissão para tratar do assunto... mas aconteceu *algo* que depois se repetiria muitas vezes... até nossos dias... [EF SP 153]
 c) *ninguém* serve o café para ele na hora que ele levanta... [EF SP 405]

b. Complemento – os QI estritamente pronominais figuram como objeto direto, oblíquo e agente da passiva:

(169) ...prometi também... que diria a vocês se... eu iria exigir cobrar... *algo* do que vocês já fizeram... [EF REC 337]
(170) Tem gente que não serve para *nada*.
(171) então o próprio leite que ela... vamos dizer produzia... era consumido pelo bezerro... e... por *ninguém* mais... [DID SP 18]

c. Equativo

(172) ...o mito é *algo* que aconteceu... segundo... um esquema narrativo... que pode obedecer a variações [EF SP 124]

d. Antitópico – QI neutros podem anaforizar todo um complemento extenso, resumindo-o e finalizando o predicado verbal, funcionando como um antitópico:

(173) então... (assume) toda a responsabilidade não só de administração da casa... como de compras... *tudo*... de todas as medidas a serem tomadas [D2 SP 360]

QI não estritamente pronominais também funcionam como um antitópico, em posição pós-nominal ao seu SN, produzindo-se manobras de movimentação de constituintes que precisarão ser mais bem estudadas.

(174) ou então é o filho do fazendeiro que vai tomar conta da fazenda do pai esse negócio *todo* [D2 SP 360]

PROPRIEDADES SEMÂNTICAS

Todos os itens recolhidos no Quadro 5 compartilham da propriedade de quantificação indefinida, por contraste com os numerais. Além dessa propriedade comum, passamos a examinar outras propriedades semânticas dessa classe.

Quantificação universal e partitiva

A quantificação universal, expressa por *todos*, como em (161b), não é incompatível com a quantificação distributiva expressa por *cada*, como em (160c), além de:

(175) então ele desenha *todos* os animais pré-históricos com *todas* as características e o nome de *cada* um... [D2 SP 360]

Propriedades fóricas

Do ponto de vista da propriedade fórica, alguns QI retomam privativamente antecedentes /+ HUMANO/, como *alguém, ninguém*, em (159), ao passo que outros retomam privativamente antecedentes /- HUMANO/, como *algo, nada, tudo*, em (168), além de outros exemplos aqui citados, os quais o leitor localizará facilmente. O QI *tudo* é um fórico de largo espectro, como se viu em (173) e (174).

Polaridade

Do ponto de vista da polaridade sentencial, alguns QI são afirmativos (*alguém, tudo, algum*), outros são privativamente negativos (*ninguém, nada, nenhum*) e outros, finalmente, liberam um sentido negativo quando pós-nominais (*N algum*).

1. QI afirmativos:

(176) eu acho que é *tudo* um conjunto né? [DID SP 234]
(177) então vamos ver o seguinte: *alguém* mais que(r) da(r) palpites aí... [EF POA 278]
(178) sempre isso, ninguém vai na casa de *alguém* faze(r) uma uma reunião e de repente se não é comer alguma coisa ah bebe(r) um drinquezinho mas é normal, não é, então quando tem *algum... alguma... alguma* coisa um pouco mais especial... então... o que se... o que que acontece uma jantinha [D2 POA 291]

2. QI privativamente negativos:

(179) então não estou colocando *nadinha* de novo (no tema)... *nada* de original... certo? [EF SP 405]
(180) e chegar ah... então à conclusão de que *ninguém* se comunica [D2 REC 5]
(181) não eu não sou mecânico *nenhum* [D2 SSA 98]
(182) quando o Brasil se lança realmente como criador de coisa aí não vai *nenhuma* paixão *nenhum* bairrismo nem *nada* é excepcional [D2 POA 291]

Vários exemplos anteriores documentam a negação redobrada, em que o QI ocupa o segundo termo da estrutura: *não... nadinha/nada, não... nenhum, nem... nada*. O redobramento sintático integra um processo antigo, que outrora foi muito mais difundido na gramática do português.

3. QI negativos quando pós-nominais:

Outros QI expressam a polaridade por meio de sua movimentação no SN. Na posição pré-nominal, expressa-se a afirmação, e na posição pós-nuclear, expressa-se a negação:

(183) a) ...nós vamos reconhecer ahn:: cavalos... [...] e algumas vezes MUIto poucas... *alguma* figura humana... [EF SP 405]

em comparação com:

b) não vamos reconhecer figura humana *alguma* (= não reconheceremos nenhuma figura humana)

Indefinitude *versus* cardinalidade

O item lexical *um* pode expressar tanto a quantificação definida, como em (184), quanto a quantificação indefinida, como em (185):

(184) infelizmente Recife é a cidade de mais de *um* milhão de habitantes [D2 REC 05]
(185) por exemplo... no setor odontológico... sabemos... que... existe *uma* demanda... muito grande... atualmente... das pessoas... em relação... aos... respectivos sindicatos... [DID REC 131]

Em (184), *um* expressa a cardinalidade, ao passo que em (185) ele é um QI, expressando a indefinitude de seu escopo. Locuções prepositivas organizadas por um *de* partitivo (ver, neste mesmo volume, o capítulo dedicado às preposições, seção "*de* partitivo") expressam igualmente a indefinitude:

(186) quando eu estudei éh... tive que... éh aprender *uma série de* métodos de... cálculo dimensionamento de pontes [D2 SP 343]
(187) quando eu fiz Economia *a maioria do* pessoal escolhia Economia [D2 SP 62]
(188) foi um general lá que matou *uma... cacetada de* índio... [D2 SP 343]

PROPRIEDADES TEXTUAIS

Qualquer texto trata de referentes novos ou conhecidos (ver, neste mesmo capítulo, na parte dedicada ao artigo definido, a seção "O artigo definido indica que continuamos falando dos mesmos objetos"). É bastante óbvio que, ao ser introduzido pela primeira vez num texto, qualquer referente é ainda desconhecido, e ele será portanto informacionalmente novo, indefinido.

O QI *um* se qualifica como um item preferencial nessas operações de inserção de referente novo, dadas as propriedades semânticas examinadas anteriormente. Ele vai operar em pelo menos duas estratégias: introduzindo um novo referente na cena, ou anunciando a transição discursiva para uma situação de narração.

QI *um* introduzindo referente novo

(189) agora é *uma uma* coisa curiosa o o o cantador do TIpo do Dimas e de Otacílio... porque eles são::... são cultos... eles não são incultos não... eles cantam os repentes deles fazendo referências culturais... [D2 REC 05]
(190) e quando ele tava morrendo procuravam a vela "comade cadê a vela?" sempre tinha *uma* comadre que tá ali ajudando o sujeito a morrer... porque tudo se ajuda... até morrer... então... procuraram a vela e não encontraram... foram na fogueira tiraram um tição botaram o tição na mão do Antônio Marinho ele olhou e disse "morrendo e aprendendo" [D2 REC 05]

Nos contos infantis, é comum encontrar o esquema *um* N → *o* N, assinalando que o referente novo se tornou conhecido, e, portanto, vai articulado com *o* (cf. "*Um* rei tinha uma filha. O rei queria casar *a* filha com *um* príncipe do reino vizinho, mas *o* príncipe era caolho etc."). Apesar de raras, ocorrências como essa são encontradas em nossos materiais:

(191) é o mesmo troço do sujeito fazer *uma* casa... entendeu... com uma lajezinha bem fininha e botar em cima um depósito de/ de/ de peso muito grande... *a* casa cai... entende... [D2 SSA 98]

São mais frequentes nas entrevistas do Projeto Nurc as retomadas de um N novo através da omissão do artigo definido, como em *um* N → Ø N, como em:

(192) L1 – e ( ) e é muito interessante porque cê atravessa exatamente a serra... agora... é *uma estrada* que tem muita curva muita subida muita descida porque atravessa a Serra do Mar mesmo... não tem... alternativa não
Doc. – e não tem ( )
L1 – não... é Ø *estrada* de primeira classe e ( ) asfaltada categoria especial [D2 SSA 98]

QI *um* iniciando uma narrativa

Quando seguido de substantivos que expressam tempo, o QI *um* indica que se vai passar de uma articulação discursiva para outra, neste caso funcionando na abertura das narrativas:

(193) *uma... uma ocasião...* o o cônsul alemão Zinger... não sei se vocês conheceram... que servia um prato... ele foi... ele ficou muitos anos... ele foi po/ inclusive durante a a ocupação ah, chinesa... eu sei que houve algum problema... eu não sei exatamente... foi na Manchúria... [D2 POA 291]
(194) porque eu vi *uma vez* em Belo Horizonte pegando justamente (de Ipatinga pra) Usiminas ele saía em Monlevade... a estrada não estava por sinal pronta ainda estava em terraplenagem mas eu passei consegui passar [D2 SSA 98]

Nos exemplos anteriores, deve-se observar como recurso cumulativo a seleção do tempo verbal passado.

CONSIDERAÇÕES FINAIS

Analogamente ao que acontece com os outros especificadores estudados neste capítulo, também os QI não constituem uma classe homogênea, tendo a tradição gramatical reunido sob esse rótulo itens que, se compartilham algumas propriedades comuns, mostram também diferenças morfológicas, sintáticas e semânticas, que levam a análise a postular subclasses em seu interior. O Quadro 6 reúne os traços definidores dos QI examinados.

Quadro 6 — Traços definidores dos QI

Item	Traços gramaticais					Traços semânticos
^	Morfologia		Sintaxe			
^	Flexão de gênero	Flexão de número	Papel no SN		Traço / hum/ do antecedente	Polaridade afirmativa da sentença
^	^	^	Núcleo	Especificador	^	^
Um	+	+	+	+	±	+
Algum	+	+	+	+	±	+
Nenhum	+	+	+	+	±	-
Algo	-	-	+	-	-	+
Alguém	-	-	+	-	+	+
Ninguém	-	-	+	-	+	-
Cada	-	-	-	+	+	+
Certo	+	+	-	+	+	+
Diversos	+	+	+	+	±	+
Inúmeros	+	+	+	+	±	+
Muito	+	+	+	+	±	+
Nada	-	-	+	-	-	-
Pouco	+	+	+	+	±	+
Qualquer	-	+	+	+	±	+
Todo	+	+	+	+	±	+
Tudo	-	-	+	-	-	+
Vários	+	+	+	+	±	+

NOTAS

[1] Nesses casos, a presença ou ausência do artigo não é indiferente. Ver a seção dedicada aos quantificadores *todo* e *todos*, neste mesmo capítulo, parte III.
[2] Na segunda parte deste capítulo, dedicada aos demonstrativos, esse emprego foi tratado como pronominal.
[3] Mary Kato (1974).
[4] Russell (1905).
[5] Strawson (1950).
[6] Esse quadro foi extraído de Bonomi (1975).
[7] Keith Donnellan (1966).
[8] Godoi (1992).

[9] Guimarães (2002).
[10] Manfred Bierwisch (1969).
[11] Lyons (1978, p. 452).
[12] Lyons (1978, p. 636).
[13] Sobre a articulação tema-rema das sentenças, ver Ilari (1992).
[14] Ver o primeiro capítulo deste volume, dedicado aos pronomes pessoais e possessivos.
[15] Para uma descrição da estrutura do SN, ver, em outro volume desta coleção, o capítulo dedicado ao substantivo, seção "Propriedades morfossintáticas" [do substantivo].
[16] Ver o início deste capítulo.
[17] Moraes de Castilho (1991).
[18] Ver Renzi (a cura di, 1988, p. 627).
[19] Pavani (1987).
[20] Câmara Jr. (1971, p. 104). Caminhando em percurso inverso a este, já trilhado por Postal (1966), Raposo (1973) sustenta que os demonstrativos *este*, *esse*, *aquele* são na verdade artigos.
[21] Esse termo aparece em Castilho (1993b). O texto apresenta a bibliografia relevante sobre a nomenclatura usada nesta seção.
[22] O quadro, bem como as observações que seguem, é de Aryon Rodrigues (1978).
[23] Cunha e Lindley-Cintra (1985, pp. 332-3).
[24] Ver Benveniste (1976, capítulo "A natureza dos pronomes", pp. 277-83).
[25] Nascentes (1965) aludiu ao uso equivalente de *este*, *esse*, tendo hipotetizado a vitória do primeiro sobre o segundo. Câmara Jr. (1971) afirma que *esse* já é mais frequente na fala do Rio de Janeiro, fato que também se observa em São Paulo, conforme Castilho (1993b). Segundo Bechara (1972), quando se configuram na língua escrita as necessidades dêiticas, restabelece-se o sistema tripolar.
[26] Ver Castilho (1978), para as entrevistas gravadas em São Paulo, e Cid; Costa e Oliveira (1986), para as entrevistas gravadas no Rio de Janeiro.
[27] Sobre o tema derivado, ver Castilho (1987) e Koch (1989a, 1989b).
[28] Segundo Fuchs (1987), em casos limítrofes como estes a paráfrase vai deixando de ser a repetição do "mesmo" para indicar o "outro", numa transição quase imperceptível.
[29] Ambos os exemplos foram retirados de Pavani (1987).
[30] Castilho (2006).
[31] Mattos e Silva (1989, p. 186).
[32] Lyons (1978, p. 453).
[33] Mira-Mateus et al. (1983, pp. 184-97) assim representam o SN : SN °→Especificadores + Núcleo + Complementos. A quinta edição apresenta uma representação em árvore do SN, porém não se altera o entendimento sobre os especificadores: Mira-Mateus et al. (2003, pp. 346-65).
[34] Lyons (1978, p. 452).
[35] Lyons (1978, pp. 454-5).
[36] Ver Moraes de Castilho (1991).
[37] Chierchia (2003, p. 371).
[38] Alarcos Llorach (1968).
[39] Afonso X, *Foro Real*, Lisboa, Instituto Nacional de Investigação Científica, 1987, p. 160.
[40] Lemle (1984, p. 98), Perini (1989, p. 148).
[41] Exemplo de Lemle (1984).
[42] Ver Negrão (2002).

A PREPOSIÇÃO

Rodolfo Ilari
Ataliba T. de Castilho
Maria Lúcia Leitão
Lou-Ann Kleppa
Renato Miguel Basso

O nome "preposição" tem origem nas palavras latinas *prae* e *positio* ou em seu composto *praepositione(m)*, e significa "posicionar a frente". Quando criaram esse nome, os gramáticos latinos seguiram, portanto, o mesmo processo de composição adotado pelos gregos, com seu vocábulo *próthesis*.

Esse nome parece adequado, pois as preposições, independentemente de virem ligadas a verbos, substantivos, adjetivos ou pronomes circunstanciais – como nos exemplos: mostrar [*para* mim]; falar [*com* João]; gostar [*de* música]; começar [*a* dançar]; texto [*em* prosa]; hoje [*de* manhã]; diferente [*de* mim] etc. –, são sempre a primeira palavra de um sintagma preposicional. O mesmo acontece quando elas vêm regendo sentenças introduzidas pelo complementizador *que*, como em "*A circular foi mandada para [que todos se manifestassem]*".

Tradicionalmente, a classe das preposições tem sido tratada pelas gramáticas como uma lista de poucos membros. Por exemplo, a *Nova gramática do português contemporâneo*, de Celso Cunha e Luís-Felipe Lindley-Cintra, trata no capítulo das preposições apenas de 17 palavras: *a, ante, após, até, com, contra, de, desde, em, entre, para, perante, por (per), sem, sob, sobre* e *trás*.

O tratamento dispensado pelas gramáticas às preposições é ao mesmo tempo sumário e detalhista: as palavras identificadas como preposições, depois de receberem uma caracterização sintática muito genérica (geralmente como "palavras que relacionam palavras"), são consideradas uma a uma, numa análise que enumera seus diferentes sentidos. Nesse tipo de análise, acaba-se inevitavelmente por sugerir que as preposições são muito parecidas do ponto de vista sintático, e que cada preposição apresenta uma pluralidade de "usos" ou "sentidos" que não tem nada em comum entre si, ou seja, para usar um termo técnico, que os vários usos de uma mesma preposição estão em relação de homonímia uns com os outros. Aqui, mostraremos alternativas a essas ideias correntes.

Para tanto, este capítulo leva em consideração um importante trabalho, iniciado, no final da década de 1990, pelo professor Carlos Franchi, que não pôde concluí-lo, pois veio a falecer em 2002. O professor Franchi, na elaboração desse trabalho, deixou-nos um levantamento de cerca de cinco mil exemplos extraídos do *corpus* compartilhado do Projeto Nurc, acompanhado de uma classificação sintático-semântica preliminar. Devemos a esse levantamento preliminar algumas "descobertas" no mínimo surpreendentes. Gostaríamos aqui de registrar nossos agradecimentos ao colega que nos deixou.

Uma dessas descobertas é de ordem quantitativa: as preposições têm uma frequência de uso muito desigual: das 5.215 ocorrências[1] registradas no *corpus* compartilhado, 31% pertencem a *de*, 27% a *em*, 12% a *para* e 10% a *a*. Portanto, 4 preposições em 17 respondem por cerca de 80% do total de ocorrências. As próximas preposições, em ordem de frequência, são *com* (com 8%), *por* (com 5,5%) e *até* (com 1,7%). Nenhuma das demais preposições apresenta uma soma de ocorrências superior a 1% do total. Essa constatação nos levou, evidentemente, a indagar o que explicaria uma disparidade tão grande, e a resposta é até certo ponto óbvia: as preposições mais usadas são aquelas que apresentam a maior variedade de empregos. Em alguns momentos deste capítulo, sobretudo ao apresentar algumas tabelas de caráter meramente exemplificativo, pareceu desnecessário descrever no mesmo nível de detalhamento as preposições de ocorrência muito baixa, como é o caso de *sob, segundo, perante, fora, contra, conforme* e *após*.

Outra descoberta, igualmente devedora a esse levantamento preliminar, foi que, do ponto de vista sintático, as várias preposições são bem menos parecidas entre si do que as gramáticas costumam fazer parecer. As diferenças aparecem quando, aplicada a definição mais geral que as apresenta como conectivos, se verifica a natureza dos objetos sintáticos que elas ligam. A velha formulação segundo a qual as preposições "ligam palavras" não se mostra satisfatória. Definindo as preposições como "conectivos que ligam *palavras*", cria-se uma oposição aos "conectivos que ligam *sentenças*". As duas formulações nasceram da necessidade de dar um *status* diferenciado a dois tipos de conectivo: os que aparecem em construções como (1) e (2) e os que aparecem em construções como (3) e (4):

(1)   (casa) *de* (tijolos)
(2)   (retornar) *sem* (pressa)
(3)   (a meteorologia previu) *que* (vai chover)
(4)   (você fará isso) *quando* (você quiser)

Os segmentos assinalados entre parênteses nas construções do segundo tipo contêm tipicamente verbos de forma finita, isto é, verbos conjugados em tempo, modo e pessoa, como *previu, vai chover, fez, quis*. Juntar segmentos com essas características é um trabalho que tem sido atribuído, tradicionalmente, às *conjunções*.

Há boas razões para querer distinguir as construções como (1) e (2) das construções como (3) e (4), e a principal é que os segmentos ligados pelos conectivos de (3) e (4) são geralmente sentenças completas[2] e, portanto, frases com um conteúdo proposicional sujeito a ser julgado como verdadeiro ou falso, em algum momento do processo de interpretação. Isso não acontece com os constituintes de (1) e (2): *tijolos* e *casa* são ideias, não juízos, e para as ideias não cabe perguntar se são verdadeiras ou falsas. A diferença é clara em princípio, mas não é verdade que ao lado de palavras como *sem, de, para* e *com*, tradicionalmente descritas como preposições, não possam aparecer sentenças completas. Isso acontece em exemplos como:

(5)   O Palmeiras está vencendo o Corinthians *para* alívio dos palestrinos
(6)   Não dá para ver coisa nenhuma *com* tanto prédio! [D2 RJ 158]

Nesses exemplos, os segmentos à esquerda da preposição ("*O Palmeiras está vencendo o Corinthians*"; "*Não dá para ver coisa nenhuma*") são sentenças completas; em cada um deles, a preposição forma, juntamente com a expressão que a segue, um constituinte que, embora traga informações importantes, não é necessário para a boa formação sintática do todo; tecnicamente falando, a preposição mais a expressão que a segue formam um "adjunto" da sentença que precede.

Constata-se, pelo parágrafo anterior, que a preposição pode "acrescentar um adjunto a uma sentença completa", ou, de maneira equivalente, que "a preposição pode formar constituintes que se adjungem a uma sentença completa", e isso contraria a opinião corrente, segundo a qual dos dois lados de uma preposição encontraremos sempre "palavras", e não "sentenças". Essa observação remete ao problema da adjunção e complementação, que será desenvolvido no item "As preposições como introdutoras de argumentos e de adjuntos".

Como já mencionamos anteriormente, uma das falhas das abordagens tradicionais da preposição é a dificuldade de fornecer um tratamento abrangente para cada uma delas, que não se traduza em uma enumeração interminável dos "sentidos" que a preposição assume em seus diferentes usos e contextos. As afirmações a que leva esse tipo de tratamento não são propriamente erradas, mas são, no mais das vezes, óbvias, e tendem a transferir para a preposição elementos de sentido que, de fato, são dados por outras expressões presentes no contexto. É possível ir além de tratamentos desse tipo?

A resposta é afirmativa, mas, como em muitos outros casos em que se procura a superação de um impasse, há um custo a pagar. Trata-se, mais precisamente, de olhar para a variedade de sentidos que cada uma das preposições assume em diferentes contextos, porém não mais na perspectiva da ruptura (da alternativa), mas na perspectiva da continuidade.

De um ponto de vista semântico, isso significa guiar-se pelo princípio de que os vários sentidos de uma preposição não estão em relação de homonímia, mas em relação de polissemia, ou seja, que uns devem ser tomados como "extensões de sentido" de outros. Em termos etimológicos, essa afirmativa é banal. Não há dúvida, por exemplo, de que, num certo momento da história das línguas românicas, o sentido latino da preposição *per*, que indicava basicamente o intermediário humano de uma ação praticada por iniciativa do sujeito, se ampliou de modo a abranger qualquer tipo de agente. Na significação que *per* (> *por*) assumiu nas línguas românicas, os papéis de "quem detém a iniciativa" e de "quem a realiza" se confundem. Em outras palavras, em latim clássico e arcaico, *per* só era compatível com o sentido de "por meio de", ao passo que em muitas línguas românicas ele é compatível com qualquer um dos papéis assinalados em (7), (8) e (9):

(7)   O senado chamou Cesar de volta *através de um porta-voz*
(8)   Cesar foi chamado de volta a Roma *por/através de um porta-voz*
(9)   Cesar foi chamado de volta a Roma *pelo senado (através de um porta-voz)*

Nas próximas páginas deste capítulo, recuperaremos algumas dessas ligações históricas, sempre que os usos a que se referem sobrevivem na língua atual.[3]

Não é, entretanto, a etimologia que sustenta a tentativa de compreender de forma unificada os vários usos de uma mesma preposição, mas, sim, a perspectiva cognitiva da linguagem, que oferece um conjunto de princípios que os explicam. Em outras palavras, podemos encarar as alterações etimológicas em uma língua como evidências da atuação de processos que subjazem ao seu uso, tais como extensões polissêmicas e processos figurativos (metáfora e metonímia), que ocorrem na língua porque manifestam processos cognitivos muito básicos da mente humana. Num mesmo estado de língua, ou em estados de língua sucessivos, os falantes operam cognitivamente sobre os sentidos que a língua coloca, "prontos", à sua disposição, como se explicitará na seção mais "teórica" deste trabalho, intitulada "As preposições no enfoque cognitivo".

Antes, contudo, na seção "Estatuto categorial das preposições: critérios para seu reconhecimento", são discutidos alguns dos critérios que têm sido usados para tratar as preposições como uma classe de palavras à parte. Essa discussão será parcialmente desenvolvida na linha de pesquisa linguística conhecida como "gramaticalização". O enfoque da gramaticalização também é um importante aliado na tentativa de tratar das preposições de maneira integrada, pois permite recuperar parte da história das preposições mostrando a dinâmica da classe como um todo. A ideia geral é que é mais fácil perceber a uniformidade ou coesão dessa classe quando são recuperados alguns aspectos de sua história que deixaram marcas na língua de hoje.

Na seção intitulada "Representação do espaço na língua e preposições", adotaremos um enfoque histórico-cognitivista. Os usos espaciais são aqui propostos como o sentido de base das preposições, embora nem sempre possamos recuperar cognitivamente todas as passagens que houve entre um sentido de base localístico e os sentidos derivados obtidos por transposição.

Na seção "Sentido e distribuição das preposições mais frequentes", as noções de gramaticalização, cognitivismo e papéis temáticos serão aplicadas na análise das dez preposições atestadas com maior frequência no *corpus* compartilhado do Projeto Nurc. Nessa seção, serão tratadas as preposições *de, em, para, a, com, por, até, sobre, entre* e *sem*, considerando-se sua sintaxe e seus principais sentidos.

Dedicaremos a seção "Preposições e papéis temáticos" à análise dessa correlação, explorando a ideia, já apresentada na seção "As preposições no enfoque cognitivo", das preposições como instrumentos que "recortam" trechos específicos de um percurso idealizado.

Além das preposições mais usadas e mais típicas, e de outras de uso mais raro, existem na língua palavras e expressões que a nossa tradição gramatical sempre hesitou em tratar como preposições, mas que apresentam propriedades sintáticas e semânticas análogas. Trata-se, em primeiro lugar, das "preposições compostas" ou "locuções prepositivas" – formas e expressões que interessa examinar mais de perto, porque sua formação é, sob certos aspectos, bastante sistemática.

As locuções prepositivas são usadas de maneira muito produtiva e surgem para compensar o desgaste fonológico e semântico das preposições simples, em que acabam por converter-se. Esse é tipicamente o caso de *a* < *ad*, regramaticalizada por *per ad* > *pera* > *para*, que hoje compete com *a* em alguns de seus usos. O estudo desses casos evidencia uma tendência para reciclar os mesmos materiais linguísticos, uma dinâmica que interessa explicitar. Esses fenômenos serão estudados na seção "Locuções prepositivas e dinâmica da classe de preposições". Em seu conjunto, eles desmentem a tese de que as preposições constituem um inventário fechado e estável, caracterizando-as, ao contrário, como uma classe em constante movimento.

ESTATUTO CATEGORIAL DAS PREPOSIÇÕES: CRITÉRIOS PARA SEU RECONHECIMENTO

Entre os critérios que já foram utilizados para definir as preposições, discutiremos aqui a caracterização da preposição como membro de uma classe fechada de palavras (seção "Classe aberta *versus* classe fechada"), como sendo vazia de sentido (seção "Preposições são palavras vazias de sentido? A noção de gramaticalização"), e, em seguida, como introdutora de argumentos e/ou de adjuntos ("As preposições como introdutoras de argumentos e de adjuntos"); por último, trataremos de alguns processos morfofonológicos que envolvem a preposição (seção "Processos morfofonológicos que envolvem preposições"). A partir das considerações dessas últimas duas seções, elaboraremos outro critério de classificação, apresentado em "Uma proposta de classificação".

Classe aberta *versus* classe fechada

Afirma-se comumente que as preposições, assim como os pronomes, os artigos e as conjunções, juntamente com classes morfossintáticas como os morfemas das desinências verbais e os sufixos derivacionais, como *-dor*, *-oso*, *-idade* etc., são classes morfossintáticas *fechadas*, ao passo que o verbo, o substantivo, o adjetivo etc. são classes morfossintáticas *abertas*.

Essa distinção significa, antes de mais nada, que a classe das preposições seria avessa a receber membros novos, que não se criam preposições novas o tempo todo. Muitos autores endossaram essa representação e viram na classe das preposições uma estabilidade tal que se dispuseram a enumerá-las. O mesmo se diz dos pronomes: conhecemos todos os pronomes que existem, e não criamos um pronome novo a cada dia.

O caráter fechado das classes de palavras é de alguma forma uma representação criada pelas gramáticas, e há nisso um círculo vicioso: os gramáticos caracterizam certo conjunto de elementos linguísticos como preposições, e a partir daí outros elementos linguísticos que funcionam como uma preposição não são interpretados como tais, porque não correspondem a nenhum dos elementos da lista de preposições fornecida pelas gramáticas. Essa discussão será retomada na última seção deste capítulo.

Apesar da estabilidade que encontramos nas "classes fechadas", elas nem sempre foram como são hoje, e uma pesquisa que leve em conta a história da língua mostrará que, de fato, essas classes sofreram e sofrem mudanças, com a saída de membros antigos e a incorporação de membros novos. Isso tudo se dá, porém, de uma maneira muito diferente e muito mais lenta do que nas classes abertas. Podemos tomar como exemplos dessas variações lentas, no já mencionado caso dos pronomes, a substituição de "*nós*" por "*a gente*" e de "*tu*" por "*você*", formas que ainda competem em várias regiões do país; e, no caso das preposições, o desuso de "*ante*", "*perante*", "*pós*" e "*trás*".

Dado que a criação de novos membros acontece mesmo nas classes ditas fechadas, talvez seja mais interessante pensar na diferença entre as classes abertas e fechadas não como uma questão de tudo ou nada, mas em termos graduais: as classes abertas têm *alta* possibilidade de criação de novos membros, e as fechadas, *baixa* possibilidade.

Como um exercício simples, porém muito eficiente para o ponto em questão, pede-se ao leitor que invente um verbo e, a seguir, uma preposição. Muito provavelmente, o leitor não terá problemas para criar esse novo verbo, que será certamente da primeira conjugação, terminada em -*ar*. Basta pensar nos verbos que "vieram junto", por assim dizer, com os computadores, como *inicializar*, *deletar*, *(e)sca(n)near* e, bem mais recentemente, *googlar*, relativo ao Google, o mais famoso programa de busca via internet. Todos esses verbos são conjugados segundo o paradigma da primeira conjugação. O mesmo se dá com os adjetivos formados através dos sufixos -*oso* ou -*ado*, como *chicoso*: termo pejorativo de *chique*, "pessoa ou coisa (quase) brega" (*Nossa, como você está chicoso nessa foto de casamento!*); *modernoso*: termo pejorativo de *moderno*, "desnecessariamente tecnológico" (*Esse seu computador aí é bem modernoso*); *absurdado*: neologismo que indica estado de surpresa da pessoa (*Fiquei absurdado com os preços de produtos de beleza*); e assim por diante. Em resumo, algumas classes de palavras podem receber novos membros o tempo todo, sendo que esses membros novos são transparentes em relação à classe a qual pertencem, e formados por processos morfológicos estáveis e regulares.

Criar uma locução prepositiva ainda parece ser uma tarefa possível, porque temos intuições sobre os seus componentes. Pode-se substituir uma preposição por outra, como *ao redor de*, *por redor de*, ou ainda substituir os substantivos, como *em oposição a*, *em contrário a*. Mas criar uma nova preposição é uma tarefa árdua, porque nossa competência linguística não nos diz quais são os blocos básicos que podemos manipular.

Diante dessas diferenças, podemos perguntar por que encontramos dinâmicas distintas nas classes de palavras de uma língua. Uma possível resposta ao problema se expressa tanto morfológica quanto conceitualmente. As palavras pertencentes às classes fechadas têm uma morfologia pobre e muito própria; não entram em processos de flexão ou derivação (sobre flexão e derivação, ver o volume desta coleção dedicado à morfologia) nem são utilizadas como "instrumentos" dos processos morfológicos, isto é, como sufixos ou desinências. Algumas não admitem flexão. Assim sendo, a única identificação morfológica possível para essas palavras é, por assim dizer, negativa: são *in*variáveis e, portanto, reconhecidas apenas por *não* apresentarem nenhuma variação.

As palavras pertencentes às classes abertas têm um comportamento oposto: podem ser alvo de processos morfológicos "ricos" e se tornam imediatamente reconhecíveis pelos processos dos quais participam e pelo tipo de desinências e sufixos que podem receber. Note-se que, no caso de um verbo, basta aplicar a terminação -*ar* a qualquer item lexical, para obter uma forma que nos parecerá imediatamente familiar do ponto de vista morfológico, e que terá um funcionamento sintático previsível.

Essa distribuição diferenciada explica as dificuldades de criar uma nova preposição. Que cara precisa ter uma nova preposição?

Vamos verificar agora o lado conceitual da resposta. As classes fechadas englobam palavras que exprimem operações muito básicas que realizamos para reconceitualizar os dados de nossa percepção, e que têm sua contraparte também na arquitetura da língua. Isso quer dizer que saber o significado das palavras pertencentes a classes fechadas é saber algo sobre como é estruturada determinada língua. No que diz respeito às preposições, seu "significado de base" é espacial, ou seja, as preposições têm por função primária indicar, localizar objetos ou eventos, e isso é claro quando pensamos em preposições como *sobre*, *após*, *desde*, *entre* etc. Porém, essas mesmas preposições são também usadas em contextos não espaciais, como em "Estou na rua *desde* ontem" ou "Chego *entre* meio-dia e 13 horas". Nesses dois exemplos estamos tratando de tempo: o sentido espacial inerente às preposições foi "transportado" para o domínio temporal, impondo a ele uma conceitualização espacial, sendo que *desde* marca a origem e *entre* uma posição delimitada por dois extremos. Esta é exatamente a ideia de uma metáfora: um elemento que tem uma certa significação em certo contexto é transportado para outro contexto, assumindo novas relações, mas mantendo traços daquela significação primeira. Esse assunto será examinado na seção "As preposições no enfoque cognitivo".

Preposições são palavras vazias de sentido?
A noção de gramaticalização

É bastante difundida a afirmação de que a preposição não tem sentido próprio e só recebe um sentido por efeito do contexto em que é empregada. Mostrou-se na seção anterior que essa concepção das preposições é equivocada. A alegada "ausência de sentido" das preposições é o que se poderia chamar de "transposição de esquemas sem motivação aparente". A "transposição de esquemas sem motivação aparente" captura o seguinte: não é qualquer preposição que pode combinar-se com qualquer verbo, substantivo, adjetivo etc., porque há uma motivação, ainda que atualmente "invisível", por trás dessa combinação. Veja-se o verbo *gostar*, que sempre aparece acompanhado da preposição *de*. Dado que o verbo ocorre sempre com a mesma preposição, faz sentido dizer que ela é "vazia de sentido"? As seções seguintes mostram que não. O que ocorre nesse caso é que não temos mais consciência das razões pelas quais a utilizamos.

Também e comum ler que a preposição é um "mero" elemento funcional/gramatical/relacional. O que se deve entender por *elemento relacional*? Intuitivamente, trata-se de uma palavra que relaciona dois termos da sentença, como *chegar* e *Recife* na sentença "Cheguei de Recife". Se a preposição servisse apenas para estabelecer uma relação entre dois termos, a língua poderia contentar-se com uma única preposição, já que sua função seria sempre a mesma. Mas não é isso o que ocorre. A sentença "*Cheguei em Recife*" é completamente diferente (na verdade é o oposto) da sentença "*Cheguei de Recife*", e é precisamente a preposição o elemento que acarreta a mudança de sentido. Essa é uma das razões para não considerar a preposição como um "mero instrumento gramatical", "vazio de sentido".

Aos itens funcionais, muitos autores opõem os itens lexicais, geralmente caracterizados como semanticamente plenos, isto é, "cheios de sentido". Não por coincidência, os itens lexicais pertencem a classes abertas de palavras, como os substantivos e os verbos. Uma maneira intuitiva de decidir se uma determinada palavra é um item lexical ou um item funcional/gramatical é pedir que alguém aponte um exemplo da palavra em questão. Por exemplo, ao pedirmos para alguém dar um exemplo de *carro*, esse alguém apontará para algum carro do mundo; mas se pedirmos um exemplo de *já*, o máximo que nosso informante pode fazer é dar alguma sentença na qual essa palavra aparece empregada em sua maneira usual. Se aplicarmos esse teste à maioria das preposições, chegaremos à conclusão de que são itens funcionais, e daí para concluir que são vazias de sentido é apenas um passo. Mas as duas coisas não vêm necessariamente juntas.

Uma das teorias linguísticas que mais tem contribuído para a compreensão dos limites entre classes de palavras abertas/lexicais e classes de palavras fechadas/gramaticais é a *teoria da gramaticalização*. A gramaticalização é, antes de mais nada, um processo que se dá ao longo do tempo, através do qual um item lexical sofre alterações em sua combinatória e em sua forma, até se transformar, no limite, em um morfema, como uma desinência verbal. As formas do futuro do indicativo do português são um bom exemplo desse processo. Como na maioria das línguas românicas, essas formas derivam da aplicação a um infinitivo do verbo latino *habere*:

amare habeo > *amare aio* > *amarei*

Vemos aí um típico processo de gramaticalização, que transformou um verbo pleno,[4] *habere* ("possuir"), em algo que é percebido como uma desinência. Formas gramaticalizadas convivem com suas manifestações anteriores, e é por isso que ainda podemos dizer *hei de amar*, uma variante de *amare habeo*, em que *hei* funciona como um auxiliar; além disso, entre o verbo de sentido pleno e a "desinência" pode aparecer um pronome átono: *amar-te-ei*, *amar-te-ia*; e quando isso acontece a forma do infinitivo sofre ajustes morfológicos (*quero amar + lo* > *quero amá-lo / amar + lo + -ei* > *amá-lo-ei*). O exemplo do futuro nos permite perceber que os limites entre léxico e gramática são objeto de um trabalho de séculos, e que as formas da língua se deslocam de maneira imperceptível mas constante na fronteira entre esses dois domínios.

A lição da formação do futuro é útil para entender a dinâmica da classe das preposições da língua portuguesa, pois seu processo de gramaticalização prossegue igualmente. Se considerarmos a classe das preposições como um todo, algumas preposições, como *a, de, com, em* e *para*, se encontram em um estágio mais avançado de gramaticalização do que outras. Prova disso é que essas preposições mais gramaticalizadas são encontradas em um número substancialmente maior de construções sintáticas do que as outras preposições; apenas elas podem "realizar tarefas" mais tipicamente gramaticais, como introduzir argumentos dos verbos; e apenas elas podem amalgamar-se com outros elementos de uma sentença, como artigos, pronomes e advérbios de lugar, formando uma única palavra. Vejamos esses dois pontos nas seções seguintes.

As preposições como introdutoras de argumentos e de adjuntos

Consideremos inicialmente o papel que as preposições desempenham nos processos de adjunção, começando com a pergunta: quais unidades sintáticas podem receber uma adjunção mediada por uma preposição? Percorrendo os materiais do Projeto Nurc, descobrimos que a possibilidade de adjunção vale para muitos casos:

- para sintagmas verbais, como em

(10)   Uma cidade que cresce num ritmo de 8,5% a 9% ao ano está crescendo *além dos* limites do próprio país. [D2 SP 255]

- para sintagmas nominais, como em

(11)   A não ser que seja um colégio que tenha condições de botar ar-condicionado, fazer uma senhora biblioteca muito ampla, *com* mesas cadeiras e livros suficientes. [DID SSA 231]
(12)   Se a vida *do* além fosse tão boa, o que é que a gente estava fazendo aqui? [DID SSA 283]

- para sintagmas adjetivais, como em

(13)   [o horário de trabalho] teoricamente é rígido, mas na prática, aí a própria pessoa torna flexível *até* onde pode. [D2 RJ 158]
(14)   A titia compra o peixe e faz, ou frito ou faz cozido *com* pirão. [DID RJ 238]

Em todos esses exemplos, o critério para falar de adjunção é que o constituinte considerado se acrescenta à construção que precede sem ser necessário à boa formação sintática dessa mesma construção,[5] segundo a velha ideia de que o adjunto tem, na sentença, um papel sintático acessório (sobre este tema, veja, no volume desta coleção dedicado às palavras das classes abertas, a seção relevante do capítulo sobre o verbo). Bem diferente é a situação na qual a preposição introduz um segmento sintaticamente indispensável – processos de complementação.

Se a falta de um sintagma preposicional acessório não compromete a boa formação da sentença, a ausência de um sintagma preposicional necessário é percebida como um defeito de construção: neste caso, percebe-se que "falta algo" para que a unidade maior possa ser aceita como um todo – ela parecerá truncada, ou parecerá que parte de sua transcrição foi perdida, ou ainda que uma formulação em curso foi abandonada e substituída por outra, fato muito comum nas transcrições do Projeto Nurc e na língua falada em geral.

Em suma, os argumentos (ou complementos) são sintagmas necessários ao preenchimento dos lugares abertos pelo predicador da sentença; os adjuntos são circunstanciais ou acessórios e, portanto, irrelevantes para completar o sentido do verbo. Mas o que se deve entender por "sentido completo" quando se faz essa distinção?

Uma resposta clássica a essa pergunta consiste em pensar o verbo como uma matriz mínima para formar sentenças, um molde que dá origem a uma descrição mínima do mundo quando é acrescido de um número mínimo de sintagmas indispensáveis. De fato, se tomarmos a sentença (15) e suprimirmos os sintagmas entre colchetes (15') (os argumentos), a sentença resultante parecerá incompleta enquanto unidade sintática, enquanto descrição de fatos, a percebermos malformada e incapaz de caracterizar uma situação que seja verdadeira ou falsa.

(15) João alimentou o peixe ontem à noite, sozinho, depois de chegar da faculdade, com a ração do potinho amarelo.
(15') *[João] alimentou [o peixe] (ontem à noite), (sozinho), (depois de chegar da faculdade), (com a ração do potinho amarelo).

No entanto, quando suprimimos os adjuntos, os sintagmas entre parênteses, a sentença continua "completa": pode-se entender assim que os vários sintagmas nominais encontrados numa sentença desempenham funções bem diferentes em relação ao verbo. Os argumentos são os termos sem os quais um verbo não forma uma unidade sintática completa; os adjuntos são os termos que especificam o evento descrito pelo verbo mais seus argumentos. É apenas nesse sentido sintático que os argumentos são necessários e os adjuntos não são necessários, porque, por outro lado, fornecer detalhes sobre o evento que um verbo descreve é algo muito comum e relevante nas interações verbais. Assim, o que está em jogo na distinção entre complemento e adjunto não é o caráter mais ou menos informativo dos sintagmas nominais presentes na sentença, mas a maneira como participam de sua "conexidade sintática".

As palavras que "pedem complementos" podem pertencer a diferentes classes gramaticais:

- substantivo:

(16) Depois do quarto ano, então nós íamos ter aula na Santa Casa. Aí começamos a ter contato *com* os doentes. [D2 RJ 158]
(17) Não há condições para você desenvolver qualquer tipo *de* atividades. [DID RJ 328]

- adjetivo

(18) Tenho que estar atualizado *com* publicações desse nível. [D2 SP 255]
(19) Acho que a economia é mais forte *do* que a lei. [D2 SP 343]

- advérbio

(20) São indivíduos que realmente criaram, contrariamente *às* expectativas, uma preocupação pelo momento, pela situação.

- verbo

(21) Você vai levar um ano e meio, pelo menos, para se ambientar *com* meia dúzia de caretas. [D2 RJ 158]
(22) Geralmente a gente procura se basear *nos* preços do Banco do Brasil. [D2 SSA 98]

Além disso, é importante ressaltar que a palavra a ser complementada desempenha um papel importante na seleção e no estabelecimento do número de argumentos. Esse fenômeno tem sido abordado através da noção de *valência*, criada inicialmente como uma metáfora na Química, disciplina na qual se entende por valência o número de elementos necessários para preencher a estrutura incompleta de outro elemento. O oxigênio tem valência dois, porque dois átomos de qualquer outro elemento precisam ligar-se a ele na formação de moléculas. Assim, um verbo que seleciona apenas um argumento é um verbo monoargumental (*João morreu / Jair dormiu*), um verbo que seleciona dois argumentos é biargumental

(*João ama Joana / Jurandir conhece José*), e assim por diante (esses problemas são tratados mais extensamente no capítulo sobre o verbo, no volume desta mesma coleção dedicado às palavras das classes abertas).

Uma característica da complementação é a forte previsibilidade da preposição a partir do item lexical complementado. Ao contrário, na adjunção, a escolha da preposição é ditada pela natureza do adjunto ou pelo substantivo nele contido. Justifica-se, então, opor duas formas de determinação que afetam a escolha da preposição e que agem, na dimensão linear da sentença, em sentidos opostos:

(i) Na complementação: é o termo complementando que determina a preposição;
(ii) Na adjunção: a preposição é determinada pelo adjunto.

O fenômeno da complementação tem sido amplamente estudado pela Gramática tradicional, nos capítulos que tratam dos complementos verbais e nominais. Para exemplificá-lo, basta procurar nos dados do Projeto Nurc palavras como *fim, espécie, risco* (substantivos) ou *depender, cansar-se* (verbos) – invariavelmente seguidas pela preposição *de*. Da mesma maneira, substantivos como *amizade, relacionamento* etc., e verbos como *revoltar-se* e *preocupar-se* "pedem" um complemento que é frequentemente introduzido por *com*. Note-se que um teste análogo poderia ser aplicado aos adjetivos.

(23) A única coisa que ele sabe é que no fim *do* mês, em vez de comprar dois litros de leite [...], ele vai comprar só um. [DID SSA 283]
(24) Agora ele depende *de* muitas outras pessoas para fazer a mesma coisa. [D2 SP 343]
(25) Quando ele entra na faculdade, já ali ele começa a fazer amizades *com* os veteranos. [DID SSA 231]
(26) Não se preocupe muito *com* a técnica não, porque a gente não trata do assunto. [DID SSA 231]

A adjunção tem sido tratada pelas gramáticas tradicionais nos capítulos dedicados aos adjuntos nominais e verbais; podemos exemplificá-la através de sequências como (27) a (30):

(27) *De* manhã eu tomo café com leite, normalmente. [DID RJ 328]
(28) *De* noite está bem vazia a cidade. [D2 SP 343]

(29) Eu saio de casa *às* sete horas e só chego *às* dez e meia da noite. [D2 RJ 158]
(30) O ônibus sai *às* cinco e trinta e seis. [D2 RJ 158]

Todas essas sequências contêm adjuntos que indicam tempo, ou seja, adjuntos que se prestam a localizar no tempo o evento que a sentença descreve. A preposição *de*, que aparece nos dois primeiros exemplos, tende a ser mais usada quando o adjunto aponta para um período do dia; a preposição *a*, que foi usada nos últimos dois, é a única que aparece nos inquéritos do Projeto Nurc, quando o adjunto localiza os fatos numa determinada hora do dia. Regularidades como essas podem ser encontradas em muitos outros adjuntos, além dos temporais. Talvez revelem uma tendência da língua para formar frases feitas (ver a seção "Locuções prepositivas e dinâmica da classe de preposições" deste capítulo).

A distinção entre adjunção e complementação tem um interesse mais amplo em gramática. Aplicada ao caso das preposições, ela permite dizer, em síntese, que:

a. as preposições introduzem adjuntos ou complementos;
b. os adjuntos aplicam-se em vários níveis de construção sintática;
c. os complementos são exigidos por palavras que, de outro modo, ficariam "incompletas";
d. essas palavras pertencem às classes morfossintáticas do substantivo, do adjetivo, do verbo e do advérbio, mas nem todas as palavras pertencentes a essas classes exigem complementação;
e. no processo de complementação, quem seleciona a preposição é a palavra ou sintagma a ser completado; no caso da adjunção, a escolha da preposição depende da natureza do adjunto.[6]

Aos dois casos mais comuns, em que o sintagma preposicional funciona como um adjunto ou um complemento, têm que ser acrescentados pelo menos mais dois, menos frequentes mas não menos importantes:

- aqueles em que o sintagma preposicional funciona como predicativo do sujeito ou do objeto;
- aqueles em que o sintagma preposicional funciona como aposto.

Pouca atenção tem sido dada a esses casos, mas a necessidade de tratá-los à parte é óbvia: o uso predicativo dos sintagmas nominais é reconhecível porque exprime uma propriedade que se aplica a um substantivo por intermédio de um verbo (nos exemplos (31) a (34), esses verbos foram sublinhados, e são, respectivamente, *ser (as melhores estradas), entrar (o estudante), ser construído (a caixa)* e *chamar (as atividades)*):

(31) Geralmente as estradas melhores são *de* tráfego mais pesado [D2 SSA 98]
(32) Então o estudante já entra na escola *de* calça Lee [DID SSA 231]
(33) A caixa tem que ser construída *do* tamanho do corpo de uma pessoa [D2 SP 343]
(34) Elas ainda têm outros bicos: lavam, fazem faxina, e outras costuram, quer dizer, uma série de pequenas atividades que elas chamam *de* bico [DID SSA 283]

Quanto ao aposto, a pedra de toque para reconhecê-lo é que não é possível perceber, por trás da preposição, outro efeito que não o de marcar identidade: no contexto dos exemplos (35) a (38), o nome é *baião de dois*, a cidade é *Cachoeira do Sul* e assim por diante:

(35) O feijão com arroz lá tem o nome *de* baião de dois. [DID RJ 328]
(36) Lembro de um ano, não posso precisar qual era, que nós começamos na encantadora e acolhedora cidade *de* Cachoeira do Sul. [DID POA 6]
(37) Ela tem assim uma espécie de uma cantina que explora essa parte *de* merenda para alunos. [DID RJ 328]
(38) A tia esteve, esse ano ainda durante o mês *de* julho [no Uruguai]. [D2 SSA 283]

Registrar as diferentes funções sintáticas do sintagma preposicional equivale a perceber que as preposições, apesar de terem sido tratadas de maneira indistinta como palavras que juntam palavras, são, na realidade, muito diferentes entre si, se forem consideradas as expressões que permitem construir – uma observação que se aplica também às locuções prepositivas. Com efeito, comparando duas preposições quaisquer, verifica-se que há diferenças em sua capacidade de entrar nos diferentes ambientes sintáticos (adjunção, complementação etc.), e que há diferenças tanto na natureza sintática das palavras de que o sintagma preposicional depende quanto na estrutura sintática deste último – isto é, diferenças de *distribuição*. Isso fica ainda mais claro depois da leitura dos Quadros 1 e 2. No primeiro desses quadros, comparam-se as distribuições das preposições *após, por* e *desde*, escolhidas dada a relativa facilidade de dar-lhes um tratamento ao mesmo tempo breve e significativo. A ideia é mostrar que algumas possibilidades sintáticas que caracterizam *por* não são disponíveis para *desde* e *após*, ou vice-versa. Por sua vez, o Quadro 2 procura dar uma visão de conjunto sobre os contextos sintáticos em que ocorrem com maior frequência as dez preposições mais usadas no Projeto Nurc. Pode-se ver que os usos de uma mesma preposição não se repartem igualmente entre as colunas (ao contrário, concentram-se sempre em algumas delas), e que os usos de preposições diferentes se concentram em colunas diferentes, o que ressalta, mais uma vez, a heterogeneidade sintática dessa classe de palavras.

Lembramos que as representações dadas nos Quadros 1 e 2 resultam do levantamento prévio efetuado pelo professor Carlos Franchi a partir do *corpus* compartilhado do Projeto Nurc. Como qualquer outra representação derivada do exame de um *corpus*, elas reproduzem apenas o que foi constatado, e não provam que as possibilidades não atestadas devem ser descartadas em princípio. Essas representações não devem ser encaradas como exaustivas, e terão que ser usadas *cum grano salis* – com prudência. Ainda assim, elas estabelecem que há diferenças sintáticas entre as preposições de uma forma que nos parece irrefutável.

Essas observações podem parecer óbvias para quem se lembra das análises dos verbos transitivos diretos ou indiretos feitas no Ensino Fundamental. O que elas deixaram escapar é que, apesar de todas as preposições poderem introduzir adjuntos do verbo, *apenas algumas podem introduzir argumentos verbais*. Trata-se justamente das preposições que se encontram em um grau mais avançado de gramaticalização. Essas preposições caracterizam-se também (i) por poderem ser amalgamadas a outros elementos linguísticos, (ii) por terem um sentido mais vago/difuso, e (iii) por conterem, comparativamente, menos material fonético, compostas que são por uma sílaba: *a*, *de*, *com*, *em*, *para* (que se encontra reduzida para "*pra*") e *por*. Há uma exceção neste caso, que é a preposição *sobre*. No português de hoje, essa preposição já não pode ser amalgamada a artigos ou pronomes, não tem um sentido tão opaco como *de*, e é composta por duas sílabas, mas pode funcionar como introdutora de argumentos, como no caso de "*Marcos não fala sobre o acidente*".

A PREPOSIÇÃO • *179*

Quadro 1

		após	por	desde
complementação	nCinf		interesse por descobrir	
	aCinf		interessado por descobrir	
	vCinf		interessar-se por descobrir	
	nCn		interesse pelo sexo oposto	
	aCn		tarado por chocolate	
	vCn		ansiar por mudanças	
adjunção	snAn	as negociações após a derrota	nossa visita pela manhã	nossa insistência desde o início
	svAn	reuniram-se após a derrota	namorou Maria por 5 anos	namorou Maria desde a infância
	saAn	os corintianos, humildes após a derrota	presente por coincidência	disponível desde a noite anterior
	soAn	choveu após o jogo	por acaso choveu	chovia desde a noite anterior
	snAinf	rei após matar todos os rivais		
	svAinf	fixou-se em Macau após viajar pela Ásia	assustou-se por estar com febre	
	saAinf	famoso após curar o rei	famoso por ter curado o rei	
predicação	sn1/ vPsn2		comprar gato por lebre	
	sn1/ vPsinf		a casa ficou por pintar	
	sn1/ vPso		João passa por ter agredido um policial	

Para a leitura do quadro, entenda-se:
n: substantivo; a: adjetivo; v: verbo; inf: infinitivo; o: sentença com verbo finito;
sn: sintagma nominal; sv: sintagma verbal; sa: sintagma adjetival; so: sentença;
A: a preposição introduz um adjunto; C: a preposição introduz um complemento, P: a preposição introduz um predicativo;

ou seja:

A fórmula oAn lê-se: a preposição rege um sintagma nominal (n) que funciona como adjunto (A) de uma sentença (o);
A fórmula sn/vPn lê-se: a preposição rege um sintagma nominal (sn2) que funciona como predicativo (P) de um sintagma nominal anterior (sn1) através de um verbo etc.

Quadro 2

A preposição	Em números absolutos	Introduz um												
		complemento						Adjunto						predicativo	
		vCinf	nCinf	aCinf	vCn	nCn	aCn	snAn	svAn	saAn	oAn	snAinf	svAinf	saAinf	oAinf	sn/vPn	sn/vPinf
A	544				204	100			65								
até	90				25				15								
com	443				115			65	110								
de	1605				520			557	215								
em	1424				358				469	334							
para	641				194			50					135				
por	282				98			57	77								

De fato, parece difícil encontrarmos um verbo que tenha o seu argumento introduzido por *sem* ou por *ante*, ao passo que são inúmeros os casos com *de* e *em* (gostar *de*, cuidar *de*, acreditar *em*, pensar *em*, morar *em* etc.).

Se, usando um tipo de notação mais usual que o do Quadro 1, representarmos pela sigla SN os sintagmas não introduzidos por preposições, por SP os sintagmas introduzidos por preposição, por V os verbos e por ADV os advérbios, e se convencionarmos que todo sintagma entre parênteses é um adjunto, e que todo sintagma entre colchetes é um argumento, poderemos caracterizar as estruturas de boa parte das sentenças da língua da seguinte forma:

Verbo monovalente:
(39)   [João] dormiu (*sem* travesseiro/tarde).
       [SN]   V   (SP/ADV)

Verbo bivalente:
(40)   [João] apertou [o parafuso] (*com* a chave de fenda/fortemente).
       [SN]   V   [SN]   (SP/ADV)

Verbo bivalente:
(41)   [João] acredita [*em* bruxas] (*com* fervor/fervorosamente).
       [SN]   V   [SP]   (SP/ADV)

Verbo trivalente:
(42) [João] deu [o livro] [*para* Maria] (*em* julho/secretamente).
      [SN] V   [SN]   [SP]   (SP/ADV)

Verbo tetravalente:
(43) [João] traduziu [um texto] [*do* russo] [*para* o turco] (*em* um mês/lentamente).
      [SN] V   [SN]   [SP]   [SP]   (SP/ADV)

O quadro geral que temos é, em suma:

Quadro 3

(39) verbo monovalente:	SN V (SP/ADV)
(40) verbo bivalente:	SN V SN (SP/ADV)
(41) verbo bivalente:	SN V SP (SP/ADV)
(42) verbo trivalente:	SN V SN SP (SP/ADV)
(43) verbo tetravalente:	SN V SN SP SP (SP/ADV)

A partir do Quadro 3, podemos dar uma resposta à pergunta que formulamos alguns parágrafos atrás sobre valência e preposições:

- de maneira geral, se um verbo é seguido por dois argumentos, o segundo desses argumentos será obrigatoriamente introduzido por preposição, como nos esquemas de (42) e (43);
- independentemente da valência dos verbos, os adjuntos serão sempre introduzidos por preposição ou serão de natureza adverbial;
- além disso, o primeiro argumento pós-verbal é introduzido por preposição em alguns verbos bivalentes como no esquema (41).

Nota-se ainda que mesmo em verbos tri ou tetravalentes, as preposições responsáveis pela introdução de argumentos são as mais gramaticalizadas: *a, de, em, com, para, por* e *sobre*.

Processos morfofonológicos que envolvem preposições

Algumas preposições podem aglutinar-se com outras palavras, resultando disso uma nova palavra, amálgama das duas envolvidas. Não por acaso, as preposições que mais se aglutinam são as que estão mais gramaticalizadas.

Podemos tomar como primeiro exemplo a preposição *a*. Essa preposição pode unir-se aos artigos definidos e a alguns pronomes demonstrativos, ocorrendo o fenômeno conhecido como crase, quando há junção de dois elementos fonologicamente iguais como em a + *as* > às). O Quadro 4 recapitula os casos de aglutinação envolvendo a preposição *a*:

Quadro 4

Preposição		Palavra a ser combinada	Amálgama
a	+	a / as	à / às
a	+	o / os	ao / aos
a	+	aquele (s) / aquela (s)	àquele (s) / àquela (s)
a	+	aquilo	àquilo
a	+	onde	aonde

O artigo amalgamado com uma preposição continua concordando em gênero e número com o substantivo que segue, fato previsto no Quadro 4.

As outras preposições que também podem amalgamar-se são: *para, por, com, em* e *de*, essas duas últimas com um número maior e mais diversificado de elementos. No quadro abaixo, apresentamos as possibilidades de combinação (o símbolo "Ø" indica incompatibilidade):

Quadro 5 — Preposições amalgamáveis[7]

PREPOSIÇÃO	para	por	com	em	de
artigos					
a (s)	pra (s)	pela (s)	co'a (s)	na (s)	da (s)
o (s)	pro (s)	pelo (s)	co'o (s)	no (s)	do (s)
uma (s)	pruma (s)	Ø	cuma (s)	numa (s)	duma (s)
um (s)	prum (s)	Ø	cum (s)	num (s)	dum (s)
pronomes demonstrativos					
isso / isto	Ø	Ø	Ø	nisso / nisto	disso / disto
essa (s) / esta (s)	Ø	Ø	Ø	nessa (s) / nesta (s)	dessa (s) / desta (s)
esse (s) / este (s)	Ø	Ø	Ø	nesse (s) / neste (s)	desse (s) / deste (s)
aquilo	praquilo	Ø	Ø	naquilo	daquilo
aquela (s)	praquela (s)	Ø	Ø	naquela (s)	daquela (s)
aquele (s)	praquele (s)	Ø	Ø	naquele (s)	daquele (s)
pronomes					
ela (s)	prela (s)	Ø	Ø	nela (s)	dela (s)
ele (s)	prele(s)	Ø	Ø	nele (s)	dele (s)
você (s)	procê	Ø	Ø	nocê	docê
alguma (s)	Ø	Ø	Ø	nalguma (s)	Ø
algum (s)	Ø	Ø	Ø	nalgum (s)	Ø
outra (s)	Ø	Ø	Ø	noutra (s)	Ø
outro (s)	O	Ø	Ø	noutro (s)	Ø
advérbios					
aqui / ali / aí	Ø	Ø	Ø	Ø	daqui / dali / daí
onde	Ø	Ø	Ø	Ø	donde

O Quadro 5 demonstra, novamente, que a preposição, invariável, pode aglutinar-se a palavras sujeitas a variação morfológica; dessa aglutinação resultam expressões compostas que os falantes entendem como variáveis.

Uma proposta de classificação

As gramáticas classificam as preposições em vários níveis: fonético, morfológico, semântico, sintático. Alguns gramáticos que atentaram para a *forma* das preposições acabaram por subdividi-las em *simples* e *complexas*: dispuseram *a, contra, de, em, para* etc. entre as preposições simples, e "*a respeito de*", "*em cima de*", "*em oposição a*" etc. entre as preposições complexas, assumindo que estas últimas equivalem funcionalmente a uma preposição simples. Outros gramáticos atentaram para a *função* da preposição, e chegaram a dois grupos distintos: as *essenciais* e as *acidentais*. Dispõem no primeiro grupo as palavras que funcionam "sempre" como preposições, ou seja, são elementos gramaticais/funcionais/relacionais (*a, contra, de, em, para* etc.), e no segundo as palavras "emprestadas" de outras classes, como *durante, exceto, embaixo, segundo* etc., que exercem o papel de preposições apenas ocasionalmente.

A estratégia de classificação usada neste capítulo será outra. É possível aceitar que *a, ante, após, até, com, contra, de, desde, em, entre, para, perante, por* (*per*), *sem, sob, sobre* e *trás* são preposições da língua portuguesa, reconhecendo, entretanto, as profundas diferenças que existem entre os vários elementos dessa lista. As preposições desse inventário diferem entre si: algumas estão em desuso, outras são bastante frequentes; algumas resultam de composições (*de + ex + de* > *desde, per + ante* > *perante*) que ilustram o processo de gramaticalização.

Levando em conta os fenômenos envolvidos no processo de gramaticalização e as considerações das seções precedentes, podemos classificar as preposições como mais gramaticalizadas e menos gramaticalizadas, dispondo-as na escala do Quadro 6, pela qual *contra* é a preposição menos gramaticalizada e *de* e a mais gramaticalizada, sendo que *até, sob* e *entre* estão alocadas num mesmo nível, assim como *a* e *para*:

Quadro 6

menos gramaticalizadas	mais gramaticalizadas
(-) ◄――――――――――――――――――► (+)	
GRAMATICALIZAÇÃO	
contra < sem < até < entre sobre sob	por < com < a < em < de para

A seta bidirecional na segunda linha indica que a gramaticalização deve ser entendida como um *continuum*, não como uma alternativa bipolar. Os sinais "<...<" da terceira linha indicam a gradação da gramaticalização. Verifica-se que as preposições mais gramaticalizadas:

- podem mais facilmente ser amalgamadas a outros elementos linguísticos;
- têm valor semântico de mais difícil apreensão;
- funcionam como introdutoras tanto de argumentos como de adjuntos; e
- são mais frequentes que as menos gramaticalizadas.

AS PREPOSIÇÕES NO ENFOQUE COGNITIVO

De acordo com as considerações feitas na introdução, este capítulo abarcará duas grandes questões: (i) o processo de gramaticalização pelo qual passaram em maior ou menor grau todas as preposições e (ii) a variedade de sentidos que seus usos exibem. Esses dois aspectos do estudo das preposições unem-se no fenômeno da polissemia.

No que diz respeito à gramaticalização, vimos na seção anterior que as várias preposições não só se encontram em estágios diferentes de sintaticização (no sentido de que apenas algumas constituem a regência automática de certos itens lexicais como verbos, substantivos, adjetivos e advérbios), mas também apresentam graus diferentes de morfologização (evidenciados por suas possibilidades de aglutinação/crase com outras palavras), de redução da substância fonológica e de esvaziamento semântico.

Todas as preposições, independentemente de seu grau de gramaticalização, podem funcionar como introdutoras de adjuntos, expressando as relações e os sentidos mais variados. Essa variação aparentemente incontrolada de sentidos coloca um problema cognitivo: se não houvesse uma maneira unificada de explicar usos e funções à primeira vista tão diferentes, o falante teria de aprender cada uso das preposições, em cada novo contexto, como um item lexical inteiramente novo. Ora, nossa intuição nos diz que não é isso que acontece: há, sim, polissemia, mas lidamos com ela com relativa facilidade. A explicação para esse aparente paradoxo será buscada no cognitivismo. Um dos pressupostos do cognitivismo é que a linguagem é formatada pela cognição humana, que por sua vez busca recursos nas percepções características da espécie (a visão e a audição do ser humano são diferentes das dos cães, por exemplo), nas experiências motoras básicas de que somos capazes (por exemplo, de deslocamento no espaço, de transferência e de aproximação de objetos, de superação de obstáculos etc.) e nas experiências culturais.

O processo pelo qual a percepção, as experiências motoras básicas e a cultura abastecem a cognição e formatam a linguagem não é caótico, e apresenta aspectos comuns a todas as pessoas. Os estímulos que recebemos dessas fontes organizam-se em bases de conhecimento de vários níveis, mais ou menos sujeitos à interferência da linguagem e mais ou menos contingentes a uma determinada cultura.

Para a descrição das preposições, interessa distinguir bases de conhecimento de três tipos: esquemas imagéticos, modelos cognitivos idealizados e a própria língua, que serão detalhados a seguir. Essas bases de conhecimento são operadas por habilidades cognitivas, entre as quais a mais central é a da comparação, que nos permite entender e conceitualizar realidades mais abstratas, em termos de domínios de experiência mais concretos. Faz parte do senso comum, por exemplo, comentarmos diferentes situações da vida de modo figurado, com base na ideia de viagem. É assim que avaliamos que,

(44) [politicamente,] o governo chegou a um beco sem saída;
(45) Fulano está numa encruzilhada;
(46) O caminho que ela escolheu não vai dar em nada;

e assim por diante.

Esquemas imagéticos

Num nível cognitivo diretamente motivado pelas experiências motoras, os falantes compartilham esquemas imagéticos – esquemas muito gerais, desprovidos de conteúdo proposicional e de formulação linguística, e vinculados diretamente à percepção de si próprio e do ambiente. A consideração dada à percepção é relevante porque, sob a ótica cognitivista, a língua revela o enquadre que o falante está fazendo do evento, e esse enquadre mostra o que está sendo colocado em proeminência e o que está sendo tomado como fundo para a compreensão de uma expressão determinada. Aqui, o exemplo clássico é o do uso do termo *hipotenusa*, que, para ser compreendido, requer a noção de triângulo retângulo. Observe o leitor a figura a seguir e note que, ao falarmos que "*a hipotenusa é aquela que está em negrito*", a não consideração do triângulo transforma-a em uma simples linha:

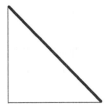

Os esquemas imagéticos evocados neste capítulo são, em sua maioria, de natureza espacial. Por que essa prioridade cognitiva dada ao espaço? Porque o espaço é uma experiência humana primordial, na qual convergem (i) a percepção da capacidade de movimento corporal e (ii) a percepção das coisas que rodeiam o ser humano como entidades únicas. Além disso, a categoria de espaço, enquanto objeto da experiência, relaciona-se com atividades corriqueiras de deslocamento, de impedimentos ao deslocamento, de estar contido em algum lugar, de ter contato e ligação com objetos, ou seja, é no espaço que definimos relações como as de continente/conteúdo, centro/periferia, proximidade/distância, copresença e ligação. Tais vivências são significativas num nível pré-verbal e pré-conceitual, constituem experiências próprias de qualquer ser humano, independentemente da cultura, e formam esquemas imagéticos altamente produtivos. Se isso não bastasse, muitas preposições (e locuções prepositivas) verbalizam experiências espaciais mais ou menos diretamente, e é bom lembrar também que, do ponto de vista histórico, a maioria das preposições desenvolveu os sentidos que tem hoje a partir de percepções espaciais. Em (47), uma atividade social – o convívio com estudantes – é conceitualizada como um espaço em relação ao qual as pessoas podem estar *dentro (de)* ou *fora (de)*:

(47)   na faculdade de filosofia tem es/... pesquisas que o professor faz, ne/ *fora do* convívio com o estudante. [DID SSA 231]

A observação e a análise do sistema preposicional do português mostram que, para organizar os diferentes usos, são mobilizados quatro esquemas espaciais que situam, basicamente, um elemento em relação a outro: (i) o esquema do trajeto (o mais produtivo, responsável pela estruturação da maior parte das preposições, como será mostrado na seção "Representação do espaço na língua e preposições"), (ii) o esquema de em cima/embaixo, (iii) o esquema da caixa e (iv) o da ligação. Os três primeiros esquemas selecionam diferentemente as coordenadas espaciais: no esquema do trajeto é selecionada apenas a dimensão horizontal; no de em cima/embaixo, a vertical; e no da caixa, as três dimensões que permitem que elementos estejam contidos ou não. O quarto esquema, o da ligação, diz respeito à presença ou ausência de elementos que estabelecem relação no espaço. Cumpre ainda observar que a relação espacial conceitualizada pela preposição pode apresentar ou não mudanças ao longo do tempo, o que leva a distinguir esquemas imagéticos estáticos e esquemas imagéticos dinâmicos.

Apresentamos no Quadro 7 a seguir a distribuição das preposições em relação aos esquemas que cada uma ativa, basicamente:

Quadro 7

1) Esquema do trajeto:	2) Esquema de em cima/embaixo:	3) Esquema da caixa:	4) Esquema da ligação (ou presença simultânea num mesmo espaço):
Dinâmico (indica o deslocamento do elemento): (i) origem: *de/desde*; (ii) percurso: *por*; (iii) destino: *a/para*; (iv) limite final do destino: *até*. Estático (indica a posição do elemento): (i) anterior: *ante, perante*; (ii) no meio: *entre*; (iii) posterior: *após, trás*.	(i) em cima: *sobre*; (ii) embaixo: *sob*.	*em* (dentro)	*com/sem*

Vale notar ainda que as preposições não cobrem simetricamente todas as dimensões, algumas das quais são cobertas por locuções prepositivas. Quando uma determinada preposição cai em desuso, a dimensão por ela representada passa a ser indicada por uma locução prepositiva. O processo de gramaticalização também afeta a utilização das preposições nos diferentes esquemas.

É no espaço ainda que se experiência o que se convencionou chamar de dinâmica de forças: a representação de obstáculos que impedem determinada ação e a representação de elementos que a favorecem, já que a base é o esquema do trajeto. Assim é que a preposição *contra* evidenciaria a presença de obstáculos, tanto em termos físicos quanto em termos mais abstratos, como em:

(48)   A polícia foi *contra* a multidão.
(49)   *Contra* seu argumento, estão fatos inequívocos.

Antes de passarmos à próxima seção, convém reiterar a natureza puramente cognitiva, sem conteúdos proposicionais ou linguísticos, dos esquemas imagéticos. É por isso que esses esquemas, certamente muito gerais, podem também ser encontrados em verbos e substantivos, e um exemplo aqui pode ser a conceitualização de *chegadas* (pontos finais) e *partidas* (pontos iniciais) evidenciada pelos verbos *chegar, partir, sair*, e pelos substantivos *chegada, partida, saída*, mas também *entrar, entrada*...; todos esses verbos e substantivos, mais algumas preposições, fazem parte do esquema imagético do trajeto e efetuam recortes sobre ele.

Modelos cognitivos idealizados

Num nível da atividade humana sempre dependente de experiências básicas e de conceitualização, mas mais fortemente comprometido com a linguagem, encontramos, além dos esquemas imagéticos, as bases de conhecimento que os cognitivistas conhecem como "modelos cognitivos idealizados" (MCI).

Os MCI são construções conceituais destinadas a enquadrar situações, um recurso mediante o qual formulamos nossa compreensão do mundo, consolidando as categorias que o descrevem e fixando o semantismo das expressões da língua. A Filosofia e a Psicologia desde sempre falaram de categorização, mas para o estudioso de orientação cognitivista o recurso a MCI define um modo de categorizar a realidade muito diferente do que propuseram tradicionalmente essas disciplinas: os MCI enquadram situações de maneira holística, global, e utilizam critérios com um forte lastro na experiência física e social das pessoas, em vez de categorias estabelecidas conceitualmente e em abstrato.

Para os cognitivistas, a distinção é importante porque o léxico passa então a ser entendido como um meio de categorizar a realidade via MCI. Um exemplo que ilustra classicamente essa distinção são os diferentes tratamentos dados à semântica da palavra *solteirão*. Alguns autores já entenderam que o significado dessa palavra é captado por combinações de traços semânticos, como "homem, adulto, não casado", mas há muitos aspectos do uso do termo *solteirão* que essas definições por traços semânticos não explicam, por exemplo o fato de que ele não se aplica ao Papa ou a alguém que tenha sido abandonado quando criança numa ilha deserta. Ao contrário de uma definição por traços, que se aplica em princípio a qualquer objeto do mundo, o MCI evocado por *solteirão* só se aplica a indivíduos que teriam condição de casar-se, e isso pode ser motivo para excluir os padres católicos e o Papa, para quem o celibato é obrigatório.[8]

Alguns MCI revelaram-se particularmente importantes no que diz respeito ao uso de preposições como forma de categorizar a realidade. Verifica-se, por exemplo, que com verbos de movimento o português seleciona a preposição *a* para indicar que o deslocamento do sujeito *não* é feito através de um veículo (50), e seleciona a preposição *de* quando se trata de um deslocamento realizado por meio de um veículo ou meio de transporte (51):

(50)   Maria foi *a* pé, Maria atravessou a baía *a* nado, O cavalo veio *a* galope.
(51)   Chegou *de* ônibus, Viajou *de* carro, Andou *de* trem, *de* avião, *de* bicicleta.

Pode-se objetar que essas são expressões formulaicas, que já estão prontas na língua para ser usadas. Mas vale observar que, na realidade, são fórmulas semiabertas porque estão disponíveis para novos preenchimentos, como em:

(52)   correr *de* skate, boiar *de* prancha de surfe

O recurso a MCI é particularmente interessante num texto que tematiza as preposições, porque permite dar um tratamento natural e intuitivamente válido à polissemia, e aqui o exemplo clássico a ser evocado é o da palavra *janela*. Por *janela* podemos entender tanto uma abertura feita numa parede, para colocar um ambiente em contato com o exterior, como a armação de madeira ou metal e vidros que veda a abertura. Normalmente as duas coisas vêm juntas, de modo que nosso MCI de *janela* compreende simultaneamente as duas coisas. Assim, o MCI permite que circulemos imperceptivelmente e de maneira motivada entre esses dois valores da palavra. Ora, a história das preposições é uma história de mudanças de sentido motivadas por MCI, e a polissemia que as preposições apresentam é explicada pela possibilidade de valorizar um ou outro aspecto entre vários que, em condições normais, estão simultaneamente presentes numa mesma experiência e são captados pelo mesmo MCI. Nas extensões polissêmicas, há sempre resquícios dos usos originários, e são esses usos que justificam as extensões de sentido, mesmo que o falante atual não os perceba. Tome-se como exemplo o caso da locução prepositiva "*frente a*": como é o caso para a maioria das preposições, o uso originário dessa locução era espacial e envolvia a referência a um espaço que "fica à frente", para evocar o contato entre os dois referentes que atuam um à vista do outro.

No Projeto Nurc, além de exemplos que se enquadram nessa descrição, encontramos outros, como (53), em que "*frente a*" instaura um termo de comparação. O sentido geral da sentença é que o período pré-histórico é enorme, se for colocado em confronto com o período que conhecemos como história, ou com passado sobre o qual temos notícias. Vale ressaltar que essas são escolhas do português, pois outras línguas não necessariamente escolhem as mesmas preposições para estabelecer essas relações, nem atribuem a suas preposições as mesmas extensões de sentido que o português atribui.

(53)   pegando a (fase) da evolução do homem... enquanto homem "sapiens"... que já deixou de ser (macaco)... passou a usar a inteligência... a conseguir fazer coisas... e como a gente vê um período... eNORme *frente ao* que a gente conhece da história humana... seiscentos mil anos é MUIto tempo [EF SP 405]

O que aconteceu aqui? Evidentemente, realidades que estão simultaneamente presentes num mesmo campo visual e que são colocadas, simetricamente, frente a frente, são realidades que se prestam a ser compreendidas uma por referência a outra, isto é, a ser comparadas. Um aspecto que estava disponível na copresença, a comparação, ganhou destaque graças a uma metáfora pela qual "*ver é compreender*", uma das tantas que ilustram a ideia de que as operações mentais se guiam pela experiência de operações físicas ("mente como corpo").

A língua como base de conhecimento

Entre as bases de conhecimento de que precisamos para representar o modo como está sendo concebido um determinado evento, fato ou ideia, temos interesse em considerar a própria língua. Há, para isso, vários motivos. Um deles é que a língua, por meio de seus recursos lexicais e morfossintáticos, fornece um enquadre para a transmissão do que se quer comunicar. É precisamente o que ocorre com as preposições. Se um falante conta a seus amigos cariocas sua última viagem à Bahia, a escolha da preposição determina que parte do evento esta sendo enfocada, se a ida (Cheguei *à/na* Bahia...) ou se a volta (Cheguei *da* Bahia...). É nesse sentido que se afirma que o conhecimento da língua é também um conhecimento sobre o qual se opera, ao lado dos esquemas imagéticos e dos MCI. Além da focalização, a escolha da preposição pode alterar a semântica do verbo, conferindo-lhe novas nuances de significado. É o que ocorre com o verbo *falar* em expressões como "falar *com* X" ou "falar *para* X". No primeiro caso, porque é mantido algum vestígio do antigo sentido comitativo dessa preposição, o verbo *falar* assume a acepção de conversa coletiva (*conversar com*). Com a preposição *para*, o verbo *falar* assume o sentido de "*dirigir informação a*", que é uma instanciação do esquema do trajeto e de um modelo cognitivo idealizado que representa a comunicação como o deslocamento ao longo de um canal – a informação é representada como algo que é passado para o interlocutor.

Outra boa razão para incluir a língua entre as bases de conhecimento é que, afinal, é a língua que dá visibilidade aos modelos cognitivos idealizados, pois sanciona quais são as experiências que podem ser percebidas em continuidade, e quais são as que não podem, dentro de um determinado contexto cultural.

A história do adjetivo *cândido*, oferecida por Sweetser (1990, p. 4), mostra as ligações estabelecidas linguisticamente entre sentidos recentes e antigos, princípios cognitivos gerais (no caso, a categorização e a projeção metafórica) e o papel da cultura e da experiência. Desde o latim, *candidus* significa não só "branco" (e "brilhante", em oposição a *albus*), mas também "inocente". Não há, a rigor, nenhuma categoria objetiva que reúna coisas brancas a entidades isentas de culpa, mas existe uma categoria cognitiva com essas características; a língua a sanciona e a opõe a uma outra categoria cognitiva em que se confundem malignidade e negritude. Similarmente, a preposição *ante* indica a "posição diante de", como em "*comparecer ante alguém*". Entretanto, o que está frente a frente pode ser percebido como sequenciado e, assim, com o acréscimo de um "s" paragógico, por analogia ao advérbio *depois*, formou-se o advérbio *antes*, que implica o sequenciamento.

É ainda a língua que estabelece limites para aquilo que será considerado uma extensão metafórica possível para um sentido dado. Tome-se, por exemplo, a representação do tempo: o português representa o tempo através da metáfora "*tempo é movimento no espaço*". Com isso, o conceito abstrato de tempo pode ser entendido e "vivenciado" em termos de experiências corporais, ligadas à vivência física de deslocamento. Recorrer à experiência do deslocamento e à metáfora de que o tempo é deslocamento ao longo de um trajeto é uma estratégia que muitas línguas usam, mas o português apresenta além do mais uma dupla possibilidade quanto ao sentido do movimento: ora são os eventos que se movem em direção ao enunciador e vão ficando para trás, ora são os enunciadores que se movem em direção aos eventos e os ultrapassam. Comparem-se:

(54)   João, o fim do ano está chegando.

e

(55)   João, desse jeito você vai chegar esgotado ao fim do ano.

Um instrumento para a análise das preposições: a transposição de esquemas

A organização espacial trazida pela preposição para o domínio temporal é uma das tantas operações sobre esquemas imagéticos que chamaremos aqui de transposição de esquemas. Outro rótulo que se poderia dar a tudo isso é "uso metafórico de preposições", porque a metáfora é, do ponto de vista cognitivo, uma operação que permite conceitualizar objetos e situações de um determinado tipo em termos de outros objetos e situações. Embora uma longa tradição tenha nos acostumado a ver na metáfora um ornato dos textos literários, a metáfora é antes de mais nada um importante recurso cognitivo, do qual todos os falantes se servem corriqueiramente, em textos que não têm pretensões estéticas. Nesses usos, a metáfora é antes de mais nada um mecanismo de descoberta e de organização do real.

A transposição de esquemas pode ocorrer de maneira tal que a motivação inicial continue aparente, mas também pode acontecer que a motivação inicial se torne invisível: daí uma distinção que nos parece importante entre transposição de esquemas *com* motivação aparente e transposição de esquemas *sem* motivação aparente.

Uma transposição de esquema com motivação aparente é aquela na qual ainda podemos vislumbrar o sentido original (espacial) da preposição e perceber como esse sentido atua cognitivamente no sentido transposto. Os exemplos referentes ao tratamento de tempo que foram dados anteriormente se enquadram nesse caso, mas no mesmo caso também se enquadram

(56)   João falou *sobre* sua entrevista
(57)   Eu dei o presente *para você*

e assim por diante.

A transposição de esquemas sem motivação aparente, por sua vez, é aquela na qual não conseguimos mais vislumbrar o sentido inicial da preposição, como o uso de *de* em

(58)   Eu gosto *de* melão.

Qual o interesse em falar de transposição de esquemas sem motivação aparente? Veremos que mesmo nesses casos interessa conhecer a motivação original, porque só ela explica por que certas preposições e não outras são usadas em certos ambientes sintáticos. Historicamente, não é qualquer preposição que poderia ser usada junto com o verbo *gostar*, como veremos.

Com essa ideia de metáfora e de transposição de esquemas, torna-se possível reforçar a explicação conceitual das diferenças de dinâmica entre classes abertas e fechadas, que vimos na seção "Estatuto categorial das preposições: critérios para seu reconhecimento". Seria difícil imaginar como uma classe que recebesse membros novos o tempo todo poderia ceder esses novos membros para participarem de usos metafóricos, como definido anteriormente. É preciso que o valor semântico e seu uso estejam minimamente consolidados para que seja possível fazer usos metafóricos deles. É por isso que, do ponto de vista conceitual, a classe das preposições é fechada, para que seus elementos tenham um sentido de base bem estabelecido e possam ser usados em relações metafóricas. Conhecer a fundo o funcionamento das palavras de uma classe fechada revela muito sobre a estrutura de uma língua, e é uma boa maneira de entender o mecanismo de transposição de esquemas, cujo uso em qualquer língua é um fenômeno muito mais geral.

Os conceitos expostos em "Esquemas imagéticos" a "A língua como base de conhecimento" constituem os principais pressupostos cognitivistas da análise das preposições que será feita neste capítulo. Eles não serão invocados explicitamente, mas seguidamente serão utilizados dois conceitos, operacionalizados através das noções de sentido de base e transposição de esquemas. De fato, para explicar os processos cognitivos envolvidos na história e na interpretação das preposições, serão atribuídos a cada uma delas um ou mais "sentidos de base" fortemente arraigados em experiências fundamentais do ser humano, reduzindo-se os vários empregos atestados a "sentidos de base" via "transposições de esquemas".

Dada a importância das noções de "sentido básico" e transposição de esquemas nas análises a seguir, parece necessário, antes de mais nada, dar uma ideia do nível de generalidade com que serão aqui usadas. Para isso, será útil voltar por um momento ao latim. Nessa língua, o sintagma nominal introduzido por preposições trazia obrigatoriamente as flexões de alguns casos específicos, basicamente o acusativo e o ablativo. Com isso, faz sentido dizer que as preposições latinas "regiam" casos determinados, como acontece, de resto, no alemão, no russo e em muitas outras línguas modernas em que há preposições e casos.

As preposições latinas que "pediam" o acusativo eram sobretudo aquelas que indicavam um deslocamento em curso (*per*) ou seu ponto de chegada (*in*, *ad*); as preposições que "pediam" o ablativo eram sobretudo aquelas que indicavam origem de um movimento (*a(b)*, *de*, *ex*) ou estaticidade (*in*, *prae* etc.). Se se pensa que o ablativo latino, no período clássico, tinha reunido a antiga função de indicar origem à de indicar localização, antes exercida pelo desaparecido caso locativo, pode-se entender que as preposições serviam para dar maior precisão à flexão de caso: elas particularizavam uma ideia geral (por exemplo, a ideia de origem de um movimento), acrescentando-lhe determinações tais como o sentido do movimento (horizontal para *ab*, vertical e ascendente para *de* e *ex*, vertical e descendente para *de*), ou o fato de que o movimento termina no interior ou nas proximidades de um espaço (*in* + acusativo = para dentro de; *ad* + acusativo = para perto de). Em outras palavras, à combinação dos casos com algumas preposições latinas subjaz uma nítida representação espacial que pode ser utilizada em sentido próprio ou em sentido figurado (veremos isso em mais detalhe na seção "Preposições e papéis temáticos"). É num nível de abstração comparável ao dos casos latinos que gostaríamos assim que fossem entendidos os "sentidos básicos". O papel exercido em latim pelas preposições pode ajudar a entender a noção de "transposição de esquemas".

Em português, não existem casos morfologicamente marcados, mas um raciocínio que procura esquemas cognitivos básicos pode ser tentado em princípio para cada uma das preposições. No mais das vezes, esses esquemas cognitivos básicos são espaciais. Considere-se, para começar, um verbo como *ir*:[9] Ele exprime a ideia de um deslocamento que começa em um determinado ponto (sua origem A) e termina em outro ponto (seu destino B). Nesse movimento, define-se um caminho, ao longo do qual ocorre o deslocamento de um objeto (X):

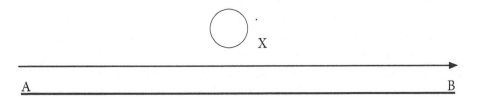

Como já observado, a língua nos permite descrever o deslocamento do objeto de várias maneiras, e em particular nos dá a possibilidade de olhar para esse deslocamento a partir de diferentes pontos de observação: se estivermos situados em A, ou observarmos o deslocamento de fora do quadro, diremos que o objeto X *vai de* A *para* B; se estivermos situados em B, diremos que o objeto *vem de* A *para* B, e assim por diante.

Onde entram, em tudo isso, as preposições? Para algumas delas, se não para todas, a resposta é óbvia: na topologia complexa do trajeto, elas respondem por algum tipo de recorte espacial. No diagrama logo a seguir, o círculo pontilhado indica o recorte de *para*; no próximo, o círculo pontilhado representa o recorte de *de*:

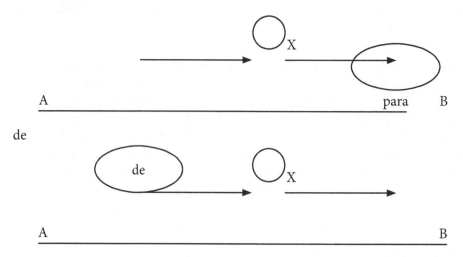

Então, para as preposições que admitem uma leitura espacial, falar em sentido básico acaba sendo o mesmo que falar em uma parte específica de alguma topologia, que está igualmente presente na significação de determinados verbos. No nosso exemplo, as topologias de *de* e de *para são* recortes feitos na topologia mais complexa de *ir* ou *vir* e de uma quantidade de outros verbos de movimento.

A topologia do verbo *ir*, a partir da qual se explica o sentido básico das preposições *de* e *para*, exprime-se em termos de trajeto (a linha A-B), um ponto de partida (A), um ponto de chegada (B), um objeto que se desloca (X) e um dinamismo inerente a esse deslocamento. Outras topologias (na realidade *scripts*) podem ser propostas, em que aparecem, além desses, mais elementos de tipos diferentes, e outras ainda em que alguns desses elementos faltam.

Podemos falar em complicação, sempre que a um esquema imagético estritamente espacial se superpõem outros elementos, de uma natureza diferente. É o que acontece no caso de *desde* e *até* (que ocupam posições simetricamente opostas, como *de* e *para*); é que, nesse caso, ao dinamismo se acrescenta um elemento de duração: o objeto, em seu deslocamento, divide o caminho total A-B em dois trechos sucessivos, um deles prospectivo e o outro retrospectivo, e a duração desses trechos conta: em outras palavras, *desde* mede uma duração a partir de um ponto de origem; *até* mede uma duração que se encerra num ponto de chegada. O gráfico a seguir representa a topologia de *desde*, e a ideia de duração está representada pelos trechos pontilhados:

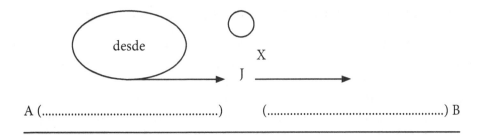

Outro possível complicador ocorre quando os esquemas mudam de conteúdo. O caso mais óbvio e aquele em que os esquemas espaciais passam a temporais. É o que se verifica, precisamente, em muitos usos em que *de*, *desde* e *até* são temporais, como nos exemplos (59) a (62): interessa perceber que, em seus usos espaciais, temporais ou ainda escalares, *desde* e *até* funcionam com a mesma topologia, ao passo que muda o conteúdo.

Usos espaciais:

(59) Porque você pega o congestionamento na área urbana ainda... *desde* a Barra Centenário essa área de colégios etc... e dai pra frente você vai pegando... a:... a Barros Reis [D2 SSA 98]
(60) Não vai de carro *até* lá. [D2 SP 343]

Usos temporais:

(61) Eu acho, atualmente tudo e função [...] do dinheiro. Atualmente e *desde* sempre. [D2 POA 283]
(62) Numa dimensão diferente, *até* hoje eu permaneço escrevendo em jornal. [D2 SP 255]

Outros usos:

Por um outro tipo de transposição de esquemas, a topologia de *até* recebe um conteúdo argumentativo (neste caso, escalar) e coloca como ponto de chegada do percurso o dado (ou argumento) de valor mais elevado numa escala: esse caso é fartamente documentado nos dados do Projeto Nurc; a esse uso de *até* não corresponde um uso simétrico de *desde*:

(63) Especializada em esporte... então diz *desde* o salário daquele que ganha mil e trezentos cruzeiros *até* aquele que ganha... acima de quarenta. [D2 SP 360]

Lugar, tempo e outras noções na polissemia das preposições

A última série de exemplos do parágrafo anterior aponta para um fato digno de nota: encontramos nessas sentenças a palavra *até*, com sua forma corrente, e o esquema conceitual do trajeto está mais presente do que nunca, mas, no exemplo (63), *até* não exerce mais as funções sintáticas de uma verdadeira preposição. Entre todos os empregos de *até* atestados no parágrafo anterior há, indiscutivelmente, uma continuidade que é garantida pela ideia de percurso (e eventualmente de maior distância e escala), mas as várias ocorrências de *até* não são objetos sintáticos de um mesmo tipo. Às vezes, ao compararmos usos das preposições, encontramos outras situações que, em algum outro sentido, são marcadas por uma quebra; por exemplo, existem hoje preposições que se usam apenas em sentido temporal; historicamente esse sentido temporal deriva de uma representação espacial que se perdeu. Para dar uma ideia de fatos como esses, apresentamos a seguir uma lista de exemplos comentados das transposições de sentido admitidas pelas palavras que a tradição gramatical reconhece como preposições: *a, ante, após, até, com, contra, de, desde, em, entre, para, perante, por (per), sem, sob, sobre* e *trás*. No final, faremos um breve balanço dos resultados.

A

A preposição *a* transporta a ideia de trajeto do campo espacial para o temporal e ainda para definir papéis como *destinatário* ou *beneficiário*:

(64) Eu, uma vez, fiz uma viagem *a* Mato Grosso. [D2 SP 255]
(65) Imaginar cada um de nós daqui *a* vinte anos? Como a gente estaria? [D2 SP 255]
(66) Eu não tenho GRAndes queixas a fazer *ao* correio. [D2 SP 255]

Após

Rara e com baixo grau de gramaticalização, a preposição *após* não é atestada no Projeto Nurc para marcar relações espaciais; subsiste apenas como marcadora de tempo, indicando o elemento que vai servir de marco (*a formatura*) para que outro elemento (*na minha turma, dois saíram...*) se situe de maneira estática:

(67) Na minha turma, *após* a formatura, dois saíram no dia seguinte e entraram pro seminário. [DID POA 6]

Até

Pouco frequente no discurso e localizando-se entre as menos gramaticalizadas, a preposição *até* estabelece apenas relações de espaço e tempo em que está presente a ideia de um limite. Em seu uso argumentativo (ou intensificador, como se diz às vezes) a palavra *até* não é uma preposição.

Contra

Essa preposição foi encontrada apenas em contextos em que marca um *alvo* que não é nem espacial nem temporal, mas em algum sentido psicológico. É pouco gramaticalizada e pouco frequente:

(68)   Eu não tenho nada assim pessoal *contra* a televisão. [D2 SP 255]
(69)   Eu não devia dizer isso porque é *contra* mim. [DID POA 6]

De

A preposição *de*, que é altamente gramaticalizada, pode ser encontrada no *corpus* do Projeto Nurc marcando relações de espaço, tempo e muitas outras, em que o valor espacial de procedência pode ou não exercer algum papel. Um dos casos em que isso acontece é o partitivo:

(70)   Quando chega um cara *do* Rio, era essa fama: o cara é carioca, é sem-vergonha. [D2 RJ 158]
(71)   Qual e o pior horário dessa saída *da* cidade de manhã? [D2 SSA 98]
(72)   Eu acho que um pouquinho *da* minha /minha revolta contra isso tudo, vem daí. [D2 POA 283]

Desde

A preposição *desde* tem um grau de gramaticalização baixo e é de uso pouco frequente. O esquema espacial de trajeto que ela evoca se faz muito presente também nos usos metafóricos que ela pode ter, e, entre eles, combinada com a preposição *até*, podemos encontrar a ideia de escala:

(73)   a gente sempre toma a batidinha antes de... das refeições agora bebida alcoólica eu gosto de qualquer tipo de bebida... cachaça... *desde* a cachaça *até* o vinho mais fino champanhe... [DID RJ 328]

Para

Para é uma preposição altamente gramaticalizada e frequente. A noção de trajeto que lhe é inerente passou naturalmente do espaço para o tempo e a finalidade, além de outros tipos de relação:

(74) Fiz uma viagem daqui *pra* Camaçari que parecia que eu tinha ido quase a Feira de Santana. [D2 SSA 98]
(75) Esse daí não é perigo lá que o Nostradamus falou *para* o ano dois mil? [D2 SP 343]
(76) O estudante, quando não é bom estudante, usa de certos meios *pra* se safar e sair bem. [DID SSA 231]

Por

É uma preposição frequente e dotada de alto grau de gramaticalização; é uma das tantas que se explicam pela noção de trajeto, marcando relações de espaço, tempo e *agente*:

(77) Mas sem/ e aquela [estrada] que... ainda passa *por* Monlevade? [D2 SSA 98]
(78) (Vo)cê vê isso uma vez *por* mês ou uma vez *por* semana no máximo. [D2 RJ 158]
(79) Você falou em merenda escolar e eu pensei em merenda fornecida *pelo* governo. [DID RJ 328]

Em

A preposição *em*, altamente gramaticalizada, é a única preposição simples que evoca o esquema da caixa, permitindo ocorrências como as dos exemplos (80) e (81), que trazem usos de continentes metafóricos (*Idade Média* e *homem*) em comparação a (79), em que o uso é básico:

(80) Eles acham que... talvez as aulas monótonas, ficar preso *numa* sala de aula quatro horas por dia. [D2 POA 283]
(81) Pega toda a história da feitiçaria *na* Idade Média, como surgiu e tal. [D2 SP 343]
(82) O professor Pereira Filho [...] ele tinha uma cousa que, pra mim, é uma das coisas mais extraordinárias *num* homem: um grande coração. [DID POA 6]

Entre

Duas características dessa preposição a notar: o baixo grau de gramaticalização e a presença regular de um esquema espacial estático em seus usos metafóricos (um dos quais é a expressão da alternativa):

(83) A plantação de cana-de-açúcar linda que eu vi foi *entre* Maceió e Recife. [D2 RJ 158]
(84) Bom, o pior horário de saída da cidade de manhã fica mais ou menos *entre* seis e oito horas. [D2 SSA 98]
(85) Quando você estava falando de agora ser mais fácil, porque os mecanismos assim são mais perigosos, mecanismos assim que nem você falou: *entre* carro e cavalo, o carro é mais perigoso. [D2 SP 343]

Perante

A preposição *perante* apareceu no *corpus* compartilhado do Projeto Nurc apenas no esquema espacial, tanto em sentido concreto como abstrato; é uma preposição pouco gramaticalizada e está praticamente em desuso na linguagem falada:

(86) O cara era fanático por correr a cavalo para aparecer lá *perante* as garotinhas. [D2 SP 343]
(87) Esta forma do pensamento acaba sendo comum a todos os homens que têm a obrigação de desempenhar um papel junto à juventude... um papel de formação, um papel junto à escola e um papel assim muito responsável *perante* a sociedade. [D2 SP 255]

Sob

Não foi usada para marcar relações de espaço ou tempo, que seriam seus esquemas "básicos"; apenas foi empregada para formar anguladores[10] e advérbios de modo, junto com "ponto de vista" e "forma". Como *após*, deixou de ser usada em seu sentido "primitivo", e sobrevive apenas (aliás, com baixa frequência) num uso que já foi metafórico:

(88) O sindicato me parece que ele tem um caráter mais de... mais um caráter trabaLHISta. É uma a ação de fiscalização das atividades *sob* o ponto de vista das LEIS trabalhistas. [D2 SSA 283]
(89) Eu acabo recortando [esses assuntos] ou pelo menos há uma pessoa que desempenha essa tarefa: recorta e mantemos *sob* a forma de um arquivo. [D2 SP 255]

Sobre

A preposição *sobre* não foi utilizada para marcar relações de tempo, mas apenas de espaço e para indicar, por exemplo, o assunto de uma conversa. Essa preposição ocupa uma posição intermediária na escala de gramaticalização e também tem uma frequência média, se comparada à das preposições mais frequentes (*de*, *em*) e à das mais raras (*após, perante*):

(90)   Se eu tivesse que definir a televisão de casa, eu diria que é um móvel no qual a gente apoia alguns objetos *sobre* a mesa, né? [D2 SP 255]
(91)   Eu não penso *sobre* religião. [D2 POA 283]

Trás

Só foi registrada no *corpus* compartilhado do Projeto Nurc como integrante de locuções prepositivas (*para trás, por trás*).

Com/Sem

Para essas preposições, à primeira vista, não faz sentido evocar o esquema imagético espacial, menos visível para elas. Podemos, contudo, pensar em um esquema espacial de tipo particular, que corresponde à "presença simultânea em um mesmo espaço". Além de serem antônimas pelo sentido, essas duas preposições são muito diferentes em termos de gramaticalização. *Com* é muito frequente e altamente gramaticalizada, e pode amalgamar-se a outros itens gramaticais (ver seção "Processos morfofonológicos que envolvem preposições"), tem valor semântico relativamente esvaziado e introduz complementos ou adjuntos. *Sem* é rara, pouco gramaticalizada, não entra em amálgamas, possui um valor semântico específico e introduz apenas adjuntos (ver seção "Estatuto categorial das preposições: critérios para seu reconhecimento").

(92)   Eu tomo só café *com* leite. [DID RJ 328]
(93)   Mas será que, na hora que começa a entrar muito criação do próprio homem, ele não vai anular isso *sem* querer? [D2 SP 343]

Para maior facilidade de comparação, retomamos em forma de quadro as observações feitas nas últimas páginas; seguem também anotações que recuperam os principais comentários:

Quadro 8

Preposição	Há um uso temporal?	Há um uso espacial?	Ha outros usos?
a, até, de, desde, em, entre, para, por (per)	sim	sim	sim
com, sem	sim	sim	sim
sob, sobre	não	sim	não
ante, perante	não	sim	não
Após	sim	não	não
Contra	não	não	sim
Trás	não	não	não

Com relação ao Quadro 8, podemos observar que:

1. Uma das preposições comumente listadas pelas gramáticas, *trás*, não teve ocorrências no *corpus* examinado (ela apenas aparece no *corpus* como parte de locuções prepositivas);
2. Das restantes, pode-se dizer que, com a exceção de *após*, que há muito tempo só admite empregos temporais, todas preservaram um valor locativo;
3. As preposições *sobre, sob, contra, perante, ante* e *trás* não mantêm hoje valor temporal;
4. *Sem* e *com* obrigam a tratar de espaço de maneira relativamente sofisticada (como copresença);
5. Uma distinção acabou se impondo entre as preposições que usam um esquema estático e aquelas que usam um esquema dinâmico; algumas admitem as duas possibilidades;
6. As topologias estáticas não são necessariamente as mais simples: podem envolver noções como proximidade, verticalidade, orientação espacial, contato e vários "efeitos de campo" (por exemplo, o fato de estar totalmente dentro de uma determinada área, ou não);
7. Tanto as topologias estáticas como as dinâmicas prestam-se a receber conteúdos diferentes dos estritamente espaciais;
8. Com essas observações, podemos dizer que indicar relações espaciais ainda é uma das principais tarefas das preposições como classe, e que é a partir dessa base que se passa a outros esquemas imagéticos (tempo, causa etc.) através de uma série de metáforas cognitivas;
9. Uma última observação: em alguns dos comentários acerca dos exemplos, observações sobre níveis de gramaticalidade e níveis de frequência apareceram próximas; isso não é por acaso: quanto mais gramaticalizada for uma preposição, mais presente ela estará em variados esquemas, e portanto mais frequentemente ela será usada. E vice-versa.

Recapitulemos o que foi feito até aqui: uma vez estabelecido que as estruturas linguísticas disponíveis em uma dada língua resultam da expressão de representações construídas em diferentes níveis cognitivos (esquemas imagéticos, modelos cognitivos idealizados, esquemas linguísticos), pudemos estabelecer que as representações relevantes para a compreensão das preposições derivam de uma experiência do espaço. Quisemos com isso dizer que a percepção de determinadas relações espaciais forneceu o sentido original da maioria das preposições, e foi o ponto de partida para o desenvolvimento de sentidos novos, espaciais ou não.

Em português atual, onde não existem flexões dedicadas ao espaço, a tarefa de organizar o espaço é (ainda) uma das principais tarefas das preposições, mas – como é frequente nas línguas naturais e como ilustram nossos exemplos – as preposições não exprimem apenas relações espaciais, e as relações espaciais não são expressas apenas por preposições. O tipo de compromisso que as preposições mantêm com o espaço resultaria falseado se não procurássemos tratar dessa falta de biunivocidade. Por isso, nas próximas páginas, submeteremos a questão a um duplo tratamento: a) partindo de uma análise abstrata das relações espaciais, verificaremos como elas se exprimem na língua; b) partindo das próprias preposições, verificaremos como diferentes hipóteses de explicação espacial levam a perceber alguma unidade em seu emprego. O leitor não terá dificuldade em perceber que os desenvolvimentos aqui anunciados percorrem duas orientações opostas, que tem sido frequentemente tomadas como critério para distinguir teorias: a orientação que vai do sentido às formas, às vezes referida como "onomasiológica", e a orientação que vai das formas aos sentidos, às vezes qualificada de "semasiológica". O que justifica percorrer as duas orientações num mesmo texto, como o faremos aqui, é que esses dois caminhos não levam aos mesmos fatos. O estudo que parte do espaço nos leva necessariamente a considerar outras classes de palavras além das preposições; o estudo dos valores das preposições encontra necessariamente pela frente valores não espaciais. Ao primeiro será dedicada a seção a seguir; e ao segundo serão dedicadas as seções seguintes.

REPRESENTAÇÃO DO ESPAÇO NA LÍNGUA E PREPOSIÇÕES

Na seção "Estatuto categorial das preposições: critérios para seu reconhecimento", as preposições foram definidas, mostrando-se que elas têm um sentido de base, que é o da representação das entidades no espaço (real ou imaginário). Elas dispõem de propriedades sintáticas e semânticas, podendo ser classificadas com base em seus estágios de gramaticalização. Na seção "As preposições no enfoque cognitivo", elaborou-se a abordagem cognitivista dessa classe, mostrando-se que o espaço, o movimento, o trajeto e a ligação constituem esquemas imagéticos que os falantes utilizam para ter uma percepção de si mesmos e do ambiente. Nesta seção, será caracterizado o sentido básico das preposições, a partir das observações feitas anteriormente.

Para tratar da localização como sentido básico das preposições, é necessário, antes de mais nada, admitir que as preposições são *predicadores*. Os gramáticos intuíram o papel predicador das preposições, quando afirmaram que as preposições são "palavras invariáveis que *relacionam* dois termos da sentença, *de tal modo que o sentido do primeiro (o antecedente) é explicado ou completado pelo segundo (o consequente)*".[11]

Uma abordagem cognitiva da GRAMÁTICA[12] estipula, mais exatamente, que as preposições funcionam como "predicações relacionais", isto é, predicados que "perfilam uma relação entre duas entidades":

> Em gramática cognitiva, as preposições também são entendidas como expressões relacionais, já que expressam como o conceitualizador configura as partes que constituem uma cena espacial com respeito a outra [...]. Assim, pois, as preposições, *na qualidade de predicações relacionais*, perfilam uma relação entre duas entidades segundo uma base. A base é aquela parte do esquema que está no escopo da predicação que é conceitualmente coberta.[13]

Como a localização realizada pela língua é sempre relativa, pode ser interessante descrevê-la em termos de FIGURA e FUNDO (ou de OBJETO EM FOCO e TERMO DE REFERÊNCIA). O que queremos dizer com isso é que localizar um objeto ou um evento é sempre relacioná-lo com outro objeto ou evento; em outras palavras, a operação de localização espacial só pode ter sucesso se, além do objeto que queremos localizar espacialmente, nos referirmos a um segundo objeto que é então tomado como ponto de referência. Isso é uma condição necessária da localização espacial, independentemente do eixo em que é feita e da classe morfossintática a que pertencem as palavras que a expressam.

Na relação expressa pelas preposições, a figura e o fundo podem ser tanto objetos como eventos. Daí resulta que a predicação pode ser de primeira ordem (= predicação de um referente), como acontece nos exemplos do Quadro 9, onde a preposição organiza um sintagma preposicionado (SP) encaixado no sintagma nominal (SN), ou de segunda ordem (= predicação de outro predicado), como acontece nos exemplos do Quadro 10, onde o SP esta encaixado num sintagma verbal (SV).

Quadro 9 — SP encaixado num SN: predicação de primeira ordem

FIGURA	PREPOSIÇÃO	PONTO DE REFERÊNCIA
Sintagma Nominal		
Nome	Sintagma Preposicionado	
bicicleta	*diante da/perto da*	*igreja*
livro	*sobre*	*a mesa*
goiabada	*com*	*queijo*
prejuízos	*depois da*	*guerra*
livro	*de*	*matemática*

Quadro 10 — SP encaixado num SV: predicação de segunda ordem

FIGURA	PREPOSIÇÃO	PONTO DE REFERÊNCIA
Sintagma Verbal		
Verbo	Sintagma Preposicionado	
veio	*de*	*casa*
foi	*para*	*casa*
está	*na*	*sala*

Função básica das preposições, a localização espacial com que opera a língua tem duas características principais:

1. funciona à base de assimetrias. É assimétrica a relação entre o objeto que queremos localizar e o ambiente em que vamos localizá-lo, dadas as suas diferenças de tamanho, conteúdo, orientação, ordem, direção, distância, movimento ou até mesmo em virtude da combinação dessas propriedades. São por isso mesmo pouco habituais expressões como "*igreja atrás da bicicleta*", "*mesa debaixo do livro*" etc., embora perfeitamente compreensíveis em articulações discursivas adequadas;
2. manifesta uma preferência marcada por localizações facilmente identificáveis do ponto de vista topológico: de modo geral, a FIGURA aparecerá nas seguintes localizações: (i) lugares precisos em estados de coisa dinâmicos, considerando um percurso hipotético, tais como /o ponto inicial do percurso/, /o segmento medial do percurso/, /o ponto final do percurso/; (ii) lugares precisos em estados de coisa estáticos, tais como /em cima-embaixo/, /à frente-atrás/, /à direita-à esquerda/; (iii) lugares imprecisos, tais como /dentro-fora/, /longe-perto/, /ausência-copresença/.

Sabemos que, na língua, os sentidos de base ou prototípicos das palavras convivem com seus sentidos derivados: as preposições não fogem a essa regra; contudo, o sentido de base das preposições é reconhecível, quando elas expressam as categorias relacionais POSIÇÃO NO ESPAÇO, DESLOCAMENTO NO ESPAÇO e DISTÂNCIA NO ESPAÇO. Para expressar essas relações, a língua mobiliza algumas categorias e subcategorias, e chega a alguns papéis semânticos derivados, conforme é mostrado no Quadro 11:

Quadro 11 — Categorias cognitivas, traços e papéis semânticos

CATEGORIA COGNITIVA	ORGANIZAÇÃO DA CATEGORIA COGNITIVA *ESPAÇO*	SUBCATEGORIAS COGNITIVAS	PAPÉIS SEMÂNTICOS
ESPAÇO	POSIÇÃO NO ESPAÇO	Eixo horizontal	/origem/, /meta/
		Eixo vertical	/superior/, /inferior/
		Eixo transversal	/anterior/, /posterior/
	DISPOSIÇÃO NO ESPAÇO	Eixo continente/conteúdo	/dentro/, /fora/
	PROXIMIDADE NO ESPAÇO	Eixo longe/perto	/proximal/, /distal/
	MOVIMENTO NO ESPAÇO	Real/fictício	/dinâmico/, /estático/

Em outras palavras, admitindo-se que as preposições localizam a FIGURA em relação a um PONTO DE REFERÊNCIA, segue-se que seu sentido de base pode ser captado por meio dos seguintes eixos:

a. Eixo espacial horizontal: orientação lateral *à esquerda de, à direita de*. O eixo horizontal implica a imagem do percurso, do deslocamento, assinalado pelos traços /PONTO INICIAL, ORIGEM/: *de, desde, a partir de*; /PONTO MEDIAL/: *por, no meio de*; /PONTO FINAL, META/: *a, para, até, contra*.

b. Eixo espacial vertical: /SUPERIOR/: *sobre, por cima de, em cima de*; /INFERIOR/: *sob, embaixo de, por baixo de, debaixo de*.

c. Eixo espacial transversal: /ANTERIOR/: *ante, antes de, diante de, em frente de, em face de, defronte de, defronte a, à frente de*; /POSTERIOR/: *atrás (de), por trás de, após, depois (de), em pós de*. Liga-se a este eixo a categoria de TEMPO, associando-se imageticamente ao futuro o espaço anterior para o qual nos dirigimos, e ao passado o espaço posterior de que nos afastamos.

d. Eixo espacial da proximidade: /PROXIMAL/: *perto de, acerca de, a cabo de, junto de, a par de, em presença de, à beira de*; /DISTAL/: *longe de, distante de*.

e. Eixo espacial da abrangência: /DENTRO/: *em, com, entre, dentro de, em meio de, em meio a*; /FORA/: *sem, fora de, na ausência*.

Os eixos espaciais são organizados tomando em conta o corpo humano: sua natureza tridimensional é considerada em (a), (b) e (c), o que esta próximo ou distanciado dele em (d), o que se encontra dentro ou fora dele em (e). Em todos esses eixos, a FIGURA pode ser apresentada estática ou dinamicamente, real ou fictíciamente, o que provoca o desenvolvimento de outros tantos sentidos. Mas a lista de preposições que aparece após cada eixo é meramente exemplificativa, pois um mesmo item pode integrar mais de um eixo. Assim, *em* pode exemplificar tanto o eixo continente-conteúdo, como em "*O doce está na geladeira*", quanto o eixo horizontal, em "*Fui na feira*".

Sintetizam-se no Quadro 12 as observações anteriores.

Quadro 12

ESPAÇO	POSIÇÃO	(Eixo horizontal)	/à direita/	
			/à esquerda/	
		(Eixo vertical)	/superior/	
			/inferior/	
		(Eixo transversal)	/anterior/	
			/posterior/	
	ABRANGÊNCIA	(Eixo continente/ conteúdo)	/dentro/	
			/fora/	
	PROXIMIDADE	(Eixo próximo/ distal)	/perto/	Não marcado para contiguidade
				contíguo
			/longe/	

O Quadro 12 organiza, assim, as principais categorias cognitivas que a língua mobiliza para tratar de espaço; mas atenção: as expressões que nele aparecem não são as expressões que os falantes usam concretamente para falar de espaço, e sim as grandes rubricas do inventário de opções significativas que a língua coloca à disposição dos falantes para esse fim. Na realidade, os exemplos de língua efetivamente falada que ilustram esse quadro poderiam ser procurados em diferentes classes morfossintáticas: substantivos, adjetivos, verbos e advérbios e preposições (por exemplo, a ideia de posição superior/eixo vertical está presente nos substantivos *topo* e *montante*, nos adjetivos *alto* e *superavitário*, nos verbos *encimar* e *cobrir*, no advérbio *acima* e na preposição *sobre*). A preposição é apenas um dos recursos que localizam objetos no espaço.[14] Teria sido muito instrutivo efetuar nos *corpora* do Projeto Nurc uma ampla busca de trechos em que se fala de espaço, utilizando palavras de outras categorias morfossintáticas que não a preposição; essa era uma tarefa gigantesca que não pudemos empreender, mas o leitor não terá dificuldades em verificar que, ao lado das preposições tradicionalmente lembradas pelas gramáticas, os exemplos aqui apresentados trazem ocorrências de um grande número de locuções prepositivas. E que, na verbalização do espaço, são verdadeiramente as locuções prepositivas que dão ao português atual sua efetiva versatilidade. Também não escapará ao leitor atento que, ao lado de exemplos nos quais as preposições têm um sentido claramente locativo, trazemos outros em que esse sentido falta. A esta altura da história da língua, muitas preposições que tinham originalmente um sentido locativo perderam esse sentido e assumiram outro, por exemplo, temporal, instrumental, ou argumentativo etc. Essa pode ser uma das razões pelas quais se repete aqui uma situação já encontrada: nem sempre os exemplos atestados são os mais esperados. Os processos de gramaticalização já mencionados neste capítulo distanciam as preposições de seus sentidos de base, levando-as a desempenhar outros papéis na gramática da língua. Com essas precauções, serão descritos nesta seção os usos espaciais dessa classe, aqui entendidos como seus usos prototípicos.

Preposições do eixo horizontal

Quadro 13 — Preposições do eixo horizontal

PONTO INICIAL	PONTO MEDIAL	PONTO FINAL
de, desde, a partir de	por, no meio de	a, em, para, até (a), contra

As preposições do eixo horizontal dispõem a FIGURA em pontos específicos de um percurso hipotético ou imaginário: o ponto inicial, o ponto medial e o ponto final.

PONTO INICIAL DO PERCURSO: /ORIGEM/

Verbos de movimento físico tais como *ir, vir, chegar, partir, entrar, sair, viajar* etc. ocorrem com as preposições do eixo horizontal. Nesses verbos, um participante da cena controla o movimento da FIGURA, dispondo-a numa localização verbalizada pelo PONTO DE REFERÊNCIA.

O movimento assim balizado pode ser real, quando se dá no ESPAÇO ou no TEMPO real, deslocando-se o participante de um ponto de origem para um ponto de destino. Nem sempre ambos os pontos estão representados na sentença:

(94) a) e realmente os melhores cantadores têm vindo *daquela* zona... [D2 REC 05]
b) e:eu estou justamente na dúvida na/ da hora de eu sair *daqui* [D2 SSA 98]
c) quando um empregado sai *de* uma firma... ele deve procurar o seu sindicato... [DID REC 131]
d) quando eu saí *de lá* mas eu estava cansa::da... [DID SP 234]
e) L1 – mas nós não... nós não sabemos quanto tempo Olinda ainda vai viver porque ela tá escorregando para o mar
L2 – escorrega *desde* sua construção [D2 REC 05]

Outros verbos exemplificam o movimento causado, em que um participante da cena acarreta o deslocamento da FIGURA; essa parece ser a função de verbos como *retirar, remeter, conduzir, carregar, levar, transferir, mandar* etc., e os substantivos deles derivados:

(95) a) eu acho que é uma exigência que, que se faz talvez, por deformação já *de* berço que se tenha sem com isso eu quere(r) banca(r) o esnobe, né [D2 POA 291]
b) e a interpretação, *a partir de* uma comunicação, e eu posso extrapolar, *a partir de* uma realidade e, em economia em administração, se usa muito o termo extrapolação, não é? [EF SP 405]
c) é uma transferência *a partir de* quê? certo exato [EF SP 405]
d) retirei o rótulo *da* garrafa
e) mudei a estante *da* sala para o escritório.

O falante pode operar com um movimento fictício, em que a FIGURA se desloca imaginariamente pelo ESPAÇO. A operação cognitiva que subjaz ao partitivo integra esses casos, figurando-se que de um todo se retirou uma parte, movimentando-a para fora desse todo:

(96) a) uma *delas*... uma de/ ah uma *das* gêmeas... quer ser arquiteta... decoradora... [D2 SP 360]
b) (ha) a ginástica rítmica... mas a natação *de* todos [os esportes] eu acho que toda a escola devia praticar a natação [DID SSA 231]

Por composição, o SP indica o tempo inicial de um processo:

(97) a) mas *desde* o momento em que eu... o perdi eu::preferi uma carreira profissionalizante... [D2 SP 360]
b) *desde* criança fui criada nesse ambiente de negócio de apartamento, de compra e venda, troca, e casa, e terrenos e tal [D2 RJ 355]

PONTO MÉDIO DO PERCURSO

A preposição mais frequente na indicação de ponto médio de um percurso é *por*. A observação de seus usos mostra que essa preposição se tornou polissêmica, pois convergiram para esse item as preposições latinas *pro* ("em favor de", "em benefício de"), que indica o papel temático BENEFICIÁRIO, e *per* ("através de", "por meio de").

Por < *per* "através de", "por meio de", "percorrendo um percurso" predicam a FIGURA, atribuindo-lhe a propriedade de estar num ponto intermediário de um trajeto:

(98) Preposição *por*
   a) mas não é aquela [estrada] que... ainda passa *por* (Monlevade)? [D2 SSA 98]
   b) eu sei que... que essa viagem *por* Governador Valadares está boa [D2 SSA 98]
   c) eu preferia ir pela BR-101 e subir lá *por/ por* Campos... e subir pra Belo Horizonte era muito mais distraído [D2 SSA 98]
   d) não não vou não... que eu tenho pressa em chegar mas na volta eu volto *por* aí [D2 SSA 98]
   e) como que nós chegamos a ela?... *por* alguns fatos... primeiro... alguns desses animais eram representados com:: uma flecha... [EF SP 405]

Da noção de "percurso através", deriva a de duração, conforme se exemplifica em (99):

(99) Preposição *por*
   a) o que é que a gente fazia? a gente andava para... *por* aqui *por* ali mas... [DID POA 45]
   b) mas eu tenho po/ eu tenho podido... justamente... *por* esse ano eu tô assim mais folgada em questão de horário... [DID RJ 238]
   c) porque passou *por* um passado feudal muito grande, porque teve a sua agricultura... [EF RJ 379]
   d) os: presidentes são: eleitos *por* um período de três anos... [DID REC 131]

A expressão *por aí* localiza a FIGURA com imprecisão, dispondo-a vagamente no espaço físico:

(100) Preposição *por*
   a) senão vai ser um boboca *por aí* não? [D2 SP 360]
   b) [trouxinha] é o nome que a gente dá normalmente *por aí*... enrola a carne... no toucinho... às vezes ela quer melhorar um pouco mais põe cenoura... põe pimentão... [DID RJ 238]

Essa expressão pode tomar por escopo todo o discurso, ordenando os argumentos numa sequência de causa-efeito, como em

(101) então... nós vemos *por aí*... que os sindicatos... realmente... são peças importantes... [DID REC 131]

Esse exemplo é ambíguo, pois da localização indeterminada de argumentos passa-se à de causação, em que "*por aí*" pode ser interpretado como "em consequência disso", "por causa disso". É evidente que o núcleo desse sintagma preposicional, um anafórico que remete ao texto anterior, exerce papel importante na composição desse sentido.

Essa preposição organiza outras expressões de articulação do discurso, tais como "*por assim dizer*", "*por falar nisso*" etc., remetendo aos pontos por onde passam os argumentos:

(102)   E *por falar nisso*, que tal um cafezinho agora?

Outro efeito predicador de *por* é a quantificação distributiva da FIGURA:

(103)   Preposição *por*
   a) então dermatologia e moléstia tropical... seria um departamento só... era *por*::número... departamento dez... agora eles resolveram agrupar [EF POA 278]
   b) porque a tradução literal, palavra *por* palavra, muitas vezes não permite é preciso que o indivíduo compreenda o todo [DID SSA 231]
   c) se não tivesse uma piscina pelo menos ah::levar::o grupo a um clube a uma piscina pública uma vez *por* semana pra o/ pras crianças praticarem... a natação... [isto é, uma vez ao longo da semana, tomando semana como um percurso no meio do qual se recomenda ir pelo menos uma vez à piscina]. [DID SSA 231]
   d) (o do) estudante de medicina ele além de assistir aula... ele é obrigado a fazer estágio em todas as... especialidades... então ele faz *por* período... de dois ou três meses em cada especialidade... [DID SSA 231]

A preposição *por* organiza várias expressões idiomáticas, calcadas na sua indicação imprecisa do ponto intermediário de um percurso inacabado:

(104)   a) e::entao a gente (ia::) podia ir com água *por aqui* e:: aprendia a nadar... com o professor ali eu sei que ali que eu aprendi... ["ir com água até aqui"]
   b) já estou com você *por aqui* [apontando a garganta ou a cabeça] [DID POA 45]
   c) o que nós conhecemos... historicamente... que abrange *por volta de* cinco mil antes de Cristo até hoje portanto... [EF SP 405]
   d) e venho almoçar geralmente eu almoço... em volta de... *por volta de* meio-dia... e janto *por volta das* sete horas sete e meia... [DID RJ 238]

Como se indicou anteriormente, *por* agentivo deriva de *per*, com o sentido locativo de "por meio de", "por intermédio de":

(105) Preposição *por*
os limites da região são os mesmos limites da glândula... se e uma região ocupada *por* ela... [EF SSA 49]

PONTO FINAL DO PERCURSO: /META/

As preposições *a*, *em*, *para*, *até* e *contra* atribuem à FIGURA a noção de ponto final de um percurso. Como nos casos anteriores, coocorre um verbo de movimento (ou um verbo suporte) cujo sujeito é controlador do estado de coisas.

(106) Preposição *a*
   a) ...o que acontece é o seguinte hoje em dia... pra você ir por... nós vamos por exemplo todo dia *a* Camaçari... já é hoje em dia uma viagem... é assunto mesmo de::... de::... praticamente a gente não sair da cidade mas... viaja que não é brinquedo hoje mesmo eu fiz uma viagem daqui pra Camaçari... que parecia que eu tinha ido quase *a*::... Feira de Santana... devido ao/ à incidência de trafego que existe... [D2 SSA 98]
   b) ele já ia *à* escola da manhã que eu comecei quando eu comecei trabalhar [D2 SP 360]
   c) crianCInhas (ehn) vão *a* que tipo de escola (né?) [DID SSA 231]
   d) eu... quase não vou *ao* cinema teatro... às vezes eu vou... mais *a* teatro do que *a* cinema... [DID SP 234]
   e) eu não vou *no* cinema para me divertir? então vou *ao* teatro para me divertir prefiro... dar risada [DID SP 234]
   f) eu estou fazendo assim um... uma... uma comparação porque *à* televisão eu tenho ido... estes últimos tempos [DID SP 234]
   g) o Japão, que já tinha conseguido fazer em 1905 – lutar com a RúSSIA – e já tinha chegado *à* Malásia, tá?, já tinha chegado *à* Índia [EF RJ 379]
(107) Preposição *em*
   a) que manda entradas para a gente e a gente não pode às vezes se negar então a gente vai *no* chá né? [DID POA 45]
   b) eu não vou chegar *em* Belo Horizonte no mesmo dia... [D2 SSA 98]
   c) no/ nós chegamos *na* serra e encontramos caminhões com a carga desse tipo... [D2 SSA 98]
   d) acarajé eu adorei o tal do acarajé porque quando me serviram aqui uma vez eu vi e não gostei... sabe? mas vi feito por uma baiana de lá indicaram... ah::... vai *na* fulana que a fulana serve muito bem o acarajé... [DID RJ 328]

e) aquele que sai de Governador Valadares um/um que vai sair *em* (Monlevade) [D2 REC 05]
f) entregam o prédio mas sempre falta alguma coisa e essas coisa vai entrando *no* dinheiro da gente [D2 RJ 355]
g) tanto que quando eu morrer quero ser cremado e as cinzas jogadas *no* Capibaribe [D2 REC 04]

(108) Preposição *para*
a) então eu os levo *para* a escola... e vou trabalhar [D2 SP 360]
b) três es/ vão *para* o colégio e dois vão *para* uma... um cursinho... de matemática... e o menor então esses cinco saem... e vão... *para* Pinheiros... [...] e::depois volto *para* casa mas chego já apronto o outro para ir *para* a escola... o menorzinho... e fico na::quelas lides domésticas [D2 SP 360]
c) é dia do meu marido ir *para* a faculdade [D2 SP 360]
d) mas eu trago muito processo *para* casa e faço em casa... [D2 SP 360]
e) (eu) tenho impressão que não volta mais *para* lá... [D2 SP 360]
f) eu viajo sexta-feira eu vou *pra* Belo Horizonte... [D2 SSA 98]
g) mas nós não... nós não sabemos quanto tempo Olinda ainda vai viver porque ela tá escorregando *para* o mar [D2 REC 05]
h) que eu cheguei *em* casa, vi televisão e depois vim *pra* cá pra, pra conversar ou dessa maneira ou ir *prum* cinema ou *prum* teatro [D2 RJ 355]
i) alias, quando a gente vai faze(r) uma jantinha, qual que(r) coisa, o Maciel é que vai, ele e o Barte é que vão *pra* cozinha [D2 POA 291]
j) e engraçado que quando a gente vai *pra* fora... é é um hábito que eu gostaria de ter [DID RJ 328]

Os exemplos (106) a (108) mostram que as preposições *a*, *para*, *em* entram em variação sintática quando acompanham verbos de movimento. *A* vem diminuindo de frequência, ao passo que o uso de *para* se expande, não sendo identificável neste caso o sentido de "deslocamento que implica no retorno".[15]

(109) Preposição *até*
a) mas o melhor é puxar *até* Governador Valadares... eu ainda acho melhor... [D2 SSA 98]
b) todos aqueles... que vão... *até lá* em busca de paz de sossego e de tranquilidade... [DID REC 131]
c) eu tenho que ir *até* em casa buscar o carro senão não cabe... ((risos)) num táxi [D2 SP 360]
d) os veteranos ofereciam um piquenique aos... calouros então nós fomos *até* Itaparica passamos o dia em Itaparica [DID SSA 231]

e) sem a gente saber me convida uma turma da praia que não tinha NEM lugar para entrar nessa casa aqui... ((riso)) ficou CHEIa *aTÉ* a escada... [DID POA 45]
f) às vezes a gente dá uma fugiDInha:: *até* a casa deles bater um papinho assim né?... [DID POA 45]
g) ..."olha eu tenho que ir lá ver Orlando vamos *até* lá" então a gente (já) aproveita e já dá... uma voltinha né?... e ainda fazia ziguezague né? para ver que hoje não dá nem para chegar uma bicicleta *até* ali..., que é perigoso [DID POA 45]

Essa preposição tem uma etimologia controversa,[16] mas seu sentido é claro, pois especifica o ponto final de um percurso, cujo ponto inicial fica pressuposto.

Como ponto final de um curso, o item *contra* era muito usado no período medieval da língua, em que se dizia "*caminhar contra as montanhas*", isto é, em direção às montanhas. Esse uso se encontra muito atenuado no português culto falado no Brasil, em que assumiu com mais frequência o sentido de "adversidade", como em "*falar contra os governantes*". Alguns casos de termo final de um percurso ainda podem ser documentados:

(110) Preposição *contra*
a) Bom... aí brincadeira de praia que tinha era:: era jogo... eles faziam também:: jogavam muLHEres *contra* os HOmens né? [DID POA 45]
b) ...nos íamos encontrar MARcas aqui de que flechas reais foram atiradas... *contra* a imagem... [EF SP 405]

As preposições aqui estudadas podem suceder-se nos limites de uma mesma sentença, assinalando o ponto inicial e o ponto final do percurso.

(111) Escalas num percurso
a) mas quando chega ali *de/de* Água Comprida *pra frente* o tráfego começa: a engrossar [D2 SSA 98]
b) aquela viagem principalmente esse trecho *de* Conquista *até* Governador Valadares insuportável [D2 SSA 98]
c) ...é a pior... hora de saída... primeiro porque você pega o congestionamento na área urbana ainda... *desde* a Barra Centenário essa área de colégios etc... e *daí pra frente você* vai pegando... a:...a Barros Reis um pedaço da Barros Reis hoje Heitor Dias né?... [D2 SSA 98]
d) alcoólica eu gosto de qualquer tipo de bebida... cachaça... *desde* a cachaça *até* o vinho mais fino champanhe... [DID RJ 328]

e) *desde* as menores digamos assim *até* as mais relevantes... [DID REC 131]
f) ali é diferente porque ele é facílimo ele é *desde* o início *até* o final ele é fácil... [EF REC 337]

Também as preposições que indicam o ponto final de um percurso passam facilmente à indicação de tempo. Requer-se nesses casos que o PONTO DE REFERÊNCIA seja uma expressão de tempo:

(112) Tempo como ponto final duma escala
a) de seis e meia quinze *para* as sete está todo mundo acordado... [D2 SP 360]
b) hem? não eu vou que eu tenho o congresso... mas *para* o ano o Congresso vai ser aqui na Bahia... e:nós tamos... na obrigação de ir pra lá manter certos contatos... [D2 SSA 98]
c) não de seis ainda sai bem... mas entre sete...*até* umas:oito e meia... é a pior... hora de saída... [D2 REC 05]
d) agora talvez ele goste de ficar na cama *até* mais tarde... [D2 SP 360]
e) eh não quis pô-la *até* agora mas ela é MUIto::... quebradi::nha ela::faz os trejeitos e:: [D2 SP 360]
f) que o Brasil... recentemente adotou... o divórcio... que *até então* era inexistente nesse país [DID REC 131]
g) mas eu tenho a impressão que eu vou botar num colégio logo maior e que ela fique *até* a faculdade [DID SSA 231]
h) o Instituto Normal foi uma das melhores bibliotecas que eu já vi *até* hoje... não talvez em::matéria de livro... [...] mas... em ambiente... gostoso confortável [DID SSA 231]
i) ele usou leite mais ou menos... [...] *até* quatro cinco meses... [DID RJ 328]
j) (bom) *até* amanhã e *até* logo..., e o que nós chamamos se é uma guria a gente diz tchau... né?... essas formas todas... que a gente usa assim... [DID POA 45]
k) o que nós conhecemos... historicamente... que abrange por volta de cinco mil antes de Cristo *até* hoje [EF SP 405]
l) está claro *até* aqui?... então:: ele vai tentar usar esta criação... [EF SP 405]

Podemos tratar o movimento imageticamente, dirigindo uma pergunta a *um técnico*, como em (113a), atuando em subordinação, isto é,[17] movimentando-se para debaixo de um superior hierárquico, como em (113b), transportando casos a *estudantes*, como em (113c), e assim por diante. Esses casos documentam o movimento fictício em que a preposição esclarece a direção do movimento, mesmo que acionado por uma entidade não controladora:

(113) a) bom você devia perguntar isso *ao* técnico e não *a* mim [D2 SSA 98]
b) ela... tem que ser subordi/ tem que se subor/ bordinar *AO* Secretário da Justiça... e lá não é autônoma... não é? ela tem que se subo/ bordinar *ao* Secretário da Justiça e tem que::atender *aos* seus... assessores não é?... [D2 SP 360]
c) ...então nós temos condições de mostrar... bem... casos... interessantes *aos* estudantes... [DID SSA 231]
d) então eh eles ligam muito ah o peixe *à*... *à* farinha... lá n/ em Belém [DID RJ 328]
e) a UPC vai subir não sei *pra* quanto [D2 RJ 355]
f) quer dizer então que nessa altura se formariam mais ou menos umas vagas que seriam... seria o concurso *para* as cem vagas que entraria o pessoal novo como nível um... [D2 SP 360]
g) então tanto que quando eh chega a ponto de até às vezes ele eh eh ele::escrever *PAra* a faculdade... pedindo... os melho/ ah os nomes dos melhores alunos... dos últimos anos... para poder eh poder procurar [D2 SP 360]
h) o Sul cresce cada vez mais aumentando a distância *para* conosco [D2REC 05]
i) e daí: eu fiz vestibular d/ *pra* medicina... [DID SSA 231]
j) a glândula mamária se vai *até* o plano profundo... ao multiprofundo... [movimento fictício] [EF SSA 49]
k) o que ele pensa afinal de contas daquela sua demissão... chegar: *até* o seu juiz... chegar *até* a Justiça do Trabalho [DID REC 131]
l) como encaminhá-lo no colegial mas também sem... lutar muito *contra* esse gosto dele [D2 SP 360]
m) como os japoneses e tiveram que lutar *contra* o chamado imperialismo branco, não é? [EF RJ 379]

Preposições do eixo vertical

Quadro 14 — Preposições do eixo vertical

POSIÇÃO SUPERIOR	POSIÇÃO INFERIOR
sobre, em cima de, por cima de, em cima de	sob, embaixo de, debaixo de

A linha horizontal é a metáfora geométrica do movimento, do percurso, que tem um começo, um meio e um fim, através do qual nós deslocamos no ESPAÇO e no TEMPO. Compreensível, portanto, que as entidades aí depositadas sejam maiormente representadas em movimento, real ou fictício.

As preposições do eixo vertical são mais comedidas nesse particular, equilibrando-se movimento com ausência de movimento.

PREPOSIÇÕES INDICATIVAS DE ESPAÇO /SUPERIOR/

Essas preposições indicam que a FIGURA se situa num plano mais elevado do que o PONTO DE REFERÊNCIA, expressos ambos por nomes /CONCRETOS/:

(114) a) ...ela representa a forma de uma semiesfera... de uma semiesfera... apresentando... uma parte superior... convexa... E::a sua parte inferior é um tanto plana... é a parte que descansa *sobre* o plano aponeurótico... ou seja... *sobre* a aponeurose do grande peitoral... [EF SSA 49]
b) junta com... aquela couvinha bem partidinha ba/ faz na::... na... frigideira... depois põe *em cima da* carne e põe os legumes em cima... [DID RJ 328]
c) o olindense faz fogueira até *em cima do* calçamento [D2 REC 05]
d) preciso caçar é um cavalo eu vou desenhar um cavalo *em cima d*aquilo... [EF SP 405]

Se o PONTO DE REFERÊNCIA é expresso por um numeral ou por expressão que remeta a "medida, valor", mantém-se o sentido de ESPAÇO SUPERIOR, mas a preposição libera um sentido mais abstrato de escalaridade, gerado por essa composição, como em (115):

(115) a) ...eu não viajo nem num outro carro *acima de* oitenta ou noventa... de velocidade... [D2 SSA 98]
b) até aquele que ganha... *acima de* quarenta *acima de* cinquenta... mas dentre uma... e outra... há uma faixa enorme... [D2 SP 369]
c) houve uma tentativa de se limitar a carga por roda quer dizer de evitar que carros muito pesados com cargas muito pesadas... trafeguem... acima quer dizer *acima do* peso para o que ela foi construída [D2 SSA 98]

Se a FIGURA é uma entidade abstrata, o espaço /SUPERIOR/ será igualmente abstrato, como em:

(116) a) ...entidades portanto... que não são obrigadas... a pagar o chamado imposto *sobre* a renda... [DID REC 131]
b) uma sensação... de poder... uma sensação... de domínio *sobre* a natureza... que no final das contas toda a evolução humana... não deixa de ser exatamente a evolução do domínio que o homem tem *sobre* a natureza... [EF SP 405]

c) O governo ainda não jogou a toalha *sobre* essas negociações.
d) Construí esta hipótese *em cima dos* dados colhidos nas entrevistas.
e) então aí nesse caso deixa de ser tão importante o fator idade... mas isso é pouco ah::... na ponta *de cima da* pirâmide::... né? ( ) os os as as necessidades são bem menores... [D2 SP 360]
f) então vamos passar... *por cima d*isso... [EF REC 337]

Os dados mostram que a preposição *sobre* está desaparecendo, pressionada pelas locuções prepositivas calcadas sobre o nome *cima*. Ela resiste em predicações tais como "*falar sobre*", "*responder sobre*", cujos sujeitos se deslocam ficticiamente para uma posição /SUPERIOR/ ao referente expresso pelo complemento da preposição, liberando assim com frequência o sentido de "a respeito de":

(117) a) então nós vamos conversar *sobre* ensino né?... [DID SSA 231]
b) eu num posso no momento... lhe dar... uma resposta afirmativa *sobre* essa questão... [DID REC 131]

PREPOSIÇÕES INDICATIVAS DE ESPAÇO /INFERIOR/

São muito raras as ocorrências de *sob*, embora (118) pareça bastante espontâneo:

(118) O carteiro passou a correspondência *sob* a porta.

Sob também figura nas lexias "*estar sob tensão*", "*fazer X sob várias formas*" etc., em que *sob* aparentemente encontrou um nicho sintático:

(119) a) essa gente (es)tá quieta por quê? porque *(es)tão sob tensão*, é isso? [EF POA 278]
b) peixe a gente co/ galinha também... uma vez por semana a titia faz quando não faz durante a semana... faz de dias de domingo... (faz) as galinhas *sob várias formas* em casa come várias coisas de galinha... [DID RJ 328]

Essa preposição reduziu-se quase totalmente à condição de prefixo e sofre a concorrência das locuções prepositivas construídas neste caso com o adjetivo *baixo*:

(120) a) fiz uma brincadeira..., botei um:: colei *embaixo de* cada prato assim... ( ) sem eles ver um papelzinho né? [DID POA 45]

b) ...em seguida nós temos o tecido subcutâneo... então *abaixo da* pele... então nós teremos a primeira camada que é a pele... *abaixo da* pele o tecido subcutâneo... [EF SSA 49]
c) é impressionante o Brasil tá (montado) em cima de caminhão... (tudo *pra baixo* e pra cima) em cima de caminhão (quer dizer) então... não tem solução mesmo [D2 SSA 98]

Os falantes avaliam positivamente as preposições complexas calcadas no item *cima* (donde "*ele está por cima da situação*"), e negativamente as preposições calcadas em *baixo* (como em "*coitado, ficou por baixo mesmo*", "*está com baixo astral*" etc.).[18]

Preposições do eixo transversal

Quadro 15 — Preposições do eixo transversal

ANTERIOR	POSTERIOR
ante, diante, perante, diante de, antes de, em frente de, em face de, defronte (de, a)	trás, por trás de, atrás de, após, depois de

Também o eixo transversal assenta na orientação do corpo humano: olhando para frente se constrói o ESPAÇO ANTERIOR; olhando para trás se constrói o ESPAÇO POSTERIOR. A visão, portanto, assume um papel importante na postulação desse eixo.

PREPOSIÇÕES INDICATIVAS DO ESPAÇO /ANTERIOR/

As preposições indicativas de espaço /ANTERIOR/ repartem-se por três origens, tendo todas em comum a designação original da parte da frente do corpo: 1) preposições calcadas no étimo indo-europeu *ant "testa, fachada, frontispício",[19] através do advérbio latino *ante* "adiante, antes, anteriormente": *ante, perante, diante de, antes de*; 2) preposições calcadas no latim *fronte* "fronte, testa, parte anterior do rosto": *defronte de/a, a/em frente de/a*; 3) preposições calcadas no latim *facies* "face, semblante, beleza, ar, aparência": *em face de*.

1. Preposições derivadas de *ante*

Os dados mostram que o valor locativo de *ante* (121) perde terreno para o valor de tempo anterior (122):

(121) Valor espacial de *ante, antes de*
    a) não posso ficar mudo *ante* o espetáculo doloroso que acabo de presenciar.
    b) A sala de jantar é *antes da* cozinha.

(122) Valor temporal de *antes de*
    a) e: eu estou justamente na na/ da hora de eu sair daqui... eu não sei se sairei justamente *antes de* seis horas da manhã ou saio depois das oito ( ) [D2 SSA 98]
    b) a gente sempre toma a batidinha *antes de*... *das* refeições [DID RJ 328]
    c) uma peça muito comentada... assisti *antes dessa* "Caiu o Ministério" essa ul/ a última eu não lembro o nome... [DID SP 234]
    d) eu acho que::: geralmente *antes do* filme o pessoal fica eu ACHO que o pessoal aceita bem os jornais que aparecem... [DID SP 234]
    e) a fama do advogado... a crise do direito... se de:vem... sobretudo à mentalidade... que é formada não *antes de* se entrar na Faculdade de Direito... [EF REC 337]
    f) evidência primei:ro um fenômeno de usos... aquela de ingerir o salgado *antes do* doce... [EF SSA 49]
    g) o Japão, já reconhecidamente... uma... potência *antes da* guerra [EF RJ 379]
    h) e que vai abranger... aproximadamente de vinte mil... a doze mil *antes de* Cristo... [EF SP 405]

As locuções prepositivas calcadas em *ante* situam o PONTO DE REFERÊNCIA no ESPAÇO ANTERIOR (123), desde que verbalizado por expressão /contável/ distinguindo-se assim das que indicam TEMPO SIMULTÂNEO OU ASPECTO DURATIVO, como *durante* em (124):

(123) Espaço anterior
    a) toda aquela assistência médica hospitalar... que: os sindicatos vêm habitualmente cumprindo ou que vêm / os sindicatos se propõem a fazer... *perante* seus associados [DID REC 131]
    b) O cara era fanático por correr a cavalo para aparecer lá *perante* as garotinhas. [D2 SP 343]
    c) Esta forma do pensamento acaba sendo comum a todos os homens que têm a obrigação de desempenhar um papel junto a juventude... um papel de formação, um papel junto à escola e um papel assim muito responsável *perante* a sociedade. [D2 SP 255]
    d) numa sociedade do tipo socialista... nós estamos *diante... de* uma situação... em que... apenas a voz... de uma entidade faz valer... [DID REC 131]

e) então por um plano... que passa *diante da* traqueia... à altura de sua bifurcação... [EF SSA 49]
f) ...o::....tecido pré-mamário... como cês estão vendo... pré... está para *diante da* glândula mamária... [EF SSA 49]
g) me lembra a história da cigarrinha e da formiga... não é?... que:... a cigarrinha... *diante da* formiga... formiga... a formiga sempre se mostrou muito mais... precavida e muito mais pragmática do que a cigarra... [DID REC 178]

(124) Tempo simultâneo e duração
a) em Olinda você tem ciranda... a ciranda é cantada *durante* o verão em toda Olinda isso é uma beleza... [D2 REC 05]
b) quer dizer que dá trabalho então é um corre-corre... *durante* a semana toda... né? [D2 SP 360]
c) e::o que não dá para fazer *durante* o dia eu faço à noite... [D2 SP 360]
d) na grande maioria das vezes... é convidado para almoçar::e aí *durante* o almoço::aí a/... é explicado o que é ou então é marcado uma entrevista... [D2 SP 360]
e) no início da carreira... teve escritório *durante*... oito anos::mais ou menos... [D2 SP 360]
f) inclusive *durante* a, a ocupação ah, chinesa, eu sei que houve algum problema [...] foi na Manchúria [D2 POA 291]
g) eu acho que é através do aproveitamento *durante* o curso... [DID SSA 231]
h) eu poder comer outras coisas que eu gosto mais *durante* o dia... e *durante* a noite eu faço também outra refeição... [DID RJ 328]
i) a titia faz quando não faz *durante* a semana... faz de dias de domingo... [DID RJ 328]
j) tem muito sorTEIo lá *durante* o jantar [DID POA 45]
k) olha aqui a aréola... com pequenas elevações que... correspondem como eu disse a vocês... aos tubérculos que *durante* a gestação... eles se hipertrofiam... [EF SSA 49]

Também aqui se desenvolve um valor de causação, se o PONTO DE REFERÊNCIA for um demonstrativo neutro, portanto um dêitico, condição idêntica à que encontramos na expressão *por aí*:

(125) a) a mãe diz que na escola não proc...cura não tem educação física que a criança não pratica esporte... então... *diante disso*... *diante disso* eu acho que não::... (cabe)... *diante disso* eu acho que não está... né?... difundido o esporte ainda... né?... [DID SSA 231]

b) então... *diante disso* eu::vislumbrei outras... coisas... para... aquele gosto dela não só arquitetura não é? [D2 SP 360]
c) é e::mas... depois *diante das* dificuldades de conseguir quem me ajudasse... nó::s paramos no sexto filho... [D2 SP 3]

2. Preposições derivadas de *fronte*

As preposições que dispõem desta base mostraram-se menos produtivas no português culto falado no Brasil. De *defronte*, encontrou-se apenas uma ocorrência:

(126) eu acho que uma:: última peça que eu assisti foi da::... foi lá *defronte* o Sesc [DID SP 234]

3. Preposições derivadas de *face* e *frente*

O substantivo *frente* gramaticalizado como preposição é de uso escasso, figurando maiormente ou como adverbial (*vá em frente*) ou como locução prepositiva:

(127) a) e como a gente vê é um período... eNORme *frente ao* que a gente conhece da história humana [EF SP 405]
b) lá em Ipanema 5 em *em frente* aquele cine-parque... [DID POA 45]
c) às vezes entrava todo mundo na carroça e tinha uma lombinha aquela... que ficava *em frente da*:: antes de chegar na casa... [DID POA 45]
d) agora mesmo você viu a semana passada *na frente da* Igreja de São Bento no Pátio de São Bento a festa das sinhazinhas [D2 REC 05]

PREPOSIÇÕES INDICATIVAS DO ESPAÇO /POSTERIOR/

São as seguintes as preposições indicadoras do espaço /+ POSTERIOR/: 1) preposições derivadas de *trans* e de *atrás de* (do latim *ad + trans*, "no lado oposto à face (nos humanos), lado oposto aquele que se vê ou de que se fala"): *trás, por trás de, atrás de*; 2) preposições derivadas de *ad + post*: *pós, em pós de, depois de*.

1. Preposições derivadas de *trás*

Trás, como em (128), não foi documentada no *corpus*, em que encontramos as locuções prepositivas *atrás de, por (de)trás de* (129):

(128) a) *Trás* mim virá quem melhor me fará.
b) *Trás* aquela fala macia, existe uma grande raiva contida [exemplo de Houaiss, Villar e Mello Franco, 2001, s.v.].

(129) a) Vive correndo *atrás do* prejuízo.
   b) quando ela nasce... aqui... *por trás desse* casario... compreendeu [...] [DID SSA 135]
   c) quando sai... aquela folia assim de um correr *atrás dela então* ela... se cala um pouco [D2 SP 360]
   d) ...eh *por detrás dos* bastidores é uma coisa horrível né?... e tudo tão::... parece tão tão mascarado sei lá e quando aparece em cena o público vê uma coisa totalmente bonita né? [DID SP 234]

2. Preposições calcadas em *pós*

O item *pós*, não encontrado como preposição no *corpus* disponível, é documentado na língua escrita por Houaiss, Villar e Mello Franco, 2001, s.v. ("*corria o cão em pós de uma lebre*"). *Após* é uma regramaticalização de *pós*, tendo derivado de *ad* + *post* "atrás de, depois de, em momento ou ocasião posterior a". *Depois* é uma nova regramaticalização da mesma base *post*, de etimologia controversa. Aparentemente, as formas *de* + *post* > *depos*, *depoise de* + *ex* + *post* > arc. e pop. *despois* entraram em variação, recaindo sobre a primeira a preferência da língua culta.

Tanto a preposição simples *após* quanto as locuções preposicionais mencionadas indicam ESPAÇO e TEMPO POSTERIOR, respectivamente (130 a/b-e), (131 a-b/c-m):

(130) a) o lugar que você procura fica *após* a ponte
   b) onde... depois... ou *após* muitos anos... nós tivemos... o imenso prazer... de: observar um dialogo... cada vez mais crescente entre... os presidentes dos diversos sindicatos... [DID REC 131]
   c) e nós mudamos... de qualquer forma... tanto que assim que as últimas jane:las e as últimas portas foram pintadas já: *APÓS* a mudança... [DID REC 04]
   d) comprei o apartamento me disseram... as prestações *após* a entrega das chaves serão de três mil e seiscentos cruzeiros [D2 RJ 355]
(131) a) e *depois da* sala de estar se você sobe um lance de escada você chega a dois quartos e um banheiro e *depois de* mais outro lance e você chega a um outro quarto [D2 RJ 355]
   b) não o meu problema é chegar a Governador Valadares... porque aquele trecho/ trecho de Milagres... e o trecho *depois de* Conquista... ave-maria já não aguento mais... [D2 SSA 98]

c) vencido o primeiro satisfação do que se QUER e:: preenchendo também eh::... as intenções da consorte... ((ri)) *depois de* muita discussão "não porque a cozinha deve ser maior do que aquilo e:: falta a área da::... ah:... eh: área de serviço"... [DID REC 04]
d) eu não sei se sairei justamente antes de seis horas da manhã ou saio *depois das* oito ( ) [D2 SSA 98]
e) isso aqui é a entrada... depois em cada prestação e tanto... *depois de* um prazo o senhor paga tanto [D2 RJ 355]
f) ando muito cansada não tenho ido mais a teatro... qual a manifestação você pergunta? como é que o público se manifesta? *depois da* peça eles aplaudem notei que o público era mais refinado... [DID SP 234]
g) e (pensamos) seriamente em parar... *depois disso* ainda ti/ tive problemas de... saúde [D2 SP 360]
h) aí põe o camarão naquele refogado... rapidamente... só mexe o camarão... *depois dele* limpo... tira-se o lombinho pra tira(r) o, a, as, a, como é a ô meu Deus, o intestino [D2 POA 291]
i) mas... mas *depois dessa* eu não posso fala(r) mais nada [D2 POA 291]
j) eu queria então uma família grande tínhamos pensa::do... numa família maior mas *depois do* segundo... já deve estar todo mundo tão desesperado que nós ((risos)) estamos pensando... [D2 SP 360]
k) *depois de* dois três meses o ahn::o estudante faz a prova... a prova e a frequência... [DID SSA 231]
l) ...trabalhar *depois de* uma refeição daquelas realmente é impossível... [DID RJ 328]
m) e depois eu volto à categoria subsequente seria... é a de aplicação... *depois da* aplicação... nós vamos ficar numa delas em análise então... [EF POA 278]

Os exemplos mostram uma presença maior da predicação temporal entre as preposições do eixo transversal, certamente conectada à categoria cognitiva de visão subjacente a esse eixo. A noção de ESPAÇO sempre se neutraliza em favor da noção de TEMPO, quando a preposição liga uma FIGURA preenchida por expressão referencial concreta a um PONTO DE REFERÊNCIA preenchido por indicações cronológicas precisas ou imprecisas ou por um deverbal, entre outros arranjos sintáticos.

Confrontando as preposições /ANTERIOR/ com as preposições /POSTERIOR/, observa-se que as primeiras têm uma variedade de formas e uma frequência de uso superiores às segundas, pois os objetos localizados no espaço diante dos olhos integram uma hierarquia cognitiva mais alta que aqueles localizados às costas.[20]

Preposições do eixo proximal/distal

Quadro 16 — Preposições do eixo proximal/distal

PROXIMAL	DISTAL
a, com, junto com, perto de	*sem*

As noções que configuram esse eixo são maiormente expressas por advérbios. A utilização das preposições acarreta noções de copresença para o traço PROXIMAL, e de ausência para o traço DISTAL.

/PROXIMAL/

Rareia no português culto falado o emprego de *a* em seu sentido etimológico de "proximidade":

(132) não não não é não é uma casa grande né... apenas com com um jardim com planta com passarinho [...] *a: a: a* cem metros do rio Capibaribe que é o meu rio sagrado... [D2 REC 05]

A preposição *com* ocupa o lugar de *a* na predicação /PROXIMAL/ se a FIGURA e o PONTO DE REFERÊNCIA forem expressos por palavras com o traço /CONCRETO/:

(133) a) não não não é não é uma casa grande né... apenas *com com* um jardim com planta *com* passarinho *com* tudo quanto é bicho que pode existir... compreendeu? [D2 REC 05]
b) não é pra se dizer que era um caminhão muito largo não... caminhão *com* a carreta comum [D2 SSA 98]
c) que aqui ainda se marca estrada *com* aqueles homens botando aquele negócio e pintando a mão... [D2 SSA 98]
d) é difícil nas escolas... as crianças praticarem natação porque não tem escola *com* piscina... [DID SSA 231]
e) e a sacolinha dela *com* a roupa e a merendeira porque ela leva ainda uma muda de roupa dentro da sacola... pra trocar... [DID SSA 231]
f) ...o café da manhã geralmente eu tomo só café *com* leite... não como pão nem como biscoito nada disso [DID RJ 328]
g) não Recife é a maior cidade do mundo... porque é aqui que o Capibaribe se encontra *com* o Beberibe pra formar o Oceano Atlântico [D2 REC 05]
h) e sudeste da Espanha... *com* vários... cavernas... vários vestígios da arte pré-histórica paleolítica [EF SP 405]

i) no mesmo plano... nós vamos encontrar o coração... *com* os grandes vasos... [EF SSA 49]
j) morar bem é morar num apartamento de luxo... é morar no centro da cidade... *perto de* tudo... nos locais onde tem assim mais facilidade até de comunicação [D2 REC 05]

A proximidade no espaço pode ser gramaticalizada por meio do prefixo *com*, nem sempre visível para os falantes de hoje, e da repetição da preposição *com* antes do complemento ou do adjunto verbal, como se pode ver em:

(134) a) apesar que tem aí um outro ângulo pra você analisar, depois eu vou *comentar com* você... [D2 RJ 355]
b) então investindo o fenômeno social: não é? em *correlação com* a realidade social:... [EF REC 337]
c) e *contando* basicamente *com* o quê?, com a sua mão de obra grande, sabendo que tinha que trabalhar para sobreviver as outras potências, tá? [EF RJ 379]
d) geralmente eles *acompanham com* farinha... coisa misturado com farinha... sabe? [DID RJ 328]
e) nós *comemos com*::a... *com*::... molho de::azeite de dendê [DID RJ 328]

Em (133), os termos associados pela preposição ocupam um lugar próximo no ESPAÇO. Se a FIGURA apresenta traço ABSTRATO, atenua-se a percepção de proximidade no ESPAÇO, em favor da noção de copresença no ESPAÇO:

(135) a) mas não posso porque eu tenho que complementar o meu salário *com* o dinheiro dum, dum cargo à noite [D2 RJ 355]
b) ela faz... reeduca/...reeducação não mas seria... exercícios... *com* a fonoaudióloga [D2 SP 360]
c) parte do café eles demo::ram um briga *com* o outro a divisão tem que ser ABsolutamente exata... [D2 SP 360]
d) sempre foi::um::menino mais estudio::so... não é? tirou diploma com::... *com* menção honro::sa não sei o que taratatá... [D2 SP 360]
e) ele num pode resolver... sua: dispensa *com* a própria firma... então ele procura o sindicato OU o Ministério do Trabalho [DID REC 131]
f) que é que tem uma coisa a ver *com* a outra? [D2 REC 05]
g) trabalhando *junto com* a Secretaria da Fazenda... e assim tem::tem a Procuradoria de Assistência Jurídica... [D2 SP 360]
h) ela faz a feira *junto com* a minha tia e:: normalmente eu não tô muito assim por dentro dos preços dos alimentos... [DID RJ 328]

i) o salário inicial de arquiteto (es) tá em torno de quatro mil e quinhentos cruzeiros, cinco mil cruzeiros, *de acordo com* hora... quantidade de horas, normais ou extras etc. [D2 RJ 355]

Analogamente às preposições descritas anteriormente, também aqui se o PONTO DE REFERÊNCIA é uma expressão de TEMPO ou um deverbal, atenua-se a localização espacial da FIGURA em função de sua temporalização:

(136) agora ela foi à escola *com* um ano e quatro meses... eu a coloquei na maternal *com* um ano e quatro meses [DID SSA 231]

Um efeito interessante da copresença é que dessa noção pode-se desembocar na de INSTRUMENTO, entendido como o meio através do qual se dá o estado de coisas:

(137) a) três ou quatro citações que faziam referência exatamente a isso que estilo mudava... *com*... a mudança... de vida... e que o estilo e que a arte SEMpre vão refletir uma determinada ma-NEI-ra... [EF SP 405]
b) é o mesmo troço do sujeito fazer uma casa... entendeu... *com* uma lagezinha bem fininha e botar em cima um depósito de/ de/ de PEso muito grande... [D2 SSA 98]
c) quando estiver trabalhando *com* compreensão ele vai atuar sobre uma comunicação, aqui, ele recebeu uma comunicação [EF POA 238]
d) minha mãe me deu *com* o machucador e o machucador deu em mim [D2 REC 05]
e) agora neste momento eu vou trabalhar *com* barro vou fazer minhas criações ou eu vou pintar um quadro... [EF SP 405]

De INSTRUMENTO para CAUSAÇÃO é um pequeno salto, como se pode ver em:

(138) a) sabemos por exemplo que *com*... aplicação... do chamado fundo de garantia por: tempo de serviço... se verificou neste país... um processo acentuado de rotatividade... da mão de obra [DID REC 131]
b) ...mas é possível a gente olhar para elas e ainda se espantar *com* a QUAlidade da representação [EF SP 405]

A preposição aparentemente atinge sua maior gramaticalização quando passa a constituir juntamente com o PONTO DE REFERÊNCIA expressões de qualificação da FIGURA, como em:

(139) a) livro *com* páginas rasgadas, por livro rasgado
b) guerra *com* ramificações, várias, por guerra ramificada
c) prédio *com* rachaduras, por prédio rachado

Os exemplos aqui estudados permitem refazer o percurso de *com*, que deve ter percorrido a seguinte escala:

ESPAÇO (copresença, companhia) > TEMPO > INSTRUMENTO > CAUSA > QUALIDADE

Não foram encontrados *acerca de, a cabo de, junto de, a par de, em presença de, à beira de*.

/DISTAL/

Em português, a noção de distância é maiormente expressa por locuções preposicionais e locuções adjetivas como:

(140) a) mar eu não entendo se morar *longe do* mar [D2 REC 05]
 b) o Nordeste só cresce em termos absolutos... em termos relativos fica cada vez mais *distante do* Sul... [D2 REC 05]

Outras locuções preposicionais como *na ausência de, distante de*, igualmente possíveis, não foram encontradas no *corpus*.

Da noção de ausência, e por oposição à noção de copresença expressa por *com*, pode-se desenvolver para *sem* o sentido de distância, como em:

(141) a) eu acho que é uma exigência que, que se faz talvez, por deformação já de berço que se tenha *sem* com isso eu quere(r) banca(r) o esnobe, né [D2 POA 291]
 b) você viu agora Recife passou quase uma semana *sem* água... [D2 REC 05]
 c) e tudo *sem* problema [D2 SP 360]
 d) L2 - foi visto que aquela era melhor... então foi posto quer dizer não foi uma escolha...
 L1 – *sem*::
 L2 – assim *sem* base [D2 SP 360]
 e) antes... havia uma::... ha/ havia os procuradores... *sem* concurso e::recebiam outro nome você sabe? [D2 SP 360]
 f) comer bem e dosar coisas, *sem* uma preocupação científica pra não, não... [D2 POA 291]
 g) entidades portanto... que não são obrigadas... a pagar o chamado imposto sobre a renda... porque... são entidades *sem* fins lucrativos... [DID REC 131]
 h) embora todo mundo ache chuchu uma coisa *sem* GRAça aguado mas eu go::sto... [DID RJ 328]

i) e depois no fim também cantou uma *sem*... *sem* acompanhamento de música aquele piaNÍSsimo assim não se ouvia Uma MOSca [DID POA 45]
j) porque se eu (fizer) este gato e deixasse durante doze mil anos... ele vai continuar sendo um gato *sem* valor... não tem:: nenhuma... um valor artístico esta representação [EF POA 278]
k) ocorre o seguinte, eu não vou deixar *sem* resposta, viu? eu não vou deixar *sem* resposta apenas, vamos tocando adiante [EF POA 278]
l) não adianta nada fazer uma, não se faria uma aplicação *sem* um estudo do caso, não é isso? [EF POA 278]

Em outra semelhança com seu antônimo *com*, *sem* pode formar expressões atributivas, quase como prefixos, reproduzindo a transposição de esquemas verificada na subseção anterior:

(142) a) sujeito *sem graça*
b) (camponês) *sem terra*
c) (moradores) *sem teto*
d) ...então o caso é um caso *sem jeito*... quando esses linfáticos são atingidos... [EF SSA 49]

Preposições do eixo continente/conteúdo

Quadro 17 — Preposições do eixo continente/conteúdo

DENTRO	FORA
em, entre, dentro de, em meio de	fora de, na ausência de

Nessas preposições, a FIGURA é considerada como um conteúdo que será localizado dentro do PONTO DE REFERÊNCIA, interpretado como um continente, real ou imaginário. O mundo, uma cidade, uma sala, uma situação, um momento, são imageticamente considerados como um continente, dentro do qual e possível situar a FIGURA. Os estados de coisas predicados por essas preposições são predominantemente estáticos.

/DENTRO/

As preposições que atribuem o traço /DENTRO/ à FIGURA excluem a noção de fases de um percurso, distinguindo-se aqui particularmente dos usos estudados em (107) a preposição *em*.

As locuções preposicionais expressam com mais clareza as localizações no interior de um espaço:

(143) Locução preposicional tomando uma localidade como PONTO DE REFERÊNCIA
   a) dizem que o estatístico é o homem que senta numa barra de gelo e bota a cabeça dele *dentro do* forno e diz que a temperatura média está ótima. [D2 REC 05]
   b) eu por exemplo moro numa grande cidade moro *dentro de* Recife [D2 REC 05]
   c) a estrada já (es)tava suportando um tráfego de mil novecentos e oitenta... quer dizer já tava *dentro de* sua vida útil [D2 SSA 98]
   d) além de que... da/ *dentro do* aumento de vencimentos haveria... uma promoção de todo o pessoal... [D2 SP 360]
   e) quer dizer então vai diminuindo... no fim todo mundo conhece todo mundo quer dizer *dentro da*... *dentro da* [...] área específica [D2 SP 360]
   f) fora isso *dentro de* uma sala de aula... precisa isso... agora num ambiente fora de... da sala de aula... que é que nós (precisamos) de ter... um ambiente bem::... gostoso pro doente pro::doente ahn? [DID SSA 231]
   g) mas vi matérias assim interessantes para ela *dentro de* outras... ah:: carreiras... [D2 SP 360]
   h) ...e também entre: cinco e oito aulas de teoria geral do estado... portanto... já devem estar... mais ou menos *por dentro até do* linguajar:... da técnica jurídica... [EF REC 337]
   i) e aquele que está *por dentro* por cima... cobrindo quase todo/toda a glândula mamária... [EF SSA 49]

Segue-se a preposição *em*, para a qual valem igualmente as observações feitas anteriormente. Neste caso, o PONTO DE REFERÊNCIA pode ser uma localidade, como em (144), uma expressão abstrata como em (145), uma expressão de tempo como em (146), ou um sintagma preposicional locativo em construção existencial como em (147). Em todos esses casos, o sintagma preposicional locativo ocorre com verbos de estado.

(144) Preposição simples tomando uma localidade como PONTO DE REFERÊNCIA
   a) tanto é que eu não moro *em* Recife eu moro *em* Olinda... [D2 REC 05]
   b) e a mesma coisa você ah gosta mais de Olinda porque *em* Olinda está toda sua família você tem mais ambiente [D2 REC 05]
   c) quase todo mundo *em* São José do Egito é poeta... [D2 REC 05]
   d) morar bem é morar num apartamento de luxo... é morar *no* centro da cidade... [D2 REC 05]

e) nós temos aquelas aquelas desvantagens de qualquer civilização colocada *no* trópico... [D2 REC 05]
f) no caso tava pegando seis mil veículos por dia... *no* trecho que nós fizemos da Belém-Brasília... [D2 SSA 98]
g) eu não conheço um professor que ensine *em* apenas um lugar... já começa por aí, certo? [D2 RJ 355]
h) o pessoal que vai "ah::" diz que tal filme não é bom eu prefiro ficar *em* casa e não ir a cinema [DID SP 234]
i) ...em função de uma necessiDAde... de::... embelezar o ambiente *em* que eu vivo... [EF SP 405]
j) tem::noção de horário... porque eh eles... lá lá *em* casa é tudo em função de horário... [D2 SP 360]
k) fez::arte demais *no* banheiro... porque às vezes... estão tomando banho e ficam jogando água pela janela [D2 SP 360]
l) trabalhava al/ *no*::albergue noturno... [D2 SP 360]
m) fiz o primeiro e o segundo jardim de infância *em* colégio público... depois passei pra fazer o curso primário *em* colégio particular... [DID SSA 231]
n) eu tenho a impressão pediatria e puericultura ficam *em* outro departamento [DID SSA 231]
o) ou se ponho a ela *numa* escola pequena ainda pra ser alfabetizada [DID SSA 231]
p) nós (es) tivemos *em* Manaus... ah::nos passamos uma tarde nu::m lugar onde eles serviram uma refeição [DID RJ 238]

(145) Preposição tomando uma entidade abstrata como PONTO DE REFERÊNCIA
a) fica *em* dúvida? são iguais exato... olha... é mais fácil... pensar:... que não há distinção... a distinção é uma distinção mais verbal... [EF REC 337]
b) aquela em que por exemplo atinge o homem *em* qualquer fase... qualquer idade... [EF SSA 49]
c) se limita a atuar *em* outros casos... [EF SSA 49]
d) apesar de uma taxa muito alta, ainda *em* termos totais, tanto a África como a América Latina, tenham uma população relativamente pequena *em* comparação à Europa e à Ásia [EF RJ 379]
e) então realmente *numa* visão nova de economia e de sociologia política, né? os aliados do Tio Sam resolveram incorporar o Japão à sua realidade [EF RJ 379]
f) então *numa* vida deste tipo... a preocupação PRINcipal está centrada na sobrevivência... [EF SP 405]
g) então, aí, nós estaremos *em* nível bem mais complexo eu posso, por exemplo, perguntar o que é ser livre [EF POA 278]

h) essa turma inteira atingiu tal rendimento em *em* matemática, *em* português, *em* história, *em* geografia... [EF POA 278]
i) então eu vivo assim quase (que) praticamente *em* constante regime... [DID RJ 238]
j) que o Nordeste só cresce *em* termos absolutos... *em* termos relativos fica cada vez mais distante do Sul... [D2 REC 05]
k) ...é uma comunidade *EM* desenvolvimento [D2 REC 05]
l) ele recorre... aos contadores... que são peritos... *no* assunto... [DID REC 131]
m) ...pra se preparar pra vida... profissional com esse curso ele consegue fazer alguma coisa *em* alguns setores né?... profissionais... [DID SSA 231]
n) exatamente, em outros campos de aplicação de dinheiro... eu acho... todo o dinheiro que eu ganhar... eu primeiro aplicaria sempre *em* obra de arte [D2 RJ 355]
o) já que evidentemente se tratava de um edifício antigo... construído... *em* moldes inteiramente... inadequados [DID REC 131]

Em (145), o falante considera que expressões tais como *dúvida, fase, termo* etc. constituem espaços ou situações psicológicas, dentro dos quais é possível alojar entidades tais como *você ficar, homem, alguém atuar* etc. Em (145n), a primeira ocorrência de *em* ultrapassa o domínio da sentença, criando um quadro de referências dentro do qual se deve interpretar a proposição que se segue.

(146) Preposição tomando uma expressão de tempo como PONTO DE REFERÊNCIA
  a) você tem::*em* época de São João em Olinda você ainda vê fogueira [D2 REC 05]
  b) eu pretendo chegar sair daqui... sexta-feira de manhã pra poder estar *no* sábado em Belo Horizonte... tranquilo [D2 SSA 98]
  c) e que eu não vou chegar em Belo Horizonte *no* mesmo dia... [D2 SSA 98]
  d) é um absurdo sem dúvida alguma quando o homem esta *no* apogeu... [D2 SP 360]

De novo imageticamente, o falante representa *época, sábado, dia, apogeu* como espaços no interior dos quais se alojam os conteúdos *fogueira, eu estar, eu chegar, homem estar*.

A preposição *em* introduz essas expressões locativas, atenuando seu valor prototípico de "localização de X no interior de Y", em favor de "a existência de X ocorre no lugar expresso por sintagma preposicional":

(147) a) nós VA:MOS não é admitir... aqui... *em* aula... que: existe uma: complementaridade entre esses três saberes... [EF REC 337]
b) por exemplo... *no* setor odontológico... sabemos... que... existe uma demanda... muito grande... atualmente... [DID REC 131]
c) *em* São Paulo tinha uns cinemas ótimos eu acho que aGOra o::o pessoa:: sei lá eles vão de qualquer jeito [DID SP 234]
d) Olinda é o maior conjunto barroco existente *no* mundo atualmente [D2 REC 05]

A preposição *entre*, que etimologicamente é um comparativo de superioridade de *em* (< *in* + *ter*), significando, portanto, "mais dentro", denota um espaço físico, que pode ser também um espaço de tempo, situado "mais no interior" de dois termos, em seu intervalo, organizando a estrutura [*entre* X e Y]:

(148) a) fica mais ou menos *entre* SEis e oito horas né? [D2 SSA 98]
b) a senhora... procurou dar espaço de tempo *entre* um e OUtro... [D2 SP 360]
c) ...mas *dentre* uma... e outra... há uma faixa enorme... [D2 SP 360]
d) tem havido um acordo *entre*: a classe... patronal... e a classe... trabalhadora... [DID REC 131]
e) procura estabelecer... os diversos VÍNculos... existentes *entre* patrões... e... empregados... [DID REC 131]
f) *entre* os mais... antigos e esses mais novos como é que eles chamam [...] os calouros [DID SSA 231]
g) às vezes *entre* a janta e o almoço... dá assim muita sede eu tomo suco de laranja sabe? [DID RJ 238]
h) vocês leram isso *entre* as páginas dez e treze e catorze [EF REC 337]
i) quando você estava falando de agora ser mais fácil, porque os mecanismos assim são mais perigosos... mecanismos assim que nem você falou: *entre* carro e cavalo, o carro é mais perigoso. [D2 SP 343]

A não ocorrência dos termos X e Y interrompe a interpretação de "intervalo", e agora a preposição *entre* perde seu sentido prototípico, liberando um sentido mais indeterminado de "no meio de", neutralizada a distinção/continente-conteúdo/:

(149) a) isso realmente provocou eh ciúmes *entre* os homens eh:: [D2 SP 360]
b) porque *entre nós* por exemplo... há muita ignorância... [EF REC 337]
c) um reajuste reajuste esse que é... debatido... *entre* os associados através das chamadas assembleias... [DID REC 131]
d) eu digo que é mais sé:rio devido... à própria mentalida:de... que se cri:a *entre* os profissionais do direito... [EF REC 337]

/FORA/

A representação gramatical das entidades que se situam fora de um conteúdo é consideravelmente mais pobre que seu antônimo, tendo-se registrado apenas a locução preposicional *fora de*, nos mesmos ambientes de *dentro de* e *em*:

(150)   a) fora isso dentro de uma sala de aula... precisa isso... agora num ambiente *fora de*... *da sala de aula*... que é que nós (precisamos) de ter... um ambiente bem::... gostoso pro doente pro::doente ahn? [DID SSA 231]
      b) ... morar bem é morar *fora da* cidade... é morar onde você respire... onde você acorde de manhã como eu acordo e veja passarinho à vontade no quintal e ter um quintal... e ter árvores... é morar perto do mar eu não entendo se morar longe do mar [D2 REC 05]
      c) eu ficar tempo to/... tempo todo *fora de* casa... tempo integral fora de casa realmente dá muito... problema com eles... [D2 SP 360]
      d) quase todos os doentes não negamos nunca atender um doente ou outro que chegue mesmo *fora de* horário [DID SSA 231]
      e) na faculdade de filosofia tem es/... pesquisas que o professor faz né? *Fora do* convívio com o estudante... [DID SSA 231]

A abordagem funcionalista conduz o olhar para a gramaticalização das preposições, fornecendo o quadro teórico a partir do qual a descrição semântica dessa classe se viabiliza, devendo ser lembrados aqui os esquemas imagéticos de ESPAÇO e TEMPO e as transposições de esquemas quando os sentidos migram desses esquemas para os de instrumento, causa, qualidade.

A perspectiva funcionalista-cognitivista permite tratar desta e de outras classes de palavras de uma forma articulada, evitando-se as análises atomistas comuns em nossas gramáticas.

SENTIDO E DISTRIBUIÇÃO DAS PREPOSIÇÕES MAIS FREQUENTES

As páginas desta seção são dedicadas à análise das dez preposições que ocorreram com maior frequência no *corpus* compartilhado do Projeto Nurc. Adotando o critério de frequência, serão consideradas as preposições *de, em, para, a, com, por, até, sobre, entre* e *sem*, totalizando dez subseções. A amplitude dessas seções varia, mas o esquema será o mesmo para todas: 1) num primeiro momento, apontam-se um ou mais sentidos básicos que serão colocados em correspondência com um ou mais esquemas imagéticos de um tipo espacial;

não por acaso, esses sentidos básicos são os mesmos que as preposições trazem desde o passado como sentidos etimológicos; 2) num segundo momento, trata-se das extensões que esses sentidos básicos sofreram ou ainda sofrem; não será surpresa encontrar aqui várias formas de transposição de esquemas espaciais para temporais ou outros, nas quais a semelhança estrutural entre a representação que serviu de ponto de partida e o resultado a que se chega ainda é perceptível; 3) num terceiro momento, serão analisados outros empregos que não se encaixam na explicação mais geral proposta para os itens anteriores; esses empregos parecem importantes, mas não poderiam ser facilmente explicados como extensões de sentido; por isso, eles serão denominados "resíduos"; 4) num último momento, a preposição é analisada do ponto de vista sintático, com o objetivo de determinar quais são os contextos sintáticos em que mais ocorre. O leitor notará que as preposições *de*, *com* e *por* receberam uma análise mais pormenorizada; trata-se de uma escolha nossa, mas essas análises, que são mais detalhadas, afora as suas informações etimológicas, podem servir de molde para o aprofundamento das análises das outras preposições.

Duas observações prévias são ainda necessárias:

1. embora cada uma das preposições seja analisada à parte, distanciamo-nos ainda assim do tratamento tradicional, que qualificamos na introdução como sumário e detalhista. A diferença reside no fato de que, a cada preposição, são atribuídos alguns sentidos básicos que são ao mesmo tempo válidos para o falante atual e historicamente motivados. Esses sentidos básicos remetem a operações cognitivas muito gerais, organizando usos que, nos tratamentos tradicionais, são apresentados como não tendo uma medida comum;
2. a existência de resíduos não é em si mesma um problema para a orientação geral utilizada. Esses resíduos são inevitáveis no atual estágio da pesquisa, mas poderão vir a ser absorvidos posteriormente, mediante explicações mais abrangentes. Nesta gramática analisa-se o português, uma língua natural, e neste capítulo apenas se começa a lidar com a polissemia de uma classe de palavras das menos exploradas: falar em resíduos é uma forma de deixar mapeadas algumas regiões problemáticas e de deixar registrada a necessidade de explorá-las mais a fundo. Passemos, portanto, à apresentação, segundo a forma que descrevemos nos parágrafos anteriores, das preposições mais atestadas no Projeto Nurc. Dedicaremos uma seção a cada preposição.

A preposição *de*

USOS ETIMOLÓGICOS DE *DE* LIGADOS AO ESQUEMA IMAGÉTICO DE ORIGEM

Ha, no *corpus* do Projeto Nurc, uma quantidade de construções como:

(151) João é o pai de Pedro.
(152) Um representante da associação de moradores esteve aqui.
(153) O presidente do conselho deu posse ao José da Silva na pasta da saúde.
(154) O Zé da Silva é o sucessor do Pedro das Quantas.
(155) Conheci ontem um torcedor do Corinthians.
(156) O Pedro é torcedor do Corinthians.

Em sentenças como essas, a expressão complexa formada pela preposição mais os dois substantivos que ela liga (*"o pai de Pedro"*, *"o sucessor do Pedro das Quantas"*) constitui um sintagma nominal completo, como mostra o artigo que o precede e, por assim dizer, o fecha.

Interessa perceber uma característica que todos esses sintagmas nominais têm em comum: trata-se do fato de que o primeiro dos dois substantivos é, invariavelmente, o que poderíamos chamar de "substantivo relacional". Como o próprio nome indica, trata-se de um substantivo que por seu próprio sentido exprime uma *relação*, seja ela "de parentesco" (como e óbvio para "*(ser) pai*") ou uma relação criada pelo fato de que os dois indivíduos ocupam o mesmo cargo em tempos diferentes (como em "*ser sucessor*"), uma relação afetiva (como em "*ser torcedor*"), e assim por diante. Em todos esses exemplos a preposição *de* introduz o segundo termo da relação.

Na economia geral da sentença, esses sintagmas nominais funcionam de maneiras diferentes. Em (156), meramente estabelecemos que existe uma determinada relação (a de "ser torcedor") entre Pedro e o Corinthians; em (151), (153) e (154), o sintagma nominal formado pela preposição mais os dois substantivos (*"o pai de Pedro"*, *"o presidente do conselho"*, *"o sucessor de Pedro das Quantas"*) descreve um indivíduo determinado, possivelmente o único que, no momento ou no contexto, está na relação descrita pelo primeiro substantivo com o indivíduo ou objeto identificado pelo segundo; por fim, em (152) e (155), valem como a descrição de um indivíduo indeterminado entre outros, possivelmente porque há outros indivíduos, contextualmente relevantes, que têm a mesma relação com o segundo termo.[21]

Todas essas possibilidades estão abundantemente representadas nos dados do Projeto Nurc; os substantivos relacionais (que ocupam a primeira posição do sintagma) são principalmente termos de parentesco (*marido, mãe, esposa, afilhado, irmão*), mas também encontramos termos que exprimem alguma relação diferenciada, como *dono, chefe*, além de termos que evocam a relação parte-todo, ou algum tipo de localização espacial estabelecida a partir de um termo de referência. Eis alguns exemplos:

(157) (o sintagma nominal, juntamente com um verbo de ligação, forma um predicado)
  a) Só que ele não é dono *do* meu organismo. [D2 RJ 158]
  b) Saiu, no dia seguinte, um clichê no Correio do Povo com a fotografia do nosso time e a madrinha. A madrinha é hoje esposa *dum* colega meu. [DID POA 6]
(158) (o sintagma nominal identifica um indivíduo)
  a) O avô *do* meu marido foi mineiro. [D2 POA 283]
  b) Eu era terrível, brigava com o filho *da* diretora do colégio, de pedra. [D2 POA 283]
  c) Eu era o chefe *da* equipe, né? [DID POA 6]
  d) Eu era benquisto lá porque era o afilhado *do* doutor. [D2 RJ 158]
(159) (o sintagma nominal descreve, mas não identifica)
  a) Os filhos *de* mães totalmente liberais que deixavam a criança fazer o que bem entendesse. [D2 POA 283]
  b) Eu dei a Mara também um cachorro irmão *de* outra. [D2 SSA 95]
  c) O filho *do* cacique era a mesma coisa que o filho *de* qualquer um que não fazia nada. [D2 SP 343]

Os casos de relação espacial ou de relação parte-todo são representados por exemplos como (160), mas muitas sentenças assim construídas obrigam a interpretações menos exatas do que os substantivos relacionais referidos a humanos, e a distinção entre predicados/descrições definidas/descrições indefinidas que esboçamos anteriormente fica menos clara. Por exemplo, apesar da presença do artigo definido, não é óbvio que "*o meio do mato*", "*o alto de um prédio*" e "*o meio do caminho*" identifiquem lugares muito precisos. Note-se, aliás, que essas construções, quando tratam da relação parte-todo, acabam confundindo-se facilmente com as construções partitivas, de que falaremos em outro ponto do tratamento de *de*.

(160) a) você está no alto *de* um prédio e dá uma zebra lá luz... Cinquenta andares. [D2 SP 343]
  b) Pra camping a gente escolhe um lugar no meio *do* mato. [D2 RJ 158]
  c) Às vezes pega um temporal no meio *do* caminho. [D2 RJ 158]

GENITIVOS SUBJETIVOS E OBJETIVOS
E OUTRAS FORMAS DE COMUTAÇÃO COM VERBOS

Diz-se frequentemente que a preposição *de* traduz o genitivo latino. A ideia mais geral contida nessa observação é correta, pois é inegável que a maioria dos genitivos latinos se traduz em português pela preposição *de* e vice-versa, e essa correspondência foi usada durante séculos, no ensino de latim, como uma espécie de orientação geral para a tradução. Alguns mecanismos gramaticais que envolviam o genitivo latino envolvem igualmente a preposição portuguesa *de*. Foi provavelmente o linguista francês Émile Benveniste quem chamou a atenção para a regularidade com que se realizam certas correspondências gramaticais, envolvendo de um lado verbos transitivos e substantivos e, de outro, apenas substantivos: de "*Flavius amat Priscam*" (onde não há dúvida de que é Flávio que ama, e Prisca quem é amada) o latim tirava duas diferentes nominalizações que remetem ao mesmo estado de coisas: "*amor Flavii*" e "*amor Priscae*"; nas duas nominalizações, o substantivo *amor* se faz acompanhar de um genitivo; a sintaxe dessas duas expressões era então a mesma, mas, por referência à expressão verbal subjacente, o primeiro genitivo era declarado "subjetivo" (porque *Flavius* é o sujeito de *amat*) e o segundo era declarado "objetivo" (porque *Priscam* é o objeto de *amat*). Herdado provavelmente do genitivo latino, o duplo sentido que acabamos de apontar é encontrado também na preposição portuguesa *de*, que às vezes introduz o que seria sujeito de um verbo cognato do substantivo, e em outros casos introduz o objeto: a este propósito, oponham-se (161) / (162) e (163) / (164):

(161) Tudo o que eu sei é através de notícias *de* pessoas que foram e que comentaram. [D2 POA 283]
("as *pessoas* dão notícia...")
(162) O jornal dá todos os dias notícias de pessoas que se encontram desaparecidas.
(exemplo construído – as *pessoas* "são objeto das notícias")
(163) Há novas teorias nos Estados Unidos baseadas nos estudos *de* Summerhill. [D2 POA 283]
("Summerhill *fez os estudos* que originaram as novas teorias")
(164) Na década de 1950, *o estudo de* Summerhill foi prática corrente entre os educadores americanos.
("na década de 1950, foi comum que os educadores americanos estudassem as teorias de Summerhill")

A distinção de um "genitivo subjetivo" ou "objetivo" como sentidos possíveis da preposição *de* remete às posições sintáticas do sujeito (encontrada tanto em verbos transitivos como intransitivos) e objeto (só disponível para os verbos transitivos).

Ora, a velha distinção que as gramáticas fazem entre verbos transitivos e intransitivos não é a mais articulada que existe. Podemos chegar a uma ideia mais exata das funções exercidas pela preposição *de* que segue um substantivo deverbal se, além daqueles dois tipos, considerarmos um terceiro, o dos verbos ergativos, cujo sujeito identifica o indivíduo que sofre a ação do verbo, e não o indivíduo que detém sua iniciativa. Por esse caminho, chega-se a algo muito próximo do seguinte quadro:

Quadro 18

		Verbo		
		Transitivo	Intransitivo	Ergativo
Papel semântico do SN	Objeto afetado	(164)		(165)
	Agente	(166)	(167)	

(165) objeto afetado com verbo transitivo
    a) Quando a[s] despesas tão um pouquinho apertadas, tem que fazer uma contenção *de* despesas. [DID RJ 328]
    b) A plantação *de* cana-de-açúcar linda que eu vi, foi entre Maceió e Recife. [D2 RJ 158]
    c) Com a construção *do* sistema de abastecimento d'água tem muita desapropriação a fazer. [D2 SSA 95]
    d) você entendeu? eu vejo assim [...] a eliminação *de* sintomas? [D2 SP 343]
    e) Eu vejo assim pontes enormes que se gastam fábulas para construí-las desde o projeto até a entrega *da* obra. [D2 SP 343]
    f) nós tamos na obrigação de ir pra lá fazer inclusive o lançamento *do* Congresso. [D2 SSA 98]
(166) objeto afetado com verbo ergativo
    a) Sempre, tem mudança *de* governo, recomeça tudo. [D2 SP 343]
    b) Com a história do racionamento do petróleo foi diferente, que a maioria dos países optaram pelo aumento *do* preço. [D2 POA 283]
    c) Vendo as batidas *de* carros, você conclui que o brasileiro guia mal. [D2 SSA 98]
    d) [O médico] lá metido no interior, ele está se sentindo mal mesmo, ele não tá acompanhando o desenvolvimento *da* ciência. [D2 POA 283]
    e) Fui padrinho de casamento *de* um amigo meu em Maceió. [D2 RJ 158]
(167) agente com verbo transitivo
    a) Comentário *de* nordestino chegando: "elevador que anda ao contrário que anda de cá para lá, aperta um botão e começa a andar". [D2 SP 343]
    b) No futuro vai ter que ter uma agricultura mais racional no Brasil ao alcance *de* maior número de pessoas. [D2 SSA 95]

c) [Falando de um posto médico] Quando souberam que era particular [pago pelo paciente], o troço mudou cento e oitenta graus, o tratamento *das* enfermeiras com a gente. [D2 POA 283]
(168) agente com verbo intransitivo
 a) [Os lemingues se matarem] então é o esquema de sobrevivência *da* espécie no fundo, né? [D2 SP 343]
 b) Imposto de renda é um horror, nós fizemos o cálculo, um mês de trabalho *da* gente é pro imposto de renda. [D2 POA 283]
 c) então poderia surgir uma solução do tipo todos se arrebentarem ao mesmo tempo, para a sobrevivência *da* raça, né? [D2 SP 343]

Ao considerarmos três tipos de verbos e pelo menos dois tipos de papéis semânticos associados, como o fizemos no Quadro 18, ampliamos um pouco nossa compreensão do modo como a preposição *de* se presta à tarefa de dar uma formulação nominal a relações que são, na origem, de natureza verbal. Mas a lista de correspondências entre construções sintáticas em que um substantivo rege outro mediante a preposição *de*, e construções de outra natureza, em que a preposição *de* não intervém, é muito mais ampla do que o Quadro 18 poderia sugerir; é preciso considerar, antes de mais nada, que as nominalizações que partem de sentenças com verbos transitivos, intransitivos e ergativos são muito mais diversificadas do que sugerem os exemplos (165) a (168), que são todos casos de "nominalizações da ação"; e, em segundo lugar, que o ponto de partida para as nominalizações pode ser outro que não uma sentença baseada nesse tipo de verbos. A primeira dessas situações e ilustrada pelos exemplos (169) e (170) nos quais a nominalização dá origem ao "nome do agente" e ao "nome de instrumento".

(169) Conquistador *da* Pérsia
(170) Cortador *de* grama

Quanto ao segundo aspecto, o fenômeno para o qual é preciso chamar a atenção é a possibilidade de converter em sintagmas nominais contendo a preposição *de* uma série de tipos sintáticos de sentenças em que o verbo é *ser*, *estar*, *ter* ou outro, funcionando basicamente como um "verbo-suporte":

(171) adjetivos com *ser*
 O João é feio > a feiura *do* João
(172) substantivos com *fazer*
 O João fez aniversário ontem > o aniversário *do* João

(173) substantivos com *ter*
O João tem cabelos brancos > os cabelos brancos *do* João
O João tem uma aparência horrível > a aparência horrível *do* João
O João tem dois metros (de altura) > a altura *do* João
O João tem cinco irmãos > Os cinco irmãos *do* João
Esta equação tem duas raízes > As duas raízes *desta* equação

Cada um desses processos tem limites que não conhecemos bem (O João é torcedor do Palmeiras → *A torcida do Palmeiras do João), mas é inegável que essas correspondências têm um papel gramatical importante e contribuem (de acordo com o princípio enunciado na seção "As preposições no enfoque cognitivo" e, sob outra perspectiva, na seção "Preposições e papéis temáticos", de que as preposições podem ser vistas como maneiras de efetuar recortes sobre a diátese de um verbo) para definir alguns sentidos importantes da preposição *de*.

EMPREGOS ETIMOLÓGICOS LIGADOS AO ESQUEMA IMAGÉTICO DA EXTRAÇÃO/ORIGEM

Muitos empregos da preposição *de* evocam mais ou menos diretamente o esquema imagético do percurso com foco no lugar de origem. Como vimos na seção "As preposições no enfoque cognitivo", esse esquema imagético se aplica diretamente aos sintagmas nominais que dependem de verbos de movimento, quer tenham uma natureza argumental ou acessória, quer sejam tomados literalmente, isto é, em sentido físico ou em sentido metafórico (as quatro possibilidades que derivam da combinação dessas alternativas são exemplificadas pelos sintagmas nominais assinalados em *"Este vinho provém do Chile", "o português deriva do latim", "o Jaime chegou ontem de sua viagem à Europa", "o novo projeto nasceu de um cuidadoso diagnóstico"*). O esquema imagético que privilegia o lugar de origem é bastante claro em todos os usos da preposição *de* que transcrevemos a seguir:

(174) argumental/literal[22]
  a) A minha mãe chegou ontem *da* Foz do Iguaçu. [D2 POA 283]
  b) então ele [que precisa de mão de obra] tem que trazer *de* outra cidade. [D2 SP 343]
  c) Eu acho, pô!, porque que a gente leva *dessa* vida... a gente não leva nada *dessa* vida. [D2 POA 283]
(175) não argumental/literal
  a) A estrada *de* Governador Valadares pra Belo Horizonte foi construída recentemente. [D2 SSA 98]
  b) *De* São Paulo pra Minas, você indo pelo oeste, então você também percebe: em São Paulo é muito mais cultivado do que em Minas. [D2 RJ 158]

(176) argumental/não literal (note-se que, nos últimos dois exemplos, o uso não literal se caracteriza pela mudança de assunto da conversação, que se dá como uma passagem ou uma volta)
a) Desde que separou o Estado *da* Igreja, terminou o poder da religião. [D2 POA 283]
b) [O Brasil] parece que está saindo *de* uma condição de subdesenvolvimento. [D2 SP 343]
c) Ah! o meu rancho não pode passar *de* quatrocentos cruzeiros. [D2 POA 283]
d) Eu acho que um pouquinho da minha minha revolta contra isso tudo, vem *daí*. [D2 POA 283]
e) Essa coisa [a largura das estradas] veio *da* convenção internacional que (dois) metros e meio dá pra passar um carro ou caminhão. [D2 SSA 98]
f) Um [trecho de estrada] que sai *de* Governador mesmo, daquele trevo que tem ali. [D2 SSA 98]
g) Uma roupa que tu compra e te dura cinco, seis anos, sem sair *de* moda. Por exemplo, gabardine, essas coisas assim que não sai *de* moda, vale a pena comprar lá. Sapatos clássicos, modelo inglês, pra mulher também, sapato bom do Uruguai não sai *de* moda. [D2 POA 283]
h) O tempo tá feio; isto eu lhe garanto. Agora, saindo *do* tempo pras viagens, você disse que esteve em Recife. Aonde você esteve? [D2 RJ 158]
i) Agora vamos sair *da* escola e vamos voltar ao professor. [DID SSA 231]
j) Há um derivado do leite que assenta bem em regimes, dependendo *do* tipo, né? [DID RJ 328]
k) você chega a dizer que você pode muDAR o problema *de* um lugar para outro, né? [D2 SP 343]
l) Eu acho que você já saiu *do* [problema]. [D2 SP 343]
m) Está um pouco aleatório esse papo. Pulando *daqui* para lá [D2 SP 343]

(177) não argumental/não literal
a) Eu acho que qualquer lugar é diferente daqui do Rio *do* ponto de vista clima. [D2 RJ 158]
b) Como vocês veriam então a nossa vida? por exemplo, imaginar cada um de nós *daqui* a vinte anos? [D2 SP 343]
c) O objetivo foi atender às necessidades do país, essa profissionalização a nível de segundo grau e a obrigatoriedade *dos* sete aos quatorze anos. [D2 POA 283]

DE PARTITIVO

Menos óbvia, mas ainda perceptível, é a presença do esquema imagético da origem nas construções partitivas, pois o partitivo, em seus usos mais típicos, pode ser referido à experiência de separar, para efeito de predicação, alguns espécimes de uma coleção ou, como se costuma pensar, uma parte de um todo. A preposição *de* é sem dúvida o grande recurso que a língua portuguesa utiliza para formular a relação parte-todo, e essa formulação é extremamente regular, no sentido de que, dos dois sintagmas nominais que formam a construção SN + *de* + SN, é sempre o segundo o que indica o todo, ou seja, a origem da extração. O que se esquece de observar é a extrema variabilidade de formas que a relação parte-todo pode assumir, uma variabilidade pela qual respondem vários fatores, como: a) o caráter discreto ou contável do domínio de extração (*a maior parte das profissões / a maior parte do trigo produzido durante o ano*); b) o tipo de recorte que se faz, que pode ser um recorte quantitativo ou não (*parte dos presentes / um terço dos presentes*); c) pode expressar-se ou não por meio de um vocabulário específico para certos domínios (*um trecho da estrada / uma parte da estrada*) etc. Reunimos nas próximas duas páginas alguns exemplos de construções partitivas encontradas no *corpus* do Projeto Nurc. A quantidade de exemplos transcritos é proporcional à sua importância no total de usos de *de*. Note-se que não hesitamos em incluir nesses exemplos casos como:

(178)   O cabeçote *do* motor.
(179)   A máquina substitui mais o homem numa porção *de* coisas. [D2 SP 343]
(180)   Ele [o tal pato no tucupi] vem o pato cozido feito uma espécie *de* canja. [DID RJ 328]

Pode parecer estranho que o façamos: ao lerem (178), muitos leitores estarão propensos a lembrar que o cabeçote pertence ao motor, e o verbo *pertence* tem sido associado tradicionalmente a ideia de "posse", mas é claro que aqui tudo não passa de uma relação parte-todo; em (179), não temos um domínio de extração bem caracterizado e alguém poderia dizer, com razão, que uma porção de coisas são, afinal, coisas. Um problema análogo parece surgir quando se tenta dizer que parte da canja ou das canjas é uma espécie de canja. Pensamos que esses problemas não afetam o fato de que a língua trata esses casos como se fossem casos autênticos de extração: em outras palavras, a gramática dessas construções é a gramática do partitivo.

(181)   um dos / alguns dos / vários dos
     a)   A medicina eu acho que é uma *das* profissões mais rendosas que existe. [D2 POA 283]

b) Um *dos* problemas da viagem de automóvel é que você não pode prestar atenção no que tem ao lado. [D2 RJ 158]
c) O Instituto Normal foi uma *das* melhores bibliotecas que eu já vi até hoje. [DID SSA 231]
d) Sempre fui uma *das* primeiras da turma. [D2 POA 283]
e) Dr. Norberto é um *dos* pioneiros desse negócio de borracha. [D2 SSA 95]
f) A gente testa alguns *dos* mecanismos de como vocês fazem a verificação de aproveitamento dos alunos, né? Vários *desses* métodos não são mais necessários. [D2 SP 343]

(182) um pouco/um pouquinho de
a) A gente tá num papo que vai demorar um pouquinho *de* tempo. [D2 SSA 98]
b) Um pouquinho *da* minha minha revolta contra isso tudo, vem daí. [D2 POA 283]
c) não sou religiosa, estudei um pouco *de* catecismo e pronto. [D2 POA 283]
d) Aqui em casa, então, aí eu tomo um pouquinho *de* Coca-Cola. [DID RJ 328]
e) então havia restaurantes que eles serviam assim um pouquinho *de* cada coisa. [DID RJ 328]

(183) (a maior) parte de
Eu vou passar (a maior) parte *do* tempo na rua. [DID RJ 328]

(184) nada de
Diz que a guarda Argentina revista todo mundo, não deixa sair nada *de* comida. [D2 POA 283]

(185) porcentagem/fracionários
a) Só o leite consome quarenta por cento *do* salário mínimo. [D2 POA 283]
b) Ela, para emprestar tanto..., xis *de* dinheiro, ela vê o valor da terra e hipoteca aquele valor. [D2 SSA 95]
c) A gente percebe que..., nas minhas viagens, noventa por cento *delas* são de automóvel. [D2 RJ 158]
d) Eu processei metade *dos* cálculos. [D2 SP 343]

(186) uma espécie de/um tipo de
a) Ela põe aquilo com leite pra ela tomar. Faz uma espécie *de* mingau. [DID RJ 328]
b) Ele [o tal pato no tucupi] vem o pato cozido feito uma espécie *de* canja. [DID RJ 328]
c) Eles aproveitam e comem também, pra não ter que fazer dois três tipos *de* refeições. [DID RJ 328]
d) Aqui no Rio tinha uma espécie *de* banana parecida. Se eu não me engano é a banana-figo que eles chamam aqui no Rio. [DID RJ 328]

e) Eles fazem assim uma espécie *de* um meLAdo, inclusive o tal pato no tucupi. [DID RJ 328]
f) Eu tenho tido casos *de* crianças em que eu mando praticar esporte na escola. [DID SSA 231]
g) Ela tem assim uma espécie *de* uma cantina que explora essa parte de merenda para alunos. [DID RJ 328]

(187) coletivos
a) Eles davam [um caderno] pra nós fazermos nas férias, uma porção *de* contas. [DID POA 6]
b) A máquina substitui mais o homem numa porção *de* coisas. [D2 SP 343]
c) Hoje deve ter uma porção *destas* [igrejas], mas eu nunca tinha visto uma igreja com aquele estilo. [DID POA 6]
d) No interior nenhum médico fica com o mesmo status diante dum grupo *de* médicos. [D2 POA 283]
e) O que são indivíduos? são feixes *de* emoções condensadas. [D2 SP 343]

(188) número, quantidade
a) então, como é muito grande o número *de* pessoas, você não pode ter essa avaliação pessoal. [D2 SP 343]
b) Aquelas tintas são (?) pela quantidade *de* esferas de vidro, de quartzo que tem dentro dela. [D2 SSA 98]
c) No futuro vai ter que ter uma agricultura mais racional no Brasil ao alcance de maior número *de* pessoas. [D2 SSA 95]
d) Dizem os técnicos e os entendidos que essa e a única maneira que hoje em dia... pelo número *de* candidatos não há mais possibilidade de fazer diferente [a prova vestibular] [D2 POA 283]

(189) o que de
a) O carro tem a prestação muito alta, e depois o que vai *de* gasolina, o que vai *de de* oficina não é brincadeira. [D2 POA 283]
b) Gostaria de ver o que já aconteceu *de* análogo... [D2 SP 343]
c) Eu acho que tudo o que você tem *de* material tem um valor simbólico. [D2 SP 343]
d) O que vinha *de* famílias de Uruguaiana, os carros cheios com as compras do supermercado. [CFC] [D2 POA 283]
e) Lá é Livramento. O que tinha *de* uruguaios e argentinos era impressionante! [D2 POA 283]
f) Se você for ver as civilizações que já existiram até hoje, o que teve *de* queda, né? [D2 SP 343]

(190) a maioria de
Com a história do racionamento do petróleo foi diferente, que a maioria *dos* países optaram pelo aumento do preço. [D2 POA 283]

(191) caso(s) de
   a) No caso *de* aulas mais específicas assim de línguas geralmente a gente tem que ter os aparelhos. [DID SSA 231]
   b) Sabe, antigamente, há trinta anos atrás, Europa, você encontrava os casos *de* histeria de conversão, né? [D2 SP 343]
   c) Aliás, no caso assim *de* verduras, folhas, né?, eu como ervilha, como alface, muita salada aqui em casa. [DID RJ 328]
   d) Algumas atividades, como o caso *da* contabilidade, que é o curso técnico, então ele não precisa ir à universidade. [DID SSA 231]
(192) quantidade de
   Tenho a impressão que depois de uma certa quantidade *de* extração, o látex deve... Agora tenho a impressão que precisa novo corte. [D2 SSA 95]
(193) nomes de partes, condicionados ao nome do todo
   a) Às vezes, eu como um pedaço *de* queijo minas. [DID RJ 328]
   b) A estrada não é boa. Um trecho monótono. Cê cansa muito esse trecho *de* viagem. [D2 SSA 98]
   c) Outros apenas ficam somente na parte clínica *do* tratamento pro doente, né? [DID RJ 328]
   d) Realmente você fica satisfeita pro resto *do* dia. [DID RJ 328]
   e) Eu perco parte *da* primeira aula que eu tenho. [D2 RJ 158]
   f) Cada quilômetro, eles vão lá inauguram um pedacinho *da* estrada. [D2 POA 283]
   g) A sinalização é uma etapa cara *da* estrada. [D2 SSA 98]
   h) Poluição? O adulto tem outra psique num... estágios diferentes *de* desenvolvimento. [D2 SP 343]

VESTÍGIOS DO ESQUEMA DE EXTRAÇÃO, COM VERBOS PSICOLÓGICOS

O esquema imagético da origem é o que justifica até hoje a preposição *de* que acompanha certos verbos psicológicos indicando o motivo ou causa de um estado de espírito: o caso mais óbvio, pela alta frequência, é o do verbo *gostar* (indicando o prazer que se extrai do contato com determinados objetos); mas encontramos aqui também verbos que indicam a origem de algum benefício (como *beneficiar-se*) e mesmo um verbo como *depender* (indicando que o locutor percebe uma relação entre dois fatos, um dos quais é considerado como anterior, isto é, como um ponto de partida).

(194) a) Eu gosto muito *de* coalhada, iogurte, esses produtos derivados realmente do leite. [DID RJ 328]
b) Na hora do recreio saíam todos e, eu cansei *de* ouvir, vezes sem conta: Saul, você fica. [DID POA 6]
c) Pra uns se chama boêmio né a outros vagabundos depende *do* ponto de vista, né? [D2 RJ 158]
d) então eu acho válido botar a criança o mais cedo possível na escola; agora depende *da* escola. [DID SSA 231]
e) [Há alguma profissão proibida às mulheres?] – Depende *da* mulher. [D2 POA 283]
f) Eu me lembro *de* ter dado alguma coisa para ele. [D2 POA 283]

DE + INFINITIVO NA FORMAÇÃO DE ANGULADORES

Embora não imediata, a ligação com o esquema imagético da origem também pode ser recuperada para as construções em que o *de* segue um adjetivo e introduz um infinitivo, como em "*(osso) duro de roer*" ou "*(orientação) fácil de assimilar*". Podemos, com efeito, entender que a avaliação *duro* ou *fácil* é a que se extrai da experiência ou tentativa de *roer* ou *assimilar*, conforme o caso. Nessas construções, os infinitivos formam um tipo particular de sentença reduzida (cujas versões explícitas seriam "*roer esse osso é duro*", "*assimilar essa experiência é fácil*") que transmite a ideia de que as qualidades de ser *duro* ou *fácil* resultam aplicáveis num âmbito restrito, definido pelas experiências de *roer* e *assimilar*. Restringir o âmbito de aplicação de uma propriedade é, como sabemos, a função dos "anguladores", uma função que já foi estudada sob os nomes de "*hedges*" e "circunscritores", e que é mais frequentemente exemplificada por meio de advérbios em sentenças como "*Tecnicamente, o vinho é um fermentado*", "*Comercialmente, o gás natural é mais vantajoso que a energia elétrica*". A nosso ver, o uso de advérbios é apenas uma entre várias maneiras disponíveis para expressar a função de angulador; entre outras formas disponíveis está, precisamente, o uso de *de* + infinitivo, o que nos permite falar da preposição como parte de uma construção gramatical que forma anguladores, e justifica a presente seção. Resta dizer que a construção é frequente e versátil, como se pode verificar pelos exemplos que seguem:

(195) e tem outro problema difícil que cria... para ah::em relação aos familiares... em relação a famílias muito grandes... e e amigos... então acha porque a pessoa trabalha com isso... é <u>fácil</u> *de* arranjar emprego... então :::fulano de tal::sempre foi::um::menino mais estudio::so... não é? [D2 SP 360]

(196) sabemos que determinadas categorias... estabelecem a greve... como um MEIO... legal... *de* fazer valer [D2 POA 291]
(197) Agora o mais chocante [...] — *de* entrar em fila pra aula, [...] ...tinha a Escola Normal ali perto e começavam a passar nossas namoradas e nós todos de fila, aí nos deixava muito constrangidos. [DID POA 6]
(198) eu acho que seria... a a a a...o lado mais fácil *de* se chegar ao público para... para se chamar ao teatro seria através da televisão porque você vê em todos os lares... [DID SP 234]
(199) O meu dinheirinho aqui tá cada vez mais difícil *de* se ter o que precisa. [D2 POA 283]
(200) De ginásio, de primário, vou dizer que vai ser muito difícil *de* recordar. [DID POA 6]
(201) [Quanto ao crediário] essa é uma boa *de* gastar dinheiro, eu que o diga. [D2 POA 283]
(202) é é é difícil *de de* encontrar... uhn uhn normalmente e difícil por/ ah:: não não sei assim por especialida::de... não na/ na/ não sei ah e às vezes a dificuldade que se encontra porque tem muito::s... executivos... de idade... mais ou menos razoável dentro do que eles querem porque... [D2 SP 360]

Na maioria dos exemplos dessa construção, o infinitivo tem interpretação passiva, mas essa expectativa nem sempre se cumpre.

USOS ETIMOLÓGICOS LIGADOS À IDEIA DE ASSUNTO

Uma função da preposição *de* que se mantém desde as origens latinas, e continua viva hoje em dia, é a de indicar assunto. Ela está diretamente representada em exemplos como:

(203) Em Nuremberg, se não me engano na Alemanha, sei *de* americanos ou ingleses que matou muito mais gente do que quando caiu a bomba atômica. [D2 SP 343]
(204) Aquele jornalista que escreveu o livro, ele estava contando *de* um camarada que ele descobriu aí, um francês. [D2 SP 343]
(205) Vamos falar *de* dinheiro? [D2 POA 283]
(206) Eu falo *do* Rio Grande do Sul, do Brasil [DID POA 6]
(207) Eu não entendo muito *disso* não. [D2 RJ 158]
(208) Eu estou fazendo a coisa simplesmente porque eu sou uma peça dentro de uma engrenagem. Eu não estou sabendo *do* porquê. [D2 SP 343]

(209)   Não que seja um negócio, mas é isso que eu estou me referindo: estava falando *de* mudanças de forma. [D2 SP 343]
(210)   Nunca falaríamos *de* doença com você. [DID SSA 231]

e aparece indiretamente em

(211)   O nosso comércio mesmo aqui de Porto Alegre se queixava muito *do* comércio de lá. [D2 POA 283]
(212)   Na hora do recreio saíam todos e, eu cansei *de* ouvir, vezes sem conta: Saul, você fica [DID POA 6]
(213)   Ele andava metido com esse negócio *de* cachorro [D2 SSA 95]
(214)   Quando você vive dentro de uma cidade você perde a noção *de* relevo dela [D2 RJ 158]

Há contextos em que a ideia de assunto ligada ao *de* se torna extremamente tênue, a ponto de que da ideia de assunto como alguma coisa de que se trata (verbalmente) se passa insensivelmente para o assunto como alguma coisa que vem a propósito de um objeto ou de uma determinada atividade, ou, mais simplesmente, como algo que cabe lembrar, a propósito dessas entidades, algo que lhes associamos. É bem sabido que a capacidade humana de estabelecer associações é praticamente incontrolável e que, na prática, somos capazes de associar tudo a qualquer coisa. Por esse caminho, talvez se explique por que a língua portuguesa usa a preposição *de* para explicitar qualquer associação que permita tornar mais exato um conceito. É assim que temos:

(215) a)   Ele ganhou não sei quantas medalhas *de* exposição [D2 SSA 95]
b)   Quando chega um cara *do* Rio, era essa a fama: o cara é carioca, é sem-vergonha. O pessoal de cidade pequena, quando chega um cara do Rio, era essa a fama. [D2 RJ 158]
c)   Eu me ressinto muito *da* comida de rua [DID RJ 328]
d)   Eu entrei com cinco num coleginho lá *de* beira de morro. Só descia toda molequeirada, descia pro coleginho [D2 POA 283]
e)   Ela faz bolinho *de* batata, recheando aquela carne picadinha [DID RJ 328]
f)   As construções que tem lá são construções *de* pelo menos dois, três anos. [D2 RJ 158]
g)   Eu procurei uma escola bem menor, *de* poucos alunos [DID SSA 231]
h)   A ideia que dá é um carro assim *de* Fittipaldi [D2 SSA 98]
i)   Os padres davam um livrinho [...] com contas pra serem feitas *de* somar, diminuir, *de* multiplicar, *de* dividir, *das* quatro operações. [DID POA 6]

RESÍDUOS

Trataremos, neste parágrafo, de alguns usos da preposição *de* que não podem ser considerados etimológicos e que, sincronicamente, se afastam dos esquemas imagéticos da origem e do assunto. Deve ficar claro que, ao falarmos em resíduos, não queremos sugerir que esses usos da preposição *de* sejam menos numerosos ou, em algum sentido, menos importantes. Trata-se apenas de usos em que os esquemas imagéticos da origem e do assunto não podem ser invocados. Como seria de esperar, o que sobra como resíduo são casos bastante disparatados, mas entre esses fatos disparatados muitos se prestam a um tratamento conjunto. Nesse sentido, chamamos a atenção do leitor para os seguintes fenômenos:

a. o uso da preposição *de* para introduzir um predicativo que indica denominação, depois do verbo *chamar*;
b. o uso de um *de* que indica destinação;
c. o uso de um *de* "de domínio";
d. o vasto uso que se faz da preposição *de* na formação de locuções que, do ponto de vista semântico, têm ora o papel de locuções prepositivas, ora o de locuções conjuntivas, ora o de adjuntos circunstanciais.

Eis alguns exemplos levantados no *corpus* do Projeto Nurc:

a. predicativo com *chamar*

(216) Comemos também uma comida lá feita com feijão que eles chamavam *de* baião de dois. [DID RJ 328]
(217) Nós temos uma linha, coitadinha; não sei se dá para chamar ela *de* metrô. [D2 SP 343]
(218) E a gente faz uma comida que a titia chama *de* jardineira, com couvinha mineira. [DID RJ 328]
(219) Elas ainda têm outros bicos: lavam, fazem faxina, e outras costuram, quer dizer, uma série de pequenas atividades que elas chamam *de* bico. [D2 POA 283]

b. *de* indicando destinação

(220) Existem muitos outros meios *de* transporte que não são explorados, por exemplo, o trem... No Brasil nunca houve uma política *de* aproveitamento [do trem] [D2 POA 283]
(221) Eu acho bonito aquilo tido assim como paisagem mas não como meio *de* vida. [D2 RJ 158]

(222) A gente está desapropriando para implantar um sistema *de* abastecimento d'água. [D2 SSA 95]
(223) Tá muito abandonado aquele troço... porque não tem vias *de* acesso. [D2 SSA 98]

c. *de* indicando domínio

(224) Você, no teu dia a dia, esse problema de contemplar o relevo, você não sente problema *de* trânsito. [D2 RJ 158]
(225) Norberto é um dos pioneiros *desse* negócio de borracha. [D2 SSA 95]
(226) Ai eu não entrei, se tem algum sistema *de* hierarquia. [D2 SP 343]
(227) [O] mesmo esquema *de* comportamento pode se repetir dezenas de gerações em seguida. [D2 SP 343]

Todas as locuções aqui apresentadas mostram uma tendência a fixarem-se como frases feitas; retomaremos essa questão na última seção deste capítulo, quando falaremos da tendência das preposições para entrarem num processo de reciclagem de materiais em que a partir de preposições se formam locuções, que por sua vez se transformam em novas preposições (seção "Locuções prepositivas e dinâmica da classe de preposições").

A preposição *em*

A preposição portuguesa *em* provém da preposição latina *in*, que tinha as acepções de "localização dentro de" ou "deslocamento em direção a", entre outras, menos concretas e menos comuns, e portanto marcava sobretudo relações de espaço e tempo. *In* já era integrante de locuções adverbiais em latim: *in universum* (geralmente) ou *in totum* (totalmente).

Em português a preposição *em* tomou o lugar de várias outras preposições latinas. Emprega-se *em* no lugar de *para* ou *a*, com verbos de movimento, com acepção diretiva:

(228) Eu, uma vez, fiz uma viagem *a* Mato Grosso. [D2 SP 255]
(229) Fazem duas viagens de ida e volta *pro* centro, duas vezes por dia. [D2 POA 283]
(230) Sempre que passo lá por perto, vou *na* Igreja do Rosário. [DID POA 6]

Em português arcaico a preposição *en* exercia as funções das marcas morfológicas dos casos ablativo-locativo e acusativo, sendo que já podia ser integrante de locuções prepositivas (*en cima de / en logo* (lugar) *de*), locuções adverbiais (*en vãao*) e locuções conjuncionais (*en tal maneira que / enquanto*). A forma *in-* é produtiva como prefixo: *induzir, impor, inscrever, inspirar* etc. A preposição *em* do português brasileiro atual pode ser usada no âmbito do espaço (estático ou dinâmico), do tempo (percurso e *contêiner*) e da ligação, além de usos derivados, como, por exemplo, regências cristalizadas.

Comecemos pela representação gráfica do modelo cognitivo de *em* marcando espaço estático, ou, em outras palavras, *contêiner*:

Espaço estático:

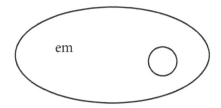

Coletamos alguns exemplos do Projeto Nurc que ilustram esse esquema cognitivo:

(231)   Tinham os bailes *em* todas as localidades onde íamos. [DID POA 6]
(232)   Raramente eu pego sol *em* Petrópolis. [D2 RJ 158]

E usos derivados desse espaço concreto, em que, por exemplo, a família é entendida como um domínio que contém as brigas:

(233)   Então sai as brigas *em* família. [D2 SP 343]

Ou ainda relações de parte-todo:

(234)   Ele tinha uma coisa que, pra mim, é uma das coisas mais extraordinárias *num* homem: um grande coração. [DID POA 6]

Podemos ainda pensar o espaço como o palco de uma ação em movimento, e então estaremos diante de *em* marcando percurso:

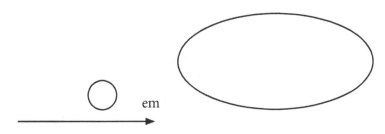

(235) Agora roupa, o uruguaio, era no Brasil, vinha *no* Brasil comprar. [D2 POA 283]
(236) Eu entrei *numa* escola e só saí pra universidade. [DID SSA 231]

Se nos deslocarmos para o âmbito do tempo, que é um modelo cognitivo que descrevemos como derivado do modelo espacial por metáfora, então temos novamente a distinção entre estático e dinâmico, sendo que para o tempo estático ainda podemos distinguir entre um período delimitado de tempo em que a ação se desenrola e um ponto em que a ação é localizada na linha do tempo:

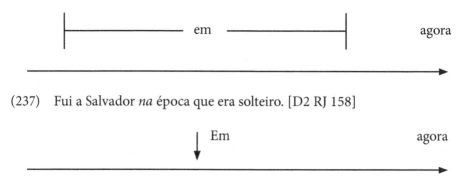

(237) Fui a Salvador *na* época que era solteiro. [D2 RJ 158]

(238) Nos formamos então *no* dia dezenove de setembro de mil novecentos e trinta e cinco. [DID POA 6]

Se pensarmos o tempo como um percurso, teremos os seguintes esquemas possíveis:

(239) O fato de, *em* um segundo, morrer duas mil, ahn, duzentas mil pessoas, apavora, né? [D2 SP 343]
(240) Geraldo volta *em* dois meses.

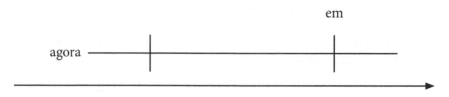

O último modelo cognitivo que podemos elaborar para representar a significação da preposição *em* é o de ligação. Exemplos desse tipo são identificados de maneira intuitiva, já que a motivação semântica das preposições nos exemplos a seguir não é mais aparente, ou seja, já não é mais claramente derivada da noção primária de espaço.

(241) Poderíamos pensar *em* outro transporte. [D2 SP 255]
(242) Talvez eu nunca tenha me ligado *em* outra [crise]. [D2 POA 283]

Parece-nos que essa ideia de ligação é dada pelo verbo que rege a preposição *em*. Casos de regência do verbo sobre a preposição, em que não é mais possível imaginar um modelo cognitivo, são muitos: preocupar-se *em*, resistir *em*, acreditar *em*, mandar *em* etc.

Devemos ainda considerar a posição sintática em que a preposição *em* pode ser realizada, levando em conta o estatuto que o elemento que ela introduz terá: adjunto, complemento ou predicativo (para essa tabela e as demais ao longo desta seção, usamos as abreviações Adj (adjetivo), Adv (advérbio), N (substantivo), V (verbo) e S (sentença)). Eis os resultados do levantamento que efetuamos:

Tabela 1

Adjuntos													
Adj	N	N	Adj	N	N	V	N	V	V	S	N	S	S	Totais
22		3		120		469		4		334		2		954

Complementos												
Adj	N	N	N	N	V	V	N	V	V	V	S	Totais
2		16		7		358		10		2		395

Predicativos							
N	N	V	N	S	N	Totais
45		25		2		72

Podemos observar, sob a perspectiva sincrônica, que a preposição *em* está altamente gramaticalizada: ela pode ser amalgamada a uma grande variedade de itens gramaticais, como artigos e pronomes, tem seu valor semântico relativamente esvaziado (espaço dinâmico e estático, tempo pontual e durativo e relações de domínio, partitivo e outras relações, como regência), tem frequência alta e distribuição bastante variada, pode integrar locuções e frases feitas, funciona como prefixo e pode introduzir tanto adjuntos como complementos do verbo, além de funcionar como um predicativo. Observando a tabela anterior, vemos que essa preposição, quando introdutora de adjuntos, predominantemente relaciona verbos e nomes ou estabelece as relações entre a sentença e um nome. Quando introdutora de complementos (argumentos), a preposição *em* relaciona predominantemente verbos a nomes, ao passo que, quando desempenha funções de predicador, relaciona nomes a nomes. Ela é formadora de locuções prepositivas (*em termos de, em função de, em vias de*) e locuções estereotipadas que exercem funções variadas: *hoje em dia, no entanto, em todo caso*.

A preposição *para*

A preposição *para* deriva da preposição latina (tardia) *pera* (ou *pora*), que é por sua vez resultado da junção de *per* + *ad* (ou *pro* + *ad*). Em latim, essa preposição marcava "percurso em direção definida", ao passo que em português arcaico lhe são acrescentadas as acepções de "chegada" e "permanência".

Em português brasileiro atual, há concorrência entre as preposições *a* e *para* em contextos de verbos de movimento.

Utilizaremos alguns recursos gráficos para analisar os esquemas cognitivos que podem representar o significado da preposição *para*:

Espaço estático:
Esse esquema é representado pelo seguinte gráfico e pelos exemplos (243) e (244) a seguir:

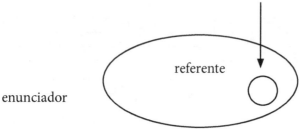

(243) Ele mora *para/pra* São Paulo.
(244) o::...tecido pré-mamário... (...) está *para* diante da glândula mamária... [EF SSA 49]

Nestes exemplos o espaço e entendido como um contêiner, como algo delimitado e estático. Contudo, como se vê nos exemplos a seguir, a preposição *para* pode também expressar a ideia de percurso.

Espaço dinâmico:

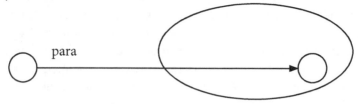

(245) Fiz uma viagem daqui *pra* Camaçari que parecia que eu tinha ido quase a Feira de Santana. [D2 SSA 98]
(246) A [viagem] mais exótica foi o fato de ter trocado o valor de uma passagem por uma palestra a oito mil metros de altitude, quando do voo inaugural da VASP *para* Manaus. [D2 SP 255]

Tempo dinâmico:

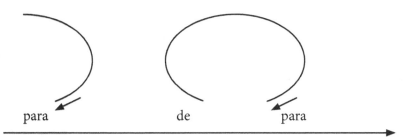

(247) Você vê esse crescimento de uns anos *pra* cá. [D2 SP 343]
(248) Sei que de uma semana *pra* outra os legumes aumentaram na... na feira. [DID RJ 328]
(249) já me prometeram *para* maio, *para* julho, *para* agosto, agora está prometido *para* março, mas até o momento eu ainda não consegui a transferência do telefone. [D2 SP 255]

Se atentarmos para a posição dessa preposição na sentença, poderemos notar que ela introduz tanto adjuntos como complementos, e ainda pode funcionar como predicadora. Esse dado aponta para o alto grau de gramaticalização de *para*, que é confirmado pela frequência com que essa preposição se contrai com outros itens lexicais na linguagem oral. Nas tabelas seguintes podemos conferir a frequência e a distribuição da preposição *para* no *corpus* compartilhado do Projeto Nurc:

Tabela 2

Adjuntos											
Adj N	Adj V	N N	N V	N S	V N	V V	V S	S N	S V	S S	Totais
31	3	50	34	1	44	135	3	33	39	1	374

Complementos								
Adj N	Adj V	N N	N V	V Adj	V N	V V	V S	N Pr.	Totais
9	6	18	2	2	194	14	2	1	248

Predicativos		
N N	N V	Totais
6	10	16

Em todos os casos é visível que a preposição *para* é muito fortemente ligada a verbos, exercendo justamente a função de atribuir o significado de direção à ação. Essa preposição ainda pode integrar locuções prepositivas, como, por exemplo, *para com*, e frases feitas, como o angulador *pra mim*, que soa em muitos contextos como uma frase feita, como no dado seguinte:

(250) O correio tem sido, *para* mim, um fator de divulGAR determinadas circulares, determinadas mensagens. [D2 SP 255]

Tudo isso indica que ela está num alto grau de gramaticalização. Ela ainda pode ser usada com um valor de finalidade, podendo ser confundida com uma conjunção final.

RESÍDUOS

Uso dativo (experienciador, interessado, destinatário, beneficiário): tem-se aqui a ideia de percurso, de movimento da ação em direção a outro participante:

(251) O importante *pra* eles é o diploma no fim do curso. [D2 POA 283]
(252) Ela tem uma assim, uma espécie de cantina que explora essa parte de merenda *para* alunos. [DID RJ 328]

Percurso no sentido abstrato (afastamento, destinação, finalidade, consequência):

(253) A gente não tem muitas diferenças do professor *pro* estudante, não. [DID SSA 231]
(254) Quando na minha agenda *para* as atividades do dia, vejo uma série de ligações telefônicas, aquilo não é encarado como algo muito agradável, não. [D2 SP 255]
(255) Eu fiz vestibular *pra* medicina. [DID SSA 231]
(256) O pavimento em si é um pavimento mais espesso *pra* aguentar um tráfego mais pesado. [D2 SSA 98]

Frases feitas e contexto gramatical: introdutora de sentenças infinitivas:

(257) Hoje em dia já não ligo mais *pra* isso. [D2 RJ 158]
(258) Em novembro, então, ponho a garotada toda *pra* acampar em Cabo Frio. [D2 RJ 158]
(259) A lanchonete serve *pra* quebrar galho, né? [DID RJ 328]
(260) Por que que cobram tanto do cigarro? É *pra* gente não fumar. [D2 POA 283]

A preposição *a*

Já no latim a forma *ad* tinha mais de uma acepção, podendo significar "direção", "movimento para algum ponto", "aproximação", todas elas relativas a espaço;

e ainda podia significar "junção de uma coisa a outra". Comecemos pela descrição do espaço, que pode ser tanto dinâmico como estático:

Espaço dinâmico:

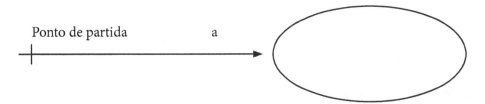

(261) A frustração toda que existe na sociedade de um modo geral [explica] essa corrida *aos* psicólogos. [D2 RJ 158]
(262) Eu, uma vez, fiz uma viagem *a* Mato Grosso. [D2 SP 255]

Espaço estático:

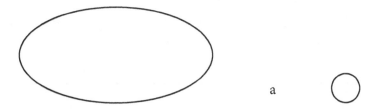

(263) Aquela carne seca *ao* sol, nós não tivemos a oportunidade de comer, não. [DID RJ 328]
(264) A [viagem] mais exótica foi o fato de ter trocado o valor de uma passagem por uma palestra *a* oito mil metros de altitude. [D2 SP 255]

Relativamente aos esquemas cognitivos de tempo, podemos pensar em três modelos diferentes em que intervém a preposição *a*:

1. Tempo estático, ou seja, localização de um ponto na linha do tempo. Se essa localização for periódica, estaremos tratando de um tempo distributivo. Observemos primeiro o tempo pontual:

(265) ...almoçar depressa para dar tempo de digestão para poder entrar *às* duas horas... [D2 SP 360]

2. Tempo distributivo:

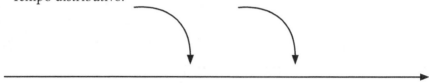

(266) e::uma coisa e outra... e::... agora *à* tarde vão dois para a escola mas... tem ativi/ os que ficam em casa têm atividades extras... [D2 SP 360]
(267) Inflação é brabo: de quinze por cento. Foi um susto pro bolso da gente. [Quinze por cento] esse primeiro trimestre, que estava previsto sete por cento *ao* trimestre. [D2 POA 283]
(268) O crescimento populacional é de dois vírgula nove por cento *ao* ano. [D2 SP 255]

3. Tempo dinâmico quando um período em que a ação se desenrola é recortado pelas preposições *de* e *a*:

(269) Nós tivemos muita orientação, recreação dirigida *do* meio-dia *à* uma e meia. [D2 POA 283]
(270) Imaginar cada um de nós *daqui a* vinte anos? [D2 SP 343]

Resta, ainda, a ideia de percurso, que encerra as ideias de destinatário e, eventualmente, de beneficiário nos seguintes exemplos:

(271) Pelo menos dizer "obrigado *a você*". [D2 SSA 98]
(272) Eu acho a televisão realmente ainda muito pobre em matéria de oferta *ao* público. [D2 SP 255]

Quanto às propriedades morfológicas e sintáticas dessa preposição, podemos observar que a preposição *a* se comporta como uma preposição altamente gramaticalizada: pode ser tanto introdutora de adjuntos como de complementos e predicativos, e introduz sentenças infinitivas.

A PREPOSIÇÃO • 259

Tabela 3

Adjuntos								
Adj N	N N	N V	V N	V V	S N	S V	S S	Totais
3	27	9	65	3	18	10	1	136

Complementos					
Adj N	N N	N V	V N	V V	Totais
27	51	1	204	100	383

Predicativos		
N N	V N	Total
17	8	25

Confirmando o alto grau de gramaticalização de *a*, ainda podemos dizer que a preposição pode ser amalgamada a outros itens lexicais, que tem um valor semântico bastante esvaziado e que pode formar locuções de diferentes tipos: locuções adverbiais (*à direita / às vezes*), locuções prepositivas (*ao pé de / ao redor de*) e locuções conjuntivas (*a menos que / a fim de*). Além disso, essa preposição pode ser usada como prefixo (*advérbio, advento, adjunto*). Pode-se notar que ocorre aqui um fenômeno semelhante ao que ocorreu com a preposição *para*: ambas expressam a ideia de direção, ambas são predominantemente ligadas a verbos.

RESÍDUOS

Podemos pensar em modelos cognitivos como *instrumento* e *modo* para descrever alguns dos usos de *a*, como nos exemplos seguintes:

(273) Aqui ainda se marca estrada com aqueles homens botando aquele negócio e pintando *à* mão. [D2 SSA 98]
(274) Eu gosto de andar *a* cavalo. [D2 RJ 158]
(275) A casa tava caindo *aos* pedaços. [D2 RJ 158]
(276) A pessoa se põe mais *à* vontade. [DID SSA 283]

A preposição *com*

ESQUEMAS IMAGÉTICOS SUBJACENTES

Os dois valores semânticos mais importantes da preposição portuguesa *com*, *comitativo* e *modo*, já eram encontrados em sua antepassada, a preposição latina *cum*. Esses dois empregos podem ser facilmente referidos ao esquema imagético da concomitância, que, em termos espaciais, equivale à presença simultânea de dois objetos ou indivíduos num mesmo espaço. É o que representa o Quadro 19, a seguir:

Quadro 19

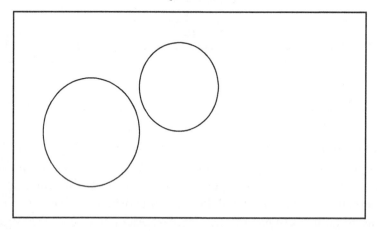

O caso prototípico de *comitativo* realiza-se quando a sentença remete a um indivíduo cuja ação, essencialmente a mesma que a do agente, é vista como paralela, secundária ou dependente: na sentença (277) esse papel é reservado a *estudante*: o que está em questão é se é ou não conveniente que o professor saia à noite para fazer serenata, caso essa ação conte com um segundo tipo de participante, os alunos (ou seja, como se diria mais modernamente: se é ou não conveniente que o professor e os alunos saiam juntos para a balada):

(277)   O professor não pode sair com o estudante... ele achava; mas acho que isso não influi, né? Sair pra fazer serenata *com* o estudante [DID SSA 231]

Por outro lado, qualquer expressão que fale de modo traz sempre uma resposta a perguntas que procuram esclarecer como se desenrolou uma ação; em (278), é precisamente essa a função da expressão "*com muito calor humano*":

(278)   Nós começamos [as excursões] na encantadora e acolhedora cidade de Cachoeira do Sul [...] Fomos muito bem recepcionados, fomos recebidos *com* muito calor humano [DID POA 6]

Bem representados nos dados, esses valores etimológicos de *com* podem ser usados tais e quais para explicar um conjunto considerável de exemplos encontrados nos inquéritos, geralmente exemplos em que a preposição *com* introduz adjuntos de um verbo. Para dar conta de outros exemplos, precisamos, contudo, seguir o caminho de algumas possíveis extensões de sentido.

EXTENSÕES DO VALOR DE MODO/MANEIRA DE *COM*

Nem sempre e fácil distinguir o *modo* de outras noções próximas, como o *meio* e a *matéria*: uma sentença como (279) poderia ser tomada como resposta a perguntas diferentes:

(279)   (os seringais) já foram plantados racionalmente, mesmo sendo feito *com* o sistema primitivo, e talvez seja bem mais econômico [D2 SSA 95]
(279') como foram plantados os seringais?
(279") que técnica foi usada para o plantio dos seringais?

e, a julgar por outros exemplos, mais claros, essas perguntas orientam para interpretações diferentes:

(280)   João respondeu *com* raiva.
        (como respondeu João? *que sentimento/atitude usou João em sua resposta?)
(281)   João esculpia *com* um canivete.
        (que ferramenta usava João para esculpir??? como esculpia João?)

Mas uma vez feita essa ressalva, podemos dizer com tranquilidade que o valor modal de *com* é relativamente claro e pouco sujeito a extensões polissêmicas. É o que parecem mostrar estes exemplos, extraídos do *corpus* do Projeto Nurc:

(282)   Eu acabo buscando assim *com* certo interesse essas revistas. [D2 SP 255]
(283)   Mesmo que seja áspera a jornada, que seja penosa a caminhada, se nós fizermos *com* os outros, torna-se mais ameno: os tropeços são aceitos *com* mais resignação. [DID POA 6]
(284)   Tu, ouvindo um profissional *com* mais atenção, tu vai ver que ele tem razão. [D2 POA 283]
(285)   Eles se integram *com* facilidade com os doentes, porque os estudantes são em geral as mais variadas em termos de temperamento. [DID SSA231]
(286)   Só os futuros historiadores é que vão poder aferir *com* precisão o que aconteceu. [D2 SP 255]

EXTENSÕES DO SENTIDO COMITATIVO DE *COM*

O exemplo (277), que escolhemos para representar o sentido comitativo, descreve uma situação em que todas as características que apontamos como inerentes a esse sentido aparecem claramente. Afastamo-nos gradualmente do emprego mais típico do comitativo quando passamos a sentenças como (287):

(287) Já que eu falo *com* moças (as entrevistadoras), quero falar no baile. Também posso falar no baile, não posso? [DID POA 6]

Nesses casos, o termo, introduzido pela preposição *com*, não é mais o que poderíamos chamar de "segundo agente" ou "agente paralelo": o predicado "falar no baile" não se aplica às entrevistadoras no mesmo sentido em que se aplica ao entrevistado (e analogamente para as outras sentenças); na realidade, as entrevistadoras participam da ação de "falar do baile" num papel diferente, que é o de ouvintes, isto é, destinatárias da fala do entrevistado.

O afastamento é maior quando consideramos casos como (288) e (289) nos quais, da ideia de "coparticipação numa ação" se passa insensivelmente a ideia de "copresença humana numa ação", "presença humana numa ação a ser levada em conta como condição", uma ideia que é, obviamente, mais ampla:

(288) Eles fizeram um estudo muito bom mesmo, *com* gente que me pareceu muito boa [D2 POA 283]
(289) A linguagem que eu uso *com* a minha filha é a que eu uso com meus alunos [D2 POA 283]
(290) Éramos casados com vida de solteiro, topávamos qualquer negócio, mas agora, *com* a garota, não. Tem que segurar um pouco [D2 RJ 158]

O que muda em (288) a (290) é, mais uma vez, que os indivíduos referidos através do sintagma preposicional comitativo não atuam necessariamente no mesmo papel que o indivíduo referido pelo sintagma nominal sujeito; nem mesmo podemos dizer que eles estejam atuando em algum papel previsível pela natureza da ação. O máximo que podemos dizer é que o indivíduo referido pelo comitativo tem participação na ação, e essa participação é relevante para a verdade do que se afirma.

Os exemplos de comitativos dados até aqui envolviam a presença de seres humanos, portanto, de animados. Mas uma nova ampliação do conceito de comitativo é necessária para abranger os casos, na verdade bem mais numerosos, em que a copresença na ação envolve seres inanimados. Aqui, convém dar a "inanimados" um sentido bastante amplo, de modo a acomodar não só objetos, mas também eventos e condições psicológicas, vistos como circunstâncias que se associam a uma ação.

A possibilidade de usar *com* para indicar a participação de objetos numa ação explica, antes de mais nada, seu uso para indicar o meio ou instrumento:

(291) Daqui a trezentos e sessenta anos, qualquer menininho, *com* qualquer botãozinho, explode não sei o quê aí [D2 SP 343]

(292) Na Salvador-Feira, é exatamente uma sinalização feita para estradas de grande movimento. Então ela foi pintada *com* uma tinta especial com película grossa [D2 SSA 98]
(293) Eu procurei buscar, na história em quadrinho, a boa história em quadrinho, bom autor, a boa mensagem, para criar *com* estas histórias o o interesse do aluno pela própria leitura [D2 SP 255]

mas também explica seu uso para indicar a relação parte-todo (294) a (296), ou conteúdo-continente (297) e (298):

(294) Vinha um outro carro *com* uma plataforma baixinha e um sujeito sentado nessa plataforma [D2 SSA 98]
(295) Eu estudei no Americano, um colégio imenso *com* um parque lindo [D2 POA 283]
(296) Fui muito a Paquetá naquelas barcas da Cantareira, que lembram aquelas barcas do Mississipi, né?, *com* aquelas rodas laterais [D2 SP 255]
(297) Você tem que levar todo dia a mesma ladainha. É a sacolinha dela *com* a roupa é a merendeira, porque ela leva ainda uma muda de roupa dentro da sacola para trocar [DID SSA 231]
(298) Depois passam aqueles camponeses recolhendo as bacias *com* o látex dentro [D2 SSA 95]

Menos surpreendentemente, *com* indica ingredientes de um mesmo *frame* (quadro ou cena), como em (299) e (300); nos exemplos analisados, esse *frame* é frequentemente uma receita culinária, um fato curioso, do qual, evidentemente, não pretendemos tirar consequências gramaticais:

(299) Eles davam muito arroz *com* dobradinha [DID RJ 328]
(300) De manhã eu tomo café *com* leite, normalmente [DID RJ 328]
(301) Parece que tem um leite *com* morango também. Eu ainda não tive oportunidade de ver [DID RJ 328]

Um fato a notar, rico em consequências para o uso de *com*, é a possibilidade de tratar as propriedades de um objeto como suas partes. Não é uma possibilidade óbvia nem particularmente intuitiva, mas é aparentemente uma possibilidade que a língua vem utilizando; é possível que atue aqui o modelo cognitivo idealizado pelo qual os objetos "contêm" suas propriedades; e é possível que esse modelo cognitivo encontre reforço no fato de que usamos, indiferentemente, o verbo *ter* para indicar a relação parte-todo e a relação propriedade-objeto:

(302) O caminhão tem oito metros de largura.
(303) O Waldir tem olhos azuis.
(304) O Waldir tem uma paciência de Jó.

Seja como for, uma vez estabelecido 1) que reinterpretamos a relação propriedade-objeto com base na relação parte-todo, e, por sua vez, com base na relação entre dois objetos A e B simultaneamente presentes numa ação, ou seja, uma vez aceito que funcionam na língua as transposições descritas no diagrama a seguir:

objeto em primeiro plano A	objeto	Objeto
objeto em segundo plano B	partes de um objeto	propriedades de um objeto

e uma vez estabelecido 2) que a copresença se exprime adequadamente pela preposição *com*, entende-se que uma das tantas funções de *com* (sobretudo quando liga dois substantivos) seja precisamente a de atribuir propriedades. É a função que ilustram os exemplos (305) a (311), na maioria dos quais a relação sintática do sintagma preposicional se estabelece diretamente com um substantivo:

(305) As frutas de outros estados são totalmente diferentes, *com* nomes estranhíssimos [DID RJ 328]
(306) Eu nunca tinha visto uma igreja *com* aquele estilo completamente funcional [DID POA 6]
(307) Um caminhão *com* oito metros de largura em nossas estradas não passa não [D2 SSA 98]
(308) Clube de engenharia. Por que uma associação *com* esse nome de clube?
(309) Não fora o comércio desenfreado e o comércio assim *com* toda a liberdade que tem de fazer sua propaganda, nós teríamos um outro tipo de sociedade [D2 SP 255]
(310) Mulher casada *com* filhos não adianta: o filho vem antes [D2 POA 283]
(311) Não tem escola *com* piscina. Raras são as escolas com piscina [DID SSA 231]

Talvez possamos relacionar a esses usos dois outros usos de sintagmas preposicionais introduzidos por *com*: aqueles em que o sintagma preposicional se aplica a um substantivo mediante um verbo de ligação, e aqueles em que ele funciona como predicativo. Exemplos do primeiro caso, (312) a (316); do segundo, (317 a (321):

(312) Nossas atividades ficam muito presas às atividades das crianças. A filha mais velha já está *com* quinze anos [D2 SP 255]

(313) Vamos morrer os dois juntos, porque aí a guria fica *com* bastante dinheiro [D2 POA 283]
(314) Esse ano estou *com* o horário assim mais regular, mais equilibrado [DID RJ 328]
(315) Nem sempre em sábado que eu janto. Quando tou *com* fome, eu janto [D2 RJ 158]
(316) Nós estamos assim, *com* uma contenção de despesas enorme [D2 POA 283]
(317) não vou ao supermercado comprar carne, porque não adianta: eu vou sair *com* carne e *com* mais três produtos que eu não pretendia comprar [D2 POA 283]
(318) A mãe comprou cigarro Shelton e comprou *com* um selinho em cima: proibida a venda no Brasil [D2 POA 283]
(319) Quando iam chegando os calouros, os bixos, né? então já faziam essas passeatas preliminares, já iam todos *com* a cara pintada e sem casaco, sem sapato, calça arregaçada [DID POA 6]
(320) A gente vê hoje operário de obra *com* o rádio de pilha debaixo do braço, durante todo o tempo que ele está trabalhando [D2 SP 255]
(321) Uma coisa que eu não me arrependi foi ter botado ela *com* um ano e quatro meses na escola [DID SSA 231]

Além de ampliar-se para abranger objetos e propriedades, a noção de copresença inerente ao comitativo pode ampliar-se ainda mais para abranger descrições, estados psicológicos e eventos. Com isso, a preposição *com* passa a introduzir noções como a causa, a condição ou o estado resultante:

(322) [causa]
Com a construção do sistema de abastecimento de água, tem muita desapropriação a fazer [D2 SSA 95]
(323) [condição]
[Como é que se transporta um caminhão desse tipo?] Só se for descarregado, *com* a estrada desimpedida, com batedor [D2 SSA 98]
(324) [causa]
Não dá para ver coisa nenhuma, *com* tanto prédio [D2 RJ 158]
(325) [causa?]
Com a política atual, jamais a religião vai poder voltar a ser o que era antes [D2 POA 283]
(326) [condição?]
Fui escoteiro dos doze aos dezessete para dezoito anos, aí, *com* negócio de vestibular, isso e aquilo, começou a escassear o tempo [D2 RJ 158]

(327) [causa?]
Utilizo muito pouco do correio, inclusive hoje em dia, *com* o telefone permitindo as ligações direta [D2 SP 255]

SINTAXE

Nossos levantamentos mostram que os usos da preposição *com* se concentram em alguns contextos bem caracterizados: de 217 ocorrências em que o sintagma preposicional foi analisado como adjunto, 110 eram casos de adjunto adverbial e 65 de adjunto adnominal; de 180 casos em que o sintagma preposicional foi analisado como complemento, 115 eram de complemento de um verbo, e 45 de complemento de um substantivo. Outras funções, por exemplo, a de predicativo, podem ser encontradas para esse tipo de sintagma, mas os índices são bem menores. É então ao lado de um verbo que encontraremos a maioria dos sintagmas preposicionais introduzidos por *com*.

Nos inquéritos, algumas palavras apareceram mais frequentemente regendo a preposição *com*, e por isso estão sendo lembradas aqui:

substantivos: *compromisso, divergência, discordância, contato, ligações, associações, afinidade, analogia, preocupação, debate, convívio, entrevista, relação, cuidado, amizade, relacionamento* + com;

adjetivos: *parecido* + com;

verbos: *acostumar-se, agarrar(-se), ambientar-se, associar-se, coincidir, comparar, comunicar-se, concordar, conversar, dar-se bem, divertir-se, envolver-se, identificar(-se), importar-se, integrar-se, juntar, mexer, negociar, parecer, preocupar-se, reencontrar-se, relacionar-se, revoltar-se, ter que ver* + com.

A preposição *por*

USOS DE *POR* BASEADOS NO ESQUEMA IMAGÉTICO DA PASSAGEM

Muitos usos da preposição *por* podem ser explicados a partir do modelo cognitivo do percurso (como caracterizado na seção "As preposições no enfoque cognitivo", mais precisamente no parágrafo em que introduzimos a noção de trajeto associada ao verbo *ir*; explicamos naquela passagem que a partir dessa noção de trajeto é possível definir "lugares" correspondentes aos pontos de partida e de chegada e aos espaços atravessados por um objeto que se desloca). Entendemos que um dos usos prototípicos de *por* é aquele que aponta, no decorrer do trajeto, um espaço de passagem. Nesse uso, seguimos, mais uma vez, um deslocamento, mas em vez de focalizar sua origem ou chegada, fixamo-nos num de seus pontos intermediários:

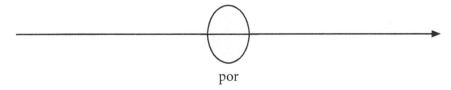

Se, por coerência com aquilo que dissemos na seção "As preposições no enfoque cognitivo", quisermos relacionar esses usos de *por* a um verbo, o verbo será prototipicamente um verbo que indica passagem. Evidentemente, não é um mero acaso se o verbo *passar* rege a preposição *por*; mas o que conta aqui é que um bom número de usos dessa preposição envolve a noção de "algo que está no meio do percurso".

Esse algo pode ser conceitualizado estritamente como um lugar, mas pode também ser elaborado metaforicamente, daí resultando ideias como as de *um certo percurso possível para chegar a* ("ir de Campinas a são Paulo <u>pela</u> Rodovia dos Bandeirantes"), *um método possível de abordar um objeto* ("um objeto oco [quando visto] <u>por</u> dentro"). Da ideia de que uma certa ação envolveu algum tipo de *intermediação* ("*falar por gestos*", "*falar por (meio de) um porta-voz*"), passa-se insensivelmente a ideia de *agente* (a preposição *por* é, por excelência, a que exprime o "agente da passiva"); da ideia de que uma ação pode exigir o recurso a um meio físico, passa-se insensivelmente à de *instrumento*; e desta, às ideias de motivação e causa.

A ideia de percurso é reencontrada, de maneira menos transparente, também nos usos de *por* que indicam *distribuição* (por exemplo em "*O motorista vai ao centro duas vezes por dia*"): nesses casos, o que é conceitualizado como um trajeto é aquilo que se repete (no exemplo dado, o dia, a passagem do dia); e sobre esse trajeto efetua-se algum tipo de contagem (no exemplo dado, o número de idas à cidade). Uma forma curiosa de distribuição é o cruzamento de medidas que dizem respeito a duas dimensões diferentes ("*um terreno de dez <u>por</u> trinta*").

Segue uma pequena amostra de ocorrências de *por* levantadas no *corpus* compartilhado do Projeto Nurc, que se explicam pelo esquema da passagem:

localização imprecisa
(328)   Tem muitas plantações na zona de Itubera, Valença, *por aí*. [D2 SSA 95]

(329) Você vê esse crescimento de uns anos para cá de... essas modas que está orientalismo e novas religiões que está pululando né? parece *por* tudo quanto é canto aí. [D2 SP 343]

percurso possível para chegar a... / modo de abordar
(330) Mas aí tem muita coisa *por* trás, né? [D2 SP 343]
(331) Agora não todas elas [as barracas] têm forração de nylon *por* dentro. [D2 RJ 158]

meio/instrumento
(332) Anos atrás, Santo Amaro se ligava à cidade *pelo* bonde [D2 SP 255]
(333) [o desenvolvimento das mamas] é mais acentuado *pelo* hormônio feminino. [EF SSA 49]

agente
(334) O avião acaba sendo o meio de transporte único possível nas atuais circunstâncias, mas também o preferido *por* mim. [D2 SP 255]

intermediação humana
(335) Fez todo o atendimento *pelo* posto [D2 POA 283]

instrumento
(336) O carro é genial: hidramático, suspensão *por* molas helicoidais. [D2 RJ 158]
(337) Ela [a televisão] é paga, ela é sustentada *pelo* anúncio, *pelo* comercial. [D2 SP 255]
(338) Uma viagem *por*... de trem, para mim, sempre repousa, sempre foi repousante. [D2 SP 255]
(339) Então já trata *pelo* nome, já não bota mais o doutor. Então isso é muito fácil pra a comunicação, né? [DID SSA 231]

distribuição
(340) Você pega uma cidade pequena, a proporção de carros *por* indivíduo pode ser maior até que uma cidade grande e não ter congestionamento. [D2 SP 343]
(341) Só vou ao supermercado uma vez *por* semana. [D2 POA 283]

USOS DE *POR* BASEADOS NO ESQUEMA IMAGÉTICO DA TROCA

Etimologicamente, a preposição portuguesa *por* reuniu as funções de duas antigas preposições latinas, *per* e *pro*. É do primeiro desses étimos que derivam historicamente os usos descritos em subseção anterior. Uma das ideias associadas ao segundo (a preposição latina *pro*) era a de troca, que pode ser referida a um modelo cognitivo em que dois objetos diferentes trocam de posição ou de proprietário:

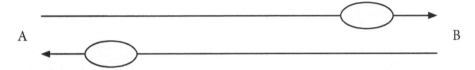

Essa ideia de troca está presente nos usos de *por* que indicam *preço* ("*três bananas por um tostão*") ou alguma relação de *troca* ("*casamento por dinheiro*"), em que, de resto, um dos objetos trocados acaba sendo conceitualizado como um meio. Eis alguns exemplos do *corpus* do Projeto Nurc:

troca
(342)   A Igreja ainda consegue ter algum poder [*pelo*] medo, ou *pela* promessa de vida melhor. [D2 POA 283]

preço
(343)   Era um senhor quindim, mas poxa! um quindim *por* quinze cruzeiros foi um quindim um pouco caro. [DID RJ 328]

USOS DE *POR* BASEADOS NO ESQUEMA IMAGÉTICO DA INCLINAÇÃO

Um último conjunto de usos de *por* pode ser reunido em torno da ideia de tendência ou disposição favorável. Também esses usos podem ser explicados por um esquema imagético em que a percepção do espaço tem um papel determinante. É o esquema imagético do plano inclinado, que representamos através do diagrama a seguir:

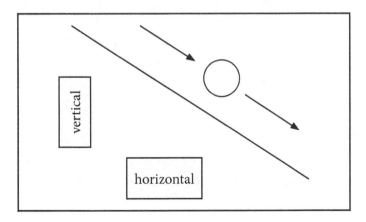

Diferentemente de outros diagramas já apresentados neste trabalho, que podiam ser lidos em qualquer perspectiva, este supõe uma orientação precisa, essencial para a representação adequada da noção de inclinação (é isso que procuram lembrar os dois lados perpendiculares do triângulo); além disso, ele supõe um elemento dinâmico (representado pelas flechas, cuja função é precisamente lembrar que os objetos tendem a deslocar-se ao longo da inclinação). Esse elemento dinâmico é o mesmo que já foi encontrado na representação diagramática de outras preposições (*por, até, de, para*), e é essencial para que o esquema imagético da inclinação possa dar origem a um modelo cognitivo idealizado em que "inclinado na direção de A é favorável a A". É, com efeito, a esse modelo cognitivo idealizado que se referem os usos em que *por* significa "favorável a", "voltado para", "tendendo a". Eis alguns exemplos levantados no *corpus* do Projeto Nurc:

(344) Eu tou metido em excursão, gosto de sair, gosto de passear. Eu não sou assim fanático *por* isso. [D2 RJ 158]

(345) Nós abrimos um espaço de tempo muito grande sem realmente poder frequentar teatro, e isto acabou tirando o hábito, embora não tivesse tirado o gosto *pelo* teatro

(346) Tenho *por* São Paulo aquela admiração natural daquele que aqui nasceu [D2 SP 255]

(347) eu já estou começando a produzir livros em que o quadrinho é utilizado, não para transmitir a mensagem, não para desvirtuar a preocupação *pela* leitura, mas justamente para abrir o apetite do aluno [D2 SP 255]

(348) Eu inclusive, acrescentaria apenas a esta lista de filmes dentro dessa mesma linha os bons filmes policiais, *pelos* quais eu tenho assim desde quase a minha meninice uma paixão muito grande [D2 SP 255]

(349) foi uma palestra de oito minutos, não mais do que isso, sobre a ocupação da Amazônia, do interesse internacional *pela* região. [D2 SP 255]

(350) O estudante se interessa *pelo* livro [DID SSA 231]

(351) Este ideal de sofisticação que pode fazer com que o público venha a optar *por* este ou *por* aquele órgão da imprensa [D2 SP 255]

(352) Ele simplesmente deixa que a criança se interesse *por* aquilo [D2 POA 283]

(353) é inconsciente, comum isso, essa desvalorização *por* certas profissões [D2 POA 283]

RESÍDUOS

Os modelos cognitivos evocados nas três seções precedentes organizam alguns usos importantes da preposição *por*. Pareceu-nos importante evocá-los, porque, a

A PREPOSIÇÃO • *271*

nosso ver, eles são psicologicamente reais, isto é, fazem parte do conhecimento implícito de que os falantes se servem para organizar epilinguisticamente seus conhecimentos. Além disso, esses usos confirmam uma das teses centrais deste trabalho – que as preposições, em seu sentido mais fundamental, exprimem percepções espaciais. Mas, apesar de sua abrangência, os três esquemas que acabamos de caracterizar deixam de fora um certo número de usos, aos quais aplicamos por conveniência de exposição o rotulo de "resíduo". Ao contrário do que se poderia pensar, esse resíduo não é inteiramente caótico. Encontramos nele usos de *por* como os que são exemplificados a seguir, que reunimos de acordo com sua função na sentença ou no texto:

uso concessivo
(354)   *Por* mais alto que seja o seu nível trabalhando dentro de uma indústria, você não passa de um simples operário. [D2 RJ 158]
(355)   *Por* mais simples gesto que a pessoa tenha, ele tem a ver com o conjunto. [D2 SP 255]

uso de causa discursivo
(356)   Ele me contou que o carnaval de lá, *pelo* que ele fala, deve ser o antigo carnaval daqui. [D2 RJ 158]
(357)   *Pelo* que eu ouço, comentários assim geRAIS, eu sinto é que por dever de ofício eu tenho que comentar o assunto. [D2 SP 255]
(358)   Eu acho, que eu *pelo* que eu me conheço por gente, crise mesmo é essa que a gente, nós estamos vivendo agora. [D2 POA 283]
(359)   [As queixas ácidas contra o Correio] não poderia, *por* uma questão de honestidade, endossá-las sem ter sentido esta problemática. [D2 SP 255]
(360)   *Pelas* construções que tem lá eu não vi muita construção recente. São construções de pelo menos dois três anos. [D2 RJ 158]

uso locativo-referencial
(361)   Nas outras você passa *por* cima e nem sente. Ela [a superfície da estrada] é rasa. [D2 SSA 98]
(362)   Venho almoçar, geralmente eu almoço... em volta de *por* volta de meio-dia... e janto *por* volta das sete horas sete e meia [DID RJ 328]
(363)   Isso dá para sentir que tinha muita política, com muita força *por* trás disso, né? [D2 SP 343]
(364)   *Por* trás disso, você sempre percebe... parece que a cidade não tem superego para funcionar. [D2 SP 343]
(365)   Foi entre Maceió e Recife, a estrada passando *por* dentro do canavial, é lindo o troço! [D2 RJ 158]

(366) Eu fico me perguntando se eu estou *por* fora do planejamento, né? [D2 SP 343]
(367) *Por* trás disso você sempre percebe... parece que a cidade não tem superego. [D2 SP 343]
(368) Eu usava sempre calção de ginástica *por* baixo da saia. [D2 POA 283]

Não seria impossível reduzir os empregos aí exemplificados às operações cognitivas que descrevemos nos itens anteriores: o papel retórico de uma sentença concessiva se explica facilmente por uma negociação de conteúdos ("eu concedo P, mas disponha-se a conceder-me Q" – onde "conceder" significa "estar disposto a aceitar", "admitir", e onde P e Q são proposições), e isso evoca o esquema da troca; o que chamamos de causa discursiva é na verdade um angulador, um *hedge*: a introdução de um angulador é uma operação discursiva em que o falante sempre pede ao ouvinte que interprete suas afirmações num determinado sentido, levando em conta determinados fatos, "passando por" um determinado caminho, considerando um determinado percurso. Mas parece inegável que eles fazem intervir outros aspectos da estrutura linguística além dos estritamente locativos, de modo que os esquemas estritamente locativos não dão para eles uma explicação completa. Também é evidente que os usos que chamamos aqui de locativo-referenciais resultam da aplicação de *por* a palavras que são ou formam (outras) preposições: *atrás de, fora de, abaixo de* etc. Aqui, o uso de *por* está próximo de um automatismo gramatical que talvez escape de uma explicação estritamente cognitiva.

OBSERVAÇÕES SOBRE A DISTRIBUIÇÃO SINTÁTICA

Estudos realizados no passado sobre os textos do Projeto Nurc por Carlos Franchi orientavam-se no sentido de mostrar que as relações entre os diferentes sentidos e as diferentes distribuições da preposição são marcadas. Isso significa, mais uma vez, que, em determinados ambientes sintáticos, certos sentidos não aparecem, ou são pouco frequentes. Uma ideia desse caráter marcado da correspondência entre sentido e sintaxe, para a preposição *por*, pode ser dada pelas observações que seguem, em que se apontam as possibilidades mais frequentemente realizadas no *corpus* compartilhado do Projeto Nurc, segundo o levantamento efetuado:

a. quando a preposição *por* introduz um adjunto, a maior probabilidade é que se trate de um adjunto adverbial (77 casos em 140); outra possibilidade frequentemente representada é a de tratar-se de um adjunto adnominal (57 ocorrências em 140). Outras possibilidades consideradas são em si mesmas problemáticas, e não têm uma frequência significativa; semanticamente, esses adjuntos indicam causa (29 casos em 140), ou caracterizam um percurso necessário para representar algum tipo de distribuição (24 casos de percurso espacial, 22 de percurso temporal; 21 de distribuição simples). Meio/instrumento responde por 18 casos, e a motivação, por 4 casos;

b. quando a preposição *por* introduz um complemento, é mais comum tratar-se de um complemento verbal do que de um complemento nominal (98 e 26 casos, respectivamente, num total de 131). Os valores semânticos mais frequentes são, na ordem, o agente, o objeto da experiência e o meio, com 27, 21 e 15 casos, respectivamente. Aqui também encontramos um grande número de ocorrências de *por* indicando percurso, utilizadas para indicar várias formas de distribuição: 49 ocorrências; c) o uso de *por* para introduzir predicativos é insignificante.

A preposição *até*

Determinar a etimologia desta preposição portuguesa não é tarefa fácil. É possível que *até* tenha origem no árabe *hatta*, o que pode ser corroborado pela analogia com o espanhol *hasta* e pelo fato de não haver, em latim, nenhuma palavra com forma análoga que expresse a ideia de "limite final", como o faz *até*. O que se tem em latim são duas formas, *ad* + *tenus*, que podem ter sido combinadas para originar *atees* em português arcaico e *até* em português contemporâneo. Houve no passado várias formas de grafar essa preposição. Em português arcaico foram documentadas as seguintes: *atee, atees, ata, ataa, ataes, fasta, adta, atas até*.

Voltando para suas propriedades cognitivas, o modelo cognitivo do espaço e a ideia de limite final podem nos orientar para representar o significado dessa preposição graficamente:

Espaço dinâmico:

(369) O ano passado, nós fomos *até* Aracaju pra participar de um congresso. [D2 POA 283]
(370) Fui *até* Uberaba de trem. [D2 RJ 158]

Espaço estático: é aquele em que o espaço delimitado funciona como um contêiner, desde que circunscrito através das preposições *de* e *até*:

(371) Aqui no Rio eu acho por exemplo eu gasto por dia *da* Tijuca *até* aqui, *daqui até* a Gávea e voltar pra casa eu gasto em média setenta quilômetros. [D2 RJ 158]
(372) É mil quilômetros *daqui até* Governador Valadares. [D2 SSA 98]

O mesmo esquema pode ser transposto para o tempo. Teremos então um percurso ao longo da linha do tempo (dinâmico) e um recorte de um período de tempo, delimitado pelas preposições *desde* e *até* (estático).

Tempo dinâmico:

(373) Em Salvador eu achava completamente diferente porque era o comércio normal *até* seis da tarde. [D2 RJ 158]
(374) Eu acho que, *até* esse ano, eu tive alunos mais velhos do que eu. [D2 POA 283]

Tempo estático:

(375) Eu tenho filhos *desde* oito anos *até* dezesseis anos. [D2 SP 255]
(376) Eu vejo assim pontes enormes, que se gastam fábulas pra construí-las *desde* o projeto *até* a entrega da obra. [D2 SP 343]

Os usos de *até* podem ser abstratos, no sentido de estabelecer uma escala com a preposição. Alguns desses usos podem ser chamados de "argumentativos" e podem ser intercambiáveis pela expressão *até mesmo*, o que lhes dá um caráter adverbial:

Escala:

até

(377) Nunca admiti essa separação, às vezes *até* agressiva, de uma religião para a outra. [DID POA 6]
(378) E a poluição é reflexo exatamente dessa atitude individualista, né, do homem de um modo geral com os seus condicionamentos atuais, né? Eu *até* costumo dar o exemplo: o sujeito monta uma fábrica na beira de um rio... [D2 SP 255]

Se considerarmos que os verbos de movimento que a gramática tradicional classifica como intransitivos podem assumir um complemento que indica localização espacial, então podemos dizer que a preposição *até* pode funcionar como introdutora desse tipo de complemento, além de introduzir adjuntos e predicativos. Observemos a distribuição e a frequência dessa preposição na tabela a seguir (por falta de espaço (e abundância de contextos...), utilizaremos para essas tabelas as siglas Aj (adjetivo) e Av (advérbio)):

Tabela 4

Adjuntos											
Aj N	Aj S	N Aj	N Av	N N	N Av	V N	V V	S Av	S N	S S	S V	Totais
4	1	1	1	3	5	15	2	10	9	2	3	56

Complementos			
N N	V Av	V N	Totais
1	1	25	27

Predicativos	
N N	Total
3	3

A preposição *até* não está entre as mais gramaticalizadas, porque não pode ser amalgamada a outros itens lexicais e tem um valor semântico bastante claro (limite final). A ideia de limite final será sempre recuperável nessa preposição, por mais abstrato que seja seu uso. Ela pode até mesmo ser usada com valor de advérbio, sem relacionar dois itens lexicais, porque seu valor semântico é suficientemente saliente: *falou, falou, falou até*. Não se tem registro de nenhum verbo que vá reger a preposição *até*, e são poucas as locuções em que essa preposição está presente.

Considerada a explicação que precede, podem ser considerados residuais (no sentido que vimos utilizando aqui) os usos em que as representações propostas não têm aplicação imediata. Estão entre eles os casos em que *até* entra na formação de frases feitas como no exemplo seguinte:

(379)   Acho que *até que enfim* nós encontramos um ponto em comum. [D2 SP 255]

A preposição *sobre*

A forma *super* era usada ora como advérbio, ora como preposição em latim. Para essa preposição podemos pensar em dois grandes esquemas cognitivos: espaço e ligação.

No âmbito do espaço, essa preposição pode, a depender do verbo que se combina a ela, indicar movimento no espaço. É possível ainda usar *sobre* para marcar um espaço abstrato. Quando pensamos em ligação, *sobre* introduz, no mais das vezes, um assunto ou tópico.

Espaço dinâmico:

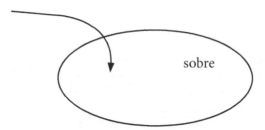

(380)   Esta preocupação em competir, em esmagar os outros, em pisar *sobre* os demais, em ter e não ser, acaba criando em todas as faixas de idade uma margem ampla de frustrações. [D2 SP 255]
(381)   Nós fomos obrigados a pisar *sobre* vários cadáveres de ex-jornais. [D2 SP 255]

Espaço estático:

Concreto:

(382) Se eu tivesse que definir a televisão, de casa, eu diria que é um móvel no qual a gente apoia alguns objetos *sobre* a mesma, né? [D2 SP 255]

Abstrato: domínio

(383) A lei teria que ser retroativa, sei lá, atuar *sobre* o que já existe. [D2 SP 343]

Ligação: (assunto, tópico)

(384) Eu acho que, pra começar, eu teria que falar mais *sobre* a parte assim de alimentação que diz respeito à minha pessoa, né? [DID RJ 328]
(385) Eu tenho que saber escrever pra redigir, mas na prova, vamos dizer, *sobre* um assunto de medicina, então você pega um um quesito *sobre* um problema respiratório... [DID SSA 231]

Ao analisar os possíveis contextos sintáticos de *sobre*, nota-se que essa preposição não tem alta frequência – ao menos nos dados coletados – e que pode introduzir tanto adjuntos como complementos.

Tabela 5

Adjuntos					
Adv N	N N	V N	V Adv	Adj N	Totais
3	6	4	1	3	17

Complementos						
Adv N	N N	V N	N Adj	Adj N	S N	Totais
1	7	8	1	3	4	24

Em relação ao grau de gramaticalização de *sobre*, podemos dizer que essa preposição não pode ser amalgamada a outros itens linguísticos como artigos ou pronomes, mas funciona como um prefixo bastante produtivo na língua portuguesa: *superintendente, sobrepor, sobretudo* etc. As ideias de *assunto* e *tópico* não são claramente derivadas da noção de espaço (*em cima/acima*), portanto podemos dizer que estamos diante de uma preposição que não admite apenas um sentido, como o fazia a preposição *até*. Na escala geral de gramaticalização de preposições, podemos alocá-la na interface entre as mais e as menos gramaticalizadas. É de se notar, no entanto, que *sobre* não forma locuções prepositivas ou frases feitas, como o fazem as preposições mais gramaticalizadas.

A preposição *entre*

A preposição portuguesa *entre* é derivada da preposição latina *inter* que, no português arcaico, apareceu como *entre* (*antre* ou ainda *ontre*).

O valor semântico de "no interior de/no meio de (dois pontos ou marcos)" é mantido quando essa preposição é usada para marcar relações de espaço, tempo e domínio. É de se notar que não há movimento expresso por essa preposição, fato que, no nosso diagrama, corresponde a ausência de setas.

entre

Espaço estático:

Concreto:

(386) A plantação de cana-de-açúcar linda que eu vi foi *entre* Maceió e Recife. [D2 RJ 158]

Abstrato:

(387) Você pode interpretar o anticristo como digamos um novo, *entre* parênteses, computador, um novo sistema de funcionamento. [D2 SP 343]

Tempo:

(388) A gente custa a implantar em casa, porque o intervalo *entre* as refeições é pequeno. [DID RJ 328]
(389) Bom, o pior horário de saída da cidade de manhã fica mais ou menos *entre* seis e oito horas. [D2 SSA 98]

Observemos, na tabela a seguir, a distribuição limitada e a baixa frequência da preposição *entre*:

Tabela 6

Adjuntos				Complementos		Predicativos	
S N	N N	V N	Totais	V N	Total	V N	Total
8	11	8	27	1	1	1	1

Em termos de gramaticalização, podemos dizer que essa preposição está entre as menos gramaticalizadas, porque ela não pode ser amalgamada a outros itens lexicais, tem um valor semântico específico e inalterável ("no interior/no meio de") e apresenta uma frequência baixa no total das ocorrências registradas no *corpus* do Projeto Nurc. Essa preposição não é formadora de locuções prepositivas, mas pode funcionar como prefixo em alguns casos como *entremeio, entretanto, intervenção* etc.

Restam ainda, como resíduo, as ideias de domínio e extensão:

(390) Na terra cultivada, não sei coloração, sei lá o tipo delas. Se bem que eu não entendo muito disso... há uma diferença *entre* elas. [D2 RJ 158]
(391) [um congresso de Química] permite a convivência e a troca de ideias *entre* profissionais da química. [DID SSA 283]
(392) Quando você estava falando de agora ser mais fácil, porque os mecanismos assim são mais perigosos, mecanismos assim que nem você falou: *entre* carro e cavalo, o carro e mais perigoso. [D2 SP 343]
(393) Ofereceram um salário *entre* mil e mil e quinhentos. [D2 POA 283]

A preposição *sem*

Etimologicamente temos do latim: *sine* > *sen* em português arcaico, e *sem* em português contemporâneo. Essa preposição não será diagramada, porque seu único modelo cognitivo é uma forma de ligação (negada): a não presença no mesmo espaço em que outro objeto está representado (representações da ausência são possíveis mas menos intuitivas).

Ligação: exclusão
(394) Os prédios *sem* estilo arquitetônico ou de estilo arquitetônico tudo desencontrado, não têm, não têm integração. [D2 SP 343]
(395) Eu gosto muito de chuchu, embora todo mundo ache chuchu uma coisa *sem* graça, aguado, mas eu gosto. [DID RJ 328]
(396) [Ainda tem] as associações de caráter... mesmo *sem* ser profissional, associações por exemplo como um Rotary Club. [DID SSA 283]
(397) [A roupa uruguaia] é mais clássica, né? Uma roupa que tu compra e te dura cinco, seis anos, *sem* sair de moda. [D2 POA 283]

Os contextos sintáticos em que essa preposição pode ocorrer nos revelam que *sem* não introduz complementos. Essa preposição pode introduzir adjuntos ou predicativos e não tem uma frequência muito alta. Outro dado observável na tabela seguinte é que *sem* pode desempenhar o papel de uma conjunção, intermediando entre sentenças:

Tabela 7

Adjuntos						
N N	V N	V V	S N	S V	S S	Totais
4	5	5	3	9	1	27

Predicativos			
N N	N V	V N	Totais
1	1	2	4

Em termos de níveis de gramaticalização, podemos afirmar que *sem* é uma preposição pouco gramaticalizada, já que não pode ser amalgamada a outros itens lexicais, tem um único valor semântico (exclusão), não tem uma frequência representativa, não é formadora de locuções prepositivas e não introduz complementos.

PREPOSIÇÕES E PAPÉIS TEMÁTICOS

A presente seção procura responder a uma pergunta que se faz às vezes a propósito das preposições: elas introduzem papéis temáticos? Essa pergunta tem sentidos diferentes conforme o contexto teórico em que é respondida, e não é nosso propósito, aqui, discutir todas as respostas que já foram dadas.

Preposições, papéis temáticos, bom senso e história

Uma resposta que tem estado presente no ensinamento de alguns gramáticos do português corresponde ao seguinte raciocínio: 1) de acordo com os manuais de Linguística Histórica, as preposições das línguas românicas são herdeiras do sistema latino de casos; 2) os casos tinham como função principal indicar o papel temático dos sintagmas nominais presentes na sentença; 3) logo, as preposições exprimem papel temático.

Na primeira parte desta seção, mostraremos que essa conclusão, embora seja aparentemente inevitável, não é correta. Na realidade, as duas teses que resumimos no primeiro parágrafo são simplificações bastante grosseiras dos fatos; assim, se quisermos avaliar o argumento que as toma como premissa, nada melhor do que voltar aos fatos, tentando caracterizá-los de maneira mais exata.

Para atingir essa exatidão é necessário que disponhamos de uma noção, ainda que intuitiva, de papel temático, que pode ser caracterizado da seguinte forma: para interpretar qualquer sentença, é normal que tentemos, antes de mais nada, enquadrar cada um dos sintagmas nominais numa das tantas funções para as quais a Linguística cunhou denominações como agente, instrumento, alvo, beneficiário, origem, destino... (justamente os papéis temáticos) – noções até certo ponto vagas que, entretanto, não deixam de evocar a função dos casos morfológicos das línguas clássicas. O enquadramento em papéis temáticos determinados é um importante instrumento para a interpretação, porque governa, por assim dizer, a plausibilidade de retirar da sentença certas inferências e não outras (se A matou B com uma faca, podemos dizer que usou a faca para matar B, mas não diremos que ele usa B para matar a faca).

Como se sabe, em latim, as preposições e as marcas morfológicas de casos coexistiram. Assim como eram bem formadas muitas sentenças sem nenhuma preposição, em muitas outras a preposição era necessária.

Pensemos nas sentenças latinas que dispensavam as preposições. Para essas, a flexão casual marcava com grande clareza a função de cada sintagma nominal, um fato que qualquer pessoa, com ou sem formação de latinista, percebe imediatamente, quando compara as sentenças latinas (399) a (402) com suas glosas portuguesas:

(398) *puella magistram amat* (a menina ama a professora)
(399) *magistra puellae rosam dat* (a professora dá uma rosa à menina)
(400) *magistra laborat capite* (a professora sofre de dor de cabeça)
(401) *puella vapulat* (a menina apanha)

Nessas e em outras sentenças, as terminações casuais davam visibilidade a uma estrutura sintática precisa. Era possível, por exemplo, reconhecer em *puella* o sujeito de (398) e (401), e em *magistra* o sujeito de (399) e (400). O sujeito era, como hoje em português, a expressão com a qual o verbo concorda – uma das tantas exigências a serem obedecidas para obter uma sentença bem formada. Além disso, as terminações casuais eram usadas para colocar os vários sintagmas nominais presentes na sentença em correspondência com os vários papéis previstos no semantismo do verbo. Assim, em (398) *amat* faz prever a presença de um "experienciador" que se exprime no nominativo, e de um objeto da experiência que se exprime no acusativo; pela terminação dos casos, reconhecemos o primeiro em *puella* e o segundo em *magistram*. Em (400), *laborat* ("sofre") associa um paciente que se exprime no nominativo (*magistra*) e uma causa que se exprime no ablativo (*capite*). Na passagem do latim para o português, o sistema de casos dos substantivos e adjetivos perdeu-se quase completamente, e assim a identificação do papel sintático e semântico dos vários sintagmas nominais teve que lançar mão de outros meios. Esses meios são múltiplos, e o uso de preposições é apenas um deles. Um fato digno de nota é que o sistema casual não se perdeu por completo, e que a gramática do português, em diferentes momentos de sua história (inclusive hoje em dia), tem procurado tirar o máximo proveito do que resta(va) dele. A principal sobrevivência do sistema latino de casos, em português, é encontrada na classe dos pronomes. Por exemplo, o sistema formado por *ele, o* e *lhe* (que remontava a *ille, illum* e *ill*[*u*]*i*) preserva a velha distinção entre nominativo, acusativo e dativo tanto na forma como na função do pronome de terceira pessoa. No passado, o português já tirou partido desse resquício de declinação, utilizando os pronomes para indicar a função sintática de sintagmas nominais plenos. O processo é mais bem compreendido como um processo de concordância do sintagma nominal com um pronome-cópia, e é bem exemplificado por esta frase famosa do padre Antonio Vieira: "*o pobre defunto não o comeu a terra* (em que a ideia é que a terra, isto é, a cova aberta no cemitério, devora os defuntos): destacada para o início da sentença, a expressão "*o pobre defunto*" não teria uma nenhuma conexão sintática evidente com o resto da sentença se não fosse o pronome *o*, que o "copia", imediatamente antes do verbo. Na frase de Vieira, é esse pronome-cópia que atribui a "*o pobre defunto*", via concordância, a função sintática de objeto direto; como o mapeamento normal do verbo *comer* é sujeito:agente = objeto direto:alvo, sabemos que é a terra que come o defunto, e não vice-versa. O processo que estamos descrevendo – que consiste em determinar a função sintática de um sintagma nominal deslocado para a periferia da sentença pela concordância com um pronome pessoal interno a ela – já foi muito vivo no passado, como mostram estes exemplos de português medieval:

(402)   Ite~ <u>a aldeya de Gaton</u> trage <u>a</u> por onrra Ffernam Oanes de Gaton da freguesia de San Oane
(*Inquirições de Dom Dinis* 31:27, apud Moraes de Castilho, 2005)

(403)   E os filhos del-rei que <u>i</u> jaziam <u>no paaço</u> chegarom i primeiro e acharom as madre cabo del-rei dormindo e o coitelo sobre ela
(*Diálogos de São Gregório*, apud Moraes de Castilho, 2005)

(404)   peças d' erdade que son <u>y</u> <u>enno couto de Bieu</u>
(Maia, *História do Galego-Português*, citado por Moraes de Castilho, 2005)

Nos dados do Projeto Nurc, a definição da função sintática do sintagma nominal por concordância com um pronome-cópia continua disponível, mas aparece associada a dois contextos muito específicos: a topicalização e a sentença relativa copiadora. Vejam-se alguns exemplos:

(405)   Nas minhas viagens, noventa por cento *delas são* de automóvel. [D2 RJ 158]
(406)   O ministro dos transportes, um dos objetivos principais das metas *dele* é a ênfase às estradas de ferro. [D2 POA 283]

(407) Aquelas tintas são pela quantidade de vidro, de quartzo que tem dentro *dela*. [D2 SSA 98]
(408) Se ao menos eles pudessem também receber esse diploma, mas realizando toda uma vida escolar que estivessem motivados *para* ela. [D2 POA 283]
(409) Você tem amigos fora do Rio que você tenha contato *com* eles? [D2 RJ 158] (note-se que os pronomes *delas, dele, dela, para ela, com eles* acabam definindo a função sintática de v*iagens, o ministro dos transportes, tinta*(s), *que* e *que*, respectivamente).

O português clássico usou, de maneira não sistemática, a preposição *a* para distinguir o sujeito e o objeto direto (*amar a Deus*). O que sobrevive desse uso são formas como:

(410) Então o padre nos convidou para uma missa festiva no domingo, *a* mim e *a* toda a equipe. (diferente de "*O padre convidou todos nós da equipe para irmos para a missa*")

Um problema que pode ser levantado em relação a isso é se, além do uso de *a* antes de um objeto "direto", há outros casos em que uma preposição contribui para identificar uma função sintática "essencial". A resposta é positiva: em primeiro lugar, deve ser assinalado o fato de que a língua usa hoje as preposições em muitos contextos em que elas seriam dispensadas no passado ("*procurar por alguém*", "*pagar numa roupa uma certa importância*" etc.). Quem gosta de perceber contradições na língua não deixará de ver nesses usos das preposições outros tantos casos de "objeto direto preposicionado"; mas, independentemente dos casos em que a construção direta e a construção preposicional convivem (como manifestações de duas gramáticas em competição), o uso de preposições aparece associado a um certo número de funções sintático-semânticas bem caracterizadas. Por exemplo, (i) a preposição *por* está sistematicamente presente na construção do agente da passiva, (ii) o segundo termo da comparação pode vir precedido por um simples *que*, ou pela locução *do que*; e (iii) os predicativos do sujeito e do objeto associados ao verbo *chamar* são eventualmente introduzidos pela preposição *de*:

(411) É muito mais fácil conseguir emprego no interior *(do) que* na capital. [D2 POA 283]
(412) Esse ano eu tive alunos mais velhos *(do) que* eu. [D2 POA 283]
(413) [A chuva] fez encarecer mais o preço dos comestíveis *do que* deveria. [D2 POA 283]
(414) Mais vale uma profissão não rendosa, mas em que a pessoa se sinta realizada, *do que* uma profissão muito rendosa e que a pessoa não se sinta realizada. [D2 POA 283]

Em todos esses casos, a presença de preposições é previsível, mas sempre como parte de uma mobilização mais complexa de recursos sintáticos; nessa mobilização, outras partes da sentença assumem características muito específicas (por exemplo, o agente da passiva só aparece em sentenças que são elas próprias passivas, isto é, reconhecíveis pelo uso de uma conjugação perifrástica especial; a introdução de um segundo termo de comparação depende de a sentença como um todo ser comparativa, e assim por diante); seria então incorreto dizer que identificar o agente da passiva e o segundo termo de comparação seja trabalho exclusivo das preposições.

A observação de que reconhecemos as funções sintáticas olhando para a sentença como um todo, e não para características apenas do sintagma nominal em questão pode ser estendida às funções que a tradição gramatical chamou de sujeito, objeto direto, objeto indireto e adjunto. Não há preposições com o sujeito e o objeto direto.[23] As propriedades sintáticas que distinguem essas duas funções são outras. Uma delas é a concordância, porque, na imensa maioria dos casos, o verbo concorda com o sujeito; dessa forma, sobrevive em português a prerrogativa que o sujeito tinha em latim de determinar o número singular ou plural do verbo; outra é a ordem relativamente ao verbo, porque tudo indica que os falantes identificam como sujeito o sintagma não preposicionado que precede o verbo, e como objeto direto o primeiro sintagma nominal não preposicionado que vem depois do verbo. Assim, generalizando, podemos dizer que o papel que o latim reservava aos casos nominativo e acusativo foi herdado não pelas preposições, mas pela posição que os sintagmas nominais ocupam na sentença.

Por tudo quanto precede, o argumento histórico de que as preposições exprimem papel temático porque herdaram as funções dos casos latinos revela-se, na verdade, um argumento pseudo-histórico. Não é verdade que os casos bastavam para indicar papel temático em latim, e não é verdade que todas as funções exercidas pelos casos tenham sido assumidas pelas preposições. Se, ainda assim, quisermos defender o ponto de vista de que as preposições exprimem papel temático, os argumentos a serem buscados precisarão ser outros, derivados de seu uso efetivo.

Problemas da noção de papel temático, na explicação do uso das preposições

Comecemos por recapitular as condições em que aparecem preposições numa sentença, lembrando que o contexto em que isso mais ocorre é o de adjunção ou complementação de um verbo. Pode haver preposições introduzindo os sintagmas (que não o objeto direto) que seguem o verbo, e isso acontece numa de três situações:

a. a preposição introduz um *adjunto*, como nos exemplos a seguir:

(415) Você foi daqui para o Espírito Santo, *de* trem? [D2 RJ 158]
(416) Carne, aqui em casa, nós fazemos *de* várias formas. [DID RJ 328]
(417) Hoje não. Se estuda *de* outra maneira completamente diferente, não tem mais bê-á-bá, né? [DID POA 6]

b. a preposição introduz um *objeto indireto*, que é por sua vez *o único termo integrante do verbo*, como nos exemplos a seguir:

(418) Ainda agora me lembrei *de* outra coisa. [D2 SP 343]
(419) [os padres] eles gostavam muito *de* futebol [...] Sempre gostei *de* futebol, aliás até hoje eu gosto muito de futebol. [DID POA 6]
(420) Você tá participando *daquilo*, você é um módulo ali dentro. [D2 RJ 158]

c. a preposição introduz um *objeto indireto*, que *não é o único termo integrante do verbo*, na sentença em questão:[24]

(421) Eu me encharco *de* cafezinho o dia todo. [D2 RJ 158]
(422) você pode mudar o problema *de* um lugar *para* outro. [D2 SP 343]
(423) O troço mais marcante na minha vida escolar foi isso: aquela gozação que recebia *dos* meus colegas toda vez que tinha que ir ao banheiro. [D2 POA 283]
(424) Então nós alugamos um trem *da* Companhia Paulista. [D2 SP 343]

A distinção entre adjuntos adverbiais e objetos indiretos foi trabalhada num outro volume desta coleção, e não será reapresentada aqui. Cabe contudo lembrar que esse velho espantalho da gramática, que é o problema de distinguir a adjunção da complementação, não é necessariamente um problema que tenha uma única solução. Muitas ocorrências problemáticas podem muito bem resultar de um conflito entre gramáticas; em outras palavras, pode muito bem dar-se o caso de um mesmo verbo admitir duas ou mais construções; pode também dar-se o caso de num determinado estágio da língua conviverem duas gramáticas, que se distinguem precisamente porque a primeira exige como termo integrante aquilo que a outra permitiria como termo acessório. É por um conflito desse tipo que preferimos explicar a dificuldade de decidir se as expressões grifadas nas sentenças seguintes são adjuntos ou termos integrantes:

(425) A minha mãe chegou ontem *da Foz do Iguaçu*. [D2 POA 283]
(426) O nosso comércio, aqui de Porto Alegre, se queixava muito *do comércio de lá*. [D2 POA 283]

(427)   A nossa [prova] não foi integrada. Não sei como é que funcionava aquilo naquela época. Nós fizemos [prova] *pra* Geologia. [D2 POA 283]
(428)   Disposição eu tenho sim. Falou em me chamar *para* acampar, eu vou tranquilo. [D2 RJ 158]
(429)   [Pôr dinheiro na poupança] A gente não. Com a gente nunca sobra dinheiro *para* fazer isso. [D2 POA 283]
(430)   Você não fez nada *para* ter isso, certo? [D2 SP 343]

Seja como for, a distinção deve ser lembrada quando se discute se as preposições introduzem papel temático, porque, via de regra, os complementos indiretos são introduzidos por preposições altamente gramaticalizadas (sobre este conceito ver as seções "Estatuto categorial das preposições: critérios para seu reconhecimento", "As preposições no enfoque cognitivo" e "Sentido e distribuição das preposições mais frequentes"), cuja escolha depende fortemente do verbo. É sabido que a escolha da preposição que introduz os termos integrantes de um verbo é um dos tópicos em que mais trabalharam os estudiosos interessados na estandardização da língua, e é até hoje uma das áreas mais sensíveis do seu tratamento normativo. Para orientar e fixar essa escolha é que nasceram os dicionários de regência, que de um modo geral procuram estribar-se nos exemplos dos "bons autores". A perspectiva do dicionarista é, também neste caso, uma perspectiva atomizante: vale, para eles mais do que nunca, a regra de que cada verbo é um caso a parte, e não causa estranheza que o verbo *assistir* seja construído com um objeto indireto introduzido pela preposição *a*, quando seu sinônimo *presenciar* é construído com objeto direto.

É possível ir além desse tratamento atomizado? Em outras palavras, é possível vislumbrar alguma regularidade na escolha das preposições que introduzem complementos de verbos? Na história da língua, encontramos às vezes mudanças que poderiam ser interpretadas como casos bem-sucedidos de regularização. Tome-se, por exemplo, o verbo *esquecer*: historicamente, ele remonta a *excadescere*, que é por sua vez formado a partir de *cadere*, isto é, "cair". A regência mais antiga desse verbo é compatível com sua origem: "*esqueceu-me a notícia*", isto é, "para mim, a notícia caiu, saiu da memória". A regência mais recente, "*esqueci-me da notícia*", parece ter surgido por influência do antônimo *recordar*, que, em latim vulgar já pedia a preposição *de*. De é também a preposição que se aplica a *lembrar*, o que faz pensar que a língua elegeu essa preposição para identificar um tipo particular de relação com o verbo: a de "conteúdo de um certo estado mental (a memória)". Episódios como esses não apontam para explicações verdadeiramente gerais, mas são assim mesmo interessantes, por mostrar que as mesmas preposições são às vezes usadas em grupos de verbos entre os quais é possível perceber uma relação de sentido, por exemplo:

- com certos tipos de antônimos: *gostar de / desgostar de*
- com certos tipos de sinônimos: *preparar-se para / aprontar-se para*
- com verbos em que a mesma preposição aparece como prefixo: *concordar com / condizer com / coincidir com*

Nem todos os sintagmas preposicionais encontrados no *corpus* mínimo do Projeto Nurc dependem de verbos. Muitos dependem de substantivos, como nos exemplos (431) a (434); outros, ainda, de adjetivos – (435) a (438):

(431)   por uma <u>deficiência</u> *de* hormônio masculino às mamas... que começam a se desenvolver tanto no menino quanto na menina... na menina... na puberdade [EF AS 49]

(432)   ...então a arte SURge não em função:: de uma necessidade de autoexpressão... nem em função de uma <u>necessiDAde</u>... *de*::... embelezar o ambiente em que eu vivo... deveria ser uma <u>necessidade</u> estética *de* ver coisas bonitas... [EF SP 405]

(433)   ...despesas essas que os associados não têm realmente <u>condições</u>... *de*... conseguir... um meio ou uma <u>maneira</u>... digamos assim... *de* levar adiante aquela coisa... [D2 POA 291]

(434)   ...três ou quatro citações que faziam <u>referência</u> exatamente *a* isso que estilo mudava... com... a <u>mudança</u>... *de* vida... e que o estilo e que a arte SEMpre vão refletir uma determinada <u>ma-NEI-ra</u>... *de* considerar o mundo e a natureza [EF SP 405]

(435)   eu vou explicar a vocês como seria essa ginecomastia primitiva... é *diferente da* puberdade... [EF AS 49]

(436)   por causa da monotonia... é um trecho completamente deserto muito <u>cheio</u> *de* curva... a estrada não é: boa [D2 SA 98]

(437)   bom isso é muito relativo eu acho que o est/ professor deve ser... <u>igual</u> *a*o estudante agora manter sempre uma certa autoridade hierárquica tem que haver... é? [DID SA 231]

(438)   e::quem que a senhora acha que cuida de toda essa parte <u>anterior</u> *à* estreia? [DID SP 234]

Nos sintagmas preposicionais dependentes de substantivos, adjetivos e outras classes de palavras que não o verbo, reencontramos a distinção entre complementos e adjuntos, e somos novamente defrontados com uma grande variedade de situações. Parece razoável admitir que todo complemento exprime obrigatoriamente um papel temático, que de resto é mais fácil de identificar quando o substantivo deriva de um verbo, (432) e (434); mas os casos de mera adjunção tornam mais grave do que nunca o dilema de utilizar ou não utilizar a noção de papel temático; no primeiro caso, a noção fica intoleravelmente imprecisa, no segundo caso, abre-se mão do interesse explicativo que ela apresenta. Esse dilema é bem ilustrado pelas duas análises que poderíamos querer aplicar ao exemplo (426) anterior, e aos seguintes (439) a (445):

(439) O nosso comércio, aqui *de* Porto Alegre, se queixava muito do comércio de lá. [D2 POA 283]
(440) É pra ir com posters *da* Bahia pra fazer propagandas. [D2 SSA 98]
(441) Os churrascos *de* Buenos Aires, era cada bife que você não aguentava comer. [DID RJ 328]
(442) A lagosta *de* Recife... é muito gostosa. [DID RJ 328]
(443) Minha época *de* Correias é quando eu tinha meus... até uns oito anos *de* idade. [D2 RJ 158]
(444) Ah! agora a gente sente o ar *de* Minas. [D2 RJ 158]
(445) Falar em tarefas *de* colégio, assim, era muito interessante. [DID POA 6]

1. podemos dizer que o sintagma preposicional é um locativo, mas sabemos que a referência a um lugar não é exigida pelo substantivo que precede, sendo meramente uma forma de caracterizar melhor um referente;
2. podemos dizer que o sintagma preposicional não é um locativo, e assim perder a informação de que, nesse contexto, uma forma oportuna de caracterizar um referente era, precisamente, a referência a um lugar.

A gramática do português encontra aqui um grave desafio. A nosso ver, só faria sentido falar em papéis temáticos para os adjuntos se fôssemos capazes de reduzir a adjunção a um conjunto limitado de alternativas semânticas. Mas no momento essa possibilidade não passa de um objeto de desejo; até transformá-la em realidade concreta, muita elucubração ainda será necessária.

Recapitulação: as preposições exprimem papéis temáticos?

Recapitulemos: a presente seção procurou responder à seguinte pergunta, que decorre da naturalmente da afirmação de que as preposições teriam substituído os casos do latim:[25]

(i) as preposições exprimem papéis temáticos?

Ao formular uma resposta para essa pergunta, fomos levados a distinguir duas situações:

a. Os termos essenciais da sentença têm, por definição, um papel temático definido. Portanto, qualquer sintagma preposicional que introduz termos essenciais da sentença acaba naturalmente envolvendo-se na expressão de um papel semântico. Vimos, contudo, que a identificação dos papéis semânticos é dada pela estrutura sintática da sentença como um todo, e não especificamente por um ou outro de seus constituintes considerado isoladamente. Nesse quadro, a preposição é apenas um dos recursos disponíveis para indicar as funções sintáticas dos sintagmas nominais; não aparece necessariamente em todas as sentenças e quando aparece funciona como parte de uma mobilização mais ampla de recursos. Com isso queremos dizer que a atribuição de papéis temáticos deve ser encarada como um processo no qual se encontram correspondências entre uma estrutura sintática completa e uma estrutura semântica considerada como um todo, e não entre segmentos particulares dessas estruturas. Dito de outra maneira, as preposições que introduzem termos essenciais exprimem papel temático, não por si, mas como ingredientes de uma construção sintática reconhecível dotada de uma certa complexidade, que elas ajudam a identificar.

b. Muitos adjuntos são construídos por meio de preposições ou locuções prepositivas. Muitos autores recusariam de pronto que as preposições introduzam papéis temáticos nesse contexto. Essa recusa deve-se à preocupação de distinguir rigidamente papéis temáticos e circunstâncias, uma preocupação que tem fortes justificativas, porque os papéis temáticos são previstos no semantismo do verbo, ao passo que as circunstâncias não são, como o próprio nome "circunstância" sugere. Nossa resposta procurou dar importância a um fato que nos parece notável, quando se considera o papel que as preposições desempenham na construção de adjuntos: procuramos mostrar que, nesse caso, a escolha das preposições tem uma motivação mais transparente: muitos adjuntos introduzidos por preposição fazem referência a realidades (de tempo, espaço, agentividade, objeto de experiência etc.) que em outros momentos a língua organiza como papéis temáticos associados a algum verbo; mas vimos também que, para além desses casos, os adjuntos remetem a uma gama de situações potencialmente infinita.

Tendo chegado a este ponto, decidir se as preposições exprimem papel temático quando introduzem adjuntos converte-se no problema de avaliar possíveis ganhos e perdas que resultariam de uma decisão nossa: há o risco de descaracterizar a noção, se a aplicarmos; há o risco de renunciar ao seu interesse explicativo, se abrirmos mão dela. Os resultados da análise são, até aqui, pouco decisivos: na história da língua e no seu uso atual verifica-se frequentemente a tendência a associar com regularidade certos usos das preposições e certos valores semânticos bastante específicos; mas estamos longe de um inventário fechado de possibilidades, e a necessidade de explicações atomísticas, *ad hoc*, continua presente.

LOCUÇÕES PREPOSITIVAS E DINÂMICA DA CLASSE DE PREPOSIÇÕES

A afirmação de que as preposições constituem uma classe fechada de palavras, conforme exposta e criticada na seção "Estatuto categorial das preposições: critérios para seu reconhecimento", contrasta com a existência de *locuções prepositivas*, pois estas existem em número potencialmente infinito.

Para lidar com essa aparente contradição e proceder a uma sistematização das locuções prepositivas, o primeiro problema a ser considerado é justamente o que vem a ser uma locução e, ainda, o que a caracteriza como prepositiva: trataremos desse problema na seção seguinte, "Critérios para a definição de uma locução como prepositiva". De passagem, tocaremos também na possibilidade de as locuções prepositivas participarem como introdutoras de argumentos ou de adjuntos e de participarem de contextos em que há transposição de esquemas (ou usos metafóricos, conforme definidos na seção "As preposições no enfoque cognitivo").

Um outro tópico será a possibilidade de essas locuções se fixarem na língua como uma única preposição, em um movimento incessante de gramaticalização. Esses serão os assuntos da seção "Locuções prepositivas, gramaticalização e a dinâmica histórica da classe das preposições".

Na seção "Locuções prepositivas no Projeto Nurc", traremos exemplos de locuções prepositivas, com comentários pormenorizados sobre algumas, bem como uma proposta de sistematização.

O papel das preposições e locuções prepositivas em frases feitas, na perspectiva da oposição entre composicional e não composicional (ou formulaico/não formulaico) será o assunto da seção "Preposições, locuções prepositivas e frases feitas".

Critérios para a definição de uma locução como prepositiva

Podemos tomar como primeira definição de locução o seguinte: "uma locução é um grupo de palavras que pode corresponder a uma única palavra". É desse modo que temos a locução verbal "*pôr fogo (em)*" equivalente ao verbo *incendiar*, as locuções adverbiais "*de maneira/modo lenta(o)*" equivalentes ao advérbio *lentamente* etc. Isso nos leva naturalmente às seguintes perguntas:

a. quais são, em geral, as locuções que existem em português?
b. quais classes de palavras contêm locuções?

A resposta a essas perguntas pode ser dada intuitivamente e é um preliminar necessário, se quisermos chegar a critérios um pouco mais claros e seguros para a definição de "locução" e de seus diferentes tipos. Intuitivamente, encontramos no português os seguintes tipos de locução:

→ adjetiva: *de leite, de ferro*
→ adverbial: *em silêncio, de mão em mão*
→ conjuntiva: *desde que, antes que, dado que*
→ interjectiva: *ora, bolas!, ai de mim!*
→ prepositiva: *ao redor de, em cima de*
→ pronominais: *cada um, quem quer que, seja quem for*
→ substantivas: *trem de ferro, lata de óleo*
→ verbais: *ter que fazer, haver de fazer*

Um primeiro fato a comentar refere-se aos elementos que participam da formação de locuções. Temos a presença de preposições em locuções adjetivas, adverbiais, conjuntivas, interjectivas etc., e a presença de substantivos em locuções adjetivas, adverbiais, interjectivas e substantivas. Essa distribuição não uniforme de classes de palavras por locuções de vários tipos nos leva a descartar a ideia de que apenas olhando para os componentes de uma locução possamos atribuí-la a uma classe, ou seja, classificá-la entre as classes de palavras reconhecidas pela gramática. Por conseguinte, não basta reconhecer a presença de uma preposição em uma dada locução para tratarmos essa locução como prepositiva, ou detectar nela a presença de um substantivo para tratá-la como substantiva, por exemplo. Descartamos, portanto, esse fator, baseado na natureza morfossintática dos componentes. Podemos, contudo, utilizar para a classificação de uma locução, em vez da natureza dos elementos que a compõem, a função sintática e/ou semântica que ela desempenha. É desse modo que esperamos que as locuções adjetivas se comportem sintaticamente como adjetivos, as substantivas como substantivos e, assim, *mutatis mutandis*, para todas as outras locuções.

Concentrando-nos nas locuções prepositivas, podemos então exigir que elas desempenhem o papel sintático de uma preposição, que é normalmente descrito como o de "unir duas *palavras*". Sabemos, no entanto, que esse critério vale apenas como uma aproximação, porque há contextos em que as preposições unem sentenças recobrindo assim a área que seria própria das conjunções como ocorre nestes exemplos:

(446) saio meio-dia da escola (então) tem que vir correndo... almoçar depressa *para* dar tempo de digestão *para* poder entrar às duas horas [D2 SP 360]
(447) João saiu na chuva *sem* levar o agasalho
(448) eu acho que eh o cinema perdeu muito *por causa da* televisão... agora se você pergunta o que eu acho quando eu entro no cinema eu entro... [DID SP 234]
(449) João foi embora *apesar da* chuva forte.

Esses exemplos envolvem, de um lado, sentenças completas (*"saio meio-dia da escola, (então) tem que vir correndo... almoçar depressa"*, João saiu na chuva, *"eu acho que eh o cinema perdeu muito"*, *"João foi embora"*) e, de outro, sintagmas nominais (*"o agasalho"*, *"a televisão"*, *"a chuva forte"*) ou sentenças reduzidas (*"dar tempo de digestão"*).

Resta-nos, por fim, o critério semântico. Segundo esse critério, as locuções prepositivas seriam aquelas locuções que têm o mesmo sentido das preposições. Essa saída não é de todo tranquila, porque não e fácil pensar num sentido que seria compartilhado por todas as preposições. Podemos, contudo, estender às locuções prepositivas o sentido mais geral a ser atribuído à classe das preposições que, nas seções anteriores deste capítulo, identificamos como sendo o de indicar relações espaciais. Se assim procedermos, teremos que classificar como prepositivas as locuções que designam relações espaciais ou relações metafóricas derivadas de relações espaciais. Isso nos dá um núcleo de locuções prepositivas que poderemos, eventualmente, querer ampliar.

LOCUÇÕES PREPOSITIVAS QUE EXPRESSAM RELAÇÕES ESPACIAIS

Esse núcleo inclui, certamente, as locuções *"em cima de"*, *"acerca de"* e *"a respeito de"* (que, de resto, podem ser substituídas pela preposição *sobre*); inclui também a locução *"em oposição a"*, que pode ser substituída pela preposição *contra*, e que pode ser facilmente explicada com base em relações espaciais, e por transposição de esquemas. As locuções prepositivas que exprimem relações espaciais coocorrem e concorrem há bastante tempo com as preposições simples, e tendem a substituí-las em certos casos. Por exemplo, os dados do Projeto Nurc mostram que *"embaixo de"* está desbancando a velha preposição monolexemática *sob* (que aparece apenas em contextos muito específicos) e as formas *"em cima de"* e *"acima de"* estão desbancando *sobre*, embora essas formas ainda sejam compreensíveis e eventualmente usadas. A substituição das velhas preposições latinas por locuções prepositivas é, em todo caso, um processo bem mais antigo, que já fez com que algumas locuções prepositivas se tornassem absolutamente indispensáveis: basta pensarmos nas locuções *"perto de"*, *"ao redor de"*, *"depois de"*: não é possível expressar seu sentido mediante uma única palavra, em contraste com o que acontecia em latim (que tinha para isso as preposições *apud, circum* e *post*) e o que se passa hoje com o inglês (que tem *about, around* e *after*).

O uso de locuções prepositivas possibilita um tratamento muito rico das relações espaciais, mobilizando uma combinatória de traços bastante articulada:

- interioridade/exterioridade
- etapas de um trajeto
- dêixis (o falante é ou não é um dos pontos do trajeto)
- proximidade/distância
- localizações relativas na dimensão da verticalidade
- circulação externa
- circulação interna

A capacidade de descrever o espaço de maneira exata e de operar com a combinatória que acabamos de apontar é, provavelmente, a chave para a grande proliferação das locuções prepositivas, e a razão que contribui para elas serem em número potencialmente infinito. Alguns exemplos são:

(i) *na frente de, em frente a, de frente para, frente a, frente com*
(ii) *atrás de, de trás de, por trás de*
(iii) *em volta de, por volta de*
(iv) *ao redor de*
(v) *dentro de, por dentro de, de dentro de, para dentro de*
(vi) *fora de, por fora de, de fora de, para fora de*
(vii) *no meio de*
(viii) *perto de, para perto de, de perto de*
(ix) *longe de, para longe de*
(x) *em cima de, por cima de, de cima de, acima de*
(xi) *ao lado de, do lado de*
(xii) *ao pé de, do pé de*
(xiii) *abaixo de, debaixo de, por baixo de*
(xiv) *em torno de*

Se observarmos mais de perto as locuções enumeradas no parágrafo anterior, veremos que, em sua construção, funciona uma sintaxe embrionária, que o Quadro 20 a seguir caracteriza:

Quadro 20

preposição 1	+ base +	preposição 2
(várias)	(= denominação da relação espacial)	(de/a)

A razão para qualificar essa sintaxe de "embrionária" é o fato de que resulta em formações que não são exatamente idênticas. Note-se que

1. algumas das bases (mas apenas algumas) aceitam artigos e outros determinantes, como seria esperado de um substantivo:
   na frente / na minha frente (= na frente de mim) / mas
   perto de mim / *perto meu;

2. conforme a base escolhida, certas preposições são previsíveis na posição 1:
   vá para longe / *vá a longe

3. um processo de estandardização da escrita que não chegou a completar-se cria às vezes incoerências de grafia:
   <acima de mim> / *<a cima de mim>
   <*encima de mim> / <em cima de mim>

4. algumas bases dispensam o uso da *preposição 2* em contexto de elipse:
   sai de casa de manhã e fica *fora* pelo resto do dia;
   era uma casa avarandada, com muitas arvores *em torno* / havia muitas arvores em torno *da casa*.

Cada um desses pontos mereceria ser aprofundado. Aqui, limitamo-nos a algumas considerações sobre 1) e 4).

Na lista anterior de locuções de (i) a (xiv), incluímos "*em torno de*" e "*ao redor de*". Que sentido faz tratar suas bases, respectivamente *torno* e *redor*, como substantivos? Quanto a *redor*, o substantivo que prevaleceu é *arredor*, que de resto se usa sobretudo no plural (*os arredores*). Quanto a "*em torno de*", é imediato lembrar que o substantivo *torno* só é usado hoje em português num sentido incompatível com a ideia de assunto que prevalece na leitura do exemplo em questão. Disso não se deve concluir que a expressão é incompreensível como descrição de um certo modo de lidar com o espaço, porque os falantes conhecem os substantivos *contorno, entorno* e *retorno*, que exprimem a mesma ideia; mas é importante perceber que *torno*, com o sentido em questão, é um termo antigo. Os exemplos "*em torno*" e "*ao redor de*" mostram, na realidade, que as expressões que entraram na construção de uma locução (prepositiva ou outra) tiveram uma história própria.

A possibilidade de elipse que exemplificamos pelas locuções prepositivas *"fora de"* e *"em torno de"* está igualmente disponível para muitas outras locuções. Eis uma pequena lista, que pode ser incrementada de várias maneiras (a começar pelo fato de que essas mesmas preposições/locuções prepositivas podem ser precedidas por diferentes preposições: *na frente, pela frente, à frente, da frente* etc.).

na frente de... / *na frente...*
atrás de... / *atrás...*
em cima de... / *em cima*
embaixo de... / *embaixo...*
ao redor de... / *ao redor...*
dentro de... / *dentro...*
fora de... / *fora...*
perto de... / *perto...*
longe de... / *longe...*
à direita de... / *à direita...*
à esquerda de... / *à esquerda...*

A maneira como a tradição gramatical da língua portuguesa tem lidado com as alternâncias apontadas joga com a distinção entre preposição e advérbio: considerando que uma preposição precisa sempre reger alguma coisa, tornou-se praxe afirmar que há uma locução prepositiva nas expressões da esquerda, ao passo à direita haveria advérbios. A nosso ver, falar em preposição/advérbio ou em advérbio que se torna preposição em certos ambientes sintáticos e não em outros não é a melhor explicação do que se passa quando escolhemos uma ou outra das duas formas dos pares anteriores. Julgamos que seria mais interessante reconhecer que uma mesma expressão capaz de significar uma relação espacial (ou uma extensão metafórica de uma relação espacial, como *"em frente"*, *"à frente"* etc.), sem perder sua característica de designar uma relação binária entre uma figura e um fundo (ver seção "As preposições no enfoque cognitivo"), pode ser utilizada pela língua em diferentes contextos sintáticos, resultando em construções distintas: adjuntos adnominais (*a casa em frente à minha*), predicativos (*a loja era em frente à agência do banco*) etc.; além disso, diferentes mecanismos fazem com que um dos dois termos da relação deixe de ser explicitado (dêixis, elipse, preenchimento pelo contexto).

LOCUÇÕES PREPOSITIVAS PARA ALÉM DAS EXPRESSÕES ESPACIAIS

Apesar das complicações que apontamos no final da seção anterior, e embora não resulte em classificar como locuções prepositivas exatamente as mesmas expressões que as gramáticas tradicionais classificariam como tais, nossa decisão de considerar como locuções prepositivas apenas aquelas que tratam de espaço nos leva a delimitar um conjunto de expressões bastante homogêneo, não só pelo sentido, mas também pela forma. Mas é possível que esse conjunto pareça excessivamente limitado a muitos falantes, que estariam dispostos a reconhecer outras tantas locuções prepositivas nas expressões que aparecem grifadas nos exemplos a seguir e em muitíssimas outras.

(450) À medida que vai a distância aumentando vai naturalmente aumentando o preço da passagem, *em função disso* a qualificação do tratamento [D2 SP 255]
(451) Se eu fosse fazer um depoimento *em termos* pessoais sobre minha impressão dos correios, ela não seria muito negativa [D2 SP 255]

É fácil compreender o raciocínio que leva a perceber a continuidade que liga essas locuções com as de tipo localístico descritas no parágrafo anterior. O molde apresentado no Quadro 20, além de estar sujeito a transposições metafóricas (*acerca de* "ao redor de" > *acerca de* "sobre", indicando assunto), parece ter lançado a possibilidade de utilizar bases lexicais de sentido relativamente variado (não apenas espacial) que simplesmente "nomeiam" um nexo que é percebido, por assim dizer, em bloco. Dois tipos de comparação ajudam a entender o que estamos procurando dizer aqui.

Comparem-se, inicialmente, as estruturas sintáticas de "*Veio no lombo de um cavalo*", e "*Veio em um cavalo*":

Elas diferem porque, na primeira estrutura, entre os nós correspondentes a *veio* e a *cavalo*, há um nó intermediário, reservado a *lombo*; na segunda esse nó intermediário não aparece. Contudo, "*no lombo de*" poderia ser considerado funcionalmente equivalente a *em*, ou quem sabe a um *em* com um suplemento de informações; é precisamente assim que tem sido analisada a locução prepositiva "*em cima de*" (= "montado"), que podemos encontrar ainda numa outra sentença, "*veio em cima de um cavalo*". Entre essas três sentenças, há um *continuum*: reconhecer "*em cima de*" como uma locução prepositiva é uma forma de não querer reconhecer a palavra *cima* a autonomia que ela tem como substantivo, em outros contextos.

A segunda comparação é entre a expressão francesa e a expressão portuguesa que significavam "*na casa de*" na Idade Média: para falar de coisas que aconteciam no paço real, o português tinha então a expressão "*em cas del rey*" onde *cas* é o resultado da evolução da palavra latina *casa*. Mas a expressão "*em cas de*" teve o mesmo destino do artigo *el*, ou seja, desapareceu sem deixar vestígios. Em francês, era possível dizer "*chez le roi*", e *chez* sobrevive até hoje como uma preposição de uso frequente. É mais um motivo para pensar que o substantivo-núcleo de um sintagma nominal pode ver-se envolvido num processo de gramaticalização de consequências imprevisíveis quando esse sintagma nominal é precedido por preposição e rege por sua vez outros sintagmas preposicionais. É assim que o substantivo *respeito* entra na formação da locução "*a respeito de*" que passa a indicar assunto, ou que o substantivo *pesar* entra na locução "*apesar de*", que indica contrajunção, ou que o substantivo *atenção* entra na locução "*em atenção a*" etc.

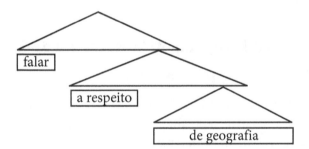

Há, na língua, centenas de expressões como essas, mas apenas umas poucas têm sido reconhecidas pelas gramáticas como locuções prepositivas. No julgamento do gramático pesam, ao que tudo indica, fatores altamente heterogêneos, como:

a. a tradição de escrever como uma única palavra ou várias, que opõe, por exemplo, "*atrás de*", "*em cima de*", "*acerca de*" e "*a respeito de*" etc.
b. a existência de uma preposição (palavra única) sinônima do todo
em cima de = *sobre*
a respeito de = *sobre*
com exceção de = *tirante, exceto*

c. o fato de a base ter uma existência independente na língua
depois de – ?
(a língua medieval teve "*em pós de*", mas hoje não existe *pós* ou *pois* com sentido temporal, mas apenas *após*)
d. o fato de a base ser usada em outros contextos, exatamente com o mesmo sentido:
agir ao arrepio da lei / *sentir o arrepio da lei
falar a respeito de um certo assunto / *o respeito de um certo assunto

A nosso ver, nenhum desses fatores é por si só suficiente para separar as três situações que encontramos até aqui: a das preposições (*trás* os montes), a das locuções prepositivas (*atrás dos* montes, *acima do* nível) e a das construções gramaticais (*do outro lado dos* montes, *na esteira do* navio), por isso a primeira abordagem de todos esses fatos deve tratá-los em continuidade. Falar em *continuum* tem aqui a vantagem de lembrar que há sempre uma certa arbitrariedade na operação pela qual a gramática troca as ocorrências por categorias. Contudo, uma vez reconhecido que as três construções que nos ocupam mantêm entre si mais semelhanças do que diferenças, pensamos que o critério que deve prevalecer é o último: o fato de que a base, no contexto da locução, assume um sentido que não é possível (ou pelo menos não é usual) encontrar em outros contextos.

Locuções prepositivas, gramaticalização e a dinâmica histórica da classe das preposições

Ao longo dos tempos, a classe das preposições passou por várias fases marcadas por processos relativamente diferentes. A fase mais antiga é caracterizada pelo desgaste e finalmente pelo desaparecimento de muitas preposições latinas, das quais só permaneceu uma pequena parte. Para compensar essas perdas, ou talvez para dar maior concretude a preposições antigas que ainda existiam, mas possivelmente haviam-se tornado menos expressivas, nota-se nessa mesma fase que muitas preposições são reconstruídas como combinações de duas ou mais das formas que haviam sobrevivido. Foi assim que se formou a maioria das preposições "simples" que hoje conhecemos:

$$de + ex + de \rightarrow desde$$
$$ad + post \rightarrow após$$
$$per + ad \rightarrow para$$
$$per + ante \rightarrow perante$$

Paralelamente às preposições, a justaposição de elementos latinos dá origem a uma série de advérbios:

de + *intro* → *dentro*
de + *post* → *depois*
de + *magis* → *demais* etc.

Um fato notável é que muitas formas assim criadas voltam a combinar-se com preposições, resultando em locuções prepositivas, o que configura um processo, por assim dizer, cíclico, que tentamos representar no esquema a seguir.

Esquema 1

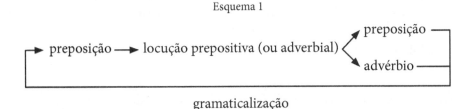

gramaticalização

Na fase atual da língua, a reduplicação de elementos já não ocorre (mesmo as sequências de preposições *"para com"* e *"por sobre"* têm um uso limitado nos inquéritos); como vimos, parece difícil criar novas preposições. Na realidade, as necessidades expressivas que poderiam ser cobertas por novas preposições vêm sendo supridas há muito tempo pela criação de locuções em que algum substantivo tem um papel essencial. Às vezes, uma locução mais recente compete nos mesmos textos com uma preposição mais antiga, e a tendência é que a locução tenha uso mais amplo, mesmo que a antiga preposição continue disponível, como se depreende da comparação de *"embaixo de"*, *"em cima"* com *sob* e *sobre*.

Lembramos, mais uma vez, que algumas locuções já se haviam consolidado quando a gramática e a ortografia fizeram suas sistematizações da língua, e é por isso que escrevemos como uma só palavra *perante* e *desde*, mas separamos *"para com"*, ou que escrevemos em duas palavras *"apesar de"* e em três *"a despeito de"*.

Locuções prepositivas no Projeto Nurc

Levando em conta as considerações feitas no Quadro 20 e no Esquema 1, ou seja, dando uma interpretação tão aberta quanto possível ao critério localista, e admitindo que um "sintagma intermediário" (no sentido descrito em (b) na seção anterior), mesmo não significando relações espaciais, possa gerar uma locução prepositiva quando assume um sentido específico que nomeia uma relação, levantamos nos inquéritos estudados do Projeto Nurc as seguintes locuções prepositivas:

acima de
(452) eu não viajo nem num outro carro *acima de* oitenta ou noventa... de velocidade... [D2 SSA 98]
(453) houve uma tentativa de se limitar a carga por roda quer dizer de evitar que carros muito pesados com cargas muito pesadas... trafeguem... acima quer dizer *acima do* peso para o que ela foi construída [D2 SSA 98]

em função de
(454) A televisão acaba naturalmente por apelar, *em função de* uma programação que atinja o grande público [D2 SP 255]
(455) [falando da construção de estradas] O tráfego hoje é tanto. Em mil novecentos e oitenta aí faz uma curva com projeção *em função de* fatores econômicos, isso e aquilo,... a estrada já tava suportando um tráfego de mil novecentos e oitenta. [D2 SSA 98]

a nível de
(456) Isso eu estou falando *a nível de* elucubração porque também não me preocupa. [D2 SP 343]

em relação a
(457) Uma biblioteca tem que ser um local bem localizado, em posição que... eu falo *em relação ao* sol [DID SSA 231]
(458) A vantagem desse sistema *em relação ao antigo* do Pará e da Amazônia, é que lá a seringueira, sendo nativa, eram muito esparsas [D2 SSA 95]

com respeito a
(459) Acredito que tudo quanto foi dito *com respeito à* televisão, foi dito *com respeito ao* correio, foi dito *com respeito ao* rádio. [D2 SP 255]

em torno de
(460) Eu acho que quando fazem esse tipo de propaganda que fizeram *em torno do* "Exorcista", aí o que está havendo é uma grande campanha publicitária para se vender um produto [D2 SP 255]

em termos de
(461) *Em termos de* centro, por exemplo, está começando a acontecer um negócio que você vê normalmente em cidade americana grande. [D2 SP 343]

em vez de
(462) *Em vez de* estudar, o tempo quando que perdia preparando a pesca, era preferível estudar, não é? [DID SSA 231]

(463) Não adotaríamos... trazer dois barcos *em vez de* um. [D2 SSA 95]
(464) *em vez da* televisão ter uma finalidade cultural [...] passa a ser um veículo de promoção de um grupo [D2 SP 255]
(465) Às vezes, *em vez de* tomar café com leite, eu tomo iogurte ou coalhada [DID RJ 328]

por volta de
(466) um período MUIto maiOR do que... o que nós conhecemos... historicamente... que abrange *por volta de cinco mil antes de Cristo* até hoje portanto... *por volta de* sete mil anos... certo? [EF SP 405]

As construções que separamos em (452) a (465) obedecem a um mesmo processo de formação: baseiam-se em um substantivo, que é precedido por uma preposição e é seguido, por sua vez, por outra preposição. Os substantivos são às vezes palavras de significação relacional e abstrata (como *nível, relação, função*). Duas características desses compostos nos levam a considerá-los como unidades parcialmente gramaticalizadas: em primeiro lugar, uma consciência muito clara de que se trata de unidades do ponto de vista funcional (deixamos ao leitor a tarefa de verificar que alguns desses compostos poderiam ser substituídos sem grandes perdas por preposições simples, como *por, com, de, sobre*); em segundo lugar, o fato de que as preposições que estão ao lado do substantivo são fortemente determinadas por ele, embora uma variação mínima seja às vezes tolerada.

Preposições, locuções prepositivas e frases feitas

Ao recapitular os levantamentos prévios que serviram de base a este trabalho, fomos surpreendidos pela grande quantidade de construções que, embora contenham preposições, não se enquadram nas descrições feitas até esta altura de nossa exposição.

Trata-se de construções em que a sintaxe causa estranheza ou em que a compreensão do todo (palavra regente + preposição + sintagma nominal) precisa ser buscada por caminhos não convencionais. A explicação do que acontece em muitos desses casos pode exigir uma mudança radical de enfoque, em relação ao modo como viemos trabalhando ao longo deste estudo; a perspectiva em que viemos trabalhando até aqui é essencialmente uma perspectiva composicional; os fatos que pretendemos explicar na sequência exigem o que chamaremos aqui de perspectiva formulaica.

Para entrarmos *in medias res* na explicação do que entendemos por composicional e formulaico, vejamos o exemplo (468), no qual destacamos para análise a frase "*tomei chá de trem*":

(467)   via permanente são os trilhos dormentes e (ininteligível) por onde o trem passa então nós tínhamos um carro de linha que a gente chama que ele tem uns mecanismos que registram todas as situações dos trilhos dava a bitola superelevação torção flechas as curvas então tive que fazer esse levantamento todo era eu um motorista um mecânico e um eletricista tomei *chá de trem* naquele troço. [D2 RJ 158]

Há uma óbvia analogia entre a frase destacada e outras semelhantes em que, em vez de *trem*, se fala de outras coisas (por exemplo, *cadeira* ou *espera*: "*tomar um chá de cadeira*", "*tomar um chá de espera*"); por outro lado, nossa competência linguística nos diz que temos que colocar em paradigmas diferentes "*chá de trem*" (ou de *cadeira*, ou de *espera*) e "*chá de cozinha*", "*chá de bebê*", entre outras razões, porque os chás de cozinha e de bebê são reuniões sociais em que as pessoas participam mediante convite, ao passo que os chás de cadeira (ou de trem, ou de espera) são situações pelas quais as pessoas passam geralmente sem querer. Tudo isso para dizer que não é casual que a expressão "*chá de trem*" vem acompanhada do verbo *tomar*, e que, precisamente pelas determinações que impõe a escolha de verbos como esse, temos interesse em considerá-la como uma unidade de sentido. Mas como interpretamos essa unidade? No modelo de "*chá de hortelã*", "*chá de erva-cidreira*", as palavras *hortelã* e *erva-cidreira* identificam os ingredientes, e *chá* identifica o derivado que deles se obtém por infusão. No caso do "*chá de trem*", não há infusão, e a ideia de ingrediente precisa ser, no mínimo, reformulada.

Para explicar a singularidade de frases como (467), recorre-se frequentemente à noção de metáfora: diz-se então que a sentença precisa ser interpretada metaforicamente ou que sua interpretação requer uma transposição de esquemas cognitivos. Aqui, preferimos tomá-la como exemplo de outra característica frequentemente encontrada nas frases de uma língua natural: o fato de que a significação do todo (no caso "*chá de trem*", ou "*tomar chá de trem*") é diferente do que se obtém "somando" as significações das partes (no caso: *tomar*, *chá* e *trem*): quando a significação do todo pode ser prevista a partir da significação das partes, falamos em composicionalidade; quando isso não é possível, falamos em formulaicidade. A alternativa para metafórico é literal; a alternativa para formulaico é composicional.

Numa língua como o português, as construções que exigem uma interpretação formulaica são muitas. Encontramos bons exemplos no nível da sentença completa (em que a língua preserva antigos provérbios que contêm palavras cujo sentido original se perdeu, como "*quem usa cuida*", ou "*quem cala consente*") ou no nível do predicado (em que encontramos coisas como "*chutar o pau da barraca*" ou "*andar num cortado*"). Mas é evidente que pode haver construções formulaicas em qualquer nível sintático, e, portanto, em todos os níveis em que as preposições atuam.

Quando as preposições intervêm em construções formulaicas, parece desarrazoado querer analisá-las como faríamos nos contextos mais estritamente composicionais (embora isso fosse feito à exaustão na escola, num tempo em que se praticava a chamada "análise morfológica"). Contudo, a presença da preposição tem nesses casos um papel importante para o reconhecimento da própria construção (a de nosso exemplo tornar-se-ia irreconhecível se o falante tivesse usado *em*, *com* ou qualquer outra preposição que não *de* – "*tomar chá em trem*"; "*tomar chá com trem*"). É o que diríamos também para os casos a seguir, levantados mais uma vez nos inquéritos do Nurc:

ao passo que
(468) Eu sei que lá eu vou fazer alguma coisa e vou ver resultados, *ao passo* que me meter numa escolinha do interior aí eu vou chorar o dia inteiro [D2 POA 283]

a não ser / a não ser que
(469) Eu não encontro o motivo forte [para o celibato religioso], *a não ser* uma tradição. [DID POA 6]
(470) Jamais a religião vai poder voltar a ser o que era antes, *a não ser que* haja uma, digamos assim, uma revisão total. [D2 POA 283]
(471) Não vale a pena desconto de cinco por cento, *a não ser* em compra pequena. [D2 POA 283]

Nos exemplos que precedem, as preposições fazem parte de frases que não se sujeitam a ser desmembradas por razões de interpretação. Às vezes, desmembrar e analisar é difícil por razões estritamente sintáticas. Tomem-se por exemplo estes trechos:

(472) Mas se isso não acontecer, [a] ligação vai ser mantida, *a menos* que chova [D2 SP 343]
(473) Acho que *até que* enfim nós encontramos um ponto em comum. [D2 SP 255]
(474) *De vez em quando* a gente tem que voltar num local onde já teve obras. [D2 SSA 95]
(475) Por aí e lá no Retiro, *de vez em quando* vinham aquelas bolas de [borracha]. [D2 SSA 95]
(476) [falando de estrada de rodagem] *De vez em quando* aparecem as riscas no chão marcando o início de pista. [D2 SSA 98]
(477) Eu *de vez em quando* vou para a casa de uns colegas meus lá em Mimoso do Sul lá perto de Cachoeiro. [D2 RJ 158]
(478) Eu gostaria de poder de contar alguma experiência aérea traumatizante ou *pelo menos* inquietante. [D2 SP 255]

(479) Pelas construções que tem lá eu não vi muita construção recente. São construções de *pelo menos* dois três anos. [D2 RJ 158]
(480) Bom o R. já, ao se apresentar no início da palestra, já se definiu como um antigo jornalista, *pelo menos* alguém que tinha trabalhado nos jornais. [D2 SP 255]
(481) *Hoje em dia*, quando vou ver lá, eu acho que o parque não é tão grande assim [D2 POA 283]
(482) *Hoje em dia*, todas estas estradas aqui foram pintadas a máquina [D2 SSA 98]

Se tentássemos analisar as ocorrências de preposições aí assinaladas de acordo com aquilo que nós mesmos explicamos nas seções anteriores, encontraríamos pela frente sérios problemas: em alguns casos, teríamos que dizer que a preposição rege advérbios (*quando, menos*), em outros seríamos talvez levados a falar de um advérbio substantivado (*o menos*), e em outros ainda teríamos que contornar a explicação mais óbvia, de que "*nos encontramos num ponto em comum*" é uma sentença temporal (devido ao sentido normal de "*até que*"). Diante dessas dificuldades, parece mais sensato admitir que cada uma das expressões grifadas também constitui um todo que não compensa analisar. Voltamos à formulaicidade, agora por razões estritamente sintáticas.

A meio caminho entre um uso totalmente produtivo e composicional das preposições e um uso restrito, estereotipado, que seria mais característico de expressões formulaicas, encontramos uma série de expressões como as seguintes:

a. *às vezes, de repente, de uma vez, em todo caso, para você ver, em compensação*
b. *à parte, em si*
c. *quanto a*
d. *de modo que / modo a, de sorte que, de tal maneira que, ao passo que, a não ser / a não ser (que)*

A razão para separar essas construções em quatro tipos distintos prende-se à função que a expressão exerce no contexto sintático maior: as do tipo (a) funcionam como adjuntos adverbiais ou sentenciais; as do tipo (b) constituem adjuntos adverbiais ou adnominais; e a única expressão apresentada em (c) serve para introduzir o tópico do enunciado ou para construir um angulador. As do tipo (d) são locuções conjuntivas. Vejam-se alguns exemplos do uso dessas construções, encontrados nos inquéritos do Projeto Nurc:

(483) *às vezes* – adjunto adverbial
A gente *às vezes*, dá preferência em ficar com os filhos e ver um filme na televisão. [D2 SP 255]

às vezes – adjunto sentencial
às vezes a gente diz: puxa! por que você não escreve o que você está me dizendo? [D2 SSA 95]
às vezes naquele lugar tem pés de cacau. [D2 SSA 95]
Eu acho que, mesmo na cidade pequena, *às vezes* acontece isso. [D2 SP 255]

(484) *de repente* – adjunto adverbial
Eu não sei, *de repente*, passando assim como viajantes, apenas pra passear, você não tem por hábito é sentir... como a pessoa vive, né? [DID RJ 328]
[O projeto] estava em execução e, *de repente*, não ficou bom. [D2 SP 343]

(485) *de uma vez* – adjunto sentencial
Morreu cem mil *de uma vez*. [D2 SP 343]

(486) *em todo caso* – adjunto sentencial
Há um fato interessante, foge um pouquinho da pergunta, mas *em todo caso* [...] então vou conversar mais um pouquinho [DID POA 6]
Isso eu tou contando a título de curiosidade. Isso não é propriamente pra contar nesta ocasião mas, *em todo caso*, como nós estamos conversando [DID POA 6]

(487) *para você ver* – adjunto sentencial
Para você ver, a moto aí, ela não faz barulho. [D2 SP 343]

(488) *em compensação* – adjunto sentencial
Eu não janto, mas *em compensação* como três sanduíches.

(489) *à parte* – adjunto adnominal
Salas de diretores, secretarias, né?, vice-diretores de escola... isso é um setor *à parte* na escola. [DID SSA 231]
Se não me engano, pediatria e puericultura é um departamento *à parte*. [DID SSA 231]

(490) *em si* – adjunto adnominal
O pavimento *em si* é um pavimento mais espesso, pra aguentar um tráfego mais pesado [D2 SSA 98]
A cidade *em si*, eu acho genial [D2 RJ 158]

(491) *quanto a* – introdutor de tópico/angulador
Agora, *quanto ao* estudante... em relação a sua entrada na faculdade, né? [DID SSA 231]
Há uma variação grande, quais os tipos de... *quanto ao* tipo de ensino, né? [DID SSA 231]
Quanto à escola, ele não pretende que saiam doutores; se sair um carteiro, mas um carteiro feliz, ele tá muito mais realizado que se sair um doutor famoso. [D2 POA 283]

A nosso ver, a análise que poderia ser feita de cada uma dessas construções (em que intervêm preposições) confirma a descoberta de que uma boa parte dos usos de preposições não pode ser explicada por processos estritamente composicionais – essas construções têm que ser tomadas, cada uma, como um todo. Isso enseja uma última explicação que é necessária para esclarecer ao leitor as razões de termos tratado nesta mesma seção de dois assuntos que, a primeira vista, não têm relação entre si: as locuções prepositivas e as frases feitas em que intervêm preposições. Há, na realidade, uma ligação importante entre essas duas classes de expressões, e ela tem a ver com uma característica que elas compartilham: a perda da composicionalidade. Vimos que o critério para reconhecer uma frase feita é que a tentativa de analisá-la composicionalmente fracassa, porque tendemos a atribuir às partes os mesmos valores que elas teriam em outros usos, e esses valores não são, então, relevantes. Quanto às locuções prepositivas, vimos que o interesse em recorrer a essa noção começa quando as palavras, no contexto de uma construção aparentemente conhecida, perdem sua significação corrente e passam a "qualificar uma relação semântica". Nos dois casos há quebra da composicionalidade: saímos do domínio do regular, e, apesar de lidarmos com construções de palavras, só temos o direito de tomar tais construções em bloco; ou, por outra, as palavras perdem a sua capacidade de significar e mantêm apenas a capacidade de nos ajudar a reconhecer construções. Esse fato é muito comum em contextos onde ocorrem preposições, e ajuda a explicar a crença corrente de que as preposições são uma classe atomizada e caótica.

Resta dizer que a novidade neste texto não consiste em apontar a atomização e o caos, o que já foi feito várias vezes, mas em mostrar que eles não são gerais (porque ficam localizados nas "frases feitas" e nas "locuções"), e em explicar um pouco de sua natureza. Se isso ficou claro, teremos ganhado uma perspectiva mais rica sobre uma classe tradicionalmente problemática, e a caminhada destas páginas terá válido a pena.

CONSIDERAÇÕES FINAIS

O percurso que fizemos ao longo das seis seções que compõem este capítulo sobre a preposição pode ser resumido da seguinte forma: inicialmente (seção "Estatuto categorial das preposições: critérios para seu reconhecimento"), procuramos mostrar as dificuldades envolvidas em delimitar a classe de palavras das preposições, revisitando os critérios que costumam ser utilizados para esse fim; uma das razões dessa dificuldade, como deveria ter ficado claro, é que as preposições são muito diferentes entre si, não só pela frequência de uso (algumas têm um uso extremamente frequente, ao passo que outras ocorrem apenas raramente), mas também pelo fato de que não ocupam exatamente os mesmos ambientes sintáticos. Logo de início, posicionamo-nos contra a ideia de que as preposições formam uma classe de palavras *fechada*, ou seja, uma classe que não poderia nunca receber ou perder membros, ou contra uma variante dessa ideia, que consiste em pensar que as preposições são uma classe sem dinâmica. Procuramos mostrar que as classes ditas fechadas tem uma dinâmica diferenciada, que é mais lenta, se tomarmos como caso-padrão as classes abertas, como os verbos e os substantivos. O que gera essa diferença de dinâmica é o tipo de processo que está por trás da *formação das palavras, nos dois casos*. Ao formar um novo verbo ou um novo substantivo, mobilizam-se recursos morfológicos disponíveis na língua. Porém, ao formar uma nova preposição, não é a morfologia que é mobilizada; dá-se então um processo de gramaticalização, que é necessariamente mais longo. Que há uma dinâmica na classe das preposições pode ser provado justamente pelo fato de que algumas preposições aparecem hoje mais gramaticalizadas que outras, e a maior evidência disso é que apenas algumas (não todas) podem aglutinar-se com outras palavras ou introduzir argumentos de verbos e nomes, e não somente adjuntos. É que a gramaticalização se dá sempre por etapas, e essas etapas não são vencidas nos mesmos tempos por todas as classes e por todas as palavras de uma mesma classe. Além disso, os domínios cognitivos aos quais pertencem as palavras de classes fechadas são diferentes daqueles ocupados pelas palavras de classes abertas, embora uns e outros estejam constantemente sujeitos à ação de processos metafóricos e metonímicos. Foi essa hipótese que nos permitiu perceber que, na sua origem, e mesmo atualmente, muitas preposições respondem por uma descrição espacial, o que não impede que o espaço seja o ponto de partida para vários tipos de transposições de esquemas.

Na seção "As preposições no enfoque cognitivo", lançamos mão das ferramentas conceituais oferecidas pela Linguística Cognitiva e pela teoria da gramaticalização para defender a possibilidade de um tratamento unificado dessa classe de palavras. Partindo da hipótese de que as palavras que foram tradicionalmente atribuídas às classes fechadas exprimem noções cognitivamente mais básicas, formulamos a grande hipótese que subjaz a este capítulo como um todo: que o grande problema cognitivo que estimulou a criação das preposições foi o de representar linguisticamente o espaço. É um fato que as preposições formulam frequentemente uma experiência de natureza espacial, realizando um recorte específico numa configuração espacial mais complexa (por exemplo, a do trajeto); às vezes elas reelaboram o espaço graças ao mesmo mecanismo que está na base de todo processo metafórico: a transposição de esquemas. Vimos que este último mecanismo tem um poder explicativo enorme, e permite transitar entre diferentes "bases de conhecimento", que se distinguem por sua generalidade e pelo grau de verbalização que exigem: os esquemas imagéticos, os modelos cognitivos idealizados e as diferentes formulações linguísticas da experiência.

Dedicamos a seção "Representação do espaço na língua e preposições" à análise das categorias espaciais que têm reflexo na língua; adotando a perspectiva conhecida como "onomasiológica", procuramos determinar as diferentes maneiras como são verbalizadas as relações espaciais que contam para a língua portuguesa. Nessa análise, como era de esperar, as preposições acabam sendo representadas como um meio de falar do espaço, entre outros. Além das preposições, a língua fala de espaço através de verbos, advérbios, adjetivos e outras palavras, mas nenhuma dessas classes enfoca o espaço com o mesmo destaque com que o fazem as preposições.

O caminho inverso foi seguido na seção "Sentido e distribuição das preposições mais frequentes", na qual olhamos individualmente para as preposições mais usadas, procurando apontar não só os esquemas espaciais que definem suas significações mais fundamentais (coincidindo geralmente com suas significações mais antigas), mas também as significações que elas foram desenvolvendo a partir daqueles, via transposição de esquemas. Vimos que esse tipo de explicação alcança bons resultados, embora seja inevitável, no estágio atual da pesquisa, reconhecer a existência de vários tipos de resíduos.

Um capítulo que trata das preposições da língua portuguesa não poderia furtar-se de tomar partido sobre um problema que tem ocupado os linguistas recentemente: se as preposições do português exprimem caso. Foi disso que tratou nossa seção "Preposições e papéis temáticos". De acordo com a orientação geral deste estudo, demos à questão um enfoque histórico relacionando-a com a tese de que as preposições portuguesas herdaram as funções do sistema de casos latinos.

Em resposta àquela pergunta, procuramos mostrar que as preposições são apenas um meio entre outros para marcar, na superfície da sentença, a função sintática dos sintagmas nominais: juntamente com outros recursos sintáticos como a concordância verbo-sujeito, a concordância clítico-SN, a posição em relação ao verbo, o uso de determinados paradigmas de conjugação etc., a preposição contribui para que possamos ver na sentença a realização de uma determinada construção, que só é reconhecível como um todo. Com isso, julgamos ter mostrado que é problemático pensar que a preposição, por si só, indica papel temático quando introduz um complemento do verbo. E é ainda mais problemático pensar que a preposição desempenha esse papel quando introduz adjuntos adverbiais ou adnominais.

Nossa seção "Locuções prepositivas e dinâmica da classe de preposições" tematizou o papel das preposições que encontramos em duas diferentes construções sintáticas que a tradição gramatical deixou historicamente de lado: as locuções prepositivas e as frases feitas. A análise desses contextos permitiu-nos mostrar que faz sentido aplicar a uns e outros a noção de formulaicidade. Tanto as locuções prepositivas como as frases feitas que contenham preposições têm uma natureza formulaica, porque nelas há um atropelo do sentido corrente das expressões envolvidas (lembre-se o exemplo de *em + torno*) e das distribuições que seriam esperadas (lembre-se o exemplo de *pelo + menos*). De passagem, esta seção nos permitiu mostrar que as preposições passaram por uma deriva histórica que combina dois movimentos contrários: de um lado, houve a perda da maior parte das preposições latinas; mas essa perda foi, por assim dizer, compensada por dois processos diferentes de criação de novas preposições. O mais antigo desses processos consistiu em justapor e repetir as preposições latinas que haviam sobrevivido (como em *desde*, formada a partir de *de + ex + de*); o mais recente consiste em criar locuções prepositivas, combinando preposições e substantivos mediante um processo em que um substantivo "intermediário" se desgasta e se reduz à função de especificar uma relação (caso de "*em torno de*", "*ao redor de*" etc.). Seríamos certamente mais sensíveis às novas locuções prepositivas que a língua vai formando, se as gramáticas não tivessem nos acostumado a pensar na preposição como uma lista fechada de palavras.

O leitor terá notado que, ao longo das nossas seis seções, foram esquecidos muitos assuntos merecedores de atenção, e vieram à tona muitos outros assuntos relevantes que acabamos por não aprofundar. Ainda assim, pensamos ter mostrado que, para analisar uma classe de palavras, pode ser necessário levar em conta a língua como um todo, recorrer à sua história e lançar mão de hipóteses fortes e integradoras. Talvez nosso trabalho tenha mostrado que é possível fazer tudo isso.

NOTAS

[1] Nessas ocorrências estão incluídas também locuções prepositivas e algumas das chamadas "preposições acidentais", como *conforme, segundo* etc., das quais não trataremos aqui.

[2] Já Apolônio Díscolo dizia que a sentença é um *lógos autotelês*, ou seja, a expressão de um juízo que tem um fim em si. O objetivo de uma sentença, como se pode ver pelo contexto maior da sintaxe desse gramático, é ter um papel no texto em que a própria sentença figura. Mas a expressão *lógos autotelês* foi traduzida, por engano, na tradição subsequente, por "sentença de sentido completo".

[3] Esta, aliás, é a linha de raciocínio de Sweetser (1990), que teve um grande impacto sobre os estudos linguísticos de orientação cognitivista.

[4] Na história da língua, há inúmeros casos de gramaticalização, um dos quais é a formação dos verbos auxiliares a partir de verbos de sentido pleno. Sobre as noções de verbo de sentido pleno e verbo auxiliar, ver o capítulo dedicado ao verbo, no volume desta coleção *Palavras de classe aberta*.

[5] De acordo com a tradição, usaremos "sintático" ora para indicar a distribuição das classes de palavras num enunciado, ora para indicar a função que as palavras recebem do predicador.

[6] Isso vale também para expressões idiomáticas formadas a partir de "verbos leves": "*prestar atenção em*"; "*chamar a atenção de*"; "*dar um fora em*"; "*levar um fora de*" etc.

[7] Muitas das formas que apresentamos aqui não são registradas pelas gramáticas, mas são comuns na oralidade; algumas outras formas, como "praqui", também aceitáveis, não estão indicadas na tabela. Duas observações: 1) em casos como *comigo, contigo, conosco* e *convosco* houve a contração de uma preposição com um pronome já amalgamado a uma preposição que teve seu sentido esvaziado: *me + cum = mecum > mecu > mico > migo > com + migo = comigo*; 2) por analogia com as formas de *em* + artigo, presencia-se a criação de *ni*, como em *ni mim*, já apontada por Pontes (1992).

[8] Eco (1997).

[9] Na sequência desta exposição, o verbo *ir* foi empregado não como item lexical, mas como representante de uma ideia abstrata de movimento ou deslocamento que é compartilhada por uma série de outros verbos

considerados enquanto itens lexicais. Entre esses verbos estão, evidentemente, os itens lexicais *ir* e *vir*, relacionados diferentemente com a topologia de um dado movimento.

[10] Definiremos anguladores aqui, muito *grosso modo*, como maneiras de restringir o âmbito de aplicação de uma propriedade, exatamente como faz o advérbio *tecnicamente* na sentença "*Tecnicamente, o golfinho é um mamífero*".

[11] Cunha e Lindley-Cintra (1985; grifos nossos).

[12] Cf. Cifuentes (2001).

[13] Cifuentes (2001, pp. 103-4; grifos nossos).

[14] O Quadro 12 é apenas um dos componentes do processo de localização espacial, e deve ser entendido como o resultado intencional de uma série de simplificações. Em primeiro lugar, porque ele foi pensado para a localização de objetos, mas às vezes o que se localiza é uma parte de um todo; em segundo lugar, porque o falante está sempre presente no processo de localização, e às vezes é um termo de referência necessário; em terceiro lugar, porque a localização pode ser um processo explícita ou implicitamente dinâmico, e o Quadro 12 apenas trata de relações estáticas. Um bom exemplo que envolve todas essas complicações é a maneira como entendemos as noções de *direita* e *esquerda*: elas têm suas referências mais fortes nos dois lados do corpo humano e, subsidiariamente, nas margens de um trajeto que tem uma origem e um destino.

[15] Ver Berlinck (2000a, 2000b).

[16] Ver Viaro (1995).

[17] Talmy (2001).

[18] Lakoff (1987).

[19] Viaro (1994, p. 178).

[20] Lakoff (1987).

[21] O mecanismo lógico que subjaz a esses empregos é, obviamente, o da função: uma mesma relação passa por diferentes operações sintático-semânticas e resulta numa descrição definida (*o sucessor de Collor*), numa descrição indefinida (*um (dos) sucessor(es) de Collor*) ou, ainda, num predicado (*foi sucessor de Collor*).

[22] Outras construções com análise semelhante: a) *desligar-se* de qualquer coisa / dessa vidinha daqui; b) *distanciar-se* da natureza; c) *escapar* de alguma coisa; d) *ir* do trabalho pra escola / daqui para o Espírito Santo, de Caxias a Porto Alegre / de Barra do Piraí a Belo Horizonte [falando de um trecho de estrada]; e) *levar* coisa daqui; f) *pegar* daqui pra Gávea; g) *sair* da faculdade / da escola / do curso primário / daquele curso / de casa / do trabalho / do Alto da Boa Vista / da cidade / do Brasil / de Campinas / de Governador Valadares / de Teófilo Otoni / daqui / de lá / dali / do contexto de linguagem / do estacionamento / do centro grande / de um colégio / de um convento / de casa pro trabalho; h) *tirar* uma moça da sala de parto / pena de passarinho de alguém / borracha das seringueiras / a roupa do guarda-roupa / muita coisa da alimentação [falando de regimes alimentares] / frutas selvagens da mata / sumo da fruta / farinha de uma folha de arvore; i) *transportar* um caminhão de um lugar para o outro; j) *trazer* vidros de maionese de lá / uma cachorra da Alemanha; k) *viajar* daqui para o Espírito Santo; l) *vir* do cérebro [falando de miolos que se destinam a ser comidos] / do Uruguai [falando de roupas] / de Jequié [falando de uma cadelinha] / de Belo Horizonte para cá; m) *voltar* da Argentina / das férias.

[23] Como deve ter ficado claro, o "objeto direto preposicionado" é para nós uma figura esdrúxula criada pelas gramáticas para lidar com o fato de que um mesmo verbo apresenta, numa certa fase da língua, uma dupla possibilidade de construção. As duas alternativas disponíveis têm condicionamentos sintáticos (*cumprimentou todos os presentes / cumprimentou a todos; viu o bestalhão aqui, viu a mim*) e sociolinguísticos (*não o conheço / não lhe conheço*), mas isso não muda a essência dos fatos.

[24] Podemos levantar aqui outra questão pertinente para o estudo das preposições: se o fato de que o objeto indireto expressa um determinado papel semântico não seria um dos fatores que determinam a escolha da preposição. Uma resposta a essa pergunta só poderia ser dada depois de uma análise ampla de caráter quantitativo, que não foi feita.

[25] Nesta discussão, evidentemente, utilizamos a noção de papel temático de maneira intuitiva, sem nos comprometer com o uso que dela já se fez em quadros teóricos mais rígidos e, em particular, na Gramática Gerativa (ver Franchi, 1976, 1977, 1979; Cançado, 1995, 1997 e 2005). No nível intuitivo em que a usamos, a noção equivale, aproximadamente, aos casos semânticos de Fillmore (1966, 1968), aos papéis participantes de Halliday (1966-67, 1969) e também aos que se utilizam nos escritos de Simon Dik (1980, 1981 e 1989).

AS CONJUNÇÕES

Rodolfo Ilari

Este capítulo[1] trata das palavras e expressões que a tradição gramatical tem denominado conjunções.[2] Mais uma vez, trata-se de ganhar uma visão crítica sobre um conjunto de fatos que a tradição gramatical nos acostumou a agrupar sob um mesmo grande título, sem que ficassem claras as regularidades que eles compartilham.

As conjunções, uma classe reconhecidamente heterogênea e difícil de reduzir a uma definição unitária, serão aqui mapeadas levando em conta alguns fatores que não encontraríamos entre aqueles mobilizados pela gramática tradicional. Tal como nos outros capítulos destes volumes em que se trata de "classes de palavras", mostrar-se-á que as funções desempenhadas por palavras e expressões tipicamente capituladas entre as conjunções são compartilhadas por construções baseadas em palavras de outras classes. Ao longo deste capítulo, esperamos também justificar algumas exclusões e alguns rearranjos.

IDEIAS CORRENTES SOBRE AS CONJUNÇÕES

Para começo de conversa, tomemos as teses tradicionalmente expostas a respeito das conjunções, que podem ser assim formuladas:

1. Trata-se de palavras dotadas de uma função *conectiva*, cuja peculiaridade entre os demais conectivos seria a capacidade de se aplicarem a um tipo particular de objetos linguísticos: as sentenças. Essa característica bastaria para distinguir as conjunções de outro tipo de conectivo que sempre se aplica a termos de uma sentença, as preposições.

2. Uma conjunção típica é *externa* às sentenças que conecta, no sentido de que não desempenha nelas qualquer função definida pela estrutura gramatical dessas sentenças: essa característica distingue as conjunções do pronome relativo que, ao mesmo tempo em que liga sentenças, desempenha um papel (argumental ou de adjunto) no âmbito de uma delas.
3. Considerando que uma conjunção está sempre entre duas sentenças, é possível derivar a principal subdivisão das conjunções do tipo de relação que se estabelece entre ambas: (i) se uma das duas se insere na outra numa relação de subordinação a algum termo desta, teremos uma conjunção subordinativa; (ii) se a conjunção liga duas sentenças de mesmo nível, a relação é de coordenação e a conjunção é coordenativa; (iii) se as conjunções se desdobram num par tal que, ocorrendo a primeira, a segunda terá de ocorrer obrigatoriamente, a relação é de correlação.
4. Como as sentenças subordinadas são termos da sentença a que se subordinam, pode-se derivar da classificação dos termos da sentença em termos integrantes ou circunstanciais uma classificação das sentenças subordinadas em substantivas e adverbiais, e dos conectivos que as introduzem em integrantes e circunstanciais.

Todas essas teses tradicionais precisam ser cuidadosamente qualificadas, e de fato o foram na tradição gramatical. Num primeiro nível da análise pode-se aceitar provisoriamente o quadro em que foram expostas. Na seção seguinte, veremos alguns dos problemas que são então encontrados.

"As conjunções ligam sentenças": algumas qualificações

a. Embora a característica típica de uma conjunção seja a de ligar sentenças, é sabido que algumas conjunções coordenativas ligam termos de uma mesma sentença. Uma primeira tarefa consiste, pois, em identificar essas conjunções e em construir uma tipologia dos termos da sentença a que se aplicam. Para efeito de normalização da gramática e de compreensão do papel das próprias conjunções, a coordenação de sentenças será tomada como paradigma para a coordenação de termos. Por esse procedimento, chega-se a entender

(1) eles precisam pegar pele para se esquentar... *e* ter comida para comer *e* se defender dos outros animais [EF SP 405]

como uma forma abreviada de

(1')   eles precisam pegar pele para se esquentar e precisam ter comida para comer e precisam se defender dos outros animais

É discutível que o esquema possa ser generalizado. Os contraexemplos que se costumam apontar são como

(2)   O escritório do tradutor fica entre o Teatro Municipal *e* a Doceira Vienense.

que de maneira nenhuma poderiam ser relacionados a

(2')   *O escritório do tradutor fica entre o Teatro Municipal *e* o escritório do tradutor fica entre a Doceira Vienense.

A conversão fica bloqueada porque o predicado da sentença é, semanticamente falando, "*ficar entre*", e esse predicado se constrói intrinsecamente com três argumentos; ora, a conversão reduziria uma sentença com três argumentos (*escritório, Teatro Municipal* e *Doceira Vienense*) a duas sentenças com apenas dois (numa delas teríamos *escritório* e *Teatro Municipal*, e na outra, *escritório* e *Doceira Vienense*), desfigurando o predicado. Mas os fatores de bloqueio são múltiplos e mal conhecidos, merecendo uma pesquisa específica, como mostram estes exemplos:

(3)   toda *e* qualquer manifestação que a gente for procurar tem que estar necessariamente ligada a esta preocupação [EF SP 405]

(3')   ?→ toda manifestação... tem que estar necessariamente ligada a esta preocupação *e* qualquer manifestação... tem que estar necessariamente ligada a esta preocupação

(4)   naquele primeiro texto[...] ha::... havia... três *ou* quatro citações que faziam referência exatamente a isso [EF SP 405]

(4')   ?→ naquele primeiro texto [...] havia três citações que faziam referência exatamente a isso *ou* naquele primeiro texto [...] havia quatro citações que faziam referência exatamente a isso

(5)   criar uma pessoa *ou* criar uma imagem é mais ou menos a mesma coisa... no sentido de que nós estamos criando uma coisa nova do nada [EF SP 405]

(5')   ?→ criar uma pessoa é mais ou menos a mesma coisa *ou* criar uma imagem é mais ou menos a mesma coisa

(6)   [As pinturas parietais do paleolítico eram feitas sempre na parte escura das cavernas]... por ser no escuro... demonstra... que a imagem não foi feita para decorar a caverna... *ou* para ser vista por outras pessoas, certo? [EF SP 405]

(6')   ?→ ...demonstra que a imagem não foi feita para decorar a caverna *ou*... demonstra que a imagem não foi feita para ser vista por outras pessoas

(7) A fi-na-li-da-de com que ela foi feita não impede [...]que que a gente olhe *e* ache que é obra de arte [EF SP 405]
(7') ?→ ...não impede [...] que a gente olhe *e* não impede [...] que a gente ache que é obra de arte.
(8) são dois fatos diferentes... a finalidade (para o que) ela foi feita... *e* a ca-paci-da-de artística de quem a fez [EF SP 405]
(8') ?→ são dois fatos diferentes... a finalidade (para o que) ela foi feita *e* são dois fatos diferentes a capacidade artística de quem a fez.
(8") ?→ é um fato diferente... a finalidade (para o que) ela foi feita *e* é um fato diferente a capacidade artística de quem a fez.

b. A questão do encaixamento de construções gramaticais em outras construções gramaticais, de que a subordinação, em seu tratamento tradicional, seria um caso, passou a ser situada numa perspectiva muito mais ampla, e provavelmente mais apropriada, desde que a Gramática Gerativa formulou com maior clareza a tese de que não apenas os verbos, mas também os adjetivos, substantivos e advérbios podem ter uma estrutura argumental própria.[3]

Num estudo sobre conectivos, a "forma nominal do verbo" que chama a atenção é, obviamente, essa espécie de "nome verbal" que conhecemos como infinitivo, na medida em que constitui "sentenças subordinadas reduzidas de infinitivo". Como conviria a um sintagma nominal, os conectivos que introduzem o infinitivo são qualificados de *preposições*, caso de todas as palavras em itálico nos exemplos a seguir:

(9) vamos tentar reconstruir a maneira de vida desse POvo *para* depois poder entender como surgiu a arte [EF SP 405]
(10) existe uma época *para* ter uma maçã outra época *para* ter laranja [EF SP 405]
(11) não dá tempo assim *para* minhocar coisas muito esotéricas... *de* ficar pensando no sentido da vida [EF SP 405]
(12) essa necessidade *de* se manter vivo [EF SP 405]
(13) a) você... chegou *a* trabalhar e depois deixar *de* trabalhar por causa dis/de:: [D2 SP 360]
  b) eu pago, agora não lembro assim de cor, mas é um determinado número, mas não sei quanto de UPCs, vírgula zero, zero não sei o quê então, no outro mês se esse zero zero e seis, passa *a* ser cinco, depois esse zero zero na outra passa *a* ser quatro e assim por diante [D2 RJ 355]
  c) qual seRIA... o motivo pelo qual... eles::... começaram... *a* pintar ou *a* esculpir... estas formas [EF SP 405]
(14) então a arte SURge não em função de uma necessidade de autoexpressão [...] mas Unicamente em função de uma necessiDAde... *de* eu assegurar... a caça... e continuar podendo comer [EF SP 405]

e como tais deveriam provavelmente ser consideradas, se se adotasse a estratégia de acesso preconizada no início deste texto.

Seja como for, há um problema a ser formulado no que diz respeito a essas preposições: saber se sua presença é imposta por outras palavras presentes na sentença ou se é o resultado de uma escolha autônoma. Dito de outra maneira, saber se as preposições entram por um efeito automático de regência ou se resultam de uma opção significativa. Nos exemplos anteriores, parece haver escolha em (9) e (10) – haja vista que *para* comuta, por exemplo, com *sem* – e automatismo nos demais. O mesmo tipo de oposição seria ilustrado por (15) e (16) em oposição a (17) e (18):

(15) X é feio *de* doer
(16) Os pássaros são feios *ao* nascer
(17) X estava certo *de* vir
(18) Não estava certo *de* o X vir

Haveria, em suma, embrionariamente, uma "gramática" das preposições que introduzem sentenças reduzidas de infinitivo, e talvez essa gramática possa explicar-se por referência à gramática supostamente mais complexa das subordinadas conjuncionais. Note-se, por outro lado, que o infinitivo pode exigir uma preposição que não apareceria se o verbo regesse um sintagma nominal tendo por núcleo um substantivo ("*começar a pintar*", mas "*começar o quadro*" e não "*ao quadro*").

"A conjunção não interfere nas sentenças que articula sintaticamente"

Uma velha explicação do pronome relativo que, por facilitar a tradução entre o latim e as línguas românicas, gozou de grande prestígio na propedêutica daquela língua clássica, apresentava o pronome relativo como acumulando funções de conectivo e de anafórico. De fato, enquanto anafórico de natureza substantiva, o pronome relativo intervém na sintaxe da sentença que introduz, podendo desempenhar qualquer dos papéis próprios de um sintagma nominal. Nesse sentido, dissemos anteriormente que ele não é externo à sentença subordinada adjetiva que introduz: retirado o pronome relativo esta resultaria malformada.

a. A primeira questão que se levanta é se algo análogo ao que ocorre com os pronomes relativos não aconteceria também com as conjunções, ou pelo menos com algumas delas. Dar atenção aos casos em que os conectivos participam (não importa como) da estrutura das sentenças resulta em reconhecer uma série de mecanismos de correlação, de que são amostras os casos seguintes:

(19) a rentabilidade futura... dos títulos... – basicamente assim que Keynes pensava ele não falava *tanto* de... de imóveis e... carro *que nem* eu falei [EF SP 338]
(20) não eu tô acost/ não pra mim tá bom porque e na minha média... eu não viajo nem num outro carro acima de oitenta ou noventa... de velocidade... a kombi dá pra fazer isso *de modo que* eu vou tranquilo... eu pretendo chegar sair daqui... sexta-feira de manhã pra poder estar no sábado em Belo Horizonte... tranquilo [D2 SSA 98]

Quais são as linhas mestras de uma gramática da correlação? Temos que distinguir aqui várias situações:

- Um termo presente na sentença regente justifica-se exclusivamente por anunciar uma sentença subordinada. O caso típico é o das sentenças consecutivas:

(21) ...barroco sobrecarregado... um pouco indiano... anhn:: extremamente::: rico... coberto de ouro... *de tal forma que* quando a gente entra numa igreja baiana tem a impressão de que entrou numa gruta submarina [EF SP 156]
(22) ...a lei do curta-metragem era pouquíssima coisa... mas... a situação do cinema era *tão* difícil... *que* ela foi recebida com alegria [EF SP 153]

- A própria conjunção comporta dois membros, que se aplicam às duas sentenças por ela ligadas. O caso típico é o da coordenação realizada por meio de *ou... ou...*

(23) *Ou* ele vai pegar uma gilete... *ou* ele vai pegar a caneta... *ou* o amendoim [DID SP 161]
(24) *Quanto mais* personagens você interpreta maiores eh:: tipos maiores gêneros de vida você vai conseguir enfocar para sua própria vida [DID SP 161]

- Uma mesma expressão acumula as funções de argumento ou adjunto da subordinada com as de tema de uma pergunta formulada na sentença regente. O caso típico são as interrogativas indiretas ou, mais exatamente, as interrogativas indiretas que correspondem a perguntas localizadas de tempo, causa, lugar, modo etc., como nos exemplos (25) e (26); quando a pergunta não é localizada, mas polar, a presença da conjunção não é sentida como interferência na sentença subordinada.

(25) Ao padrão brasileiro então primeiro se aplica em vários grupos... *quantos* grupos à estatística disser que é necessário... não é?... [EF SP 377]
(26) demanda de moeda por motivo de transação... é uma função... do nível de renda... nível de renda nominal... vamos tentar mostrar *por que* a demanda de moeda é uma função... do nível de renda [EF SP 338]

b. Se for utilizada uma noção mais ampla de correlação, abrangendo todos os casos em que, dadas duas sentenças ligadas por uma determinada conjunção, a certas características da primeira devem corresponder determinadas características da segunda, notaremos que essa situação é muito frequente: pense-se, por exemplo, em todos os casos de correlação de tempo, a começar por essa idiossincrasia do português que é o uso do futuro do subjuntivo nas subordinadas construídas com *se* e *quando*, e dependentes de uma sentença regente cujo verbo esteja no futuro. As regularidades aí observadas são até certo modo contingentes a cada tipo de subordinada, e a tradição gramatical preferiu, acertadamente, tratá-las como parte do estudo específico de cada tipo de sentença:

(27) *se* o Japão *fosse* uma Birmânia, por exemplo, que é um dos países atrasados, as economias industriais que ganharam a Segunda Guerra não *teriam* ajudado o Japão [EF RJ 379]

(28) a alternativa que a gente dá para ele é *se não quiser* ir à escola *então vai* trabalhar [D2 SP 360]

Coordenação e subordinação

A distinção entre coordenação e subordinação é clara em linha de princípio, e dificilmente poderá ser abandonada devido à sua importância sintática, mas exige qualificações.

AS "HIPÓTESES COLATERAIS"

A primeira dessas qualificações é que sua aplicação raramente se faz sem que se lance mão, implicitamente, de uma série de hipóteses auxiliares. Pense-se em exemplos como:

(29) a) O resultado do concurso foi *tão* óbvio *que* não houve reclamações
 b) O resultado do concurso foi óbvio, *de modo que* não houve reclamações
 c) O resultado do concurso foi óbvio, *portanto* não houve reclamações
 d) O resultado do concurso foi óbvio, *assim* não houve reclamações
 e) O resultado do concurso foi óbvio, não houve reclamações

Tradicionalmente, apenas o exemplo (29a) tem sido reconhecido como um período complexo por subordinação, qualificando-se *"que não houve reclamações"* como uma subordinada adverbial consecutiva. Para justificar essa classificação, coerentemente com a definição geral dada anteriormente, tem-se que apontar o termo da sentença de que aquela subordinada depende, que muitos identificariam sem hesitar como sendo o predicativo do sujeito da sentença regente "*tão óbvio*". Dependente de um sintagma adjetival, por que nossa subordinada não se classifica como uma completiva nominal? Provavelmente, porque sabemos que o que justifica a presença da sentença subordinada não é a condição de predicativo do sujeito de "*tão óbvio*", nem tampouco o adjetivo escolhido, *óbvio*, como mostra, aliás, (29e). Acaba-se, assim, apontando como decisivo o fato de que *óbvio* foi construído com o intensificador *tão*. Ora, apesar de seu uso estatisticamente baixo, os intensificadores (*tão, tanto*) circulam por outras construções além dos sintagmas nominais (*corria tanto que..., andava tão depressa que...*), e, aplicados a adjetivos, constroem sentenças comparativas: (*tão bom dentista quanto o pai tinha sido*). Duas consequências devem então ser tiradas da análise desses exemplos, que são "explicitações" de hipóteses colaterais: 1) a sentença consecutiva é uma espécie de completiva de advérbios como *tão* ou *tanto*, cuja distribuição está por determinar;

2) ela não é completiva por exigência da estrutura argumental de um item lexical típico (como em "*ciente (de que...)*", "*boato (de que...)*", "*decisão (de que...)*" etc.), mas por exigência de um operador que interfere na estrutura argumental, ampliando-a ("*x é óbvio*" / "*x é tão óbvio que y*") – um fenômeno que a aproxima das comparativas e, possivelmente, de outros tipos sentenciais.[4] Considerações análogas a essas sobre as consecutivas poderiam ser feitas para vários outros tipos sentenciais. Elas justificam o sentimento de que, na base da sistematização tradicional, há muita análise linguística de que já não temos consciência, e que seria preciso recuperar, pois constitui o *rationale* das classificações que conhecemos.

ALTERNATIVAS DE EXPRESSÃO DE NEXOS INTERSENTENCIAIS, EXEMPLIFICADAS PELA EXPRESSÃO DA CAUSA

Embora a preferência pela coordenação ou pela subordinação seja uma das características mais marcantes do registro em que se dá a produção verbal dos locutores e do estilo pessoal desses mesmos locutores (a ponto de que alguns grandes escritores são identificados à primeira leitura por esse aspecto da sintaxe), não é fácil determinar os correlatos semânticos dessa escolha.

Nas gramáticas escolares, que pouco ou nada se interessaram pela dimensão semântico-discursiva da linguagem, as conjunções são retratadas como o único recurso gramatical capaz de explicitar o nexo semântico estabelecido entre sentenças completas. Disso, parece ter-se originado uma representação que pode ser assim expressa:

(a) toda sentença descreve um estado de coisas; e é função das conjunções explicitar os nexos que se quer estabelecer entre os estados de coisas assim descritos.

Como as chamadas "conjunções coordenativas" foram colocadas em correspondência com um número muito limitado de "nexos", distinguidos numa análise extremamente superficial, da representação (a) originou-se outra:

(b) nexos de causa, tempo, condição, finalidade, comparação... dependem, para sua expressão, do uso das conjunções subordinativas.

Essas duas representações traduzem apenas uma meia verdade (as conjunções, em particular as subordinativas, identificam nexos sentenciais "semanticamente diferentes"), e resultam extremamente redutoras: quase tudo aquilo que conseguimos dizer recorrendo às conjunções subordinativas dizemos sem grandes perdas de informação recorrendo a outros meios, e a análise de textos completos, em particular dos textos falados, aponta precisamente para essa variedade de recursos. Para comprovar essa última afirmação, serão estudados aqui os recursos utilizados no Inquérito Nurc EF SP 405 para expressar nexos de causa. Esse inquérito é a gravação de uma aula universitária sobre arte pré-histórica, na qual a professora defende a tese de que a arte do período paleolítico tem uma forte vinculação com as necessidades práticas do homem, e por isso mesmo adota um estilo realista. As sequências que serão objeto de análise foram transcritas na ordem em que se encontram no texto, preservando-se assim uma certa coerência temática que pareceu útil para que o leitor possa compreender cada um dos exemplos destacados.[5] Para não quebrar esse "fio da meada", os comentários foram deixados para depois.

(30) as:: manifestações artísticas começaram a aparecer no paleolítico superior [...] de vinte mil a doze mil... (quer dizer) praticamente oito mil anos... [...] um período MUIto maioOR do que... o que nós conhecemos... historicamente... que abrange por volta de cinco mil anos antes de Cristo até hoje portanto... por volta de sete mil anos... certo? ...então tudo o que a gente vai dizer a respeito desse período é baseado em pesquisas... arqueológicas... é baseado em pesquisas...etnográficas

(31) não é uma história ligadinha com todos os elos que a gente possa dizer olha... se desenvolveu nESte sentido.... muitas vezes a gente supõe que as coisas tenham ocorrido assim... e por isso eu vou precisar que vocês... se dispunham (sic) a usar da imaginação

(32) vamos tentar reconstruir a maneira de vida desse POvo para depois poder entender como surgiu a arte ...e... por que surgiu um determinado estilo de arte.

(33) eles viviam basicamente da coleta eram caçadores... e viviam da coleta... isto é levava um tipo de vida nômade... por quê? ...porque na medida em que acabava a caça de um lugar [...] eles também precisavam acompanhar... o a migração da caça senão eles iam ficar sem comer...

(34) quanto à coleta se eles dependiam... da colheita... de... frutos... raízes que eles NÃO plantavam...que estava à disposição deles na natuREza... eles também tinham que obedecer o ciclo::... vegetativo... então existe uma época para ter uma maçã e uma outra época para ter laranja outra época para ter banana... existem CERtas regiões onde há determinados frutos... OUtras regiões com Outros frutos... então eles tinham que acompanhar este movimento também:: e por isso eram nômades e não se fixavam... a lugar nenhum

(35) três ou quatro citações que faziam referência exatamente a isso que estilo mudava... com... a mudança... de vida

(36) eu preciso::... me defender dos animais e eu preciso me esquentar na medida do possível... certo?... então a arte pré-histórica só vai poder refletir::... então a arte vai nascer:: em função dessa NEcessidade... de se manter vivo

(37) necessidade que vai se caracterizar de forma principal:: em termos de comida ...isto é de caça... que é o que oferece... uma resistência porque a:: fruta está na então eles não precisavam se preocupar... certo? se a :. fruta... éh se eles iam conseguir a fruta ou não... mas a caça pode fugir:: a caça pode atacar... então a preocupação central... vai ser em torno da caça

(38) por que a gente está falando em bisonte especificamente e não o touro?... exatamente porque naquela época... o que existia eram os bisontes e os mamutes também.

(39) não é só porque eu preciso me vestir que eu vou fazer um vestido:: maravilhoso ...ou que eu vou bordar... uma:: tela para pendurar em casa porque eu preciso de aquecer a casa... NÃO... é porque eu acho bonito

(40) então a arte SURge não em função:: de uma necessidade de auto-expressão [...] mas Unicamente... em função da necessidade de eu assegurar a caça

(41) criar uma pessoa... ou criar uma imagem é mais ou menos a mesma coisa... no sentido de que nós estamos criando uma coisa nova... do nada

(42) e isto DEve ter dado uma sensação de poder... uma sensação... de poder... uma sensação... de domínio sobre a natureza... que no final das contas toda a evolução humana... não deixa de ser exatamente a evolução do domínio que o homem tem sobre a natureza.

(43) ele vai tentar usar essa criação... que ele é capaz de fazer... para garantir a caça... pois ele é capaz de criar algo... que se pareça muito com aquele animal que está correndo lá FOra

(44) Não tem sentido eu matar uma imagem... que a imagem não tem vida nem sentido... ela existe:: mas ela não é vivente... certo?

(45) outras vezes... em vez da representação da flecha então da morte simBÓlica não? representada... nós íamos encontrar MARcas aqui de que flechas reais foram atiradas... então esta seria uma das razões.

(46) a segunda razão... [...] que nos leva a pensar... na:: na arte nascendo ligada à magia... é o fato de que essas representações eram feitas sempre na parte escura das cavernas... MUIto no FUNdo... de maneira que não era de maneira alguma para ser vista

(47) no fundo da caverna nem isso eles não poderiam ir lá:: orar:: digamos... porque eles não veriam a:: as imagens...certo?

(48) não tem importância... ficar uma sobreposição de imagens porque não é para ser visto

(49) agora a fi-na-li-da-de com que ela foi feita não impede que elas tenham um valor estético quer dizer que elas se mantenham até hoje... [...], porque hoje para nós não influi o fato... delas terem sido feitas com uma finalidade mágica porque nós não dependemos da caça mais

(50) não tem:: nenhuma... um valor artístico esta representação mesmo porque:: é usada por todas as crianças acho que quase que do mundo inteiro para desenhar gatos... então não estou colocando nadinha de novo (no tema)

(51) a partir disto olha nós vamos poder entender... qual é o tipo de arte que se desenvolveu porque se eu quero criar... uma réplica da realidade... um DUplo do animal que eu quero caçar qual é o único estilo que eu posso usar?... ((vozes))... naturalista.

(52) o que ele... pintou ou desenhou... é dentro de um estilo naturalista-realista ele não vai esquematizar... ele não vai estilizar... por quê?... por causa (dessa) necessidade de criar algo tão parecido com a realidade quanto possível... para poder substituir a realidade

(53) se ele está vendo de uma determinada perspectiva... em que ele não enxerga as duas patas do outro LAdo... ele vai pintar ahn desenhar o animal só com duas patas porque é só o que ele podia ver... certo?

(54) normalmente quando a gente pede para uma criança de por volta de quatro a cinco anos desenhar uma mesa... ela põe o TAMPO:: que ela sabe que existe... ela põe as PERnas para todos os lados... por quê? ora... se ela olhar de um determinado (sic) ela vê duas pernas se ela andar meio metro ela vê outras duas pernas então ela põe pernas para todos os lados... por quê? porque ela SAbe que a mesa tem um tampo que é onde ela põe as coisas... e que a mesa está apoiada em cima de pernas...

(55) hoje para nós... extremamente racionalistas e com um::... aparelho conceitual altamente desenvolvido é MUIto difícil a gente desenhar estritamente o que a gente vê separar a percepção... da... do conceito que nós fazemos do objeto

(56) sim eu acho que a arte do retrato é MUIto difícil porque aí você exige a semelhança...

A primeira grande observação que pode ser feita sobre esse "texto" é que, ao lado do conectivo causal esperado, a conjunção subordinativa *porque* em (33, 38, 39 etc.), deparamos com uma série de outros mecanismos que estabelecem o nexo de causa *dispensando por completo o uso de conjunções*:

- *a construção da causa como um complemento interno à sentença*: o exemplo é (40), no qual a locução prepositiva "*em função de*" poderia ser substituída sem prejuízos por seu sinônimo mais breve *por*.
- *a expressão da causa mediante verbos*: poderíamos esperar verbos como *causar* ou *provocar*, que de fato não ocorrem; mas os exemplos mostram, ainda assim, a causa expressa pelo verbo sinônimo "*mudar com*" (exemplo 35). Evidentemente, o procedimento pelo qual esses verbos conseguem ligar causa e consequência é lexical, com os dois conceitos estritamente ligados ao verbo na qualidade de argumentos. A ligação da causa e da consequência faz-se então por sua presença simultânea na diátese de um verbo. A esse procedimento devem ser referidos também exemplos como (49), construídos segundo o esquema "P não impede Q". *Causar*, seu antônimo *impedir* e as respectivas negações se organizam segundo um "quadrado lógico" semelhante ao das modalidades:

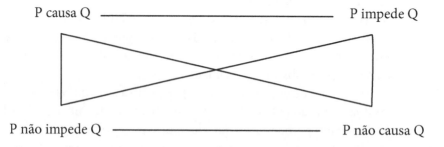

- *mediante um anafórico, com função de complemento de causa*: dadas duas sentenças sucessivas S1 e S2, o conteúdo proposicional de S1, ou parte dele, é retomado em S2 mediante um anafórico, que exerce na segunda sentença o papel de causa. O recurso *standard* (ver (31) e (34)) é a expressão "*por isso*", na qual os dois ingredientes – anafórico e preposição indicando causa – aparecem nitidamente separados, mas também aparece *então* (30), (34), (37). Uma variante de "*por isso*" é "*em função dessa necessidade*", que aparece no exemplo (36); aí, a expressão "*essa necessidade*" resume S1 em S2 por uma espécie de nominalização não rigorosa; a locução "*em função de*" mostra o tipo de relação que o adjunto terá com o verbo; em todos esses exemplos, a ligação entre as sentenças é, essencialmente, anafórica, e a ideia de causa fica por conta de uma preposição.

- *uso de substantivos indicando causa ou motivo*: o nexo de causa vem às vezes expresso por um substantivo, como *causa, motivo, fator*, como nos exemplos (45) e (47). Como se poderia esperar, o fato de a causa ser expressa por um substantivo acarreta consequências gramaticais, em particular a necessidade de expressar o nexo entre dois estados de coisas por meio de palavras gramaticalmente capazes de ligar substantivos. Uma dessas palavras é o verbo de ligação: assim, (45) e (46) poderiam ser esquematizadas como segue:

Quadro 1

(45)			
	Isto encontramos marcas de que flechas foram realmente atiradas	é	uma das razões (para concluir que os desenhos de animais não tinham finalidade ornamental)
(46)			
	a segunda razão... [...] que nos leva a pensar... na:: na arte nascendo ligada à magia	é	o fato de que essas representações eram feitas sempre na parte escura das cavernas

- *implicitação, intermediada pela noção de relevância*: em todos os casos tratados até aqui, a noção de causa era objeto de menção explícita (por mais que pudéssemos apontar uma certa flutuação no que se deva entender por causa; retornaremos a esse problema mais adiante). Já o exemplo (55) mostra que o nexo causal pode estar presente no texto de forma implícita, sem ser por isso menos efetivo. Qualquer falante nativo de português que ouça (55) perceberá que ele estabelece um nexo desse tipo entre os dois enunciados.

S1 = *(somos) extremamente racionalistas e (temos) um ::... aparelho conceitual altamente desenvolvido*

e

S2 = *é muito difícil para nós desenhar estritamente aquilo que vemos*

Aparentemente, o nexo causal resulta nesse caso de um juízo de relevância contingente ao contexto ("se o falante mencionou o racionalismo e o conceitualismo do homem moderno (S1), é mais provavelmente porque isso era relevante para compreender a dificuldade do homem moderno em desenhar apenas aquilo que vê (S2); se (S1) ajuda a entender (S2) neste contexto, é mais provavelmente porque há entre ambos uma relação de determinação"). Funciona aqui o conhecido esquema da implicatura, e seria fácil aplicar-lhe os testes habitualmente empregados para confirmar o caráter de implicatura conversacional de um conteúdo implícito. Analogamente, uma das análises possíveis do trecho a seguir, que é parte do exemplo (54),

(57)   ela põe o TAMPO:: *que* ela sabe que existe

reconhece no primeiro *que* um pronome relativo, e deriva, por implicatura, um valor causal para a sentença subordinada.

Uma vez constatado que é possível verbalizar a causa sem recorrer às conjunções, não há problema em reconhecer que estas últimas constituem um recurso expressivo extremamente confortável. Os exemplos do trecho analisado mostram a possibilidade de lançar mão tanto de conjunções subordinativas (prevalecendo entre estas, conforme esperado, a conjunção *porque*) como coordenativas (que no caso não são o *pois* e o *portanto* sempre lembrados nas gramáticas, mas *porque* e *então*).

Em grande parte, o uso que a língua falada faz dessas conjunções confirma observações feitas pela gramática tradicional e pela Linguística, mas não faltam algumas complicações inesperadas. Dada a estratégia que adotamos nesta exposição – de nos determos em algum detalhe na expressão da causa, com a expectativa de podermos detectar tendências e fenômenos que afetam as conjunções de maneira mais geral –, há interesse em formular explicitamente tanto as observações inesperadas, quanto as observações que coincidem com o previsto. Comecemos por estas últimas.

DIFICULDADES NA CLASSIFICAÇÃO SEMÂNTICA DOS NEXOS INTERSENTENCIAIS

É sabida a dificuldade de distinguir de maneira estanque as noções que seriam recobertas pelas várias classes de conjunções subordinativas, noções que frequentemente se imbricam entre si. O conceito de causa, por exemplo, envolve anterioridade no tempo e condição; assim, não estranha que o locutor possa, ao explicitar uma relação cronológica entre dois fatos, implicitar que eles se relacionam causalmente (é o conhecido exemplo *"ficou grávida e casou"*). Também não estranha que a causa possa formular-se como uma condição, como ocorre no exemplo (53). Mas o sincretismo entre causa, condição e anterioridade é ainda um sincretismo de conteúdos. As conjunções exibem, porém, um outro tipo de sincretismo, bem mais sutil, que resulta da confusão entre o *dictum* e o *modus*, ou, em outras palavras, resulta de confundir uma relação objetiva entre fatos que "existem no mundo", com uma relação entre momentos de uma argumentação. O exemplo

(58)   não tem importância... ficar uma sobreposição de imagens porque não é para ser visto

é claro a esse respeito: no nível dos conteúdos, e correto analisar

(58')

| ($_{S1}$ que a imagem não foi feita para ser vista $_{S1}$) | faz com que/causa | ($_{S2}$ as superposições de imagens não incomodam $_{S2}$) |

porque a ordem "objetiva" dos fatos nos faz passar da causa S_1 à sua consequência S_2. Mas o movimento argumentativo da fala do informante toma como premissa S_2 para derivar S_1, que funciona aqui como conclusão ("se as superposições não incomodam, conclui-se que as imagens não foram feitas para ser vistas"). Os fatos e a argumentação têm, por assim dizer, orientações opostas. O exemplo

(59)   no fundo da caverna nem isso eles não poderiam ir lá:: orar:: digamos... porque eles não veriam a:: as imagens... certo?

é outro cuja interpretação só pode ser considerada completa se forem simultaneamente reconhecidas uma relação causal pela qual um fato resulta de outro, e uma relação argumentativa pela qual o locutor se autoriza a derivar uma conclusão de uma premissa. Factualmente temos:

(59')

| ($_{S1}$ o fato de que é impossível ver as imagens $_{S1}$) | faz com que/causa | ($_{S2}$ o homem pré-histórico não vai o fundo da caverna para orar $_{S2}$) |

Argumentativamente, S_1 autoriza a concluir S_2. Na realidade, o argumento contido nesse exemplo é um pouco mais complicado, porque envolve uma modalização (talvez epistêmica) e algumas premissas estão elípticas. Ele parece remeter implicitamente a uma argumentação que, se fosse totalmente explicitada, conteria, pelo menos, os ingredientes seguintes:

(59")
  – necessariamente, se alguém vai ao fundo de uma caverna onde há imagens para orar, vê as imagens
  – *se nossos antepassados fossem ao fundo da caverna para orar,* não conseguiriam ver as imagens
  ----
  ∴ nossos antepassados não iam ao fundo da caverna para orar

O duplo sentido que assume aqui a palavra *porque* é um ótimo exemplo de como um conectivo pode desenvolver um valor tipicamente argumentativo em paralelo a um valor denotativo definido sobre uma realidade externa à linguagem. Resta saber se e como outros conectivos incorrem no mesmo processo, e novamente os exemplos no trecho estudado são numerosos: o caso mais comum são as ocorrências de *então*, que em sua maioria anunciam não só uma consequência factual, mas também uma conclusão do falante.

No exemplo (33) e em outros, o fato que vem apresentado como causa é expresso numa sentença independente, apresentada como resposta (em discurso direto) à pergunta "por quê?" que vem formulada pela própria informante. Pode ser interessante perguntar pelos efeitos de sentido que acompanham esse desdobramento, uma pergunta que provavelmente levaria a observar uma segmentação em unidades informativas mais curtas.

O conceito de unidade informativa aqui lembrado é o de Halliday (1966-1967). Segundo esse autor, a segmentação do texto em unidades informativas mais curtas facilita a assimilação pelo ouvinte. Não seria estranho que o texto do inquérito EF SP 405, que é uma aula universitária, usasse esse tipo de "facilitação". Seja qual for o efeito de truncar a frase mediante palavras interrogativas, e apresentar em sentenças à parte conteúdos que poderiam ser expressos numa subordinada, é evidente que nem todos os conectivos de subordinação podem ser objeto de uma pergunta.

Resumindo as várias observações feitas nas últimas páginas, podemos dizer que são inúmeros os ambientes em que o falante pode escolher livremente entre coordenar e subordinar: as diferenças de sentido entre as duas escolhas parecem então imponderáveis; por exemplo, poderíamos perguntar-nos o que muda, semanticamente falando, se os exemplos encontrados no *corpus* fossem alterados num ou noutro sentido, se, por exemplo, passássemos de (60) e (61), sequências atestadas, a suas variantes (60'), (60") e (61'):

(60)   então o provérbio japonês é o seguinte... que se dissessem que a vida de uma operária japonesa é huMANA.... nasceriam flores nos postes telegráficos... tá? [EF SP 405]

(60')   então o provérbio japonês é o seguinte: se dissessem que a vida de uma operária japonesa é huMANA... nasceriam flores nos postes telegráficos... tá?

(60")   então o provérbio japonês é: se dissessem que a vida de uma operaria japonesa é huMANA... nasceriam flores nos postes telegráficos... tá?

(61)   ... a gente tem uma série de dados... levantados especialmente pela Arqueologia que a gente interpreta... de uma determinada forma... mas com... iMENsos... buracos em branco... então... não é uma história ligadinha com todos os elos que a gente possa dizer olha... se desenvolveu NESte sentido [EF SP 405]

(61')   ... que a gente possa dizer que se desenvolveu NESte sentido.

Se as observações anteriores puderem ser generalizadas a toda a classe das conjunções, dever-se-á concluir que a distinção entre coordenação e subordinação – principal critério de classificação dessas palavras em nossa tradição gramatical – não tem um correlato semântico óbvio. Num estudo *semântico* das conjunções, uma das consequências pode ser a de recusar à oposição coordenativas/subordinativas o lugar privilegiado de que tem desfrutado.

CARÁTER LOCAL DAS EXPLICAÇÕES SEMÂNTICAS RELEVANTES PARA A OPOSIÇÃO COORDENAÇÃO *VERSUS* SUBORDINAÇÃO

Seria incorreto concluir esta seção sem antes lembrar que a pesquisa semântica e pragmática das últimas décadas foi levada às vezes a distinções que não coincidem de maneira exata com a distinção entre coordenação ou subordinação *em pontos localizados* do sistema de conjunções. Um exemplo digno de ser lembrado são as observações que a Semântica Argumentativa colocou em circulação sobre a palavra *porque*. Essas observações podem ser resumidas como segue:

1. sujeita à negação, *porque* é conjunção subordinativa; fora do alcance da negação, é sempre conjunção explicativa (coordenativa);
2. *porque* é conjunção subordinativa quando faz parte do *dictum* e coordenativa quando fornece evidências para um *dictum* (aqui, os argumentativistas coincidem com a distinção feita pela Filosofia Analítica entre "*reasons for P*" versus "*reasons for saying P*").

Como contraprova dessa análise, costuma-se lembrar que a conjunção *pois*, coordenativa explicativa, está sempre fora do alcance da negação, e é usada para justificar uma afirmação, não para relacionar causalmente dois fatos relatados. Embora não cubra todos os casos possíveis de emprego de *porque*, essa análise permite estabelecer com alguma clareza que o *porque* de

(62)   José não voltou ao medico *porque* tinha piorado muito da gripe

   1. será subordinativo se entendermos que (62) descarta a piora como causa de voltar (pelo princípio 1. anterior);
   2. será ainda subordinativo se a piora for causa de não voltar (pelo princípio 2. anterior); e
   3. será coordenativo se a segunda sentença for entendida como uma evidência que o locutor alega para afirmar sua convicção na verdade da primeira sentença, caso no qual *porque* comuta com *pois*.

Para tornar mais compreensível a distinção, pense-se nos dois significados que se atribuiriam a

(63)   O criminoso voltou ao local do crime *porque* deixou impressões digitais na porta de vidro

em duas situações distintas:

Situação a: o detetive que investiga o caso descobriu que o criminoso, depois de deixar o local do crime, se lembrou de ter passado pela porta de vidro e retornou para apagar as impressões digitais.
Situação b: o detetive que investiga o caso concluiu que o criminoso voltou ao local alguns dias depois do crime, ao descobrir na porta de vidro algumas impressões digitais não observadas pela polícia técnica, logo em seguida ao crime.

A análise desses e de outros exemplos reforça, evidentemente, a observação já feita de que uma mesma conjunção pode ser usada para articular um conteúdo (nível do *dictum*) ou para pontuar um processamento textual (nível do *modus*). Não podemos, porém, concluir que haveria correspondência biunívoca entre coordenação e subordinação, de um lado, e *dictum* e *modus*, de outro: no máximo, as observações feitas sobre (62) e (63) devem alertar-nos para a necessidade de analisar nesses dois níveis qualquer ocorrência de conjunção.

Balanço das ideias correntes

As reflexões que precedem devem ser entendidas, antes de mais nada, como uma tentativa de preparar o terreno para uma reflexão sobre conjunções que considere suas características de sentido. Não resultam de uma posição preconcebidamente contrária às ideias correntes sobre aquela classe de palavras e, de fato, resultam num balanço daquelas ideias que apresenta mais saldos positivos do que negativos.

a. Entre os saldos positivos daquelas reflexões está o fato de terem explicitado a necessidade de um mapeamento completo dos complementos e adjuntos de forma sentencial com os de forma não sentencial. Quando comparamos os tipos habitualmente enumerados de sentenças subordinadas com os tipos habitualmente enumerados de adjuntos e complementos não sentenciais (por definição, construções sem verbo de forma finita, isto é, tipicamente, sintagmas nominais e adverbiais), somos forçados a reconhecer que a gramática tradicional, ao mesmo tempo em que estabeleceu entre elas uma correspondência "de princípio", nunca fez um mapeamento exaustivo dessas duas listas. Os dados do

corpus não deixam dúvidas quanto ao fato de que esse mapeamento é difícil, e que as próprias listas resultariam profundamente modificadas se o mapeamento fosse realizado de maneira consequente.
b. Outro saldo positivo daquelas reflexões é o de ter apontado – diretamente para a expressão da causa, e de maneira alusiva para a expressão de outros nexos – para a variedade dos processos gramaticais de construção de nexos intersentenciais, que vão dos sentidos para as formas. Entre esses processos gramaticais estão alguns que chamaríamos de "convencionais", cuja existência era mais ou menos conhecida e esperada, por exemplo, o uso concomitante de uma preposição mais a conjunção integrante *que*, indicando que a sentença que segue foi tratada, sintagmaticamente, como um sintagma nominal, que ela entra no espaço distribucional que de outro modo seria reservado a um sintagma nominal:

(64) ele está se referindo a essa essência tradicional da economia japonesa, tá? quer dizer uma uma situação... eu vou repetir... muito diferente do início da economia americana... tá dando para situar a diferença? uma americana nascendo linearmente... etc. etc. e a outra brigando *para* poder nascer [EF RJ 379]

... *para que* pudesse nascer
... *pela* possibilidade de nascer

mas estão também outros, menos "convencionais", por exemplo, o uso da mesma palavra *que* ao lado de um substantivo, numa função que evoca a do pronome relativo, mas já não se confunde com ele, porque o todo está se gramaticalizando como uma frase feita.

(65) No momento que ele é capaz de desenhar... [...] a hora *que* ele e capaz... de desenhar...
(66) vinha um outro carro com uma plataforma baixinha e um sujeito sentado nessa plataforma... ia apanhando as bandeirinhas... *que* na medida que o da frente pintava ele ia pintando e soltando uma bandeirinha... pra mostrar que a pista tava pintada de novo [D2 SSA 98]
(67) Criar uma pessoa... ou uma imagem é mais ou menos a mesma coisa... no sentido *de que* nós estamos criando uma coisa nova... do nada... eu não tinha nada aqui, passo a ter a imagem da minha mão [EF SP 405]

A afirmação de que algumas dessas construções estão se gramaticalizando não é casual. A compreensão dos nexos intersentenciais pode ser grandemente ampliada se representarmos as conjunções e locuções conjuntivas como dispostas segundo um *continuum* que vai da coocorrência eventual de expressões usadas com seu sentido e sintaxe habituais, até a formação de locuções consolidadas. Num *continuum* desse tipo as palavras *porque, porquanto, a fim de que, para que, na medida em que, no sentido de que* ocupariam razoavelmente a ordem (parcial) expressa a seguir:

porque, porquanto, a fim de que, para que> na medida em que> no sentido de que etc.,

ficando, porém, claro que todas essas locuções, por sua frequência de uso, por atenderem a necessidades funcionais claramente caracterizadas, e por terem alcançado uma grande estabilidade de forma, precisam ser capituladas como pertencentes à mesma classe.

c. Do lado dos saldos negativos, e dado o ponto de vista aqui adotado, deve obviamente se registrar a incapacidade da gramática tradicional em justificar *semanticamente* a distinção entre coordenação e subordinação. Em nosso entender, esse insucesso não justifica de maneira alguma o abandono da própria distinção, que tem a seu favor uma enorme quantidade de argumentos sintáticos. Entretanto, ele nos autoriza a contrapor-lhe outras classificações ou a admitir que a principal distinção entre sentenças, de um ponto de vista semântico, não precisa ser essa.

PERSPECTIVAS SEMÂNTICAS SOBRE AS CONJUNÇÕES

Com o propósito de justificar uma classificação mais marcadamente semântica das conjunções, apresentamos nesta seção algumas propostas de lógicos e linguistas que foram formuladas com alguma expectativa de exaustividade, ao menos no sentido de que poderiam aplicar-se a todas as conjunções como princípio de compreensão ou parâmetro heurístico.

Em "Conjunções e verifuncionalidade", discutiremos o papel dos conectivos intersentenciais utilizados nas linguagens lógicas elementares. Sua principal característica é a verifuncionalidade, conceito formulado pelo lógico Gottlob Frege, que o utilizou num texto célebre do final do século XIX ("Sobre sentido e referência"), no qual levou a cabo uma análise exaustiva de todos os tipos de sentença "encaixada" que se opunha explicitamente à classificação gramatical.

Em "Tipologia categorial das conjunções", evocaremos o conceito de conjunção que emana das "gramáticas categoriais". Utilizadas como um dos níveis de formulação sintática por autores como Montague, as gramáticas categoriais exploram a ideia de que a aplicação de um operador a uma expressão pertencente a uma categoria determinada pode resultar numa expressão (sintaticamente complexa) de outra categoria; a cada categoria, associa-se uma função semântica fixa, e as conjunções sempre aparecem como operadores, o que leva a representá-las como recursos para circular entre categorias, sem perda de conteúdos.

Em "Argumentatividade", examinaremos a proposta que atribui às conjunções um papel basicamente argumentativo. Esta última proposta se origina nos escritos de Oswald Ducrot e leva a considerar as conjunções como um dos tantos recursos pelos quais os interlocutores sinalizam a orientação argumentativa que dão a suas falas.

Conjunções e verifuncionalidade

A linguagem lógica conhecida como cálculo sentencial constituiu-se no começo do século xx, tendo definido quatro conectivos lógicos a partir do uso corrente das palavras *e*, *ou* e *se*, com a função análoga de conectar sentenças. Esses conectivos são usualmente simbolizados pelos sinais ∧, ∨, →, ↔. A característica sintática comum desses conectivos é a de construírem enunciados complexos a partir de enunciados mais simples. Sua principal característica semântica e a verifuncionalidade, isto é, o fato de que apresentam o valor de verdade da expressão resultante como uma função dos valores de verdade das expressões constituintes, excluído qualquer outro aspecto semântico.

Os quatro conectivos do cálculo sentencial precisam ser localizados numa série completa de 16 conectivos possíveis, dadas as seguintes considerações: (i) o cálculo sentencial admite para seus enunciados apenas dois valores de verdade: todo enunciado é V(erdadeiro) ou F(also); (ii) os 6 conectivos anteriores enumerados são binários, isto é, eles unem dois enunciados de cada vez; (iii) os conectivos são compreendidos como maneiras diferenciadas de mapear os valores de verdade dos enunciados componentes no valor de verdade do enunciado resultante.

É o que alguns compêndios de lógica fazem mediante a Tabela 1, na qual cada um dos conectivos possíveis corresponde a uma coluna, e as colunas correspondentes aos conectivos do cálculo sentencial são identificadas pelo fundo escuro e pela escrita em itálico (P e Q estão por duas sentenças quaisquer).

Tabela 1

P	Q	P∨Q			P→Q		P↔Q	P∧Q									
		1	2	3	4	5	6	7	8	9	10	11	12	13	14	15	16
V	V	V	V	V	V	V	V	V	V	F	F	F	F	F	F	F	F
V	F	V	V	V	V	F	F	F	F	V	V	V	V	F	F	F	F
F	V	V	V	F	F	V	V	F	F	V	V	F	F	V	V	F	F
F	F	V	F	V	F	V	F	V	F	V	F	V	F	V	F	V	F

Concebido de início para dar conta dos esquemas de inferência que atuam em alguns tipos específicos de discurso científico (por exemplo, o discurso da aritmética), o cálculo sentencial pode ser encarado, à semelhança de muitas outras construções lógicas, como uma versão exata, mas extremamente simplificada, de um fragmento da linguagem natural. Ora a comparação da linguagem natural com esse seu fragmento construído para fins lógico-científicos é instrutiva precisamente por mostrar em que as conjunções da língua natural são mais complexas (e em certo sentido mais interessantes) que os conectivos lógicos. Desconsiderando que os enunciados lógicos são muito mais "regulares" em sua forma do que as sequências que encontramos na língua falada, essas diferenças na interpretação das conjunções da língua natural são sobretudo duas: sua ambiguidade e a presença de conteúdos não estritamente verifuncionais. A cada um desses fatores dedica-se um parágrafo, na sequência.

a. Ambiguidade

A tentativa de explicar as conjunções da língua natural pela Tabela 1 mostra em primeiro lugar que algumas dessas conjunções são ambíguas, isto é, correspondem a mais de uma das colunas da própria tabela: assim, provavelmente, as dificuldades de José em (68) são reais se apenas uma das hipóteses relacionadas por *ou* for verificada; e Pedro nadará em dinheiro não só se se realizar uma das possibilidades alternativas previstas em (69), mas *à plus forte raison*, se ambas forem verdadeiras:

(68) Se José vive de bolsa *ou* de mesada dos pais, então passa dificuldades
(69) Se Pedro descobrir uma mina de diamantes no sítio do pai *ou* herdar as Casas Bahia nadará em dinheiro.

Em outras palavras, as duas sentenças relacionadas por *ou* na linguagem corrente são encaradas ora como mutuamente excludentes, ora como podendo receber uma interpretação cumulativa. Nos dados do *corpus*, essas duas leituras de *ou* são exemplificadas por (70) e (71):

(70)   como era... essa tecnologia... assimilada pelo Japão... não é?... antes da Segunda Guerra? era uma tecnologia... assimilada de duas formas... primeiro... pela própria... pelo próprio desenvolvimento interno deles... quer dizer a tecnologia aprendida... *ou* às próprias custas... *ou* então copiada... tá? [EF RJ 379]

(71)   na medida... em que acabava a caça do lugar OU (que) em virtude da época do ano no inverno por exemplo... os animais iam hibernar outros... imigravam para outros lugares mais quentes eles [entenda-se: os humanos do paleolítico superior] também precisavam acompanhar o... a migração da caça senão eles iam ficar sem comer [EF SP 405]

Vê-se que em (70) a importação de uma tecnologia estrangeira exclui que essa mesma tecnologia tenha sido criada no próprio país. Já em (71), a interpretação de *ou* é cumulativa ou, como se costuma dizer, *inclusiva*: a necessidade de deslocar-se para novas áreas em busca de alimento não é menos real se se realizarem simultaneamente as duas alternativas relacionadas pelo *ou*: a escassez sazonal da caça, devido à própria ação dos caçadores ("acabava a caça") e à migração dos animais que vão hibernar em outros lugares ("*em virtude da época do ano... imigravam para outros lugares*"). Somente este último emprego se enquadra na definição de *ou* expressa na coluna 2 da Tabela 1.; o primeiro corresponde à coluna 10, como poderá confirmar o próprio leitor, examinando todas as alternativas compatíveis de verdade e falsidade.

Outra conjunção da língua natural que resulta ambígua quando referida à Tabela 1 é *se*. É possível encontrar ocorrências de *se* que se interpretam conforme a coluna 5 da tabela, e uma delas é a do o exemplo (72), como demonstra a consciência de que outras necessidades, relacionadas a outros tipos de dependência além do fornecimento externo dos insumos, poderiam obrigar o Japão a um esforço coletivo:

(72)   *se* acabar... o fornecimento de insumos ao Japão... ele vai ter que se esforçar muito... ele vai conseguir mas vai ter que se esforçar muito para voltar a ser o que era... mas não é esse o único tipo de dependência [EF RJ 379]

mas o mais comum é associar ao *se* condicional uma interpretação pela qual a falsidade do antecedente acarreta a falsidade do consequente e vice-versa, como em (73):

(73)   a aula que vem com a ajuda dos slides... *se* as cortinas chegarem estiverem instaladas [...] ao ver as imagens vai ficar muito mais fácil da gente perceber essas categorias... [EF SP 405]

cuja interpretação mais espontânea consiste em admitir que se as cortinas não chegarem não vai ficar mais fácil entender a explicação apelando para as imagens (coluna 7 da Tabela).

b. Valores não estritamente verifuncionais

Quando se tenta referir as palavras *e*, *ou* e *se* da língua natural aos valores de verdade do cálculo sentencial, salta aos olhos que, ao invés de uma relação estritamente verifuncional (que seria talvez suficiente para expressar as verdades da matemática e das ciências exatas), essas conjunções exprimem normalmente nexos mais substanciais e psicologicamente mais densos – por exemplo, os nexos de tempo e causa –, exigindo-se frequentemente que as duas sequências manifestem algum tipo de coerência ou orientação argumentativa comum. O nexo de tempo é evidente em (74):

(74)   as incursões [...] foram quaisquer tipos de [...] relações em função de aumento de ampliação de território que os japoneses tinham conhecendo outras áreas... *e* acontece que chega... a Segunda Grande Guerra com o Japão realmente sendo uma das grandes potências... [EF RJ 379]

pois (74) não se limita a apresentar a definição de "incursão" e o registro histórico da Segunda Guerra Mundial como sendo atemporalmente verdadeiros num mesmo espaço lógico: aí, a ocorrência de *e* liga dois momentos sucessivos da história político-econômica do Japão. É inevitável que estabeleçamos entre ambos um nexo temporal (a sequência que ocorre depois do *e* trata de algo que acontece *depois*) e eventualmente causal: no texto completo, fica claro que as incursões levam o Japão a criar uma tecnologia naval que constitui a base de sua indústria pesada, a qual por sua vez garante ao Japão o *status* de grande potência, mais tarde, quando eclode a Segunda Guerra Mundial. Desse ponto de vista, as duas ocorrências de *e* em (75) são distintas: atemporal a primeira e temporal a segunda

(75)   a maioria das:: pessoas principalmente do sexo feminino ficam grudadas em novela *e* conheço homens também saem do t/ do trabalho *e* vão assistir novela... [DID RJ 233]

Que o nexo estabelecido pelas conjunções *e*, *ou*, *se* não se reduz, em língua natural, a uma função de verdade costuma, aliás, ser assinalado pela ocorrência de anafóricos como *por isso* ou *então* que, localizados numa sentença seguinte, apontam a anterior como causa:

(76)   e a indústria pesada... foi inclusive a que... fez com que o Japão pudesse... ser... uma potência industrial *e por isso* tentar dividir o mercado [EF RJ 379]
(77)   eles tinham que acompanhar esse movimento também:: *e por isso* eram nômades e não se fixavam... a lugar nenhum [EF RJ 379]

Diante do fato de que às conjunções da língua natural se associam determinações não verifuncionais, uma linha de análise possível consiste em estudar sua significação em dois planos: num plano literal, apenas estariam registrados aspectos verifuncionais; num outro, seriam localizadas as demais determinações, que teriam um caráter de implícitos (geralmente analisados como implicaturas convencionais ou conversacionais).

Essa orientação não é ruim em princípio, mas pode vir a pulverizar, por assim dizer, o estudo das conjunções como um todo, pois implica decidir, para cada um de seus usos, até onde vai o sentido literal, e onde começam os aportes propriamente contextuais.

Conclui-se que fundamentar uma explicação global das conjunções na verifuncionalidade resulta irrealista. Mas a verifuncionalidade é, ainda assim, um componente forte do sentido de *algumas* conjunções. Por isso, embora não sirva como princípio geral de organização, a verifuncionalidade será utilizada, mais adiante, como um critério de discriminação entre conjunções. Vale registrar aqui que um bom sintoma da verifuncionalidade de alguns conectivos da língua natural é a possibilidade de interdefini-los com o apoio da negação: note-se, por exemplo, que ocorrência de *ou* que se transcreve em (78)

(78)   não é um controle tão natural... é um controle muito natural *ou* você não tem filhos *ou* vai ser... é castrado... quer dizer não é um controle assim natural... [EF RJ 379]

serve, em combinação com a negação, para expressar de maneira mais forte uma relação condicional que, segundo o informante, tem força de lei:

(78')   Ou o cidadão não tem filhos ou é castrado = Se o cidadão tem filhos é castrado.

A definição de um conectivo por outro com o apoio da negação só é possível porque os conectivos exprimem, essencialmente, uma relação verifuncional.

Tipologia categorial das conjunções

Uma classificação geral das conjunções, simultaneamente sintática e semântica, tem mais chances de ser vislumbrada se aplicarmos às palavras dessa classe os princípios gerais de identificação propostos pela gramática categorial. Entre os principais pressupostos dessa gramática, há o do estreito paralelismo entre sintaxe e semântica, traduzido na ideia de que o papel semântico mais geral de qualquer palavra ou construção corresponde a seu enquadramento numa categoria sintática, definida por referência a duas categorias básicas: a dos nomes (denotadores de objetos de um universo discursivo) e a dos enunciados ou sentenças (aos quais se associam, como denotação, valores de verdade). Além disso, a gramática categorial concebe toda construção gramatical como a aplicação de um operador a um operando ou argumento. Quando se procura enquadrar as conjunções nesse molde, encontram-se basicamente três situações, aqui exemplificadas por *e*, *que* e *quando*.

a. Enquadramento categorial de *e*

A conjunção *e* interpõe-se sempre entre duas expressões "sintaticamente equivalentes" e constrói uma expressão composta que do ponto de vista categorial recebe o mesmo enquadramento de cada uma das expressões componentes, ou seja: une dois adjuntos adverbiais em uma expressão que ainda é um adjunto adverbial, ou junta dois substantivos comuns e resulta em uma expressão composta que ainda vale sintaticamente por um substantivo comum, ou combina duas sentenças levando a uma construção mais complexa que ainda é uma sentença. As formulas categoriais correspondentes à conjunção *e* são como

- ADV/ADV, ADV (significando "operador que, aplicado a dois advérbios, dá origem a um advérbio")
- C/C, C (significando "operador que, aplicado a dois nomes comuns, dá origem a um nome comum")
- S/S, S (significando "operador que, aplicado a duas sentenças, dá origem a uma sentença") e autorizam a construir estruturas como:

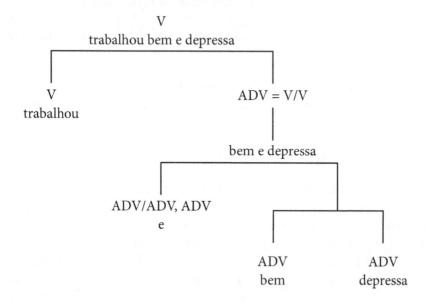

Essa árvore mostra que a conjunção *e*, unindo dois advérbios, os absorve, dando origem a algo que ainda funcionará como um advérbio. Considerando outros usos análogos (por exemplo, "*choveu e ventou*", ou "*forte e gordo*", que não serão tratados em detalhe), podemos dizer que a conjunção *e* é um operador binário que toma por argumento duas expressões da mesma categoria e resulta numa construção que ainda pertence àquela categoria.

b. Enquadramento categorial de *que* integrante

Muito diferente é a ideia que vem contida na noção de complementizador, peça-chave na construção das sentenças integrantes. Se, como se costuma fazer numa gramática categorial, entendermos que o verbo *saber* é daqueles que "absorvem" dois nomes para dar origem a uma sentença completa (categoria S/N, N – por exemplo, "*José sabe geografia*"), e se, por outro lado, reconhecermos uma sentença completa em "*A terra gira*" (categoria S), a análise mais natural consistirá em reconhecer no complementizador *que* uma palavra que transforma uma sentença completa num nome, atribuindo esse complementizador à categoria N/S; daí árvores como:

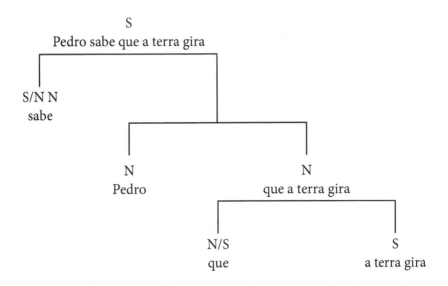

Dada essa descrição, ressaltam as diferenças entre uma conjunção integrante como *que* e uma conjunção aditiva, como *e* e *ou* ao passo que estas últimas são operadores binários, um complementizador é, sempre, um operador *unário*. Enquanto as aditivas resultam num composto que pertence à mesma categoria dos dois termos adicionados, a aplicação de um complementizador resulta numa expressão de categoria diferente.

c. Enquadramento categorial de *quando*

Podemos sem dúvida aplicar a *quando* a mesma descrição categorial que aplicamos às aditivas, com a ressalva de que *quando* (e, além de *quando*, a grande maioria das conjunções que introduzem sentenças subordinadas adverbiais: *porque, como, na medida em que* etc.) é verdadeiramente um predicado de um tipo especial, que toma sentenças completas como seus argumentos. Dada essa característica, torna-se necessário reconhecer que cada conjunção adverbial estabelece entre a sentença regente e a subordinada um nexo específico, que será captado por uma fórmula semântica própria. Apenas para esclarecer o que é uma "fórmula semântica" desse tipo, esboça-se aqui a da própria conjunção *quando*:

Fórmula semântica de quando:[6] [quando S_1, S_2] é verdadeira se e somente se a realização do estado de coisas descrito em S_1 é simultânea a realização do estado de coisas descrito em S_2.

A descrição das conjunções em termos de gramática categorial, tal como a esboçamos aqui, aponta para algumas conclusões possivelmente válidas, mas também para alguns problemas espinhosos: um resultado possivelmente válido é o de apresentar como principal subdivisão das conjunções a separação entre as integrantes e as não integrantes e, a seguir, a subdivisão destas últimas em dois grupos: as que sempre ligam sentenças e as que ligam expressões de qualquer tipo (sentenças, nomes, verbos, advérbios etc.). Um problema é a grande dispersão que se anuncia na análise das conjunções quando estas são definidas como expressões relacionais ligando sentenças e são analisadas em termos de fórmulas semânticas. Avançar nesse tipo de análise é indispensável, se quisermos chegar a alguma subdivisão nocional mais séria. Mas aqui volta a esboçar-se o risco da pulverização apontado há pouco: elaborar fórmulas semânticas e analisar as palavras item a item, em sua especificidade. Até que ponto uma semântica das conjunções pode ser derivada dessas descrições individuais? Outro problema é o do grau de abstração que seria exigido numa análise semântica desenvolvida em paralelo com a descrição categorial. Por exemplo, uma teoria semântica completa deveria fornecer não só uma fórmula semântica (análoga à apresentada anterioriormente) para o complementizador *que*, mas, ainda, uma explicação dos efeitos semânticos de converter uma sentença completa num nome: o que muda, semanticamente, quando conceitualizamos como um objeto algo que havia sido inicialmente conceitualizado como uma ação ou um estado de coisas? Perguntas desse tipo fazem-nos voltar a questões básicas do processo de gramaticalização, sobre as quais muito se tem escrito.

Argumentatividade

O conceito de argumentatividade origina-se na Semântica Argumentativa de Oswald Ducrot, e foi objeto de uma minuciosa aplicação ao português nos anos 1970 e 1980.

A Semântica Argumentativa opôs-se radicalmente a toda tentativa de analisar o sentido das línguas naturais com base em modelos lógicos, assumindo que a língua natural é um instrumento não de descrição e representação do mundo, mas de envolvimento recíproco dos interlocutores, sendo visíveis em sua estrutura os reflexos dessa função. Essa orientação ganhou força na medida em que conseguiu mostrar que muitas expressões (como *até, já, ainda*, em alguns de seus empregos) não contribuem para formular descrições de estados de coisas, mas servem como avaliadores de argumentos em vista de possíveis conclusões. Aplicada às palavras que a tradição gramatical reuniu sob o rótulo comum de conjunções, essa orientação resultou na crença de que essas palavras, além do papel sintático-semântico de "juntar sentenças", desempenham o papel argumentativo de sinalizar a "orientação" e o peso que essas mesmas sentenças detêm enquanto argumentos para as conclusões que são objeto de negociação verbal entre os interlocutores.

Entre os resultados mais interessantes obtidos pela Semântica Argumentativa está precisamente a análise de algumas conjunções, sendo exemplar a análise que ela fez de alguns usos das conjunções *mas* e *embora*.

É sabido que a construção A *mas* B exprime um contraste: a Semântica Argumentativa explicou esse contraste esclarecendo que as sentenças A e B são então tomadas como argumentos a favor respectivamente de duas conclusões opostas, C e não-C. Embora C e não-C não precisem ser explicitamente formuladas, faz parte do papel argumentativo de *mas* informar-nos de que B é mais forte, como argumento em favor de não-C, do que o é A em favor de C. Assim, a construção A *mas* B, em seu todo, é favorável a não-C, a conclusão para a qual B é argumento. Aplicada a um dos tantos exemplos do *corpus*, (2-16),

(79) A aula é gravada *mas* as perguntas podem ser feitas e devem... senão fica parecendo monólogo... [EF SP 405]

essa análise resulta em reconhecer que "*A aula é gravada*" *(A)* argumenta a favor de uma conclusão *(C)* que, no contexto, poderia ser algo como "*Convém alterar o tipo de interação que a classe tem mantido com o professor*". Por sua vez, "*As perguntas podem e devem ser feitas*" *(B)* argumenta no sentido de que "*Não convém alterar o tipo de interação que a classe tem mantido com o professor*", e esta é a conclusão que prevalece, quando (79) é considerada em bloco.

A conjunção *embora* desempenha um papel análogo a esse, no sentido de que também a construção A *embora* B sugere que A e B não são tomados em si mesmos, mas como argumentos a favor de conclusões opostas; *mas* e *embora* têm estatuto de operadores argumentativos, mas distinguem-se pelo ponto em que incide a maior força argumentativa ("A mas B" é sinônimo de "B, embora A").

É inegável que as explicações apresentadas pela Semântica Argumentativa contribuíram para esclarecer algumas intuições inerentes a denominações como "adversativa" ou "concessiva", e que o enfoque argumentativo tem muito a dizer sobre todas as articulações sentenciais que implícita ou explicitamente relacionam argumentos e conclusões, uma função que pode ser exercida tanto por conjunções coordenativas (adversativas e conclusivas...) como subordinativas (concessivas, condicionais, causais...). Nesse sentido, explicações tipicamente argumentativas se aplicam com alguma naturalidade a exemplos como os seguintes:

(80) *por mais*... intensivo *que* seja o uso do capital... a mão de obra *ainda* é a RIQUEZA do Japão [EF RJ 379]
(81) ele vai tentar usar esta criação... *que* ele é capaz de fazer... para garantir a caça... *pois* ele é capaz de criar algo... *que* se pareça MUIto... com aquele animal que está correndo lá FOra. [EF SP 405]
(82) para fazer a peça Hair quanta gente que não foi... eh eh:: não foi eh:: preparada ali... *porque* o grupo que trabalha em Hair é enorme [DID SP 234]
(83) quanto à coleta *se* eles dependiam... da coleta... de... frutos... raízes... *que* eles não plantavam... *que* estava à disposição deles na natureza... eles também tinham que obedecer o ciclo:: ...vegetativo [EF SP 405]

É menos óbvio que as hipóteses argumentativas se apliquem com a mesma procedência a *todos* os tipos sentenciais, e a *todas* as ocorrências de conjunções. Assim, se é possível defender a tese de que duas sentenças coordenadas por *e* num contexto argumentativo apoiam naturalmente uma mesma conclusão, não e óbvio que isso aconteceria num contexto tipicamente narrativo. Também não e óbvio que a argumentatividade desempenhe qualquer papel em sentenças subordinadas que indicam tipicamente circunstância:

(84) eu acho que foi quarenta e oito sim ...*quando* meu pai compro::u uma:. fazenda no Paraná... e mudou-se pôs toda a::... todos os móveis que [...] tinha em casa e mudou-se pro Paraná [DID SP 208]
(85) logo *depois que* eu nasci... minha mãe teve que fazer operação de apêndice... que naquele tempo era um::... Deus nos acuda [DID SP 208]

Mais uma vez, uma característica que despontou na bibliografia linguística como um princípio de organização da classe das conjunções, sem perder seu interesse explicativo nos casos em que sua aplicação é adequada, revela-se mais modestamente um princípio de discriminação.

ALGUNS TESTES EM CHAVE SEMÂNTICA

A julgar pelos resultados da seção anterior, a grade classificatória de base semântica que estamos procurando para as conjunções tem poucas chances de ser encontrada pela aplicação de algum princípio geral. Será necessário então encontrá-la no cruzamento de várias propriedades, para as quais serão definidos critérios ou "testes" tanto quanto possível operacionais.

A presente seção é dedicada à formulação desses "testes": em geral, eles apenas retomam observações feitas na seção anterior, caso em que se apresenta uma pergunta relevante, com remissão ao paragrafo que a explica. Em alguns casos, porém, foi necessário um parágrafo de explicitação.

A presente seção prepara assim a seguinte seção, na qual esses mesmos critérios serão aplicados a um número limitado de ocorrências de conjunções.

Sensibilidade à clivagem:
a sentença é passível de algum tipo de clivagem?

No exemplo (86), a sentença subordinada causal foi submetida a três operações semânticas distintas, a primeira das quais é a clivagem (realizada, no caso, mediante o operador descontínuo "*é... que...*"):

(86) hoje quando a gente se senta... e:: para fazer uma obra de arte... [...] é:: uma faceta... muito especial da vida da gente... da qual a gente tem que desligar todos os interesses práticos... certo? ...*não é só* porque preciso me vestir *que* eu vou fazer um vestido:: maravilhoso... ou *que* eu vou bordar... uma:: tela para pendurar em casa porque eu preciso de aquecer a casa... NÃO... é porque eu acho bonito... [EF SP 405]

Numa caracterização muito geral, a clivagem tem o efeito de superpor a sentenças de qualquer tipo uma estrutura baseada no verbo *ser*, o que resulta (segundo Halliday, 1966, p. 67) numa predicação de igualdade em que se relacionam um *identificando* e um *identificador*. O processo da clivagem permite assim passar de (87) a (87'):

(87)   O número 27 ganhou o prêmio.
(87') Quem ganhou o prêmio foi o número 27.

A clivagem divide a sentença original em tema e rema[7] – em 87, "*o número 27*" é o rema – e, segundo a maioria dos analistas, apresentam como pressupostas as informações veiculadas pela frase que começa com *que* ou *quem* – em 87, pressupõe-se que alguém ganhou o prêmio.

Conhecendo as relações entre a clivagem, a articulação tema-rema e a pressuposição, parece razoável supor que uma das motivações pelas quais o locutor de (86) construiu como clivada a sentença básica "*vou fazer um vestido maravilhoso porque preciso me vestir*" foi a de tratar a causa como remática, e a necessidade de proteger-se do frio como pressuposta. Mas, além disso, o locutor usou de duas outras possibilidades inerentes às clivadas: aplicou ao verbo *ser* o restritivo *só*, e fez com que a negação *não* incidisse sobre esse restritivo. Tudo isso resulta numa informação finamente articulada, que poderíamos parafrasear por

(88)   O fato de que eu preciso me vestir não e o único motivo pelo qual vou fazer um vestido maravilhoso,

ou ainda, utilizando um tipo de construção que foi às vezes estudado entre as condicionais:

(89)   Se eu faço um vestido maravilhoso, não e só porque preciso me vestir.

De passagem, vale registrar que a construção "*se... é (por)que...*", de que é um exemplo "autêntico" (90):

(90)   Mas *se* esses pintores conseguiram exprimir... esta unidade... é *porque* o povo holandês já o tinha criado com seu trabalho [EF SP 156]

tem frequência relativamente alta no *corpus*, e é talvez mais bem compreendida como um recurso de clivagem.

Os recursos de clivagem que se aplicam a sentenças são diferenciados na forma ("*...é que...*", "*é... que...*", "*palavra QU...é...*", "*se...é (por)que...*") e na distribuição, e uma tentativa de inventariá-los nos levaria muito longe. Aqui, limitemo-nos a observar que o processo não se aplica indiferentemente a todos os tipos de subordinada e que, dentro de um mesmo tipo, a possibilidade de aplicá-lo pode depender da conjunção empregada.

Note-se, por exemplo, que não há clivagem com *embora*, e que das conjunções "causais" *como*, *porque* e *porquanto* somente *porque* e *porquanto* a aceitam:

(91)   *Porque/porquanto* preciso me vestir, vou fazer um vestido
é *porque*/? é *porquanto* preciso me vestir que vou fazer um vestido
Como preciso me vestir vou fazer um vestido
*é *como* preciso me vestir que vou fazer um vestido

(92)   *Embora* fizesse sol, ficamos em casa
*Foi *embora* fizesse sol, que nós ficamos em casa

É uma questão aberta se as conjunções a que se aplica a clivagem compartilham características semântica ou pragmaticamente relevantes, podendo ser tratadas como uma classe homogênea; mas parece legítimo desde já manter a clivagem como um possível teste para distinguir entre conjunções.

Compatibilidade com a negação: o nexo entre sentença regente e sentença subordinada é passível de ser negado?

Dada uma construção S_1 *conj* S_2, a possibilidade de negar aplica-se em princípio em três lugares distintos: S_1, S_2 ou o nexo expresso pela própria conjunção. Podemos assim prever que diferentes aplicações da negação sobre o esquema

$$S_1 \text{ conj } S_2$$

resultarão em sete esquemas distintos, contendo uma ou mais negações (aqui indicadas por um til antes da expressão negada):

$\sim S_1$ conj S_2 S_1 $\sim$conj S_2 S_1 conj $\sim S_2$
$\sim S_1$ $\sim$conj S_2 $\sim S_1$ conj $\sim S_2$ S_1 $\sim$conj $\sim S_2$
                              $\sim S_1$ $\sim$conj $\sim S_2$

A verbalização de alguns desses esquemas pode ser complicada, exigindo o recurso à clivagem ou outros meios, além de não haver correspondência biunívoca entre nossos esquemas e as sentenças da língua natural, algumas das quais resultam ambíguas:

Não viajou *porque* queria ver os pais	$\sim S_1$ conj S_2 ou S_1 $\sim$conj S_2
Viajou, *porque* não queria ver os pais	S_1 conj $\sim S_2$
Se não viajou, não foi *porque* queria ver os pais	$\sim S_1$ $\sim$conj S_2
Não viajou, *porque* não queria ver os pais	$\sim S_1$ conj $\sim S_2$ ou S_1 $\sim$conj $\sim S_2$
Viajou, *mas* não foi *por* não querer ver os pais etc	S_1 $\sim$conj $\sim S_2$
Se não viajou, não foi *porque* não queria ver os pais	$\sim S_1$ $\sim$conj $\sim S_2$
Não viajou, *mas* não foi *por conta de* não querer ver os pais	$\sim S_1$ $\sim$conj $\sim S_2$
etc...	

À diferença da conjunção *porque*, usada nesses exemplos, *pois* não admite ser negada. Assim, o uso de *pois* no lugar de *porque*, em (93), desfaz a ambiguidade inerente a essa sentença (93'):

(93)   Não viajou *porque* queria ver os pais (duas interpretações possíveis: ~S_1 conj S_2 *ou* S_1 ~conj S_2)
(93') Não viajou, *pois* queria ver os pais (somente uma interpretação: ~S_1 conj S_2)

Além de *pois*, há um pequeno número de conjunções que a negação não consegue afetar: *embora, porém, todavia, que* consecutiva. Obviamente, essa incompatibilidade com a negação é um fator de discriminação importante, mas a aplicação do critério não é sempre óbvia: é possível negar um *e* ou um *se*? Provavelmente sim, mas mediante circunlóquios que ainda precisaríamos repertoriar.

Possibilidade de *restrição, precisação, focalização*: é possível aplicar ao nexo estabelecido pela conjunção advérbios como *só, inclusive, exatamente*?

Em paralelo com a clivagem e a negação, podem ser lembradas outras operações que repartem a classe das conjunções (ou as sentenças que elas introduzem) conforme é ou não admitida sua aplicação: pense-se na possível aplicação a uma sentença subordinada de *só, inclusive, até, mesmo, precisamente* e *exatamente*:

Trabalha *porque* precisa
Trabalha só/ inclusive / até / mesmo / exatamente / precisamente *porque* precisa
Não trabalha *embora* precise
?? Não trabalha, só/ inclusive /até / mesmo / exatamente / precisamente *embora* precise.

Algumas dessas aplicações são atestadas nos inquéritos:

(94) Não tem:: nenhuma... um valor artístico esta representação *mesmo porque*:: é usada por todas as crianças quase que do mundo inteiro para desenhar gatos [EF SP 405]
(95) Mas eu quero apenas lembrar ao... aos senhores... a importância dessa polêmica... *inclusive porque* ela é um exemplo muito curioso de uma polêmica [EF SP 156]

Outras não são atestadas e não poderiam sê-lo, por serem obviamente agramaticais, como (96) que resulta de (96') pelo acréscimo daqueles operadores:

(96)   era um programa tão bom *que quando* nós terminávamos o curso secundário... nós poderíamos entrar diretamente na escola de engenharia [DID SP 161]
(96')   era um programa tão bom *só/ *mesmo/ ??inclusive... *que quando* nós terminávamos o curso secundário... nós poderíamos entrar diretamente na escola de engenharia

Argumentatividade: a orientação argumentativa que o locutor dá ao texto é relevante para compreender o uso que se faz da conjunção?

A noção de argumentatividade aqui aplicada como teste foi discutida na seção "Argumentatividade". Coerentemente com o que se expõe ali, entende-se que a argumentatividade é relevante não só quando uma conjunção contrasta duas orientações argumentativas, mas ainda quando relaciona um argumento e sua conclusão.

Modus: a conjunção comporta um sentido literal que é, no caso, transposto para o desenvolvimento do texto?

Na seção "Argumentatividade", item (c), foram comentados exemplos em que a conjunção *porque*, em vez de representar uma relação observável no mundo, estabelece o nexo de causa entre enunciações sucessivas. Sempre que isso acontecer, entender-se-á que a conjunção atua no nível do *modus*, e os exemplos em questão serão marcados positivamente, com respeito a esse critério.

Pressuposição: a presença da conjunção é determinante para desencadear o aparecimento de pressupostos numa das sentenças que une do ponto de vista sintático?

Tradicionalmente, tem-se definido como pressuposições aqueles conteúdos semânticos (passíveis de serem expressos na forma de enunciados) que uma sentença compartilha com sua negação. Na bibliografia sobre o assunto, dois princípios acabaram tornando-se consensuais: 1) é sempre possível reconhecer na sentença a expressão ou expressões que introduzem a pressuposição; 2) funciona para as pressuposições um mecanismo de projeção, no sentido de que as pressuposições inerentes às sentenças constituintes se incorporam ou não, de maneira previsível, às sentenças complexas de que elas fazem parte.

Obviamente, esses dois princípios afetam o estudo das conjunções: o primeiro porque leva a questionar para cada conjunção considerada se ela é um dos tantos termos que introduzem pressuposições; o segundo porque leva a perguntar se e de que modo as conjunções interferem nesse processo de projeção.

Os inquéritos são, infelizmente, pouco úteis para abordar o segundo problema, por utilizarem uma linguagem em que o nível de subordinação é relativamente baixo; em relação ao primeiro, é possível por outro lado fazer algumas observações que mostram a necessidade de uma análise exaustiva. Nos dados, um pequeno número de subordinadas integrantes verbaliza um conteúdo pressuposto. Coincidentemente, boa parte dessas sentenças depende da expressão "*saber que*", e uma delas da expressão "*mostrar como*":

(97) [a economia japonesa] BRIGANDO para poder nascer... e contando basicamente com o quê? com sua mão de obra GRANDE... sabendo *que* tinha que trabalhar para sobreviver às outras potências... tá? [EF RJ 379]

(98) voltando mais atrás ainda... no século dezenove... e aí ate a literatura e os filmes mostram né?... como os japoneses tiveram que lutar contra o chamado imperialismo branco... né? [...] a população do Japão SABIA *que* para conseguir sobreviver... tá?... PREcisava AMPLIAR a sua área de atuação [EF RJ 379]

No primeiro caso, a pressuposição parece resultar do verbo regente (contrastem-se os efeitos de negar esse verbo), ao passo que, no segundo, a escolha da conjunção parece ser relevante: notem-se os seguintes acarretamentos:

(98') os filmes e a literatura mostram *que* os japoneses tiveram que lutar
(pressuposto: os japoneses tiveram que lutar)
os filmes e a literatura não mostram *que* os japoneses tiveram que lutar
(duas leituras, numa delas os japoneses não tiveram que lutar)
os filmes e a literatura não mostram *como* os japoneses tiveram que lutar
(pressuposto não cancelável: os japoneses tiveram que lutar)

O uso de *como* em (98') é um belo exemplo de como uma conjunção pode "segurar" um pressuposto, e, ao mesmo tempo, de como a escolha entre *que* e *como*, conjunções integrantes, pode ser semanticamente motivada.

Mesmo sem traçar um quadro completo das conjunções do ponto de vista do papel de introduzirem pressuposições, convém lembrar, apenas a título de comentário sobre alguns exemplos extraídos do *corpus*, que algum pressuposto costuma ser associado

- às sentenças conformativas introduzidas por *como*:

(99) muitas vezes a gente tende... a simplesmente explicar a Segunda Grande Guerra *como* tendo sido uma guerra... claro... não uma guerra de ocupação como foi a primeira... mas uma guerra... principalmente em função de... antagonismos ideológicos [EF RJ 379]

- às sentenças condicionais introduzidas por *se*, cujo verbo está no subjuntivo imperfeito (construção conhecida como subjuntivo contrafactual):

(100) *se* o Japão... fosse uma Birmânia... por exemplo que é um dos países atrasados... as economias industriais aliadas que ganharam a Segunda Guerra não TERIAM AJUDADO o Japão... quer dizer de outra maneira... *se* o Japão fosse a Birmânia... né?... as economias industriais... europeias e americana... e ... a socialista União Soviética QUERIAM MAIS E QUE A BIRMÂNIA MORRESSE, mas elas sabiam que não era a Birmânia que era o Japão [EF RJ 379]

- às sentenças temporais

(101) *quando* se fala em indústria de armamentos geralmente se pensa apenas em tanques [EF RJ 379]

O critério de pressuposição será aplicado neste capítulo de maneira bastante rígida: é que, paralelamente à pressuposição, se pode definir uma quantidade de outros implícitos com expressão gramaticalizada: implicaturas convencionais, acarretamentos etc. Obviamente, seria possível analisar as conjunções na perspectiva de cada um desses fenômenos, e todas essas análises seriam perfeitamente legítimas. Mas não há interesse em confundir as noções, o que fatalmente aconteceria se falássemos dessas diferentes relações semânticas dando-lhes o nome de pressuposição.

Encadeamento de conteúdos postos: é verdade que o nexo estabelecido pela conjunção se estabelece entre os conteúdos postos pelas duas sentenças que ela liga, deixando inafetados seus pressupostos?

A lei do encadeamento foi formulada por Ducrot (1977) como um teste para verificar o caráter pressuposicional de determinados conteúdos, e foi frequentemente utilizada para esse fim nos primeiros trabalhos daquele autor. Em sua versão original, a lei de encadeamento dá conta da seguinte intuição: quando se estabelece mediante um conectivo um nexo entre duas sentenças que comportam informações postas e pressupostas, o nexo afeta exclusivamente as informações postas. Assim, se de um lado é possível analisar

(102)   Soube-se *que* Henrique IV pretendia atacar a Espanha

como pressupondo que Henrique IV, em algum momento, planejou atacar a Espanha e como assertado que esse projeto foi mantido em sigilo por algum tempo; e se além disso é possível reconhecer em

(103)   O descontentamento dos católicos se agravou

o pressuposto de que "havia um descontentamento prévio entre os católicos" e uma informação assertada "esse descontentamento aumentou", então, parece claro que em

(104)   O descontentamento dos católicos se agravou *quando* se soube que Henrique IV pretendia atacar a Espanha

o nexo (de tempo, causa etc.) introduzido por *quando* é entre o <u>agravamento das preocupações</u> dos católicos franceses e a <u>divulgação dos planos</u> de Henrique IV, e não entre o descontentamento prévio dos católicos e os planos secretos de Henrique IV no sentido de dominar a Espanha. Ao tratar dessa lei, os autores da Semântica Argumentativa costumam exemplificá-la por meio dos conectivos de tempo e causa, mas sugerem que ela se aplica também aos outros. Não consta que uma verificação caso a caso tenha sido feita para o português, mas os dados mostram que o encadeamento funciona conforme esperado para várias conjunções.

É possível formular uma pergunta que tenha como resposta precisamente a sentença subordinada?
(ou, por outra: a conjunção pode iniciar a resposta a uma pergunta específica?)

Ao realizar em "Alternativas de expressão de nexos intersentenciais, exemplificadas pela expressão da causa" um inventário das maneiras como se pode indicar a causa, sem recorrer a estruturas canônicas de subordinação, deparamos com exemplos como (33), que repetimos aqui como (105):

(105)   eles viviam basicamente da coleta eram caçadores... e viviam da coleta... isto é levava um tipo de vida nômade... por quê?... *porque* na medida em que acabava a caça de um lugar [...] eles também precisavam acompanhar... o a migração da caça senão eles iam ficar sem comer... [EF SP 405]

em que o período composto por subordinação foi truncado, para resultar numa sequência de pergunta e resposta:

levava um tipo de vida nômade por quê?	*porque precisavam acompanhar a migração da caça*
sentença regente	conectivo de causa
+	+
palavra interrogativa (incidindo sobre a causa)	sentença acrescentada parataticamente

Independentemente do modo como queiramos analisar esse tipo de construção "truncada" (a segunda parte é, realmente, uma sentença subordinada?; nessa segunda parte, há elipse da sentença regente?), um fato a observar é que nem todos os tipos de subordinada podem ser objeto de pergunta: não seria imaginável, por exemplo, um desdobramento análogo ao de (105) com (106) ou (107), que retranscrevemos e renumeramos aqui para que o leitor faça seu próprio teste:

(106)   ele vai tentar usar essa criação... que ele é capaz de fazer... para garantir a caça pois é capaz de criar algo [EF SP 405]
?? cp. ele vai tentar usar essa criação... que ele e capaz de fazer... para garantir a caça pois o quê?
(107)   Não tem sentido eu matar uma imagem... que a imagem não tem vida nem sentido... ela existe:: mas ela não é vivente... certo? [EF SP 405]
?? não tem sentido eu matar uma imagem... que o quê?

Sabemos pouco sobre o que torna possível que "perguntemos" algumas conjunções e não outras, mas a crença de que as conjunções "perguntáveis" compartilham alguma propriedade semântica comum parece razoável, e nós reteremos esse fato como mais um critério de distinção.

Ordem: a ordem em que ocorrem as duas sentenças ligadas pela conjunção é relevante para o sentido do todo?

Há mais de uma maneira de definir ordem, assim como há mais de uma maneira de definir relevância. Quanto à ordem, ela pode ser definida entre as sentenças ou entre as sentenças e o conectivo que as une. Assim, se considerarmos a sequência

(108)   *Embora* chovesse, o jogo se realizou

poderemos, em princípio, registrar alguma alteração da ordem

a. quando invertemos *as posições das sentenças*, sem alterar seu papel em relação ao conectivo:

(108')   O jogo se realizou *embora* chovesse,

e b.   quando invertemos *a ordem das sentenças com relação ao conectivo*:

(108")   Choveu, *embora* o jogo se realizasse.

Quanto à relevância, sabemos que eventuais modificações na ordem podem repercutir em níveis diferentes de um texto, que vão desde o tipo de processamento informacional que ele orienta até profundas alterações em suas condições de verdade. Deixando registrada a necessidade de uma investigação cuidadosa dessas questões, esta seção se limita a esclarecer que a pergunta anteriormente formulada será respondida afirmativamente quando a inversão da ordem das sentenças com respeito ao conectivo afeta as condições de verdade do todo. Com esse entendimento diremos que a ordem não é relevante para o *embora* de (108'), mas o seria para o *porque* de (108'''):

(108''')   O jogo não se realizou *porque* choveu (cf. Choveu *porque* o jogo não se realizou).

A pergunta capta, em outras palavras, algum tipo de simetria das conjunções.

Verifuncionalidade: é plausível reconhecer a verifuncionalidade como um traço intrínseco da conjunção?

Para o conceito de verifuncionalidade, remete-se o leitor à seção "Conjunções e verifuncionalidade". Na aplicação desse teste, atribuiu-se à verifuncionalidade um papel *intrínseco* sempre que, descartados os valores argumentativos, a conjunção indicar um mapeamento particular dos valores de verdade das sentenças constituintes, no valor de verdade do todo, esgotando-se seu sentido nessa relação.

QUADRO DAS CONJUNÇÕES

Os dez testes anteriores serão aplicados agora a algumas ocorrências selecionadas – e, na medida do possível, já comentadas – das conjunções *como, e, embora, mas, na medida em que, no sentido de que, ou, porque, quando, que* explicativo, *que* integrante, *se* condicional, *se* integrante. A limitação a essas conjunções tem razões óbvias: embora possa ser encarada como fechada, a classe das conjunções é relativamente numerosa. Assim, qualquer tentativa de aplicar todos os testes considerados a todas as conjunções resultaria em exceder os limites do razoável, neste capítulo.

Análise de uma amostra de exemplos

As conjunções serão aqui tratadas como ocorrências (ou, mais exatamente, como usos de palavras, não como palavras-tipo) para dar ao leitor a possibilidade de conferir as análises feitas. É claro que, para cada uma das conjunções analisadas, poderiam ser lembrados outros usos, reunindo-se outros exemplos. Os que vão transcritos não têm nenhuma característica especial que levasse a incluí-los, além da probabilidade de que serão mais facilmente interpretados, porquanto já retiveram a atenção do leitor. Recapitulemos essas ocorrências:

como
(109) voltando mais atrás ainda... no século dezenove... e aí a literatura e os filmes mostram né?... *como* os japoneses tiveram que lutar contra o chamado imperialismo branco... né? [...] a população do Japão SABIA que para conseguir sobreviver... tá?... PREcisava AMPLIAR a sua área de atuação [EF RJ 379]

e
(110)   as incursões [...] foram quaisquer tipos de [...] relações em função de aumento de ampliação de território que os japoneses tinham conhecendo outras áreas... *e* acontece que chega... a Segunda Grande Guerra com o Japão realmente sendo uma das grandes potências [EF RJ 379]

embora
(111)   eu gosto muito de chuchu *embora* todo mundo ache chuchu uma coisa assim sem graça [DID RJ 328]

mas
(112)   se acabar... o fornecimento de insumos ao Japão... ele vai ter que se reforçar muito... ele vai conseguir mas vai ter que se esforçar muito para voltar a ser o que era... *mas não* é esse o único tipo de dependência [EF RJ 379]

na medida em que
(113)   *na medida em que* acabava a caça de um lugar [...] eles também precisavam acompanhar... o a migração da caça senão eles iam ficar sem comer... [EF SP 405]

no sentido de que
(114)   criar uma pessoa ou criar uma imagem é mais ou menos a mesma coisa... *no sentido de que* estamos criando uma coisa nova... do nada [EF SP 405]

ou
(115)   *ou* você não tem filhos *ou* vai ser... é castrado... quer dizer não é um controle assim natural [EF RJ 379]

pois
(116)   ele vai tentar usar essa criação... que ele e capaz de fazer... para garantir a caça... *pois* ele é capaz de criar algo que se pareça muito com aquele animal que está correndo lá FOra [EF SP 405]

porque
(117)   não é só *porque* eu preciso me vestir que eu vou fazer um vestido:: maravilhoso... ou que eu vou bordar... uma:: tela para pendurar em casa *porque* eu preciso aquecer a casa... NÃO... é *porque* eu acho bonito. [EF SP 405]

quando
(118)   *quando* se fala em indústria de armamentos, geralmente se pensa em... tanques [EF RJ 379]

que [explicativa]
(119)   não tem sentido eu matar uma imagem... *que* a imagem não tem vida nem sentido... ela existe:: mas ela não é vivente... certo? [EF SP 405]

que [integrante]
(120)   [a economia japonesa] BRIGANDO para poder nascer... e contando basicamente com o quê? com sua mão de obra GRANDE... sabendo *que* tinha que trabalhar para sobreviver às outras potências, tá? [EF RJ 379]

Grade classificatória semântica e informacional

Podem-se agora resumir na forma de perguntas breves os critérios de classificação elaborados na seção anterior.

O quadro seguinte permite dar algum grau de elaboração a dez "testes operacionais" que foram aplicadas a um pequeno número de ocorrências de conjunções.

Como se pode ver pelo grande número de pontos de interrogação aí presentes, há casos em que a pergunta relevante não se aplica, ou resulta dificultada por fatores de várias ordens; ao que se deveria acrescentar que mesmo os sinais de mais e de menos não podem ser entendidos, na maioria dos casos, como comprovação de que o fenômeno relevante foi observado no exemplo considerado: na realidade, as respostas foram sempre dadas considerando a possibilidade de aplicar à sentença modificações de maior ou menor complexidade.

Quadro 2

	1. aceita clivagem?	2. aceita negação?	3. aceita restrição?	4. exprime argumentatividade?	5. afeta o *modus*?
e	-	-	-	?	-
ou	-	-	-	-	-
mas	-	-	-	+	-
embora	-	-	-	+	?
que explic.	-	?	?	+	-
pois	-	-	-	+	-
se condicional	+	?	+	?	-
na medida em que	-	-	-	?	?
no sentido em que	+	+	+	-	-
porque	+	+-	+	?	+
quando	+	+-	+	-	-
como	+	-	+	-	-
que integ.	+	-	+	-	-
se integ.	+	-	+	-	-

	6. Estabelece pressuposição?	7 obedece à lei do encadeamento?	8. responde à pergunta?	9. aceita alteração na ordem?	10. envolve verifuncionalidade?
e	-	?	-	-	+
ou	-	?	-	-	+
mas	-	?	-	-	+
embora	-	+	-	?	+
que explic.	+	+	-	-	?
pois	?	+	-	-	?
se cond.	?	+	?	+	+
na medida em que	+	+	-	+	-
no sentido em que	-	-	+	-	-
porque	+	+	+	+	-
quando	+	+	?	+	-
como	+	-	+	-	-
que integ.	?	-	+	-	-
se integ.	-	-	+	-	-

Feitas essas ressalvas, podem-se apontar dois aspectos do quadro que permitem antecipar uma possível compactação: no sentido das colunas, pode-se observar que alguns testes dão resultados iguais ou muito parecidos. Seria o caso de verificar se eles não jogam com uma mesma propriedade, que seria condição necessária para a aplicação de certas operações semânticas. Por exemplo, o fato de que todas as sentenças integrantes admitem a clivagem e a restrição poderia ser relacionado ao fato de que são tratadas semanticamente como nomes.

No sentido das linhas, parece razoável reconhecer que o quadro não dá nenhum realce particular à distinção clássica entre coordenativas e subordinativas, mas, em compensação, separa com alguma nitidez um grupo em que só entram conjunções integrantes (*se, que, como*), um grupo em que só entram conjunções tipicamente circunstanciais (*porque, quando, enquanto*) e um grupo em que a característica comum é a argumentatividade (*mas, embora, pois*). O fato de que as conjunções argumentativas têm sempre como componente a verifuncionalidade permite falar em uma classe de verifuncionais de que as argumentativas são parte.

Em suma, o quadro aponta para duas tarefas que deveriam ser executadas sobre uma amostragem de exemplos bastante ampliada: a) comparar os testes para, eventualmente, recuperar fundamentos comuns a vários deles; b) comparar o funcionamento das várias conjunções em face dos testes, tornando mais nítida a distinção entre "tipos sentenciais". Essas duas tarefas apenas recolocam a preocupação que tem sido tema deste capítulo: a busca de um princípio de organização. Dizer isso ao final deste capítulo não o torna inútil: graças a ele, as duas tarefas puderam ser formuladas com alguma clareza, a partir de uma hipótese de agrupamento que está, se não definida, pelo menos esboçada.

NOTAS

[1] Na redação deste trabalho, foi importante contar com a colaboração das turmas da disciplina HL-870, do curso de Graduação em Linguística e Letras, do Instituto de Estudos da Linguagem. Destaco em particular a colaboração dos alunos Adriana de Andrade, Marco Catalão, Flávio G. Pereira, Patrícia Beraldo e Daniela Manini, que me apontaram alguns dos melhores exemplos. Alguns exemplos referentes a sentenças subordinadas causais, concessivas e condicionais provêm de uma comunicação pessoal de Maria Helena de Moura Neves, que ocorreu por ocasião do IX Seminário do Projeto de Gramática do Português Falado [Campos do Jordão, dezembro de 1995].

[2] Alguns trabalhos que estudam as conjunções na língua falada são Castilho (1997b), Barreto (1999, 2004), Pezatti (1996, 1999, 2001), Longhin-Thomazi (2003a, 2003b), Módolo (2004), Mollica (1995), entre outros.

[3] À sua maneira, a gramática antiga, armada de argumentos morfológicos, tinha também percebido que alguns nomes de derivação deverbal desempenham um papel sintático e semântico semelhante ao de sentenças encaixadas.

[4] Poder-se-ia dizer que por trás dos usos de *tão* e *tanto* está a ideia de escala, utilizada quer para explicar sua semelhança com as sentenças comparativas, que canonicamente mobilizam escalas, quer para explicar usos como o do exemplo "*tão óbvio que ninguém reclamou*" aqui apela-se para um ponto alto (maximal) da escala de *óbvio*, e sobre esse ponto da escala afirma-se algo: ele é tão alto (ou seja, o seu grau de obviedade é incontestável), que chega a tal ponto que não vale a pena reclamar.

[5] Esse mesmo exemplo também foi utilizado no capítulo sobre o verbo.

[6] A fórmula que segue é uma simplificação. Uma descrição semântica acurada de *quando* precisaria considerar todo um complexo de noções de tempo e aspecto, e obrigaria a considerar momentos e intervalos.

[7] A articulação tema-rema responde pela estrutura informacional de uma sentença vista como parte de um texto. Simplificando muito, o tema é aquilo sobre o que se fala, e o rema é aquilo que se diz do tema; em outras palavras, o tema é algo conhecido e o rema é informação a ser acrescentada como nova a esse algo conhecido. Na sentença "*O rei tem duas filhas*", o tema é "*o rei*" e o rema é "*ter duas filhas*", ou seja, o que se predica do rei.

ÍNDICE ONOMÁSTICO

Apolônio Díscolo, 25, 60, 309
Aristóteles, 9
Benveniste, 102, 162, 237
Câmara Jr., Joaquim Mattoso, 162
Chierchia, Gennaro, 150, 162
Cunha, Celso Ferreira da, 162-3, 310
Dik, Simon, 9, 310
Dionísio, o Trácio, 25
Dracão, 60
Ducrot, Oswald, 331, 339, 348
Frege, Gottlob, 330
Lindley-Cintra, Felipe, 162-3, 310

Montague, Richard, 331
Oliveira, Fernão de, 162
Ribeiro, Ernesto Carneiro, 14
Rodrigues, Aryon Dall'Igna, 135, 162
Russell, Bertrand, 113-5, 161
Sapir, Edward, 153
Soares Barbosa, Jerônimo, 14
Strawson, Peter, 114, 161
Sweetser, Eve, 190, 309
Vendler, Zeno, 126
Vieira, Pe. Antonio, 282
Whorf, Benjamin Lee, 153

ÍNDICE REMISSIVO

As palavras em itálico identificam vocábulos do português sobre os quais incidem observações de caráter gramatical.

a gente, 19
• coindexado com *nós*, 20

a maior parte de, a maioria de, 150

a, 167, 196, 211, 256-9

Adjunção, 175

Adjunto adverbial e objeto indireto, 285

Agente, 268

algo, 150-1, 157, 161

alguém, 150-1, 157, 161

algum, alguma, alguns, algumas, 149-51, 153, 155, 157, 161

Amálgamas das preposições com artigos, demonstrativos e indefinidos, 182

Ambiguidade característica dos conectivos da língua natural, 332

Anáfora, anafórico, 15, 61, 130
• e correferência, 47
• e silepse, 49
• ligada, 52
• níveis de análise, 50-2
• pronominal, 44, 46
• relações semânticas implicadas, 47

Anáfora associativa como fator de identificabilidade, 117

Anáfora indireta como fator de identificabilidade, 117

Anafóricos exceto os pronomes, 50

antes, 219

Antropônimos e uso do artigo definido, 117

após, 196, 201, 222

aquele, aquela, aqueles, aquelas, 129, 135-136-9, 144

aquilo, 129, 135-136-9

Argumentatividade das conjunções, 339
- traço discriminador de conjunções, 345

Argumento
- a favor de uma conclusão, 339
- *versus* Adjunto, 173-4

Artigo
- antes do possessivo, 108
- antes dos numerais, 108
- como demonstrativo, 134
- como especificador do sintagma nominal, 130-1
- como núcleo do sintagma nominal, 108-9
- definido como indicador de restrição implícita, 125
- definido e condições de uso, 114
- definido e identificabilidade, 115
- definido e indefinido, 105
- em palavras substantivadas, 111
- no sintagma nominal com núcleo zero, 107

Artigo definido
- e indefinido, 150
- e pressuposição, 114
- e quantificador de generalização, 123
- no sintagma nominal sujeito, 127
- nos sintagmas preposicionais, 128
- funções textuais, 125
- uso atributivo, 118-20
- uso categorial, 120-1
- uso generalizante, 118-9
- uso não categorial, 120-1
- uso particularizante, 118-9
- uso referencial, 118-9
- usos, 117-20

Assimetria, na localização espacial expressa pelas preposições, 204

até, 167, 197, 213, 273-5

atrás, trás, 200-1, 221

bastante, 151

Bloqueios da conversão de coordenação de termos em coordenação de orações, 313

cada, 123, 151, 153-4, 157, 161

Caixa (esquema imagético), 186-7

Cálculo sentencial, 331-2

Casos
- morfológicos do latim, 193
- reto e oblíquo dos pronomes, 17

Catáfora, catafórico, 44-5, 61

Categoria vazia, 52, 132

Categorização, 188

Causal, oração, 339

certo, certos, 150-1, 153-4, 161

certo, interpretações que dependem da posição no sintagma nominal, 155

Clivagem, 342

Coesão
- do texto assinalada pelo artigo definido, 126

Cognitivismo, fundamentando a compreensão unificada dos sentidos de uma preposição, 173

Coindexação, 52

Colisão de *se* indeterminador com *se* medializador, 59

com, 167, 200-1, 224-7, 260-6
- anteposto a orações completas, 164

Comparação como habilidade cognitiva central, 185

Compatibilidade
- com a clivagem como traço discriminador

de conjunções, 341
- com a focalização como traço discriminador de conjunções, 344
- com a negação como traço discriminador de conjunções, 343
- com a restrição como traço discriminador de conjunções, 345

Complementação, 173
- *versus* Adjunção, 175

Complementizador, 345

Complicação de um esquema imagético, 194

Comunidade, significado do possessivo, 97

Concessiva, sentença subordinada hipotática, 340

Conclusiva, sentença subordinada hipotática, 340

Concordância
- do pronome com um tópico, 57
- do sintagma nominal com um pronome-cópia, 282-3
- e sujeito da sentença, 283

Condicional, sentença subordinada hipotática, 339

Conectivos intersentenciais das linguagens lógicas elementares, 331

Conectivos que ligam palavras *versus* conectivos que ligam sentenças, 164

Conexidade sintática, 173

Conhecimento de mundo e anáfora, 51-2

Conjugação intrinsecamente pronominal, 58

Consecutivas, 316

Construção correlata, 312
- orações correlativas, 316-7

contra, 197, 201, 213

Contração dos pronomes tônicos com a preposição *de*, 19

Coordenação, 312
- e subordinação, 317-30
- e subordinação, falta de correlatos semânticos claros, 326

Correferência, 52

Correspondência entre pronomes pessoais e pessoas do verbo, 27, 40

de, 167, 197, 207, 235-50
- + INFINITIVO, na formação de anguladores, 246
- em anteposição a orações completas, 165
- na formação de locuções, 249

Declinação latina, resquício nos pronomes, 15, 53

Dêitico, 15, 25

Dêixis, 130
- de pessoa e demonstrativos, 136, 138

dele, 74, 77
- e *de ele*, 19
- o e *seu(s) sua(s)* como possessivos de terceira pessoa, 64

dele, dela ou *seu, sua*, 43

dele, dela, deles, delas, 19

Delimitação, 130

demais, 150, 154

Demonstrativo, 14
- anafórico, 130
- catafórico, 130
- como especificador do sintagma nominal, 131
- como fator de coesão textual, 130
- como fórico, 130

- como núcleo do sintagma nominal, 133
- como operador de continuidade de tópico discursivo, 143
- como operador de modalização asseverativa, 145
- como operador de nominalização, 131
- como operador de retomada, 130
- correspondência com as pessoas do discurso, 43-4
- dêitico, 130
- e pessoa do discurso, 135, 138
- em posição pós-núcleo, 134
- expressando alteridade, 135
- expressando identidade, 135
- expressando semelhança, 135
- funções discursivas, 141-5
- masculino, feminino e neutro, 129, 141
- no núcleo do sintagma nominal, 131
- no sintagma nominal de núcleo elíptico, 132
- usos dêiticos, 138
- usos endofóricos, 139
- variação em gênero e número, 129

dentro, 228

depois, 222

desde, 197, 208

Determinação, e restrição, 79

Determinada, não pessoa, 26

Determinante, 148-9

Dinâmica, topologia, 201

Discurso direto, 45

Discurso implícito e demonstrativo, 61

Distribuição do pronome, semelhante à do sintagma nominal, 21

diversos, 150-4, 161

do, da, dos, das, 128

Dois, 149

durante, 220-1

e, 336-7
- em contexto argumentativo, 340
- na lógica elementar, 331
- nexos de causa e tempo, 333-334

Efeitos de campo, 201

Eixo
- continente/conteúdo, 228
- distal, 224
- horizontal, 205, 207
- proximal, 224
- vertical, 215

Eixos que captam o sentido básico das preposições, 205-6

ele(s), ela(s), objeto direto, 55-6

ele, ela, 135

ele, pronome anafórico, 48

eles, em referenciação indeterminada, 36

elipse, 52

em, 167, 198, 211, 228-32, 251-3

em cima/embaixo (esquema imagético), 186-7

Encadeamento de conteúdos postos como traço discriminador de conjunções, 348

Encerramento de tópico discursivo, 144

Endófora, endofórico(s), 15, 44

entre, 167, 199, 232-3, 278-9

Espacialidade como critério para reconhecer as locuções prepositivas, 292

Espaço
- anterior, 218
- inferior, 217

ÍNDICE REMISSIVO • **363**

- posterior, 221
- superior, 216
- transversal, 218
- representado pelas preposições, 202
- vivências pré-verbais e pré-conceituais, 186

Especificador, 103, 148-9

Esquema imagético
- da inclinação, 269
- da troca, 269

Esquemas cognitivos básicos associados ao verbo *ir*, 193-4

Esquemas espaciais
- organizando a experiência, 186
- que passam a temporais e argumentativos, 194-5

Esquemas estáticos e dinâmicos e sentido das preposições, 201

Esquemas imagéticos, 185
- estáticos e dinâmicos, 186-7

essa beleza de livro, 149

esse, 129, 135-8, 144

Estáticas, topologias, 201

Estatuto categorial
- dos demonstrativos, 129
- dos pronomes, 13-4

Estatuto de *e*, *que* e *quando* em gramática categorial, 336

este, esta, estes, estas, 129, 135-8

Estereótipos verbais e omissão do artigo, 111

Estrutura argumental
- dos substantivos, adjetivos e advérbios, 314

Estrutura do sintagma nominal e informatividade, 131, 157

Estrutura máxima e mínima do sintagma nominal, 131

estúpido ("o estúpido do rapaz"), 131

et cetera e tal, 145

Etimologia
- de *preposição*, 163
- fundamentando a compreensão unificada dos sentidos de uma preposição, 165

Eventos como figura e como fundo, 203

Execução, significado do possessivo, 99

Exófora, exofórico, 15, 25, 45

Expressão da causa
- mediada pela noção de relevância, 323
- por meio de substantivos, 323
- por meio de um anafórico em função de complemento, 323
- por meio de verbos, 322

Expressão formulaica, 304

Expressão qualitativa como especificador do sintagma nominal, 131

Extensões metafóricas possíveis, 190

Extensões polissêmicas no significado das preposições, 189

Extração, 245

Falta de biunivocidade no tratamento do espaço pelas preposições, 202

Figura, 203-4

Flexão dos quantificadores indefinidos, 151-2

fora, 233-4

Foricidade, fórico, 130
- de espectro largo, 139,

Forma átona dos pronomes, 17

Formulaicidade, 304
- e omissão do artigo, 110

Frase feita e omissão do artigo, 111
- formação, 176

Frequência de uso das preposições, 164
- dos pronomes pessoais, 23
- dos pronomes pessoais e tipos de texto, 24
- dos pronomes pessoais e variação regional, 24

fulano, 150

Função
- conectiva das conjunções, 311
- substantiva dos possessivos, 85

Funções sintáticas do sintagma preposicional, 177

Fundo, 203

Genitivo subjetivo e objetivo, 237

Grade classificatória semântica para as conjunções, 353

Gramática categorial, 331, 336

Gramática das preposições que introduzem orações reduzidas de infinitivo, 315

Gramática e léxico, limites, 171

Gramaticalização
- como um *continuum*, 184
- das preposições, 184
- de locuções prepositivas, 296-9
- dos quantificadores indefinidos, 150

Gramaticalização, gramaticalizado, 166, 170-1, 338

Heterogeneidade da classe das conjunções, 311

Hiperonímia na anáfora, 51-2

Homonímia entre os sentidos de uma mesma preposição, 165

Ideia, 165

Identificabilidade, 115-6

Identificando e identificador (clivagem), 341-2

Imbricação de nexos no sentido das conjunções, 324

Implicaturas associadas às conjunções, 335

Indeterminação
- de pessoa, processos envolvidos, 39
- do sujeito, 58
- do sujeito expressa pela categoria vazia, 52

Indeterminada, não pessoa, 138

Indivíduo singular e plural, 120

Inferência como fator de identificabilidade, 117

Infinitivo
- e orações reduzidas de infinitivo, 314

Informação
- dada como fator de identificabilidade, 116
- nova: localização na sentença, 126

Informações linguísticas e anáfora pronominal, 51-2

Informações textuais e anáfora, 51-2

Informatividade, 174

Intercambiabilidade do possessivo com *de* + substantivo, 62

Interdefinibilidade dos conectivos lógicos, 335

Intermediação humana, 268

Interpretação referencial e atributiva do sintagma nominal possessivizado, 81

Interrogativas indiretas, 316

Inúmeros, 150-4

isso, isto, 129, 135-40

ÍNDICE REMISSIVO • **365**

Iteração de eventos, 147

Juízo, 164

Lexemas privativos que expressam função sintática, 53

Léxico, 188
- limites, 171

Ligação como esquema imagético, 186-7

Línguas
- naturais e lógicas, 332

Localização imprecisa, expressa por *por*, 267

Locativo, usado com demonstrativo, 137

Locução prepositiva, 167, 169, 290

Locuções
- prepositivas e versatilidade no tratamento do espaço, 207
- prepositivas não espaciais, 295
- prepositivas, sintaxe embrionária, 294

mais, 150

mamãe = minha mãe, 44

Manutenção do tópico assinalada pelo artigo definido, 125

Medialização pelo pronome *se*, 57

Meio, instrumento, 268

Menção prévia, 116

menos, 150-1

mesmo, 129, 134, 136

Metáfora
- cognitiva, 201
- e compreensão da realidade, 189

meu, 149

Modelo cognitivo idealizado, 185, 188-9
- e tratamento da polissemia, 189

Modo de abordar, 268

Modus e *dictum*, 328

Morfologia dos quantificadores indefinidos, 151

Morfologização das preposições, 184

Mostrativo, 134

Movimento fictício, 208

Movimento longo de todo, 155

Mudança de conteúdo de um esquema,

Mudança nas classes fechadas de palavras, 168

muitos, 150-1

nada, 150, 152-3, 156

Não interferência da conjunção nas sentenças que conecta, 312

Não pessoa, 25
- determinada, 25
- indeterminada, 25

Negação redobrada por quantificadores indefinidos, 158

Nenhum, 150-1, 153

Nexos intersentenciais, alternativas de expressão, 318-24

ninguém, 150, 152-3

no, na, nos, nas, 128

nosso,
- possessivo de *a gente*, 62
- e *da gente*, possessivos de primeira pessoa do plural, 69

numeral,
- definido e indefinido, 108

o (neutro), 135, 137-8, 140

o estúpido do rapaz, 131

o senhor/a senhora, 28

o, a, os, as, 105, 109, 138, 140, 149

o, a, os, as, artigos, demonstrativos e pronomes, 108

Objeto
- direto preposicionado, 283
- em foco, 203
- pronominal, maneiras de expressá-lo, 56

Omissão
- do artigo, 109-11, 160
- do artigo entre o quantificador e o núcleo do SN, 107
- do núcleo do SN, 109

Onomasiologia, 202

Oposição, como significado do possessivo, 98

Ordem das sentenças como traço distintivo de conjunções, 350

Orientação espacial, 201

Origem, 207, 240

ou
- inclusivo e exclusivo, 332
- lógica, 330

outro, 135, 137, 154

Palavra de sentido pleno que "pede complementos", 174

papai = meu pai, 44

Papéis temáticos do verbo
- e sintaxe superficial, 53

- expressos pelos casos morfológicos na gramática latina, 281

Papel textual dos pronomes pessoais, 44

para, 167, 198, 212, 254-6
- anteposto a orações completas, 165

Paráfrase resumidora, 144

Particípio passado substantivado, 112

Partitivo, 112, 242

pelo, pela, pelos, pelas, 128

perante, 199, 201

Percurso possível, 268

Pergunta como traço discriminador de conjunções, 394

Persona, o antepassado de pessoa e pessoal, 24

Pertença, significado do possessivo, 96

Pessoas do discurso
- e demonstrativos, 135
- e pronomes plurais, 30

Plural de *qualquer*, 152

Pluralia tantum, 152

Pluralidade
- de *a gente*, 31
- de usos das preposições, 164
- de *vocês*, 31

Polaridade dos quantificadores indefinidos, 157

Ponto
- de referência, 203-4
- final do percurso, 211
- inicial do percurso, 207
- médio do percurso, 208

por, 167, 198, 209-10, 266-73

porque, 322, 325

Pós-artigo, 107

Posição
- do possessivo no sintagma nominal, 70
- dos pronomes e funções sintáticas, 53
- dos quantificadores no sintagma nominal de amplitude máxima, 154

Pós-nominal, possessivo, 72,

Posse, significado do possessivo, 82

Possessivo
- afetado, 91
- agente, 89-90
- beneficiário, 93
- como determinante, 80
- como especificador do sintagma nominal, 131
- com predicadores valenciais, 87
- conceituação, 59
- e ativação do sistema de transitividade no sintagma nominal, 100
- experimentador, 92
- objetivo, 92-3
- que exprime simultaneamente mais de um papel temático, 94
- referido ao substantivo pelo verbo de ligação, 62-3, 101

Possessivo, possuir (conceituação), 95

Possessivos
- de primeira pessoa, 69
- de segunda pessoa, 68
- de terceira pessoa, frequência, 64
- frequência de uso, 101

pouco, poucos, 150-1, 153-4

Pré-artigo, 107

Preço, 269

Predicação, 130

Pré-nominal, possessivo, 70, 82

Preposição
- apenas um dos recursos que apontam para os papéis temáticos na sentença, 284
- como elemento funcional/gramatical/relacional, 170
- como palavra "vazia de sentido", 167, 170
- como introdutora de argumentos e adjuntos, 167
- como "palavra que relaciona palavras", 163
- como predicador, 203
- composta, 167
- e expressão do papel temático, 279-90
- essencial e acidental, 183
- formando um constituinte que se adjunge a uma oração completa, 165
- simples e complexa, 183

Preposições
- e locuções prepositivas na história da língua, 293
- em frases feitas, 301-6
- em locuções, 291
- expressando funções sintáticas, 53
- graus de gramaticalização, 181, 183
- latinas regendo casos, 193
- lista fechada, 163, 167
- mais frequentes, 233
- que introduzem argumentos, 177, 181
- nos sintagmas que seguem o verbo, 260

Presença categórica do artigo, 112

Presença de conteúdos não verifuncionais nos conectivos da língua natural, 332

Pressuposições
- como traço discriminador de conjunções, 354
- introduzidas por *como*, 346-7
- introduzidas por *se* + imperfeito do subjuntivo, 347

Pressupostos cognitivistas da análise de preposições, 192

Previsibilidade da preposição, 175

Primeira pessoa, 25

Processos morfonológicos envolvendo preposições, 168

Pronome, 13-102
- como palavra que faz as vezes do nome, 21
- como sintagma não sujeito a expansão, 21-2
- como unidade sintática, 16
- conceitos, 14
- falta de conteúdo descritivo, 21
- indefinido substantivado, 112
- reflexivo, 17
- relativo: conectivo e anafórico, 315
- -sujeito explicitado e clareza, 24
- -sujeito redundante em relação ao verbo, 40-4
- tônico e pronome átono, distinção de funções, 54

Pronomes
- clíticos do caso oblíquo, 54
- de terceira pessoa, femininos, 18
- de terceira pessoa, masculinos, 18
- de uso mais frequente, 16
- do caso oblíquo, 17, 54
- do caso reto, 17, 54
- formas do objeto direto, 19
- formas do objeto indireto, 19
- formas tônicas e formas átonas, 17
- relativos, 13
- uso simultâneo de diferentes formas para uma mesma pessoa, 29

Pronomes pessoais, 13
- do português brasileiro moderno culto, 16
- mapeamento nas funções sintáticas superficiais, 53
- como fóricos, 15
- como protótipo da classe dos pronomes, 14
- e pessoas do discurso, 14-5, 25

Pronomes possessivos, 13, 59
- como subclasse dos pronomes pessoais, 99

- e pronomes pessoais, correspondência, 43

Propriedades semânticas dos quantificadores indefinidos, 157-9

próprio, 62, 108, 134, 136-8

Prossintagmas e função anafórica, 50

Proximidade, 201

qualquer, 123-4, 149-51, 153, 155, 161
- interpretações que dependem da posição no sintagma nominal, 155

Quantidade
- expressa pelas sentenças condicionais, 148
- palavras que a expressam, 147

Quantificação
- partitiva, 157
- universal, 157

Quantificador
- afirmativo, 158
- aplicado a humanos, 157
- aplicado a não humanos, 157
- como especificador, 14
- construído com palavras de significação indeterminada, 149
- em posição pós-núcleo, 154
- especificador, 153
- indefinido, 13, 147-61
- invariável, 152
- movimentos no sintagma nominal, 155
- no núcleo do sintagma nominal, 152
- que especifica o núcleo elidido, 153
- polaridade, 157-8

Quantificador como especificador do sintagma nominal, 130, 133

que, 337

que e *como*, conjunções integrantes, 346

Recorrência numa cultura como fator de identificabilidade, 117

Redução do número de argumentos de um predicado, 58

Referenciação indeterminada expressa pelos pronomes, 33-9

Referencial, Interpretação, 81

Reflexivos de terceira pessoa, 18

Regência, do verbo, na perspectiva do dicionarista, 286

Relação causal de fatos e relação causal de enunciações, 327

Relação possessiva, 59

Restrições selecionais na anáfora, 51

Retomada
- de sentenças pelos demonstrativos e unidades discursivas, 139

se
- ambiguidades, 333
- generalizador, 58
- indeterminador, 58
- na lógica elementar, 330
- operador de medialização e indeterminação do sujeito, 57-8
- referenciação indeterminada, 36-7

se... é porque, 342

Segunda pessoa, 25

sem, 167, 200-1, 227, 279
- anteposto a sentenças completas, 164

Semântica
- argumentativa, 339
- das conjunções, 330
- do artigo definido, 109

Semasiológica, orientação, 202

semelhante, 136-7

Sentença
- integrante, 337

Sentenças, e o papel das conjunções, 311

Sentido
- completo, 173
- de base de uma preposição, 192

Sentidos de uma mesma preposição como extensões de um sentido básico, 165

seu, sua ou *dele, dela*, 43

Sintagma nominal
- de amplitude máxima, 154
- de núcleo elíptico, 133
- genérico expressando referenciação indeterminada, 38
- nucleado por uma categoria vazia, 133
- predicativo e omissão do artigo, 111
- sem artigo, ver também Sintagma nu

Sintagma nu, 124

Sintagma possessivizado
- distribuição, 74
- e ativação do sistema de transitividade, 100
- e presença do artigo, 77-8
- sem substantivo, 85

Sintagma preposicional
- adjunto, 176
- aposto, 176-7
- como portador de informação compartilhada, 128
- complemento, 176
- dependente de substantivo, 287-7
- diferenças de distribuição, 177
- predicativo do sujeito e do objeto, 176

Sintagma pronominal, elementos admitidos, 21-2

Sintagmas adjetivais + adjuntos e complementos introduzidos por preposição, 172

Sintagmas coindexados, 52

Sintagmas verbais + adjuntos e complementos introduzidos por preposição, 172

Sintaticização das preposições, 184

Sintaxe embrionária das locuções prepositivas, 293-4

sob, 199, 201, 217

sobre, 167, 200-1, 215-6, 276-7

Subordinada substantiva, 312

Substantivação, 111-2

Substantivo
- instrumental, 91
- sem artigo, 109

Substantivo abstrato
- de ação, 89
- de ação-processo, 91
- de processo, 91
- designador de modalidade, 91
- ou concretizado de ação, 92
- ou concretizado de estado ou qualidade, 93
- ou concretizado de processo, 92-3

Superlativo relativo, 112

Tema,
- constante, 143
- derivado, 144

Tempo
- como movimento, 190-1

Teoria da língua como sistema complexo, 145

Teoria russelliana das descrições definidas, 113

Teoria strawsoniana das descrições definidas, 114

Termo singular, 125

Termos da mesma oração, ligados por conjunção coordenativa, 312

teu e *seu* como possessivos de segunda pessoa, 68

teu, possessivo de você, 43

todas terças-feiras/todas as terças-feiras, 107

todo, movimento longo, 155-6

todo, toda, todos, todas, 107, 123, 142, 150, 153-4, 156-7, 161

Tópico,
- inferido, 142-3
- novo, 141-2

Topônimos e uso do artigo definido, 117

Traços definidores dos quantificadores indefinidos, 151-2

Traços mórficos comuns aos demonstrativos, artigos e pronomes de 3ª pessoa, 135

Trajeto (esquema imagético), 186-7

Transposição de esquemas, 191-2
- sem motivação aparente, 170, 191-2

Transposição do nexo para o nível do *modus* como traço discriminador de conjunções, 345

Troca, 268-9

tu e *você*, 28

tudo, 150, 152, 157, 161
- como fórico de espectro largo, 157

um, 105, 150, 153-4, 158-61
- expressão da indefinitude, 158-9
- expressão de cardinalidade, 159
- introdutor de referentes novos, 159-60

um... outro, 150

um pouco de, um tanto de, 150

um tipo de, 131, 148

uma cacetada de, 150

uma espécie de, 131, 148

uma porção de, 150

uma série de, 150

Uso concessivo de *por,* 271

Uso de *por* expressando causa discursiva, 271

Uso locativo-referencial de *por,* 271-2

Uso metafórico de preposições, 191

Usos espaciais, como sentido básico das preposições, 170

Usos temporais das preposições, resultado de transposição, 170

Valência, 174

Verbo na terceira pessoa do plural expressando referenciação indeterminada, 37

Verifuncionalidade, 335
- como traço discriminador de conjunções, 37

Verticalidade, 201

você, 19, 26-7
- coindexado com *se, seu* e com *te, teu,* 20
- e *tu,* 28
- expressando referenciação indeterminada, 34-6

Voz média, 58

BIBLIOGRAFIA

ALARCOS LLORACH, Emilio. *Estudios de gramática funcional del español*. Madri: Gredos, 1970.

APOLÔNIO DÍSCOLO (século I d.C.). *Sintaxis*. Intr., trad. e notas Vicente Bécares Botas. Madri: Gredos, 1987.

BAILLY, A. *Grammaire générale et raisonnée de Port Royal*. Genebra: Slaktine Reprints LCH, 1968.

BALLY, C. *Linguistique générale et linguistique française*. 4. ed. Berna: A. Francke Verlag, 1965.

BARRETO, Therezinha Maria Mello. *Gramaticalização das conjunções na história do português*. Salvador, 1999. Tese (doutorado em linguística) – UFBa, 4 vols.

_____. Esboço de estudo multissistêmico do item conjuncional 'conforme'. In: BORBA COSTA, Sônia; MACHADO FILHO, Américo Venâncio Lopes (orgs.). *Do português arcaico ao português brasileiro*. Salvador: Editora da UFBa, 2004, pp. 13-30.

BECHARA, Evanildo. A sintaxe dos demonstrativos em 'A mulher do vizinho'. *Littera*, 5, 1972, pp. 58-67.

_____. *Moderna gramática portuguesa*. 37. ed. rev. e ampl.: Rio de Janeiro: Lucerna, 1999.

BENVENISTE, Émile. *Problemas de linguística geral*. São Paulo: Nacional/Edusp, 1976.

_____. *Problemas de linguística geral I*. Campinas: Pontes, 1995.

BERLINCK, Rosane de Andrade. Complementos preposicionados: variação e mudança no português brasileiro, 2000a, inédito.

_____. Complementos preposicionados no português paulista do século XIX, 2000b, inédito.

BIERWISCH, M. On Certain Problems of Semantic Representations. *Foundations of Language*, 5, 1969, pp. 153-84.

BONOMI, Andrea. *Le vie del riferimento*: una ricerca filosofica. Monza: Bompiani, 1975.

BORGES Neto, José. Os possessivos como indicadores de referência e atribuição. *D.E.L.T.A.*, (2), 1, 1986, pp. 145-9.

_____. *Adjetivos*: predicados extensionais e predicados intensionais. Campinas: Editora da Unicamp, 1991.

CÂMARA Jr., Joaquim Mattoso. Uma evolução em marcha: a relação entre *este* e *esse*. In: *Dispersos*. Rio de Janeiro: Fundação Getúlio Vargas, ed. a cargo de Falcão Uchôa, 1972, pp. 127-31.

CANÇADO, Márcia. *Verbos psicológicos: a relevância dos papéis temáticos vistos sob a ótica de uma semântica representacional.* Campinas, 1995. Tese (doutorado em Linguística) – Unicamp.

_____. Posições argumentais e propriedades semânticas. *D.E.L.T.A.*, 21 (1), 2005, pp. 23-56.

CASTILHO, Ataliba T. de. Análise preliminar dos demonstrativos. *Estudos Linguísticos*, 1, 1978, pp. 30-5. Anais dos Seminários do GEL.

_____ (1990). Os mostrativos no português falado. In: CASTILHO, Ataliba T. de (ed.). *Gramática do português falado.* Campinas: Editora da Unicamp; São Paulo: Fapesp, v. III, 1993a, pp. 119-48 (As abordagens).

_____. Os adjetivos predicativos no português culto. Texto apresentado ao VII Seminário do Projeto de Gramática do Português Falado, 1993b (mimeo).

_____. A gramaticalização. *Estudos Linguísticos e Literários*, 19, mar. 1997a, pp. 25-64.

_____. Língua falada e gramaticalização: o caso de *mas*. *Filologia e Linguística Portuguesa*, 1, 1997b, pp. 107-20.

_____. Apresentação. In: JUBRAN, C. C. S.; KOCH, I. G. V. (orgs.). *Gramática do português culto falado no Brasil*. Campinas: Editora da Unicamp, 2006, pp. 7-26, vol. I (Construção do texto falado).

CASTILHO, Ataliba T. de; PRETI, Dino (orgs.). *A linguagem falada culta na cidade de São Paulo*. São Paulo: TAQ/Fapesp, 1986, vol. I (Elocuções formais).

_____. *A linguagem falada culta na cidade de São Paulo*. São Paulo: TAQ, Fapesp, 1987, vol. II (Diálogos entre dois informantes).

CHIERCHIA, G. *Semântica*. Trad. Rodolfo Ilari. Campinas: Editora da Unicamp, 2003.

CID, Odirce; COSTA, M. Cristina; OLIVEIRA, Célia Terezinha. *Este* e *esse* na fala culta do Rio de Janeiro. *Estudos Linguísticos e Literários*, 5, 1986, pp. 195-208.

CIFUENTES Honrubia, José Luis. Los inventarios preposicionales. In: SILVA, Augusto Soares da (org.). *Linguagem e cognição*: a perspectiva da linguística cognitiva. Braga: Associação Portuguesa de Linguística, Universidade Católica Portuguesa, 2001, pp. 98-117.

CUNHA, Celso; LINDLEY-CINTRA, Luís-Felipe. *Nova gramática do português contemporâneo*. Rio de Janeiro: Nova Fronteira, 1991.

DIK, Simon C. *Studies in Functional Grammar*. Londres: Academic Press, 1980.

_____. *Gramática funcional*. Madri: Sociedad General Española de Librería, 1981.

_____. *The Theory of Functional Grammar*. Dordrecht: Foris Publications, 1989, part I (The structure of the clause).

DONNELLAN, K. Reference and Definite Descriptions. *Philosophical Review*, 77, 1966, pp. 281-304.

DUCROT, Oswald. *Princípios de semântica linguística*. São Paulo: Cultrix, 1977.

_____. *Provar e dizer*. São Paulo: Global, 1981.

ECO, Umberto. *Kant and the platypus: essais on language and cognition*. Nova York: Harcourt Brance & Company, 2000.

FILLMORE, Charles. Towards a Modern Theory of Case. The *Ohio State University Project on Linguistics Analysis Report 13.1.* Columbus: Ohio State University, 1966, pp. 1-24.

_____. The Case for Case. In: BACH, E.; HARMS, R. (eds.). *Universals in Linguistic Theory*. Nova York: Holt, Rinehart & Winston, 1968, pp. 1-88.

Franchi, Carlos. *Hipóteses para uma teoria funcional da linguagem*. Campinas, 1976. Tese (doutorado em Linguística) – Unicamp, 2 vols.

_____. *Criatividade e gramática*. São Paulo: Secretaria da Educação, Cenp, 1979.

FREGE, Gottlob. Sobre sentido e referência. In: *Lógica e filosofia da linguagem*, ed. por Paulo Alcoforado. São Paulo: Cultrix, 1975.

FUCHS, Catherine. *La paraphrase*. Paris: Presses Universitaires de France, 1987.

GALVES, Charlotte C. A sintaxe do português do Brasil. *Ensaios de Linguística*, 13, 1987, pp. 131-50.

_____. Objeto nulo e predicação: hipóteses para uma caracterização da sintaxe do português do Brasil. *D.E.L.T.A.*, 4 (2), 1988, pp. 273-90.

GODOI, E. *Aspectos do aspecto.* Campinas, 1992. Tese (doutorado em Linguística) – Unicamp.

GUIMARÃES, Márcio Renato. Alguns problemas na interpretação da progressividade no português do Brasil. *Revista de Letras*, 58, Curitiba, 2002, pp. 185-209.

_____. *Intensificadores como quantificadores:* os âmbitos da expressão da quantificação no português do Brasil. Curitiba, 2007. Tese (doutorado em linguística) – UFP.

HALLIDAY, M. A. K. Notes on Transitivity and Theme in English. *Journal of Linguistics*, 2, 1966, pp. 37-81; 3, 1967, pp. 199-244; 3, 1968, pp. 179-215.

_____ *An introduction to functional grammar.* Londres: Edward Arnold, 1985.

_____. Types of Process. In: Kress, G. (ed.). *Halliday, System and Function in Language:* Selected Papers. Londres: Oxford University Press, 1969, pp. 159-73.

HALLIDAY, M. A. K.; HASAN, Rukaya. *Cohesion in English.* Londres: Longmans, 1976.

HOUAISS, Antônio; VILLAR, Mauro de Salles; MELLO FRANCO, Francisco Manoel. *Dicionário Houaiss da língua portuguesa.* Rio de Janeiro: Objetiva, 2001.

ILARI, Rodolfo. *Perspectiva funcional da frase portuguesa.* 2. ed. Campinas: Editora da Unicamp, 1992.

_____ (org.). *Gramática do português falado.* 4. ed. rev. Campinas: Editora da Unicamp, 2002, vol. II (Níveis de análise linguística).

ILARI, Rodolfo; FRANCHI, Carlos; NEVES, Maria Helena de Moura. Os pronomes pessoais do português falado: roteiro para a análise. In: CASTILHO, Ataliba T. de; BASÍLIO, Margarida (orgs.). *Gramática do português falado.* 2. ed. Campinas: Editora da Unicamp; São Paulo: Fapesp, 2002, pp. 79-168, vol. IV (Estudos descritivos).

ILARI, Rodolfo; NEVES, Maria Helena de Moura (orgs.). *Gramática do português culto falado no Brasil.* Campinas: Editora da Unicamp, 2008, vol. II (Classes de palavras e processos de construção).

KATO, Mary A. *A semântica gerativa e o artigo definido.* Campinas: Ática, 1974, 186 p.

_____. A Ordem Adj+N e a harmonia transcategorial. *Letras e Letras*, 4 (1/2), 1982, pp. 205-14.

_____. Formas de funcionalismo na sintaxe. *D.E.L.T.A.*, 14 (número especial), 1998, pp. 145-68.

_____ (org.). *Gramática do português falado.* 2. ed. rev. Campinas: Editora da Unicamp; São Paulo: Fapesp, 2002, vol. V (Convergências).

KOCH, Ingedore Grunfeld Villaça. *A coesão textual.* São Paulo: Contexto, 1989a.

_____. *Texto e coerência.* São Paulo: Cortez, 1989b.

_____. Reflexões sobre a repetição. Comunicação ao Seminário sobre Repetição. Belo Horizonte, 1990, inédito.

LAKOFF, George. *Women, Fire and Dangerous Things:* What Categories Reveal about the Mind. Chicago: The University of Chicago Press, 1987.

LEECH, Geoffrey N. *Semantics:* The Study of Meaning. Penguin Books, 1978.

LEMLE, Miriam. *Análise sintática.* São Paulo: Ática, 1984.

LONGHIN-THOMAZI, Sanderléia, Roberta. *A gramaticalização da perífrase conjuncional "só que".* Campinas, 2003a. Tese (doutorado em Linguística) – Unicamp.

_____. A perífrase conjuncional "só que": invariância e variantes. *Alfa*, 47 (2), 2003b, pp. 139-52.

LYONS, John. *Semantics.* Londres: Longmans, 2 vols, 1978.

MATTOS e SILVA, Rosa Virgínia. *Estruturas trecentistas:* elementos para uma gramática do português arcaico. Lisboa: Imprensa Nacional, Casa da Moeda, 1989.

MIRA-MATEUS, Maria Helena; BRITO, Ana Maria; Inês Duarte; FARIA, Isabel Hub. *Gramática da língua portuguesa.* 5. ed. rev. e ampl. Lisboa: Caminho, 2003.

MÓDOLO, Marcelo. *Gramaticalização e semanticização das orações correlativas no português.* São Paulo, 2004. Tese (doutorado em Linguística) – Faculdade de Filosofia, Letras e Ciências Humanas da USP.

MOLLICA, Maria Cecília. *(De) que falamos?* Rio de Janeiro: Tempo Brasileiro, 1995.

_____. A regência variável do verbo *ir* de movimento. In: OLIVEIRA, Giselle Machline de; SCHERRE, Maria Marta P. (orgs.). *Padrões sociolinguísticos*. Rio de Janeiro: Tempo Linguístico, 1996, pp. 283-94.

MONTEIRO, José Lemos. *Os pronomes pessoais na fala culta*. Rio de Janeiro 1991. Tese (doutorado em ?) – UFRJ.

MORAES DE CASTILHO, Célia Maria. *Os delimitadores no português falado no Brasil*. Campinas, 1991. Dissertação (mestrado em Linguística) – Unicamp.

MÜLLER, Ana Lúcia de Paula. *A gramática das formas possessivas no português do Brasil*. Campinas 1996. Tese (doutorado em Linguística) – Unicamp.

NASCENTES, Antenor. Este, esse. *Miscelânea Clóvis Monteiro*. Rio de Janeiro: Editora do Professor, 1965, pp. 3-5.

NEGRÃO, Esmeralda V. Distributividade e genericidade nos sintagmas introduzidos por *cada* e *todo*. *Revista do GEL*, número especial, 2002, pp. 185-205.

NEVES, Maria Helena de Moura. Os advérbios circunstanciais de lugar e de tempo. In: ILARI, R. (org.). *Gramática do português falado*. Campinas: Editora da Unicamp, 1992a, pp. 261-96, vol. II (Níveis de análise linguística).

_____. A questão dos determinantes. Comunicação apresentada no XL Seminário de Linguística do GEL. Jaú: Fundação Educacional Raul Bauab, 1992b.

_____. Possessivos. In: CASTILHO, A. T. de (org.). *Gramática do português falado*. Campinas: Editora da Unicamp; São Paulo: Fapesp, 1993a, pp. 149-212, vol. III (As abordagens).

_____. O substantivo (ou nome) comum. Texto apresentado ao VII Seminário do Projeto de Gramática do Português Falado. Campos do Jordão, 1993b.

_____. A polissemia dos verbos modais. Ou: falando de ambiguidades. *Alfa*, 44, 2000a, pp. 115-46.

_____. *Gramática de usos do português*. São Paulo: Editora Unesp, 2000b.

_____. *Descrição do português*: definindo rumos de pesquisa. Araraquara: FCL-Unesp; São Paulo: Cultura Acadêmica, 2001a.

_____. As gramáticas: o usuário e a norma. In: DIONÍSIO, A.; MENDONÇA, M. (orgs.). *I Encontro sobre Gramáticas do Português: Conferências*. Recife: Editora Universitária – UFP, 2001b, pp. 28-46.

_____ (org.). *Gramática do português falado*. 2. ed. Campinas: Editora da Unicamp; São Paulo: Humanitas, 2002a, vol. VII (Novos estudos).

_____. Estudos das construções com verbo suporte em português. In: KOCH, I. G. V. (org.). *Gramática do português falado*, 2. ed. rev. Campinas: Editora da Unicamp; São Paulo: Fapesp, 2002b, pp. 201-30, vol. VI (Desenvolvimentos).

PAVANI, Sílvia. *Os pronomes demonstrativos no português culto de São Paulo*. Campinas, 1987. Dissertação (mestrado em Linguística) – Unicamp.

PERINI, Mário Alberto. *Sintaxe portuguesa*: metodologia e funções. São Paulo: Ática, 1989.

_____. *Gramática descritiva do português*. 2. ed. São Paulo: Ática, 1996.

PEZATTI, Erotilde Goretti. A repetição por meio do juntivo *ou*. *Actas del XI Congreso Internacional de la Asociación de Lingüística y Filología de América Latina*. Las Palmas: Universidad de Las Palmas de Gran Canaria, tomo III, 1996, pp. 2327-8.

_____. Estruturas coordenadas alternativas. In: NEVES, M. H. de M. (org.). *Gramática do português falado*. Campinas: Editora da Unicamp; São Paulo: Humanitas, 1999, pp. 407-42, vol. VII (Novos estudos).

_____. O advérbio *então* já se gramaticalizou como conjunção? *D.E.L.T.A.*, 17 (1), 2001, pp. 81-95.

PONTES, Eunice S. L. *Espaço e tempo na língua portuguesa*. Campinas: Pontes, 1992.

POSTAL, Paul. On so-called "Pronouns" in English. *Georgetown University Monography Series on Languages*, 19, 1966, pp. 177-206.

RAPOSO, Eduardo. Sobre a forma *o* em português. *Boletim de Filologia*, 23, 1973, pp. 145-65.

RENZI, Lorenzo (ed.). *Grande grammatica italiana di consultazione*. Bolonha: Il Mulino, 1988, vol. I.

RENZI, Lorenzo; SALVI, Giampaolo (eds.). *Grande grammatica italiana di consultazione*. Bolonha: Il Mulino, 1991, vol. II.

RODRIGUES, Aryon Dall'Igna. Os demonstrativos em português: descrição morfológica sincrônica e superficial. *Estudos Linguísticos*, 1, 1978, pp. 64-6.

_____. Especificação nos determinantes em português. *Estudos Linguísticos*, 7, 1983, pp. 26-32.

RUSSELL, B. On Denoting. *Mind*, 14, 1905, pp. 479-93.

STRAWSON, Peter Frederick. On referring. *Logico-Linguistic Papers*. Londres: Methuen, 1971, pp. 1-27.

SWEETSER, Eve. *From Etymology to Pragmatics:* Metaphorical and Cultural Aspects of Semantic Structure. Cambridge, Nova York: CUP, 1990.

TALMY, Leonard. *Toward a Cognitive Semantics*. Cambridge: The MIT Press, 2001, 2 vols.

TARALLO, Fernando. *Relativization Strategies in Brazilian Portuguese*. Filadélfia, 1983. Tese (Ph.D) – University of Pennsylvania.

VIARO, Mário Eduardo. *Das preposições latinas às do português e do romeno:* derivações semânticas. São Paulo, 1994. Dissertação (mestrado em Linguística) – Universidade de São Paulo.

_____. Sobre a presença de *tenus* no ibero-romane. *Confluência 4*. Assis: Faculdade de Ciências e Letras – Unesp, 1995, pp. 269-77.

OS AUTORES

Rodolfo Ilari participou, na década de 1970, da fundação do Departamento de Linguística da Unicamp, instituição na qual trabalhou até aposentar-se como professor titular em 2007. Como docente e pesquisador, atuou principalmente nas áreas de Linguística Românica, Semântica, e ensino de língua materna. Foi professor titular de Português no Instituto de Espanhol, Português e Estudos Latino-americanos da Universidade de Estocolmo. Atualmente, pesquisa a história semântica do português brasileiro. Publicou diversos livros destinados ao ensino da Linguística no nível de graduação (particularmente sobre semântica e linguística românica), entre os quais *A expressão do tempo em português, Introdução à semântica, Introdução ao estudo do léxico*, e é coautor de *Brasil no contexto* e *O português da gente* (todos publicados pela Contexto). Traduziu várias obras, entre as quais o *Dicionário de linguagem e linguística* de R. L. Trask (Prêmio União Latina).

Ataliba T. de Castilho, licenciado em Letras Clássicas e doutor em Linguística, foi professor em três universidades públicas de São Paulo: a Universidade Estadual Paulista, *campus* de Marília, a Universidade Estadual de Campinas e a Universidade de São Paulo. Atualmente, é professor sênior na Universidade de São Paulo e colaborador voluntário na Universidade Estadual de Campinas. Coordenou os seguintes projetos coletivos de pesquisa: Nurc/SP, Gramática do Português Falado, História do Português Brasileiro – equipe de São Paulo. É o editor geral da obra coletiva (em andamento) *História do Português Brasileiro*. É membro do corpo editorial das seguintes revistas: *Alfa* (da Unesp), *Linguística* (da Associação de Linguística e Filologia da América Latina), *Revista do GEL*, *Cadernos de Estudos Linguísticos* (Unicamp) e *Filologia e Linguística Portuguesa* (USP). Tem desenvolvido pesquisas na área de Linguística do Português, com ênfase na descrição da língua falada, na sintaxe do português brasileiro, na história do português brasileiro e na teoria multissistêmica da linguagem. Foi um dos principais idealizadores do Museu da Língua Portuguesa e desde 2006 é assessor linguístico da instituição. Pela Contexto, publicou os livros *Nova gramática do português brasileiro* e *Pequena gramática do português brasileiro*.

Célia Moraes de Castilho graduou-se em Letras na Unesp e possui especialização em Língua Portuguesa pela mesma instituição. Mestre e doutora em Linguística pela Unicamp, obteve pós-doutorado na USP. Tem experiência docente na área de Linguística, com ênfase em Filologia Românica. É autora do livro *Fundamentos sintáticos do Português Brasileiro*, publicado pela Editora Contexto.

Lou-Ann Kleppa, depois de graduar-se em Letras pela Universidade de São Paulo, obteve o mestrado e o doutorado em Linguística pela Universidade Estadual de Campinas. Lecionou na Universidade Federal de Rondônia e trabalha atualmente na Universidade Federal de Santa Maria. Seus principais interesses são a Neurolinguística, a Linguística Textual, a fala reduzida e as estruturas gramaticais do português, com foco em temas como a gramaticalização, as preposições e as construções de tópico e comentário.

Maria Helena de Moura Neves é licenciada em Letras (Português-Grego e Alemão) pela Universidade Estadual Paulista, doutora em Letras Clássicas (Grego) pela Universidade de São Paulo, livre-docente (Língua Portuguesa) e professora emérita pela Universidade Estadual Paulista. É professora da Universidade Presbiteriana Mackenzie e da Unesp – Araraquara, onde coordena o Grupo de Pesquisa Gramática de Usos do Português (CNPq). Desenvolve trabalhos sobre gramática de usos do português, texto e gramática, história da gramática, descrição da língua portuguesa e funcionalismo. É autora, entre outros, dos livros *Gramática na escola*, *Que gramática estudar na escola?*, *Texto e gramática*, *Ensino de língua e vivência de linguagem*, e coautora de *Sentido e significação*, todos publicados pela Contexto. Coordenou a equipe Sintaxe I do projeto Gramática do Português Falado.

Maria Lúcia Leitão é doutora em Linguística pela UFRJ e Professora Associada do Departamento de Letras Vernáculas dessa mesma Universidade. É codiretora do Núcleo de Estudos Morfossemânticos do Português (Nemp). Seus principais interesses são a Linguística Cognitiva, a Semântica, a Morfologia e o Léxico.

Maria Luiza Braga licenciou-se em Letras (Português-Inglês) pela Universidade Federal de Uberlândia, tem mestrado em Língua Portuguesa pela Universidade Católica do Rio de Janeiro e doutorado em Linguística pela University of Pennsylvania. É professora titular da Faculdade de Letras da UFRJ. Como docente e pesquisadora, atua principalmente nos seguintes temas: Português do Brasil, gramaticalização, categorias cognitivas e orações adverbiais.

Renato Miguel Basso é professor na Universidade Federal de São Carlos, doutor e mestre em Linguística pela Universidade Estadual de Campinas. Desde a graduação vem pesquisando sobre questões relativas à expressão dos eventos nas línguas naturais, como o aspecto verbal e a acionalidade. No mestrado, estudou o fenômeno da detelicização e no doutorado, a semântica das relações anafóricas entre eventos. Em parceria com Rodolfo Ilari, publicou o livro *O português da gente* e coorganizou a obra *Semântica, semânticas*, ambos pela Contexto. Em cooperação com outros pesquisadores, publicou um manual sobre a história da língua portuguesa. Atualmente, estuda a formação do português brasileiro e a semântica dos indexicais.

Roberta Pires de Oliveira, graduada em Letras e mestre em Linguística pela Universidade Estadual de Campinas. Doutora em Linguística pela Katholieke Universiteit Leuven, com pós-doutorado no Massachussets Institute of Techonology (MIT) e na Harvard University. É professora da Universidade Federal de Santa Catarina e da Universidade Federal do Paraná. Tem atuado como pesquisadora nestas áreas: Semântica e Pragmática de vertente formal e Filosofia da Linguagem e Educação. Coordenou o projeto de cooperação internacional Capes/Cofecub, Nominais Nus no PB: a interface sintaxe-semântica, juntamente com a professora Carmen Dobrovie-Sorin, CNRS-LLF, Paris 7. Coordenou também a primeira Licenciatura em Letras-Português a distância da Universidade Federal de Santa Catarina.

CADASTRE-SE
EM NOSSO SITE,
FIQUE POR DENTRO DAS NOVIDADES
E APROVEITE OS MELHORES DESCONTOS

LIVROS NAS ÁREAS DE:

História | Língua Portuguesa
Educação | Geografia | Comunicação
Relações Internacionais | Ciências Sociais
Formação de professor | Interesse geral

ou
editoracontexto.com.br/newscontexto

Siga a Contexto
nas Redes Sociais:
@editoracontexto